普通高等教育“十三五”规划教材·公共基础课系列

经普通高等学校军事教学指导委员会专家委员审定

新编 普通高等学校军事课教程

XINBIAN

PUTONG GAODENG XUEXIAO JUNSHIKE JIAOCHENG

主　审　龚泗琪　姜树和

主　编　董晓军　杨　斌

副主编　黄海宁　胡国新

编　委　(以姓氏笔画为序)

叶　伟　冯　路　肖学祥

张　明　胡金韬　侯春牧

航空工业出版社

北　京

内 容 提 要

本书分上下两篇，共九章。上篇五章，分别为中国国防、国家安全、军事思想、现代战争、信息化装备；下篇四章，分别为共同条令教育与训练、射击与战术训练、防卫技能与战时防护训练、战备基础与应用训练。

本书以教育部、中央军委国防动员部2019印发的《普通高等学校军事课教学大纲》为撰写依据，既可作为高校军事课教材使用，也可供军事爱好者、军事教育工作者阅读参考。

图书在版编目（CIP）数据

新编普通高等学校军事课教程 / 董晓军，杨斌主编.
— 北京 ：航空工业出版社，2019.7（2024.6 重印）
ISBN 978-7-5165-1986-8

Ⅰ.①新… Ⅱ.①董… ②杨… Ⅲ.①军事科学-高等学校-教材 Ⅳ.①E

中国版本图书馆 CIP 数据核字（2019）第 163062 号

新编普通高等学校军事课教程
XINBIAN PUTONG GAODENG XUEXIAO JUNSHIKE JIAOCHENG

航空工业出版社出版发行
（北京市朝阳区京顺路 5 号曙光大厦 C 座四层　100028）
发行部电话：010-85672663　010-85672683

天津市蓟县宏图印务有限公司印刷　　全国各地新华书店经售
2019 年 7 月第 1 版　　2024 年 6 月第 4 次印刷
开本：787×1092　1/16　　字数：484 千字
印张：21　　定价：39.80 元

前言

为适应立德树人根本任务和强军目标根本要求，增强学生国防观念、国家安全意识和忧患危机意识，提高学生综合国防素质，2019 年国家教育部、中央军委国防动员部联合颁布了《普通高等学校军事课教学大纲》（以下简称新大纲），以指导新时代大学生进行国防教育和军事训练。

在普通高校学生中开展军事课教学，是我国加强国防建设的本质要求，是坚持现代条件下人民战争的必要途径，也是国家培养人才的战略需求。当前，我国的综合国力正在稳步提升，高等教育已经步入大众化阶段，正在由精英化的专业教育逐步转向大众化的通识教育、素质教育。高校学生的军事课教学，是高校素质教育的必要组成部分，它既能体现人才培养和国防后备力量建设的和谐统一，增强学生的国防观念和国防意识，培养大学生的基本军事技能，又能有力地促进大学生素质的全面提高。军事课教学，可以使大学生掌握基本军事技能和军事理论，增强国防观念，树立国家安全意识，加强组织性、纪律性，培养爱国主义、集体主义、革命英雄主义精神和艰苦奋斗、吃苦耐劳的作风，磨炼顽强的意志品质，激发战胜困难的信心和勇气，树立正确的世界观、人生观和价值观。

当前，世界形势和我国周边环境发生了重大变化，我国面临的安全威胁日趋复杂和多样，维护我国快速发展的战略机遇期面临诸多新的挑战。在信息技术的推动下，战争形态继续沿着信息化方向快速演变，武器装备日新月异，对战争指导和作战理论不断提出新的要求。面对新的形势与挑战，我国始终把维护国家安全放在国家战略的首要地位，抵御各种风险和维护国家安全的能力显著提高。党的二十大报告指出，必须贯彻新时代党的强军思想，贯彻新时代军事战略方针，坚持党对人民军队的绝对领导，坚持政治建军、改革强军、科技强军、人才强军、依法治军，坚持边斗争、边备战、边建设，坚持机械化信息化智能化融合发展，加快军事理论现代化、军队组织形态现代化、军事人员现代化、武器装备现代化，提高捍卫国家主权、安全、发展利益战略能力，有效履行新时代人民军队使命任务。本教材以新大纲为依据，着眼国际、国内形势新的变化和发展，力求把军事领域的新形势、新理论、新知识与当前国家对大学生军训工作的新要求结合起来，使其结构更为合理，内容更具时代性、可读性、适用性和可操作性。

本教材分上、下两篇，共九章，内容比较全面地涵盖了军事理论和军事技能的相关知识。在编写过程中，着重参考了军队院校使用的全军系列统编教材，以保证内容的科学性和权威性。同时，教材中涉及的部分概念和表述，我们参考了最新版《中国人民解放军军语》，以确保内容的准确性。我们还注重提高教材的可读性、知识性和实用性，便于普通高校军事课教学更好地开展以及当代大学生和军事爱好者更好地阅读与参考。

本教材由董晓军、杨斌担任主编，胡国新、黄海宁担任副主编。各章节编写人员分别是：上篇第一章董晓军、黄海宁，第二章张明，第三章肖学祥，第四章杨斌，第五章董晓军、张明，下篇第六章侯春牧，第七章胡国新、胡金韬、肖学祥，第八章侯春牧、叶伟、冯路，第九章胡国新、董晓军、侯春牧。全书由龚泗琪教授、姜树和研究员审定，董晓军、杨斌统稿。

本教材编写过程中参考了很多教材、专著、论文以及研究成果，在教材中未能一一列出，在此，向作者们表示衷心的感谢。由于时间比较仓促，在编写过程中不可避免地存在着许多不足与问题，请广大师生在使用中提出宝贵意见，以便我们再版时进一步完善。

编　者

（本书附赠课件，读者可通过扫描封底二维码下载，提取码为 qner）

目　录

上篇　军事理论

下篇　军事技能

上篇　军事理论

第一章 中国国防

学习目标

理解国防的内涵和我国国防历史的发展历程，树立正确的国防观；了解我国的国防体制、国防战略、国防政策以及国防成就，激发爱国热情；熟悉国防法规、武装力量和国防动员的主要内容，增强国防意识。

有国必有防，这是一个普遍真理。一个国家如果没有强大的国防，国家的生存与发展、人民的生产与生活就无法得到安全保障，必定国无宁日，任人宰割，最终国将不国，人民遭殃。要想维护国家领土完整和主权不受侵犯，捍卫自己的合法权益，维护独立自主的尊严和生存发展的权利，就不能不重视国防建设。历史经验表明，任何一个国家要真正强大起来，没有坚强的国防实力作后盾是决然不行的。

第一节 国防概述

名人名言

兵者，国之大事，死生之地，存亡之道，不可不察也。

——［春秋］孙武

国家不可一日忘战，而诸将士不可一日忘韬钤。

——［明代］王鸣鹤

若无国防，则国难屡起，民将不得安其业。

——梁启超

国无防不立，民无兵不安。国防是国家生存和发展的安全保障，是关系到国家和民族生死存亡、荣辱兴衰的根本大计。

一、国防的含义和基本类型

（一）国防的含义

本节视频讲解

《中华人民共和国国防法》（简称《国防法》）对国防的表述为："国家为防备和抵抗侵略，制止武装颠覆和分裂，保卫国家主权、统一、领土完整、安全和发展利益所进行的军事活动，以及与军事有关的政治、经济、外交、科技、教育等方面的活动。”

国防是国家职能的重要体现。它随着国家的产生而产生，随着国家和战争的发展而发展。古往今来，国防虽依国家的性质、制度、国力及其推行的政策不同而具有不同的特征，但国防的共同实质，都是以捍卫和扩大国家利益为核心来组织的。

国防的行为主体是国家，国防行为是国家的行为，应当受到法律的保护。一切国家机构都应当按法律法规的要求履行国防职责，每个公民必须履行自己的国防义务。

国防的首要任务是防备和抵抗侵略。此外，还包括制止国内企图分裂国家、颠覆国家政权、推翻社会主义制度的武装叛乱或武装暴乱。

国防的目的是保卫国家的主权、统一、领土完整、安全和发展利益。这是一个国家独立与存在的主要标志和最高原则。没有主权的国家其领土一般是不完整的，领土不完整的国家，其安全性必然也受到程度不同的挑战。因此，捍卫国家主权，始终是国防中首要的、根本性的目的和任务。

国防的手段是为了完成国防任务、实现国防目的而进行的军事活动，以及与军事活动有关的政治、经济、外交、科技、教育等方面的活动。军事活动是国防的主要手段，但不是唯一的手段。它和与之相关的政治、经济、外交、科技、教育等方面的活动共同构成国防的整体。中国的国防具有整体性和全民性。巩固国防，抵抗侵略，必须依靠全民参与，必须大力动员和充分发挥整个社会力量。

（二）国防的基本类型

国防的类型是由国家的社会体制和国家政策所决定的。国家的社会制度不同，制定的国防政策和追求的国防目标也就不同，其国防的类型也会各不相同。目前，军事界大多将国防类型分为下列四种：侵略扩张型、自卫防御型、互助联盟型和自主中立型。

1. 侵略扩张型

此类国家奉行侵略扩张的霸权主义政策，其最大的特点是把本国的所谓安全建立在别国的屈服与痛苦之上，经常以本国的国防安全受到了“威胁”为名，而侵犯他国主权和领土、干涉他国内政，赤裸裸地对他国进行侵略、颠覆和渗透。例如，第二次世界大战前的德国和日本以及现在的美国，它们都是扩张型国防。

2. 自卫防御型

依靠本国的国防力量防御别国的侵略，维护国家的安全和尊严。其宗旨是决不要别国的一寸土地，不向别国派一兵一卒，但也决不容许别国侵犯其一寸土地。在国际上实行和平共处，广泛争取各国的同情和支持，从而达到维护本国安全及周边地区和世界的和平与稳定的目的。

3. 互助联盟型

以联盟的形式借助他国的力量进行防卫，以弥补自身力量的不足。这种类型的国防也有侵略扩张型和防御自卫型两种。有的联盟形式是以一个大国为主导地位，其余国家为从属地位，如《北大西洋公约组织》（通常被称为“北约”）就是一个侵略扩张型的联盟组织，以美国为首，为美国称霸全球服务；有的联盟形式是各国处于平等地位的伙伴关系，共同协商国防防卫大计，如现在的欧盟就是这样一个联盟组织。

4. 自主中立型

这些国家基本奉行和平、中立和自主的国防政策。其中，有的是采取完全不设防的方式，在世界事务中实行中立态度；有的则采取全民保卫的武装中立，使侵略者感到得不偿失，从而放弃对该国的侵略。

我国是社会主义国家，在对外关系方面一贯奉行“和平共处”五项原则。我国的政治制度和国家政策决定了我们采取自卫型国防。我国向世界公开承诺：永远不称霸，不做超级大国，不对无核国家和地区使用核武器，不侵略他国。

军事知识窗

1954 年，中国政府同印度和缅甸政府分别发表联合声明，确定以互相尊重主权和领土完整、互不侵犯、互不干涉内政、平等互利、和平共处作为指导相互关系的基本准则。和平共处五项原则由此诞生。

这五项原则是在建立各国间正常关系及进行交流合作时应遵循的基本原则，由中国国务院总理周恩来首先推出，由中国、印度和缅甸政府共同倡导。和平共处五项原则是中国奉行独立自主和平外交政策的基础和完整体现，被世界上绝大多数国家接受，成为规范国际关系的重要准则。

（资料来源：百度百科）

二、国防的地位与作用

任何一个国家，从它诞生之日起，首要的任务就是固疆强国、抵御外来侵略、巩固新生政权、保证国家的生存与发展。国防在国家的职能中，地位和作用十分重要，它与国家利益休戚相关，关系到国家安危、荣辱和兴衰。

（一）国防是国家安全的重要保障

有国就得有防，国与防不可分割。国防的根本目的是维护国家的主权、安全和稳定。为了保障国家安全，促进国家发展，各国都从本国的实际出发，努力加强国防建设，同时在国民中普遍推行有关维护国家安全的国防教育，使国民树立爱国主义和维护国家根本利益的观念，保障国家的安全，为国家的发展创造有利的环境和条件。

（二）国防是国家独立自主的前提

“民无兵不安，国无防不立。”没有一个强大的国防，就没有国家的主权独立，人民的幸福和民族的振兴也就没有保障。近代中国之所以屡遭列强蹂躏，其根本原因就在于有国无防或防而不固。沉重的历史教训告诉我们，国家的独立自主、民族的兴旺发达，离不开全民族的尚武精神，离不开具有强大战斗力的国防军和后备力量，一句话，离不开强大的国防。

（三）国防是国家繁荣发展的重要条件

一个国家只有建设了相应的国防，国家的其他建设事业才能顺利进行。如果没有巩固的国防，不仅国家政权无法得到巩固，经济发展的目标也难以实现。同时，国防建设对经济和其他各项建设事业还具有巨大的促进作用，国防建设的需求可以拉动国民经济的发展，国防工业和科技的发展可以延用于民用领域。因此，国防和政治、经济、外交等是相互促进关系，国防建设的发展是国家繁荣发展的一个重要条件。

三、中国国防历史的发展与启示

中国的历史源远流长，先后经历了奴隶社会、封建社会、半殖民地半封建社会和社会主义社会等不同历史发展阶段。国防也经历了屈辱与荣耀、衰败与昌盛的历史。它记录了中华民族悲壮的过去，有着沉痛的教训，也铭刻了成功的历史经验，充满着中华民族的勇敢和智慧，是我们宝贵的国防遗产。

（一）中国古代国防

中国古代的国防意识和国防教育与战争紧密相连，主要是围绕着维护帝王“社稷安危”而展开。从公元前 21 世纪夏王朝的建立到 1840 年鸦片战争，共经历了近四千年的漫长历史。其间，中华民族经历了无数次血与火的洗礼，培育了强大的民族凝聚力和自强不息、前仆后继、不畏强暴、卫国御侮的尚武精神，最终形成一个多民族、广疆域国家。

大约在公元前 21 世纪，中国古代社会开始由原始氏族公社社会进入奴隶制社会，建立了夏王朝，出现了国家，国防也随之产生了。有了国家就有了国防和国防制度。

春秋战国时期，由于各诸侯国之间连年征战，国防观念迅速得到强化，国防思想也上升到理论高度，形成了诸如“义战却不非战”“非攻兼爱却不非诛”“足食足兵”“以正治国，以奇用兵”“富国强兵”“文武相济”“尚战、善战、慎战”“不战而屈人之兵”等思想，全面奠定了我国古代军事思想的基础，也正是在这一时期，我国古代军事思想走向了成熟。现存最早、影响最深的奠基之作《孙子兵法》，就是这个时期的杰出代表作。其他影响较大的还有《吴子》《孙膑兵法》《司马法》《尉缭子》《六韬》等。在几千年的军事历史中一直被视为兵学经典的 7 部著作（即《武经七书》，包括《孙子兵法》《吴子》《六韬》《司马法》《三略》《尉缭子》《李卫公问对》）中，就有 5 部产生在这个时期。诸子百家的大量的军事论述，共同形成了我国军事学术史上的第一个高峰，为我国国防理论打下了坚实的基础。这些论述形成了较为完整的战争观，并提出了普遍的战争指导原则。如孙子的“知彼知己，百战不殆”“不战而屈人之兵”“兵之情主速”“致人而不致于人”等指导原则。这些指导原则概括精辟，到现在仍具有极为重要的指导意义。这一时期的人民总结出一整套治军方法，形成了比较合理的军队编制结构，同时重视改善武器装备，研制出种类繁多的兵器装备，并明确提出“令之以文，齐之以武”“用兵之法，教戒为先”等治军思想，以此来提高军队的素质。

图 1-1　秦始皇统一中国

秦、汉、隋、唐、五代时期，中国国防建设有了进一步的发展。公元前 230 年至前 221 年，秦国经过 10 年的统一战争，先后兼并六国，结束了历史上的长期分裂局面，建立了第一个中央集权的封建国家，这也标志着中国封建社会进入一个新的历史阶段（见图 1-1）。

以后的汉、唐两朝是中国封建社会的盛世，军事上也处于开疆拓土的鼎盛时期。至公元 10 世纪中叶的近 1300 年间，中国古代国防政策和国防理论得到

进一步丰富发展，形成了研究军事战略的“兵权谋”，研究战役、战术的“兵形势”，研究军事天文、气象的“兵阴阳”，研究兵器、装备的制造和运用技巧的“兵技巧”，这四大类理论构成一个较为完整的军事学术体系。

另外，值得一提的是长城的修建。秦始皇统一六国之后，为了巩固国防，防御北方匈奴的南侵，于公元前 214 年开始将秦、赵、燕三国北部的长城连为一个整体，形成西起临洮，北傍阴山，东至辽东的防御屏障。后经各朝代多次修建连接，至明代形成了东起鸭绿江、西至嘉峪关的明长城（见图 1-2）。

图 1-2　明长城

宋朝至清朝前期，是中国封建地主阶级的没落时期，但军事上进入冷、热兵器并用时代。武学开始被纳入国家教育体系。北宋初期采用了以文制武的政策，结果导致了重文轻武，国防衰落。宋仁宗时期，开办了“武学”，后又设武举，为军队培养、选拔了大批军事人才，同时也繁荣了军事学术。明清两朝将武举推向更深层次，甚至出现文人谈兵、武人弄文的局面，大量军事著作面世，军事思想研究向体系化发展。

从总体上来说，我国古代国防理论主要有：“以民为体”“居安思危”的国防指导思想，“富国强兵”“寓兵于农”的国防建设思想，“爱国教战”“崇尚武德”的国防教育思想，“不战而胜”“安国全军”的国防斗争策略等。在这些思想和策略的指导下，中华儿女成功粉碎了无数次外敌入侵，为中华民族的繁衍生息、国家的发展提供了基本的生存条件，甚至使国防曾出现过“中国既安，四夷自服”的辉煌。

综合来看，古代国防的兴衰是与各朝代的政治、经济、军事状况密切相关的。纵观我国几千年的古代国防史，我们不难发现，当统治阶级处于上升时期，国内出现政治开明、经济繁荣、军事强大、民族团结、国家统一的时候，国防就强盛；当统治阶级走下坡路，国内出现政治腐败、经济衰落、军事孱弱、民族分裂、国内混乱的时候，国防就衰弱。从汉、唐、明、清等几个大的历史朝代看，国防事业也都是由兴而盛，由盛及衰。

（二）中国近代国防

我国近代的国防充满着孱弱、衰败和屈辱。19 世纪上半叶，西方资本主义国家为了开辟新的销售市场和原料产地，加紧对外侵略扩张。它们抓住了中国的“国防不固、军队不精”这一致命弱点，开始了对中国进行赤裸裸的侵略。

从 1840 年鸦片战争到 1949 年中华人民共和国成立的一百多年间，由于当时统治阶级的腐败衰落，国力日趋空虚，国防每况愈下，在外国列强弱肉强食的政策下，中华民族屡遭外敌的侵略欺辱。从 1840 年鸦片战争到 1911 年辛亥革命的 70 多年间，先后有英、美、法、俄等近 20 个国家的侵略者践踏过我国的国土，抢掠过我国的财物，屠杀过中国人，参与过损害我国主权的罪恶活动（见图 1-3）。

在此期间，外国侵略者还强迫腐败的清政府签订了 500 多个不平等条约。每个不平等

图 1-3　鸦片战争

条约都是对中国野蛮的掠夺。香港被割让给了英国，澳门被葡萄牙霸占，沙俄侵吞了我国 150 多万平方千米的土地，日本占领了台湾及澎湖列岛，旅顺、胶州湾、广州湾等地成了帝国列强的租借地。当时中国 1.8 万多千米的海岸线上，竟找不到一个中国自己享有主权的港口，外国商船和军舰可以在中国内河、领海任意航行，自由停泊于各通商口岸。外国人在中国境内犯罪，中国政府无权审理；外国人在租界地实行殖民统治，形成了“国中之国”，甚至控制了中国的警察权，指挥中国的外交。

1911 年爆发的辛亥革命，虽然推翻了清朝的统治，彻底废除了封建专制制度，建立了“中华民国”，但并没有改变中国任人宰割的历史。帝国主义通过扶植各派军阀作为自己的代理人，加紧对中国的控制掠夺。各派军阀争权夺利，混战不已，中国依然是有边不固，有海无防。

以 1919 年“五四”运动为标志，中国反帝反封建的资产阶级民主革命发展到新阶段。1921 年 7 月 1 日中国共产党的成立，把中国人民的救亡图存斗争推向新的阶段，中国工人阶级开始以自觉的姿态登上了历史舞台。

1931 年 9 月 18 日，日本发动了“九一八事变”。面对日本帝国主义的野蛮侵略，蒋介石却奉行“攘外必先安内”的方针，一味奉行不抵抗政策，出卖民族利益，使东北大片国土迅速沦陷。1937 年 7 月 7 日，日本发动“卢沟桥事变”，进一步扩大了对中国的侵略，中华民族到了生死存亡的紧要关头。中国共产党高举团结抗日的旗帜，肩负起救民族于危难的神圣使命，力促国共合作，中华民族同仇敌忾共御外侮，经过艰苦卓绝的十四年抗战，终于取得了我国近代历史上第一次抗击外敌侵略的完全胜利（见图 1-4）。

图 1-4　“九一八事变”纪念馆

抗日战争胜利后，中国人民迫切需要一个和平安全的休养生息的环境，中国共产党顺民心，从民愿，不计前嫌，准备与国民党第三次携手，合作建国；但蒋介石背信弃义，妄图消灭中国共产党及其所领导的军队。经过三年的解放战争，中国人民终于推翻了蒋家王朝，结束了一百多年来中华民族有国无防的屈辱历史。

（三）中国现代国防

1949 年 10 月 1 日，中华人民共和国成立，中国国防史翻开了新的历史篇章。20 世纪 50 年代的抗美援朝战争中，中国人民志愿军发扬高度的爱国主义、国际主义和革命英雄主义精神，以劣势装备打败了以美国为首的“联合国军”，保卫了新生的共和国，赢得了和平建设的环境，并取得了粉碎国民党反动派颠覆新中国的政权，武装窜扰大陆边、海防活动，平息西藏武装叛乱的胜利，保卫了新生的革命政权。20 世纪 60 至 80 年代我军还胜利地进行了对印自卫反击战、珍宝岛自卫反击战、对越自卫反击战、西沙保卫战、南海“3・14”海战等几次保卫边海疆的作战，有效捍卫了国家主权和领土完整。

新中国成立之初，在中国共产党的领导下，中国人民在一穷二白的基础上在较短的时间内就建立起相对完整的国防体系，并成功研制了“两弹一星”，提升了中国在世界上的影响力。

改革开放以来，一方面，国防和军队建设坚持在大局下行动，有力地支援了国家经济建设；另一方面，随着我国国力的增强，党中央及时提出了国防建设和经济建设要两头兼顾、协调发展的方针，坚持富国与强军相统一，实现了国防和军队现代化水平的整体跃升。

进入新时代，特别是党的“二十大”召开以后，在以习近平主席为核心的党中央领导下，国防和军队建设以“建设信息化军队，打赢信息化战争”为指导，遵循习近平强军思想，坚持“政治建军，改革强军，科技强军，人才强军、依法治军”，深入进行军队体制编制改革，大力发展信息化武器装备，国防建设军民融合深入发展，建立健全国防法规体系。国防和军队建设正沿着革命化、现代化和正规化的道路阔步前进。

（四）中国国防历史发展的启示

我国四千多年的国防历史，有过声威远播、天下归附的武功，有过引而不发、强虏驻足的宁静，有过遍体创伤、不堪回首的屈辱，也有过抗敌卫国的巨大胜利。在建设具有中国特色的社会主义征途中，我们重温这一漫长的国防历史可以从中得到有益的启示。

1. 时刻保持忧患意识是国防发展的前提

古人云：“安而不忘危，存而不忘亡，治而不忘乱。”居安思危方能有备无患。长期的和平环境很容易使人忘却忧患，沉醉于和平景象之中，“歌舞升平，醉生梦死”，滋生和平麻痹的思想，从而埋下沦亡的祸根。历史的教训告诫我们，要时刻保持忧患意识，时刻牢记“天下虽安，忘战必危”。

2. 加快经济发展是国防强大的基础

国防的强大有赖于经济的发展，早在春秋时期齐国的政治家管仲就提出“富国强兵”的思想，“兵不强不可以摧敌，国不富不可以养兵，富国是强兵之本强兵之急。”这一观点抓住了国防强大的根本所在。我国古代，凡是有作为的政治家、军事家和王朝，无不强调富国强兵。秦以后的汉、唐、明、清各代前期国防的强盛，都是国民休养生息、发展经济的结果。与此相反，以上各朝代的衰败，也都由于经济的衰落导致国防的孱弱。无数历史史实证明，经济发展是国防强大的基础。

3. 实现政治开明是国防巩固的根本

孙子在论述一个国家国防力量是否强大、军队能不能打胜仗时提出了“道、天、地、将、法”的判断标准，其中将“主孰有道”放在了首位，就是说你这个国家政治是否开明，实施的政策是否顺乎民意，对于国家能否强大、能否战胜敌人是非常重要的因素。政治与国防紧密相关，国家的政治是否开明、制度是否进步，直接关系国防能否巩固，只有良好的政治才是固国强兵的根本。

纵观我国数千年的国防历史，我们不难发现，凡是兴盛的时期和朝代，都十分注意修明政治，实行较为开明的治国之策。原本西陲小国的秦国，从商鞅变法开始，通过修政治、明法度，发展生产、繁荣经济，国防日渐强大，为并吞六国奠定了坚实的基础；大唐初建之时，满目疮痍，百废待兴，正是由于制定并实施了一系列开明的政治制度，国家很快从隋末的战争废墟中恢复过来，成为国力昌盛、空前统一的大唐帝国。凡是衰落的时期和朝代，无不因为政治腐败而导致国防孱弱，唐朝中期以后，两宋乃至于晚清都是如此。

4. 维护国家统一和民族团结是国防强大的关键

翻开几千年的国防史，人们会发现这样一个规律：凡是国家统一、民族团结的时期，国防就巩固、就强大；凡是国家分裂、民族矛盾尖锐的时期，国防就孱弱、就颓败。

晚清时期，在西方列强的进攻面前，清政府不仅不敢发动反侵略战争，不依靠、不支持进行战争，反而认为“患不在外而在内”“防民甚于防火”，对人民群众自发组织反侵略斗争实行残酷的镇压，最终造成在对外作战中屡战屡败，割地赔款，逐步沦为半殖民地半封建社会。

历史的教训最为深刻，经验弥足珍贵，值得我们永远记取。

四、现代国防观

现代国防观是对传统国防观的继承和发展，是一种全新的国防观。国家之间的斗争绝非单纯的武力较量，而是在综合国力的基础上，以军事手段为主，在政治、经济、科技、外交、文化等多种手段配合下进行的总体较量。其主体表现在以下六个方面。

（一）现代国防安全是整体性安全

随着经济的发展，特别是科技的进步，国家安全利益的内涵不断拓展。现代国防的职能正在由维护其地缘明确的“硬疆界”，拓展到争取有利于己的“软环境”；由保卫本土不受侵犯，扩展到在全球或地区范围内争取政治、经济和安全秩序的影响力与主导权；由打赢战争扩展到在战争和非战争状态下都能保证国家利益的实现。因此，现代国防强调国家安全必须依靠整体性防务。一个国家只有经济不断增长、科技不断发展、国防实力不断增强、国防安全意识不断巩固，以及与周边国家和睦相处，才能真正实现长治久安。

（二）现代国防是国家综合国力的体现

综合国力主要由人力、自然力、政治力、经济力、科技力、精神力和国防力等组成。其中经济实力、国防实力和民族凝聚力是综合国力的基本要素，经济实力是基础，国防实力是支柱，民族凝聚力是灵魂。现代国防与国家的综合国力有着密切的联系，国家的发展水平制约着武器装备发展水平和国防力量的总规模。没有强大的综合国力，就不能制造高水平的信息化装备，就承担不起庞大的军费开支，国防建设就只能是空中楼阁。现代国防不仅依赖于国家的实力，而且还依赖于国家的潜力，以及将潜力转化为实力的能力，如国土面积、自然资源、生产能力、人力资源、科技和文化水平、通信状况、国家政策、管理能力、国际关系和地位等。战争潜力能否转化为战争实力是现代国防强弱的一个重要标志。

（三）现代国防的目标是多层次的

由于各国的国家利益不同，特别是经济利益不同，所制定的战略也各有不同，再加上各国军事实力和综合国力的差异，就使得现代国防呈现出多层次的目标体系。

从国防的范围上，可分为自卫目标、区域目标和全球目标。自卫目标，由本国政治制度决定，这样的国家在国土之外的经济利益有限，加上自身实力不足，因此，只能将国防

目标定位于自卫层次上，着眼于维护国家主权和领土完整。以区域目标为国防重点的国家虽然在世界范围都有自己的经济利益，但不奉行扩张政策，或者军事实力达不到全球范围，所以，将防卫目标锁定在本国及周边区域，也就是说，区域目标国防就是在维护本国安全利益这个层次上再提高一步，努力为本国的发展创造一个良好的周边环境，并扩大自卫的纵深和弹性。全球目标是少数实力雄厚、推行扩张政策的国家作为，它们的国家利益遍及全球，出于保护本国利益、称霸世界的企图，将国防的目标对准世界，以维护世界和平、稳定和消除战争危险为旗号，进行侵略扩张，将自己的意志强加给别的国家。

从国防的目标层次上，可分为生存目标和发展目标，前者是基于保证国家生存、民族独立的国防，称为生存目标；后者是国家生存无忧，民族独立无虞，其目标在于争取一个适合国家发展的空间，称为发展目标。

（四）现代国防的手段是多元性的

由于国家利益的威胁来自诸多方面，除了兵戎相见的“硬杀伤”手段外，还有各种“软杀伤”手段，如意识形态、文明冲突和信息攻击等。因此，单纯的军事行为已不能满足安全防卫的需要。现代国防斗争，不仅可以使用军事手段在战场上进行武力对抗，也可以通过政治对话、外交谈判、经济封锁、心理施压和军备控制等非战争手段在更广阔的空间进行激烈的较量。

（五）现代国防建设系统必须协调发展

现代国防建设是一个以科技为龙头，以经济为骨干，通过整体性的战略运筹谋求综合国防效益的有机系统。现代国防斗争更重视整个系统的威力，而不是某些单元的优势和作用。因此，世界各国都普遍着眼于从宏观上来调整军队、准军事组织和预备役部队的比重，军队内部各军兵种的比重，以及在发展武器装备、改进军事体制、强化军事训练、完善战场建设等方面进行规划以更有利于协调行动，发挥系统整体效能。

（六）现代国防建设必须全民参与

随着国防内涵的扩展，国防建设必然涉及国家各个领域和各条战线。依靠国家和全社会的力量来建设国防，越来越受到重视。国防不应该是单纯的“军防”，而是关系到各个领域、各条战线和每个公民的事情，正所谓“天下兴亡，匹夫有责”，保卫祖国、抵御侵略是每个公民的神圣职责。

第二节 国防法规

名人名言

一个国家如果没有军事干部和军事组织做基础，就很难建成一支军队。

——［法］拿破仑

有制之兵，无能之将，不可以败；无制之兵，有能之将，不可以胜。

——［三国］诸葛亮

国防法规是调整国防和武装力量建设领域各种社会关系的法律规范的总称。它是国家国防政策的法律体现，是指导国防活动的行为准则，又是国家法律体系的重要组成部分。在中国特色社会主义建设的新时代，在依法治国的大环境中，国防法规对于加强国防和军队信息化建设，做好新时期军事斗争准备，将发挥越来越重要的作用。

一、国防法规体系

国防法规体系，是指由不同层次、不同门类的国防法律规范构成的有机整体。不同层次表现为国防法规之间的纵向联系，可按不同的立法机关区分为不同效力等级的法律、法规。不同门类表现为国防法规之间的横向联系，可按不同的调整领域区分为不同的门类。

本节视频讲解

我国的国防法规，按立法权限区分为五个层次：

第一个层次是法律，指由全国人民代表大会及其常务委员会颁发的国防和军队建设的法律以及有关法律问题的决定，如《国防法》《兵役法》等。

第二个层次是法规，指由国务院、中央军事委员会制定的军事行政法规，如《征兵工作条例》《内务条令》《队列条令》和《纪律条令》等。

第三个层次是规章，指由国务院各部和中央军事委员会制定的军事法规，如《中国人民解放军联合作战纲要》《交通战备科研管理暂行规定》等。

第四个层次是由各军兵种和战区制定的军事规章，如陆军颁布的《战斗条令》、海军颁布的《舰艇条令》、空军颁布的《飞行条令》等。

第五个层次是由各省、自治区、直辖市人大和政府制定的地方性法规。如《征兵工作若干规定》《国防教育条例》等。

中国的国防法规按调整领域不同，可以划分十六个门类、国防基本法类、国防组织法类、兵役法类、军事管理法类、军事刑法类、军事诉讼法类、国防经济法类、国防科技工业法类、国防动员法类、国防教育法类、军人权益保护法类、军事设施保护法类、特区驻军法类、紧急状态法类、战争法类、对外军事关系法类。不同门类的国防法规调整、规范国防和军事活动的领域也各不相同。

中国在国防和军队建设的主要方面基本实现有法可依，初步建立了具有中国特色的国防和军事法规体系，保障了国防活动和军队建设在法律规范下有序地进行。

二、国防主要法规的基本内容

国防法规内容十分丰富，涵盖了国防和军队建设的方方面面，下面我们主要介绍《兵役法》《军事设施保护法》《国防法》《国防教育法》《反分裂国家法》五种法规。

（一）《中华人民共和国兵役法》

《中华人民共和国兵役法》（以下简称《兵役法》）于 1984 年 5 月 31 日在第六届全国人民代表大会第二次会议获得通过并被公布实施，2021 年 8 月 20 日，十三届全国人大常委会第三十次会议第四次修订《中华人民共和国兵役法》，自 2021 年 10 月 1 日起施行。该法共 11 章 65 条，基本内容包括：总则、兵役登记、平时征集、士兵的现役和预备役、军官的现役和预备役、军队院校从青年学生中招收的学员、战时兵员动员、服役待遇和抚

恤优待、退役军人的安置、法律责任和附则等。

新修订的《中华人民共和国兵役法》主要是在以下几个方面进行了修改：一是从法律上强化党对兵役工作的统一领导，确立习近平强军思想的指导地位。二是优化兵役基本制度，由“义务兵与志愿兵相结合、民兵与预备役相结合”调整为“以志愿兵役为主体的志愿兵役与义务兵役相结合”的兵役制度。三是调整预备役制度，将预备役人员聚焦为预编到现役部队和编入预备役部队服预备役的人员。四是健全兵役登记制度，对兵役登记的对象范围、程序办法、查验核验、信息管理等进行系统规范。五是加大高素质兵员征集力度，规定普通高等学校应当有负责兵役工作的机构，将研究生的征集年龄放宽至 26 周岁。六是优化服役待遇保障制度，规定义务兵服现役期间表现特别优秀的经批准可以提前选改为军士，公民入伍时保留户籍，义务兵家庭优待金由中央财政和地方财政共同负担。七是完善退役安置政策，增加军士和军官退出现役可以“采取逐月领取退役金”的安置方式。八是创新兵役工作方式方法，规定国家加强兵役信息化建设，建立考核激励和责任追究机制，进一步明确单位和个人应当承担的法律责任。

（二）《军事设施保护法》

《军事设施保护法》于 1990 年 2 月 23 日在第七届全国人民代表大会常务委员会第十二次会议上获得通过，自 1990 年 8 月 1 日起施行。后来又经过 2009 年 8 月和 2014 年 6 月两次修订，于 2014 年 8 月 1 日起施行。该法能更好地统筹兼顾经济建设、社会发展和军事设施保护，对于保障军事设施安全和使用效能，加强国防现代化建设和军事斗争准备具有重要意义。

新修订的《军事设施保护法》，在保持原法律框架结构基本稳定的前提下，由原来的 8 章 37 条调整为 8 章 53 条，共修改 38 处，新增 16 条另 17 款。修改内容主要包括四个方面：突出统筹协调，健全保护机制；着眼形势任务，充实保护内容；针对现实问题，细化保护措施；明确管理职责，强化法律责任。

（三）《中华人民共和国国防法》

《中华人民共和国国防法》（简称《国防法》）于 2020 年 12 月 26 日在第十三届全国人民代表大会第二十四次会议上获得通过，自 2021 年 1 月 1 日起施行。该法共 12 章 73 条，基本内容包括：总则，国家机构的国防职权，武装力量，边防、海防、空防和其他重大安全领域防卫，国防科研生产和军事采购，国防经费和国防资产，国防教育，国防动员和战争状态，公民组织的国防义务和权利，军人的义务和权益，对外军事关系和附则等。

（四）《中华人民共和国国防教育法》

2001 年 4 月 28 日第九届全国人大常委会第二十一次会议专门通过了《中华人民共和国国防教育法》，共 6 章 38 条，主要规定了国防教育的方针原则，学校国防教育，社会国防教育，国防教育的保障和法律责任等。

2022 年 9 月 1 日，中共中央、国务院、中央军委印发《关于加强和改进新时代全民国防教育工作的意见》（以下简称《意见》）。这是新时代创新发展国防教育领域的纲领性文件，是贯彻落实《中华人民共和国教育法》的具体措施和办法。对于深入普及全民国防教育、增强全民国防观念、强化忧患意识、提高国防技能具有重要意义和深远影响。

《意见》坚持以习近平新时代中国特色社会主义思想为指导，坚持和加强党对全民国防教育工作的领导，增强“四个意识”、坚定“四个自信”、做到“两个维护”，贯彻总体国家安全观，培育和践行社会主义核心价值观，着力增强全民爱党爱国爱社会主义的深厚感情、居安思危的忧患意识、崇军尚武的思想观念、强国强军的责任担当，使关心国防、热爱国防、建设国防、保卫国防成为全社会的思想共识和自觉行动。

（五）《反分裂国家法》

2005 年 3 月 14 日，第十届全国人民代表大会第三次会议通过了一部关于台湾海峡两岸关系的法律——《反分裂国家法》，当天就经中华人民共和国主席胡锦涛签署并立即予以实施。

该法律条款一共有十条，主要内容为：一是以法律的形式明确了台湾问题的性质和确立了解决台湾问题的基点；二是明确了以和平方式实现国家统一的最大诚意；三是首次明确提出了在三种情况下中国大陆可用“非和平手段”处理台湾问题的底线。该法自公布实施以来，在反对和遏制“台独”分裂行径、维护台海和平稳定、促进两岸关系和平发展等方面，发挥了十分重要的作用。

三、公民的国防权利和义务

公民是指具有一国国籍，根据宪法和法律规定享有权利、担负义务的自然人。《中华人民共和国宪法》（以下简称《宪法》）规定：“凡具有中华人民共和国国籍的人都是中华人民共和国公民。”

（一）公民的国防权利

1. 对国防建设提出建议

《国防法》规定：“公民和组织有对国防建设提出建设的权利。”这一规定是对公民依《宪法》享有对国家事务的建议权在国防建设方面的体现。

2. 制止、检举危害国防行为

《国防法》规定：“公民和组织有对危害国防的行为进行制止或检举的权利。”这一规定，是对《宪法》关于公民有维护国家安全、荣誉和利益的义务和关于公民检举权规定在国防方面的体现。

3. 国防活动中经济损失补偿

《国防法》规定：“公民和组织因国防建设和军事活动在经济上受到直接损失的，可以依照国家有关规定取得补偿。”国防活动中经济损失的补偿，仅限于直接的经济损失，而不包括间接的经济损失和非经济的损失，且对直接经济损失的偿付会视情况而定，可以是全部的，也可以是部分的。这一规定，体现了中国一切为了人民利益的社会主义本质，既保护了公民的经济权利，又有利于调动公民依法积极参加国防建设和军事活动。

4. 军人的优待、抚恤权和退役后的安置权

《国防法》规定，军人应当受到全社会的尊崇。国家建立军人功勋荣誉表彰制度。国家采取有效措施保护军人的荣誉、人格尊严，依照法律规定对军人的婚姻实行特别保护。

军人依法履行职责的行为受法律保护。

国家建立与军事职业相适应、与国民经济发展相协调的军人待遇保障制度。

国家建立退役军人保障制度，妥善安置退役军人，维护退役军人的合法权益。

国家和社会抚恤优待残疾军人，对残疾军人的生活和医疗依法给予特别保障。因战、因公致残或者致病的残疾军人退出现役后，县级以上人民政府应当及时接收安置，并保障其生活不低于当地的平均生活水平。

国家和社会优待军人家属，抚恤优待烈士家属和因公牺牲、病故军人的家属。

《兵役法》也明确规定，现役军人，革命残废军人，退出现役的军人，革命烈士家属，牺牲、病故军人家属，现役军人家属，应受到社会的尊重，受到国家和人民群众的优待。现役军人牺牲、病故，由国家一次性发给其家属抚恤金。其家属无劳动能力或者无固定收入不能维持生活的，再由国家定期发给抚恤金。义务兵退出现役后，按照从哪里来回哪里去的原则，由原征集地县、自治县、市辖区的人民政府接收安置。

当然，没有无权利的义务，也没有无义务的权利。公民在享受权利的同时，也应承担相应的国防义务。

（二）公民的国防义务

1. 兵役义务

我国《国防法》规定："依照法律服兵役和参加民兵组织是中华人民共和国公民的光荣义务。"我国《兵役法》规定："中华人民共和国公民不分民族、种族、职业、家庭出身、宗教信仰和教育程度，都有义务依照本法的规定服兵役。"根据我国《兵役法》，公民履行义务兵役主要有服现役、服预备役和接受军事训练三种形式。

2. 接受国防教育的义务

每一个公民要按照国家的规定，通过一定形式来接受国防教育，增强国防观念，并把它当作自己的光荣职责。我国公民有义务接受国防理论、军事知识、军事法制、国防历史、国防精神、国防体育等内容的教育。

3. 保守国防秘密的义务

《中华人民共和国保密法》规定："一切国家机关、武装力量、政党、社会团体、企业事业单位和公民都有保守秘密的义务。"我国《国防法》规定："公民和组织应当遵守保密规定。不得泄露国防方面的国家秘密，不得非法持有国防方面的秘密文件、资料和其他秘密物品。"泄露国防秘密、危害国防安全与利益者，应当承担相应的法律后果。

4. 保护国防设施的义务

所谓国防设施是指国家直接用于国防目的的建筑、场地和设备。我国公民和组织对国防设施要依法履行保护义务。不履行国防设施保护义务的，将受到法律的追究。

5. 协助国防活动的义务

我国《国防法》规定，公民和组织协助国防活动的主要义务有：开展经常性的拥军优属工作，特别是对现役军人及家属的优待；为武装力量活动提供便利条件的义务；支前参战的义务。

第三节 国防建设

不固其外，欲安其内，犹家人不坚垣墙，狗吠夜惊而暗昧妄行也。

——［汉］贾谊

不但要有更多的飞机和大炮，而且还要有原子弹。在今天的世界上，我们要不受人家欺负，就不能没有这个东西。

——毛泽东

国防建设是国家为构建和完善国防体系，提高国防能力而进行的一系列活动的统称。内容涉及武装力量建设，边防、海防、空防及战场建设，国防科技与国防工业建设，国防法规建设，国防动员建设，国防教育，以及与国防相关的交通、能源、通信、水利、气象、航天等多个方面的建设。经过 70 多年的努力，我国国防建设取得了举世瞩目的成就，为国家建设和发展做出了巨大贡献。

一、国防领导体制

国防领导体制，是国家领导国防活动的组织体系及相应制度，包括国防领导机构的设置、职权划分和相互关系等，是国家体系和军事组织体系的重要组成部分。一般设有最高统帅、最高国防决策机构、国家行政机关中管理国防事务的部门和武装力量领导指挥系统等。根据宪法、国防法和有关法律，我国建立和完善了国防领导体系，对国防活动实行高度集中统一的领导。

本节视频讲解

（一）国防领导体系的历史发展

中华人民共和国成立以来，为使国防领导体制适应国家政治、经济和科技的发展，特别是适应军事发展和保障国家安全的需要，国家对国防领导体制进行了多次调整改革，使之在实践中不断发展和完善。

中华人民共和国成立之初，根据有关法律的规定，国家设立中央人民政府革命军事委员会，作为国家最高军事领导机关，统一管辖并指挥中国人民解放军及其他武装力量。1954 年，第一届全国人民代表大会通过并颁布的《宪法》规定，中华人民共和国主席统率全国武装力量，担任国防委员会主席，不再设立中央人民政府革命军事委员会。一届人大一次会议决定，设立国防委员会和国防部，撤销中国人民解放军总司令的设置。同年 9 月 28 日，中共中央政治局通过决议，在中央政治局和书记处下设党的军事委员会，担负整个军事工作的领导。中央政治局、书记处和军事委员会有关军事工作的决定，对内以军事委员会（简称军委）的名义下达，对外以国务院或国防部的名义下达。1958 年 7 月，中央军委扩大会议通过决议规定，中央军委是中共中央的军事工作部门，是统一领导全军的统帅机关，军委主席是全军统帅，下设总参谋部、总政治部、总后勤部；国防部是军委对外的名义，军委决定的事项，凡需经国务院批准或需用行政名义下达的，由国防部部长签署对外发布。

1982年，第五届全国人大五次会议通过的第四部《宪法》规定："设立中华人民共和国中央军事委员会，领导全国的武装力量。中央军事委员会继续存在，其职能和国家中央军委完全相同。"这表明中央军委同时有两个名义：一个是中共中央军委，一个是国家的中央军委，从而确立了党和国家高度集中统一地行使领导职权的国防领导体制。

（二）中华人民共和国国防领导职权

1. 中共中央的国防领导职权

中国共产党作为执政党，是领导中国社会主义事业的核心力量。中共中央在国家生活包括国防事务中发挥着决定性的领导作用。有关国防、战争和军队建设的重大问题，由中共中央、中央军委、中央政治局及其常务委员会做出决策并通过必要的法定程序，作为党和国家的统一决策贯彻执行。《中国人民解放军政治工作条例》规定："中国人民解放军必须置于中国共产党的绝对领导之下，其最高领导权和指挥权属于中国共产党中央委员会和中央军事委员会。"

2. 全国人民代表大会及其常务委员会的国防职权

中华人民共和国全国人民代表大会是最高国家权力机关。它在国防方面的职权主要有：决定战争与和平的问题；制定有关国防方面的基本法律；选举中央军事委员会主席，根据中央军事委员会主席的提名，决定中央军事委员会其他组成人员；应当由全国人民代表大会行使的国防方面的其他职权。

全国人民代表大会常务委员会在国防方面的职权主要有：在全国人民代表大会闭会期间，决定战争状态的宣布；决定全国总动员或者局部动员；行使《宪法》规定的国防方面的其他职权。

3. 国家主席在国防方面的职权

中华人民共和国主席在国防方面的职权主要有：根据全国人民代表大会和全国人民代表大会常务委员会的决定，宣布战争状态；根据全国人民代表大会和全国人民代表大会常务委员会的决定，发布动员令；公布全国人民代表大会及其常务委员会制定的有关国防方面的法律；根据全国人民代表大会常务委员会的决定授予在国防方面的国家勋章和荣誉称号；根据全国人民代表大会常务委员会的决定批准和废除同外国缔结的有关国防方面的条约和重要协定。

4. 国务院在国防方面的职权

中华人民共和国国务院是最高权力的执行机关，是最高国家行政机关。它在国防方面的职权是领导和管理国防建设事业，包括：编制国防建设发展规划和计划；制定国防建设方针、政策和行政法规；领导和管理国防科研生产；管理国防经费和国防资产；领导和管理国防经济动员工作和人民武装动员、人民防空、国防交通等方面的工作；领导和管理拥军优属工作和退役军人保障工作；与中央军事委员会共同领导民兵的建设，征兵工作，边防、海防、空防和其他重大安全领域防卫的管理工作；法律规定的与国防建设事业有关的其他职权。

5. 中央军事委员会在国防方面的职权

中华人民共和国中央军事委员会是最高国家军事机关，负责领导全国武装力量。其职权主要包括：统一指挥全国武装力量；决定军事战略和武装力量的作战方针；领导和管理中国人民解放军、中国人民武装警察部队的建设，制定规划、计划并组织实施；向全国人民代表大会或者全国人民代表大会常务委员会提出议案；根据宪法和法律，制定军事法规，发布决定和命令；决定中国人民解放军、中国人民武装警察部队的体制和编制，规定中央军事委员会机关部门、战区、军兵种和中国人民武装警察部队等单位的任务和职责；依照法律、军事法规的规定，任免、培训、考核和奖惩武装力量成员；决定武装力量的武器装备体制，制定武器装备发展规划、计划，协同国务院领导和管理国防科研生产；会同国务院管理国防经费和国防资产；领导和管理人民武装动员、预备役工作；组织开展国际军事交流与合作；法律规定的其他职权。

中央军事委员会实行主席负责制，中央军委主席即为全国武装力量的统帅。中央军委组成人员为：中央军委主席，副主席若干人，委员若干人。

2016 年 1 月 11 日，新的中央军事委员会机关调整组建，按照军委管总、战区主战、军种主建的总原则，把总部制改为多部门制，将原来军委所属的总参谋部、总政治部、总后勤部、总装备部 4 个总部，改为军委办公厅、军委联合参谋部、军委政治工作部等 15 个职能部门，作为全军的统帅机关。

二、国防战略

（一）国防战略的概念

国防战略是对国防建设和运用综合国力维护国家安全，实现国防目标的总体构想。国防战略取决于国家战略和国家政策，最终体现国家利益。国防战略的优劣直接关系国防建设的发展，乃至战争胜负、国家存亡、民族兴衰。

（二）国防战略的发展

国防战略方针是国家武装力量建设和使用的根本依据，是军队和国防建设工作的总原则。中国的国防战略方针继承了毛泽东军事思想中积极防御的原则，并在不同的历史发展阶段被赋予不同的内涵。从 1956 年起到今天，中国的国防战略曾有过六次大的调整。

1.“积极防御，防敌突袭”战略（1956—1964）

毛泽东在 1955 年召开的党的全国代表会议上指出：“今后帝国主义如果发动战争，很可能像第二次世界大战时期那样，进行突然的袭击。因此，我们在精神上和物质上都要有所准备，当突然事变发生的时候，才不至于措手不及。”根据这个思想，中央军委在 1956 年 3 月召开扩大会议，对国家的军事战略进行专门的研讨。会上，国防部长彭德怀同志代表中共中央、中央军委做了《关于保卫祖国的战略方针和国防建设问题》的报告。这个报告首次明确了中国的国防战略方针，指出：为了有效地防止帝国主义的突然袭击，保卫人民革命和国家建设的成果，保卫国家的主权与领土完整和安全，在未来的反侵略战争中，应该采取积极防御的战略方针。这次军委扩大会议的召开和彭德怀讲话的发表，标志着新中国成立后的第一个国防战略的确立。

在这个思想指导下，国防建设在三个方面进行了不懈的努力：大规模地裁减军队员额和经费；大力加强海、空军及技术兵种的实力；自力更生，有重点地开展军工生产和科研。为此，军队在 1955 年和 1958 年两次大规模地裁减员额（从抗美援朝时期的 611 万裁减到 237 万）。与此同时，海、空军及其他技术兵种的实力得到了加强，战斗力有了明显

的提高。在苏联的帮助下，中国新建和扩建了几十个具有一定规模的兵工厂，开始仿制苏式装备。到 20 世纪 50 年代末，从各种轻武器到常规火炮、装甲战车、作战飞机、小型水面舰艇，中国都能自行生产了。完整的国防科研和生产体系初步建立，使我军武器装备的水平与世界先进水平的距离大幅度地缩小。

2. “准备早打、大打、打核战争”战略（1964—1985）

从 20 世纪 50 年代后期到 60 年代初，中国的国家安全形势变得严峻起来，中苏两党两国关系破裂、中印边境的武装冲突、台湾海峡的紧张局势及美国把战火烧到了越南北方等都使中国周边的安全环境异常恶劣。在这种环境下，中国的国防战略进行了第二次调整，从和平时期转入到临战状态。

毛泽东在 1964 年 10 月 22 日的一个批示中指出：“必须立足于战争，从准备大打、早打出发，积极备战，立足于早打、大打、打原子战争。我们不仅要在战略部署、后方设施、作战准备和国防工业建设等方面充分注意这个问题。同时也要在国民经济建设等方面充分注意这个问题。”毛泽东的这个批示意味着 1956 年军委扩大会议制定的国防战略将被新的国防战略取而代之。1969 年 4 月召开的党的第九次全国代表大会的政治报告对这个方针正式加以确认：“决不可忽视美帝、苏修发动大规模战争的危险性。我们要做好充分准备，准备他们大打，准备他们早打，准备他们打常规战争，也准备他们打核大战。”

在准备打仗的指导思想下，从 60 年代起，中国国防建设采取了许多重大举措。如整军备战，大规模进行“三线建设”，加速研制核武器、运载工具及成立第二炮兵部队、组建民兵师和生产建设兵团等等。

这个战略方针从 60 年代中期到 80 年代中期整整实施了 20 年，其中 60 年代中期到 70 年代中期，军费开支的加大，军队员额的激增，加上“一切以战备的观点来衡量”的思维定式严重制约了国民经济的发展，造成了中国经济建设的落后局面。经济建设的落后反过来又影响到国防建设，虽然战略武器搞上去了，但常规武器又重新同世界先进水平拉大了距离。

3. “应付和打赢局部战争”战略（1985—1993）

1985 年 6 月，邓小平在军委扩大会议上的讲话，提出了“在较长时间内不发生大规模的世界战争是有可能的，维护世界和平是有希望的”正确判断，从而得出“两个转变”的思想。这次军委扩大会议确认了新时期的军事战略，即从长期以来立足于早打、大打、打核战争的临战状态，转变到和平时期以应付和打赢局部战争为主的方针。会议要求充分利用和平时期，在服从国家经济建设的前提下，抓紧时间，有计划、有步骤地进行以现代化为中心的国防建设，以增强军队在现代化条件下的作战能力。

为了适应新的战略方针，20 世纪 80 年代以后军队采取了一系列的大动作：军委主席邓小平亲自领导了百万大裁军的行动，裁减军队员额 100 万。1982 年，将军委炮兵、装甲兵、工程兵等技术兵种司令部裁减为总参谋部下属二级部，1992 年又将上述各部合并为总参谋部兵种部；铁道兵部队集体转业到铁道部；1987 年组建了陆军航空兵部队；1982 年，成立国防科工委，以加强国防现代化的科学保障体系；1985 年后，将原先的 11 大军区合并成 7 个，使军区编制人员减少 50%；还撤销了多年沿用的野战军编制，组建机动性、突击力、防护力及快速反应能力更强的集团军。新时期的战略方针顺应了国际国内形势的变化与发展，最大限度地配合了中国改革开放后的经济建设大局和保障国家安全的需要，突出了质量建军这一战略方针。

4. “打赢现代技术特别是高技术条件下的局部战争”战略（1993—2004）

20 世纪 90 年代初，世界军事战略格局发生了深刻的变化，一是冷战结束，两大军事集团之一的华沙条约组织瓦解，使得发生大规模的战争甚至世界大战的可能性越来越小。二是以微电子和信息科学为代表的高科技在军事领域里的运用，使战争的形态发生了深刻变化，它表明以倾泻钢铁为特征的大工业时代的战争模式将成为过去，而以高科技特别是以信息技术为特征的军事变革正悄然兴起。在这种趋势下，世界各国纷纷加快军事变革，力求建立一支质高、量少、合理、够用的精干武装力量。面对新的情况，中国的国防战略方针又一次进行了重大调整，即将人民解放军的战略方针基点由应对一般条件下的局部战争转变到打赢现代技术特别是高技术条件下的局部战争上，加速人民解放军的质量建设，提高应急作战能力。为贯彻新的战略方针，中央军委提出了以“科技强军”为中心思想的“两个根本性转变”，即由应付一般条件下的局部战争向打赢现代技术特别是高技术条件下局部战争转变；在军队建设上，由数量规模型向质量效能型、人力密集型向科技密集型转变。

5. “打赢信息化条件下的局部战争”战略（2004—2015）

20 世纪末至 21 世纪初，人类社会由工业社会逐渐向信息化社会过渡，战争形态也由机械化战争向信息化战争演变，在这期间美国分别进行了科索沃战争、阿富汗战争和伊拉克战争，这些局部战争已经凸显出信息化战争的雏形，特别是伊拉克战争被认为是最具有信息化战争特色的局部战争。各国军队纷纷向信息化转型，人民解放军也不例外。为此，中央军委提出进一步充实完善新时期军事战略方针，把军事斗争准备基点进一步调整为打赢信息化条件下的局部战争。

6. “打赢信息化局部战争”战略（2015 至今）

2015 年 5 月，中国发布了《中国军事战略》白皮书，根据国际形势的发展提出了人民解放军在新时期的军事战略是“实行新形势下积极防御军事战略方针，调整军事斗争准备基点。根据战争形态演变和国家安全形势，将军事斗争准备基点放在打赢信息化局部战争上，突出海上军事斗争和军事斗争准备，有效控制重大危机，妥善应对连锁反应，坚决捍卫国家领土主权、统一和安全。”在新形势下，进一步坚持国防战略方针，实行遏制战争与打赢战争的辩证统一，着重准备对付可能发生的局部战争和突发事件，以国家利益为最高准则处理军事战略问题，是新时期中国国防战略的基本目标和基本任务。

三、国防政策

国防政策，是国家制定的一定时期内指导国家防务建设事业的基本行动准则，是国家政策的重要组成部分。国家的一切国防活动以及与国防有关的其他活动，都必须以国防政策为依据。中国始终坚定不移地奉行防御性的国防政策，中国庄重承诺：绝不搞扩张，绝不侵略他国，永远不称霸，做负责任、讲和平、守信用的地区大国。但中国在遭受侵略时，保留使用各种手段进行反击的权利。新时代中国的国防政策，主要包括以下内容：

（一）努力维护国家安全统一，切实保障国家发展利益

防备和抵抗侵略，确保国家领海、领空和领土不受侵犯。反对和遏制“台独”分裂势力及其活动，防范和打击一切形式的恐怖主义、分裂主义和极端主义。人民解放军坚决履

行新世纪新阶段的历史使命，为中国共产党巩固执政地位提供重要力量保证，为维护国家发展的重要战略机遇期提供坚强安全保障，为维护国家利益提供有力战略支撑，为维护世界和平促进共同发展发挥重要作用。不断提高应对多种安全威胁、完成多样化军事任务的能力，确保能够在各种复杂形势下有效应对危机、维护和平，遏制战争、打赢战争。

（二）力求实现国防和军队建设全面协调可持续发展

坚持国防建设与经济建设协调发展的方针，把国防和军队现代化建设融入经济社会发展体系之中，使国防和军队现代化进程与国家现代化进程相一致。全面加强军队的革命化、现代化、正规化建设，科学统筹中国特色军事变革与军事斗争准备、机械化建设与信息化建设、诸军兵种作战力量建设、当前建设与长远发展、主要战略方向建设与其他战略方向建设。深化体制编制和政策制度调整改革，注重解决体制机制上制约军队发展的深层次矛盾和问题，着力推进军事组织体制创新和军事管理创新，提高军队现代化建设的水平。

（三）注重以信息化为主要标志的军队质量建设

坚持以机械化为基础，以信息化为主导，推进信息化和机械化复合发展，实现军队火力、突击力、机动能力、防护能力和信息能力的整体提高。实施科技强军战略，依靠科技加快战斗力生成模式的转变。提高武器装备和国防科技的自主创新能力，力争在一些基础性、前沿性、战略性技术领域取得重大突破。加紧构建适应信息化战争需要的联合作战指挥体制、训练体制和保障体制，加强诸军兵种的综合集成建设。实施人才战略工程，培养大批适应军队信息化建设、胜任信息化条件下作战任务的高素质新型军队人才。提高训练的科技含量，创新训练内容、方式和手段。

（四）认真贯彻积极防御的军事战略方针

立足于打赢信息化条件下的局部战争，着眼维护国家主权、安全和发展利益的需要，做好军事斗争准备。创新发展人民战争的战略思想，坚持军事斗争与政治、经济、外交、文化、法律等各领域斗争的密切配合，综合利用各种手段和策略，主动预防、化解危机，遏制冲突和战争的爆发。逐步建立集中统一、结构合理、反应迅速、权威高效的现代国防动员体系。以联合作战为基本作战形式，发挥诸军兵种作战优长。陆军逐步推进由区域防卫型向全域机动型转变，提高空地一体、远程机动、快速突击和特种作战能力。海军逐步增大近海防御的战略纵深，提高海上综合作战能力和核反击能力。空军加快由国土防空型向攻防兼备、空天一体型转变，提高空中打击、防空反导、预警侦察和战略投送能力。火箭军逐步完善核常兼备的力量体系，提高信息化条件下的战略威慑和常规打击能力。从战略支援部队脱胎演变而来的信息支援部队、军事航天部队和网络空间部队应尽快成军，形成战斗力，在太空、网络和电磁空间为作战部队提供有力的战略支援。

（五）坚决贯彻自卫防御的核战略

中国的核战略贯彻国家的核政策和军事战略，其根本目的是遏制他国对中国使用或威胁使用核武器。中国主张全面禁止和彻底销毁核武器。中国坚持自卫反击和有限发展的原则，着眼于建设一支满足国家安全需要的精干有效的核力量，确保核武器的安全性、可靠性，保持核力量的战略威慑作用。中国的核力量由中央军事委员会直接指挥。中国发展核力量是极为克制的，过去没有，将来也不会与任何国家进行核军备竞赛。

（六）积极营造有利于国家和平发展的安全环境

按照和平共处五项原则开展对外军事交往，发展不结盟、不对抗、不针对第三方的军事合作关系。参与国际安全合作，加强与主要大国和周边国家的战略协作和磋商，开展双边或多边联合军事演习，推动建立公平、有效的集体安全机制和军事互信机制，共同预防冲突和战争。支持按照公平、合理、全面、均衡的原则，实现有效裁军和军备控制，反对核扩散，推进国家核裁军进程。遵守联合国宪章的宗旨和原则，履行国际义务，参加联合国维和行动、国际反恐合作和救灾行动，为维护世界与地区和平稳定发挥积极作用。

四、国防建设成就

新中国成立以后，特别是进入新世纪以来，国防现代化建设在探索中不断前行，取得了举世瞩目的巨大成就。

（一）深化改革，进一步完善了具有中国特色的武装力量领导体制

自新中国成立至21世纪初，我国武装力量的领导体制虽经数次改革，但其指挥机构存在着指挥与管理体制相互重叠、机关臃肿、指挥层次过多和指挥效率不高等诸多弊端。

2015年底，为进一步优化军队结构，改革指挥方式和保障模式，整合军队建设资源，提高基于信息系统的体系作战能力，人民解放军迈出了深化改革的新步伐。按照“军委管总、战区主战、军种主建”的总原则，把总部制改为多部门制以强化军委战略管理职能，改善领导管理体制；改进和优化部队编组模式，使部队作战力量编成更趋合理。

这次改革打破解放军长期实行的总部体制、大军区体制、大陆军体制，重塑解放军领导指挥体制。改变过去作战指挥与建设管理职能合一、建用一体的体制，建立作战指挥和建设管理职能相对分离的新体制，即军委——军种——作战部队的管理体制和军委——战区——作战部队的作战指挥体制；改变过去四个总部“领导机关”体制，建立军委参谋机关、执行机关、服务机关的多个职能部门新体制；改变过去集体决策、执行、监督职能于一体的旧体制，建立决策权、执行权、监督权既相互协调又相互制约的新体制。同时将过去的七大军区改组为五大战区，对集团军也重新进行了编组和命名，进一步提高了部队联合作战的指挥控制和行动能力。

（二）人民解放军的现代化、正规化和革命化建设取得突破性进展

新中国成立后，人民解放军不断向现代化、正规化和革命化迈进。尤其是改革开放以来，中国的国防实力进一步增强，国防现代化建设突飞猛进，实现了由单一兵种向诸军兵种合成的过渡。不仅研制生产了种类较为齐全的常规武器装备，而且拥有了具有一定战争慑止能力的原子弹、氢弹、中子弹等尖端武器装备，并努力发展高技术的“撒手锏”。根据信息化战争的特点，人民解放军把军事斗争准备的基点放在打赢信息化局部战争上，军队建设逐步实现由数量规模型向质量效能型、人才密集型向科技密集型转变；进一步压缩了军队的规模，优化诸军兵种比例结构，完善了编制体制，使人民解放军的体制编制更能适应现代合成作战和联合作战的需要；按照中央军委提出的“听党指挥、能打胜仗、作风优良”的总要求，继续优化体制编制，更新教育训练内容和手段，改善武器装备，加强军

队的质量建设，提高诸军兵种的合成化水平，向精兵、合成、高效的方向发展。可以预见，人民解放军将以新的面貌勇敢地面对任何挑战而不辱使命。

（三）形成了门类齐全、综合配套的国防科技工业体系

国防科技是衡量一个国家综合国力的重要标志之一，也是国防现代化建设的重要方面。新中国成立以来，国防科技事业得到了快速发展，取得了一大批具有国内、国际先进水平的科研成果。在军事电子方面，逐步发展成为具有相当规模、门类齐全的新兴工业部门，特别是在指挥自动化、情报侦察、预警探测、电子对抗与通信方面，为人民解放军提供了各种新式装备和产品，进一步增强了部队侦察、通信指挥和作战能力；在船舶工业方面，先后研制了包括航空母舰、核动力潜艇、常规动力潜艇、导弹驱逐舰、导弹护卫舰、导弹快艇以及新型鱼雷、水雷等新装备；在兵器工业方面，研制生产了一大批具有先进性能的装甲车辆、火炮、弹药、轻武器、军用光电器材及综合火控、指挥系统以及地地、地空、海空和空空导弹系统等新型武器装备；在航空工业方面，已研制生产了先进的战斗机、歼击轰炸机、轰炸机、武装直升机等；在航天工业方面，运载火箭、各种应用卫星的研制和实验能力以及各种应用卫星的发射能力，在世界高技术领域占有一席之地；在核工业方面，中国不仅研制了原子弹、氢弹，还掌握了核潜艇技术，形成了中国的核威慑力量。

（四）国防后备力量建设取得了长足发展

党中央、中央军委明确指出："精干的常备军和强大的后备力量相结合，是建设现代化国防的必由之路。"在这一方针的指导下，在全国范围内形成了一个各级地方党政领导关心后备力量建设，各级军事机关狠抓后备力量建设，社会各界和广大人民群众积极支持后备力量建设的可喜局面。国防后备力量建设进入一个新的发展阶段：一是实现了指导思想的战略转变，走上了和平稳定发展的轨道；二是确立并实施了民兵与预备役相结合的制度，初步形成了具有中国特色的国防后备力量体系；三是注重宏观指导，合理布局，后备力量建设既注重在经济发达地区，也重视偏远的中、西部地区开展，既注重在工矿企事业单位，也重视在科技行业和大专院校中开展；四是民兵预备役部队在参战支前、保卫边疆、发展生产、维护社会治安等方面发挥了重要作用；五是健全了国防动员机构，各省、自治区、市、县、乡镇都建（设）立了专门（职）的国防动员机构（人员）负责国防动员工作；六是加强了国防教育，大学生军训工作全面展开，成效显著。国防教育已被纳入到整个国民教育体系之中，走上了法制化、规范化的轨道。

（五）国防交通、人民防空建设成就巨大

新中国成立后，交通运输事业迅速发展，初步形成了以铁路为骨干，高速公路、水路、航空为分支的综合性战略战役交通运输网。人民防空建设成就巨大，所有大中城市都成立了人防机构，组建了各种人防专业队伍，建立了防空设施。与此同时，中国还修建了大量的地下工事，部分城镇的工事已结片成网，尤其是大中城市还修建了地下商店、医院、仓库、车间、旅馆等平战结合工程。这些工事是中国反侵略战争战场建设的重要组成部分，一旦发生战争，不仅可隐藏人员和战备物资，而且为打巷战、地道战创造了良好的条件。

（六）国防法规建设取得了显著成效

健全的国防法规是建设现代化国防的重要保证，是依法治军、提高军队战斗力的强大法制武器，也是衡量一个国家的国防建设是否制度化的重要标志。

新中国成立以来，中国的国防法规建设在党和政府的高度重视下，取得了显著成效，一大批法规相继问世，如《中华人民共和国国防法》《中华人民共和国兵役法》《中华人民共和国国防教育法》《中华人民共和国人民防空法》《中华人民共和国军事设施保护法》等。这些法规对于加强国防建设和完善中国军事法制具有十分重要的现实意义和深远的历史意义。

（七）走出一条军民融合式发展新路子

新世纪新阶段，军民融合式发展快速推进，基础设施建设、军队保障社会化、军事人才依托培养和国防动员等取得新的成绩。国防科技工业方面的进展尤其引人注目。2008 年 3 月，国务院决定组建国防科技工业局和军民结合推进司，由工业和信息化部管理，以承担起规划军民融合发展、拟定相关政策、协调管理武器装备科研生产等重大事项，在体制上将国防科技工业纳入了国家工业化整体进程。军地加强科技、工业协作，共同突破技术关键和产业化瓶颈，在航空航天、电子信息、特种技术装备、新能源与高效动力、节能环保等领域，培育新的增长点，促进了国家产业振兴和高新技术产业结构调整。军民融合式发展，为国防和军队跨越式发展打下了坚实基础，也对国民经济产生了积极的拉动作用。

五、军民融合

军民融合就是把国防和军队现代化建设深深融入经济社会发展体系之中，全面推进经济、科技、教育、人才等各个领域的军民融合，全要素、多领域、高效益地把国防和军队现代化建设与经济社会发展结合起来，为实现国防和军队现代化提供丰厚的资源和可持续发展的后劲（见图 1-5）。

图 1-5　军民融合

2015 年 3 月 12 日，习近平主席在中国第十二届全国人大三次会议解放军代表团全体会议上，第一次明确提出：“把军民融合发展上升为国家战略。”

2017 年 1 月 22 日，中共中央政治局召开会议，决定设立中央军民融合发展委员会，由习近平任主任。中央军民融合发展委员会是中央层面军民融合发展重大问题的决策和议事协调机构，统一领导军民融合深度发展，向中央政治局、中央政治局常务委员会负责。

以习近平为核心的中共中央，把走中国特色军民融合式发展与实现中华民族伟大复兴紧密联系在一起，说明了推动中国国防建设和经济建设良性互动，确保在中国全面建成小康社会进程中实现富国和强军的统一，是实现强国梦强军梦的必由之路，对于提高中国人民解放军能打仗、打胜仗，有效维护国家主权、安全、发展利益，具有极其重要的现实意义。

（一）军民融合的必要性

1. 推进军民融合深度发展是支撑国家由大到强的必然选择

历史经验表明，一个国家在走向强盛的过程中，必须正确处理发展和安全的关系，否则就可能出大问题，甚至影响和改变国家前途命运。现在，我国正处在由大向强发展的关键阶段，面临的外部制约、发展阻力、安全压力相互叠加，迫切需要国防实力有一个大的提升；同时，经济发展进入新常态，也需要更好发挥国防建设对经济建设的拉动作用。这就要求我们加快推动军民融合深度发展，统一富国和强军两大目标，统筹发展和安全两件大事，统合经济和国防两种实力，为促进国家发展、保障国家安全提供可靠支撑。

2. 推进军民融合深度发展是赢得国际科技和军事竞争新优势的关键之举

科技兴则国运兴，科技强则军队强。我国近代落后挨打的一个重要原因，就是与历次科技革命失之交臂，导致军力弱、国力弱。随着新一轮世界科技革命、产业革命、军事革命加速发展，国家战略竞争力、社会生产力、军队战斗力的耦合关联越来越紧。近一个时期，世界主要国家纷纷加大战略投入，争先发展能够大幅提升军事能力和产业实力的颠覆性技术。我国科技发展既面临赶超跨越的繁重任务，也面临差距拉大的严峻挑战。这都要求国家必须把军民融合作为争取主动、实现超越的战略途径，整合国家科技资源和力量，增强军民协同创新能力，全面推进科技兴军、建设世界科技强国。

3. 推进军民融合深度发展是实现国家治理体系和治理能力现代化的内在要求

正确处理经济建设和国防建设的关系，确保经济社会持续发展和国家长治久安，是国家治理的重大命题。中国要完善和发展中国特色社会主义制度，推进国家治理体系和治理能力现代化，很重要的是在国家治理层面构建统筹发展和安全的完备制度体系。当前，军、民“两张皮”问题仍然存在，浪费国家资源，影响管理效能。这都要求国家必须适应现代国家治理要求，打破军民二元分离结构，加强跨军地、跨部门、跨领域治理，完善在党领导下统筹管理经济社会发展和国家安全的制度体系，推动经济建设和国防建设协调发展、平衡发展、兼容发展。

4. 推进军民融合深度发展是建设世界一流军队的重要途径

恩格斯说过：军队的全部组织和作战方式以及与之有关的胜负，取决于物质的即经济的条件。强大的经济实力、科技实力和综合国力是中国实现在新时代的强军目标、建设世界一流军队的基本依托。只有同建设海洋强国、航天强国、网络强国、制造强国一体联动，整合一切优质资源、利用一切先进成果，强军事业才能加快发展。从当前情况看，国防和军队建设现有资源供给与强军需求还不相适应，人民解放军传统建设发展模式与全面实现国防和军队现代化要求还不相适应。这都要求国家必须更加注重军民融合，更好把国防和军队建设融入经济社会发展体系，植根于本国日益雄厚的物质技术基础，加紧构建中国特色现代军事力量体系。

（二）军民融合的内容

1. 加快重点建设领域军民融合式发展

加大政策扶持力度，全面推进基础领域、重点技术领域和主要行业标准军民通用，探索完善依托国家教育体系培养军队人才、依托国防工业体系发展武器装备、依托社会保障体系推进后勤社会化保障的方法路子。广泛开展军民合建共用基础设施，推动军地海洋、太空、空域、测绘、导航、气象、频谱等资源合理开发和合作使用，促进军地资源互通互补互用。

2. 完善军地统筹建设运行模式

在国家层面建立军民融合发展的统一领导、军地协调、需求对接、资源共享机制，健全军地有关部门管理职责，完善军民通用标准体系，探索构建政府投入、税收激励、金融支持政策体系，加快推进军地统筹建设立法工作进程，逐步形成军地统筹、协调发展的整体格局。推进军事力量与各领域力量综合运用，建立完善军地联合应对重大危机和突发事件行动机制。

3. 健全国防动员体制机制

加强国防教育，增强全民国防观念。加强后备力量建设，优化预备役部队结构，增加军兵种预备役力量和担负支援保障任务力量的比重，创新后备力量编组运用模式。增强国防动员科技含量，搞好信息资源征用保障动员准备，强化专业保障队伍建设，建成与打赢信息化战争相适应、应急应战一体的国防动员体系。

（三）军民融合的要求

习近平总书记强调，一分部署，九分落实。推进军民融合深度发展，要在“统”字上下功夫，在“融”字上做文章，在“新”字上求突破，在“深”字上见实效。

1. 凝聚推进军民融合发展的意志力量

军地各方面要增强政治意识、大局意识、核心意识、看齐意识，把思想和行动统一到以习近平同志为核心的党中央决策部署上来。拓宽战略视野，增强大局观念，牢固树立军地一盘棋思想，自觉站在党和国家事业发展全局的高度思考问题，按照职责和分工抓好军民融合发展工作。强化融合理念，破除自成体系、自我封闭的陈旧观念，克服“大利大干、小利小干、无利不干”的倾向性问题，做到应融则融、能融尽融，最大程度凝聚军民融合发展合力。

2. 加强军民融合发展的协调督导

各级军民融合发展领导机构要充分发挥职能作用，相关工作机构要及时沟通会商，协调解决好重大问题。搞好跟进督导，督任务、督进度、督成效，察认识、察责任、察作风，确保军民融合发展各项工作精准落地。加强评估问责，完善绩效评估和追责问责机制，确立军民融合发展的鲜明导向和评价标准规范，提高军民融合发展整体质量效益。

3. 推动军民融合发展改革创新

坚持敢字当先，打通阻碍军民融合的“玻璃门”“弹簧门”，充分调动各方面的积极性创造性。创新发展方式，推动军民融合发展由条块分散设计向军地一体筹划转变、由注重增量统筹向增量存量并重转变、由要素松散结合向全要素集成融合转变、由行政手段为主向强化市场运作转变。统筹抓好军民融合重大示范项目，培育先行先试的创新示范载体，打造一批龙头工程、精品工程。

4. 营造军民融合发展的良好环境

发挥市场经济条件下新型举国体制优势，优化市场环境，引导经济社会领域更好地服务国防建设，促进国防建设成果更好地服务经济社会发展。要加强宣传解读，搞好正面引导，创造充满活力、健康有序的融合氛围。地方各级党委和政府要关心支持国防和军队建设，做好退役

军人管理保障工作。军队要忠实履行党和人民赋予的使命任务，服务“一带一路”建设、京津冀协同发展、长江经济带建设，以实际行动为人民造福兴利，不断谱写军民鱼水情的时代新篇。

第四节　武装力量

名人名言

川渊者，龙鱼之居也；山林者，鸟兽之居也；国家者，士民之居也。川渊枯，则龙鱼去之；山林险，则鸟兽去之；国家失败，则士民去之。

——荀子

武装力量是国家或政治集团所拥有的各种武装组织的统称。中国共产党在领导中国人民进行长期的革命战争中，逐步建立发展了适应人民战争需要的野战军、地方军和民兵三结合的武装力量体制。新中国成立后，又对在新的历史条件下如何坚持和发展这一武装力量体制，进行了长时间的实践和探索。进入新世纪以来，中国武装力量适应国家发展战略和安全战略新要求，深化改革创新，调整优化结构，加强质量建设，努力构建具有中国特色的现代化武装力量体系。

一、中国武装力量的性质、宗旨及使命和任务

（一）中国武装力量的性质、宗旨

本节视频讲解

中华人民共和国武装力量属于人民，受中国共产党的绝对领导，武装力量中的中国共产党组织依照中国共产党章程进行活动。中华人民共和国武装力量以全心全意为人民服务为唯一的宗旨。

（二）中国武装力量的使命和任务

在新的历史时期，中国武装力量必须有效履行新的历史使命，坚决维护中国共产党的绝对领导和中国特色社会主义制度，坚决维护国家主权、安全、发展利益，坚决维护国家发展的重要战略机遇期，坚决维护地区与世界和平，为实现“两个一百年”奋斗目标、实现中华民族伟大复兴的中国梦提供战略支撑。

中国武装力量的任务是：巩固国防，抵抗侵略，保卫祖国，保卫人民的和平劳动，参加国家建设事业，全心全意为人民服务。

二、中国武装力量的构成

中华人民共和国的武装力量，由中国人民解放军现役部队和预备役部队、中国人民武装警察部队、民兵组成。

（一）中国人民解放军现役部队

中国人民解放军现役部队包括陆军、海军、空军、火箭军四个军种，信息支援部队、

军事航天部队、网络空间部队和联勤保障部队四个兵种。

1. 陆军

陆军是人民解放军的基础，是主要在陆地遂行作战任务的军种，包括机动作战部队、边海防部队、警卫警备部队等。陆军是党最早建立和领导的武装力量，历史悠久，敢打善战，战功卓著，为党和人民建立了不朽功勋。

陆军长期以步兵为主，经过数十年的发展，现在已经是包含步兵、炮兵、装甲兵、工程兵、通信兵、防化兵等专业兵种，还编有电子对抗、测绘和航空兵部队的军种。目前陆军正按照“机动作战、立体攻防”的战略要求，积极推进由区域防卫型向全域机动型的转变，逐步实现部队编成的小型化、模块化、多能化，提高空地一体、远程机动、快速突击和特种作战能力。

军事知识窗

战略支援部队将各个军种的信息战力量进行整合，集成了以前的电子战、网络战、太空战于一体，并附带情报、侦查、监视等多种任务于一身，是一支纯技术性部队，它们没有导弹大炮，但却拥有无比的威慑力，并时刻维护我们国家的信息安全与网络安全，给其他各军兵种提供信息情报支援。

（资料来源：百家号）

2. 海军

海军是人民解放军的战略性军种，是海上作战行动的主体力量，担负着保卫国家海上方向安全、领海主权和维护海洋权益的任务，主要由潜艇部队、水面舰艇部队、航空兵、陆战队、岸防部队等兵种组成。

海军按照“近海防御、远海护卫”的战略要求，逐步实现由近海防御型向近海防御与远海护卫型相结合的转变，构建合成、多能、高效的海上作战力量体系，着力提高战略威慑与反击、海上机动作战、海上联合作战、综合防御作战和综合保障能力。

3. 空军

空军是人民解放军的战略性军种，是空中作战行动的主体力量，担负着保卫国家领空安全和领土主权、保持全国空防稳定的任务，主要由航空兵、地面防空兵、雷达兵、空降兵、电子对抗兵等兵种组成。

空军按照“空天一体，攻防兼备”的战略要求，加强以侦察预警、空中进攻、防空反导、战略投送为重点的作战力量体系建设，发展新一代作战飞机、新型地空导弹、新型雷达和大型运输机等先进武器装备，完善预警、指挥和通信网络，提高战略预警、威慑和远程空中打击能力，正加快建设一支空天一体、攻防兼备的强大人民空军。

4. 火箭军

火箭军（前身是第二炮兵，2015 年 12 月 31 日更名为火箭军）是中央军委直接掌握使用的战略部队，是我国实施战略威慑的核心力量，主要担负遏制他国对我国使用核武器、遂行核反击和常规导弹精确打击任务，由核导弹部队、常规导弹部队、作战保障部队等组成。

经过几十年的建设，火箭军已形成核常兼备、固液并存、射程衔接、战斗部种类配套的武器装备体系，成为一支精干有效的战略力量，具备陆基、海基战略核反击能力和常规导弹精确打击能力。

火箭军按照“精干有效、核常兼备”的战略要求，通过加快推进信息化转型，依靠科技进步推动武器装备自主创新，增强导弹武器的安全性、可靠性、有效性，以完善核常兼备的力量体系，提高战略威慑与核反击和中远程精确打击能力。

5. 信息支援部队

2024 年 4 月 19 日，中国人解放军信息支援部队成立。根据中央军委决定，新组建的信息支援部队由中央军委直接领导指挥，同时撤销战略支援部队番号，相应调整军事航天部队、网络空间部队领导管理关系。

信息支援部队是全新打造的战略性兵种，是统筹网络信息体系建设运用的关键支撑，在推动我军高质量发展和打赢现代战争中地位重要、责任重大。要坚决听党指挥，全面贯彻党对军队绝对领导的根本原则和制度，全面加强部队党的建设，坚定理想信念，严肃纪律规矩，弘扬优良作风，确保部队绝对忠诚、绝对纯洁、绝对可靠。要有力支撑作战，坚持信息主导、联合制胜，畅通信息链路，融合信息资源，加强信息防护，深度融入全军联合作战体系，精准高效实施信息支援，服务保障各方向各领域军事斗争。要加快创新发展，坚持作战需求根本牵引，加强体系统筹，推进共建共享，强化科技创新，建设符合现代战争要求、具有我军特色的网络信息体系，高质量推动体系作战能力加速提升。要夯实部队基础，落实全面从严治军要求，严格教育管理，保持正规秩序，激发动力活力，全面锻造过硬基层，确保部队高度集中统一和安全稳定，奋力开创部队建设新局面，坚决完成党和人民赋予的各项任务。

6. 军事航天部队

军事航天部队是指从事航天发射、导弹预警和防御、太空侦察和信息保障、太空作战、航天器研制与试验的专门部队，是直属中央军委领导的战略性兵种。主要任务是实施导弹预警和导弹防御，提供侦察、导航、气象、制图及其他太空信息保障和通信保障，监视空间，试验和发射航天器等。

太空是人类共同的财富。太空安全是国家建设和社会发展的战略保障。推进军事航天部队建设，对提高安全进出和开放利用太空能力、增强太空危机管控和综合治理效能、更好和平利用太空具有重要意义。中方的太空政策清晰明确，我们一向坚持和平利用太空，愿同所有和平利用太空的国家一道，加强交流、深化合作、为维护太空持久和平与共同安全作出贡献。

7. 网络空间部队

网络空间部队是指担负网络侦察、网络进攻和网络防护任务的部队，是直属中央军委领导的战略性兵种。主要任务是削弱、破坏对方计算机网络的使用效能和保障己方计算机网络效能的正常发挥。

网络安全是全球性挑战，也是中国面临的严峻安全威胁。推进网络空间部队建设，大力发展网络安全防御手段，对筑牢国家网络边防，及时发现和抵御网络入侵，捍卫国家网络主权和信息安全具有重要意义。我们积极倡导建设和平、安全、开放、合作的网络空间，致力于同国际社会一道共同构建网络命运共同体。

8. 联勤保障部队

联勤保障部队是实施联勤保障和战略战役支援保障的主体力量，是中国特色现代军事力量体系的重要组成部分。包括仓储、卫勤、运输投送、输油管线、工程建设管理、储备资产管理、采购等力量，下辖无锡、桂林、西宁、沈阳、郑州 5 个联勤保障中心，以及解放军总医院、解放军疾病预防控制中心等。

（二）中国人民解放军预备役部队

预备役部队是以现役军人为骨干、预备役官兵为基础，按照军队统一的体制编制组成的武装力量，中国预备役部队已于2020年7月1日起被全面纳入军队领导指挥体系，由中共中央、中央军委集中领导。预备役部队组建于1983年，于1986年正式列入人民解放军建制序列。1995年全国人大常委会通过《中华人民共和国预备役军官法》，1996年中央军委为预备役军官评授军衔，1997年公布的《中华人民共和国国防法》明确规定人民解放军由现役部队和预备役部队组成。预备役部队编有预备役师、旅、团，主要按地域进行编组，以省建师、以地（州、市）建旅（团）或跨地（州、市）建师（旅）、跨县（市、区）建团。预备役部队已发展成为由陆军、海军、空军和火箭军的预备役部（分）队组成的重要后备力量，正加快由数量规模型向质量效能型、由直接参战型向支援保障型、由补充一般兵员向补充技术兵员为主转变，努力成为现役部队的得力助手和国防后备力量的拳头。

（三）中国人民武装警察部队

中国人民武装警察部队，成立于1982年6月，前身是中国人民公安中央纵队，始建于1949年8月。中国人民武装警察部队是担负国家赋予的国家内部安全保卫任务的部队。

自2018年1月1日零时起，中国人民武装警察部队由党中央、中央军委集中统一领导，实行“中央军委——武警部队——部队领导”指挥体制。武警部队职能属性不变，不列入解放军现役部队序列。按照军是军、警是警、民是民原则，这次改革将原隶属武警部队序列、国务院部门领导管理的现役力量全部退出武警，将国家海洋局领导管理的海警队伍转隶武警部队，将武警部队担负民事属性任务的黄金、森林、水电、消防部队整体移交国家相关职能部门并改编为非现役专业队伍，同时撤收武警部队海关执勤兵力，彻底理顺武警部队领导管理和指挥使用关系。

武警部队由党中央、中央军委集中统一领导，实行统一领导管理与分级指挥相结合的体制。主要由内卫总队、机动总队、海警总队、院校和科研机构等组成，主要担负执勤、处突、反恐怖、海上维权执法、抢险救援以及防卫作战等任务。

按照党中央和中央军委赋予的新时代使命任务，武警部队按照多能一体、有效维稳的战略要求，发展执勤安保、处突维稳、反恐突击、抢险救援、应急保障、空中支援力量，完善以执勤处突和反恐维稳为主体的力量体系，提高以信息化条件下执勤处突能力为核心的完成多样化任务能力。

人民武装警察部队执行下列安全保卫任务：国家规定的警卫对象、目标和重大活动的武装警卫；关系国计民生的重要公共设施、企业、仓库、水源地、水利工程、电力设施、通信枢纽的重要部位的武装守卫；主要交通干线重要位置的桥梁、隧道的武装守护；监狱和看守所的外围武装警戒；直辖市，省、自治区人民政府所在地的市，以及其他重要城市的重点区域、特殊时期的武装巡逻；协助政法机关依法执行逮捕、追捕、押解、押运任务，协助其他有关机关执行重要的押运任务；参加处置暴乱、骚乱、严重暴力犯罪事件、恐怖袭击事件和其他社会安全事件；国家赋予的其他安全保卫任务。

（四）民兵

民兵是中国共产党领导下的不脱离生产的群众武装组织，是中华人民共和国武装力量的组成部分，是中国人民解放军的助手和后备力量。主要任务包括：积极参加社会主义现代化建设，带头完成生产和各项任务；担负战备勤务，执行非战争军事行动任务和防卫作战任务；维护社会治安；随时准备参军参战、抵抗侵略，保卫祖国。

在国务院、中央军委统一领导下，民兵工作实行地方党委、政府和军事系统的双重领导。省军区、军分区和县（市、区）人民武装部是本地区的军事领导指挥机关，负责本区域的民兵工作。乡（镇）、街道和企事业单位设立的基层人民武装部，负责民兵工作的具体组织与实施。地方各级党委和人民政府，对民兵工作实行统一计划和部署。

《中华人民共和国兵役法》规定，乡、民族乡、镇和企业事业单位建立民兵组织，凡18～35岁符合服兵役条件的男性公民，除应征服现役以外，均应编入民兵组织服预备役。

民兵分为基干民兵和普通民兵。28岁以下退出现役的士兵和经过军事训练的人员，以及选定参加军事训练的人员编入基干民兵组织。其余18～35岁符合服兵役条件的男性公民，编入普通民兵组织。女民兵只编入基干民兵，人数控制在适当的比例内。陆海边疆、少数民族地区和城市有特殊情况的单位，基干民兵的年龄可适当放宽。民兵必须是身体素质良好，政治可靠的人员。

基干民兵组织编有应急队伍、联合防空、情报侦察、通信保障、工程抢修、交通运输等支援队伍，以及作战保障、后勤保障、装备保障等储备队伍。民兵建设应注重调整规模结构，改善武器装备，推进训练改革，提高以支援保障打赢信息化局部战争能力为核心的完成多样化军事任务能力。

三、人民军队的发展历程

中国人民解放军诞生于1927年8月1日的南昌起义。1927年秋至1928年春，中国共产党先后发动了南昌起义、秋收起义、广州起义、湘南起义和黄麻起义。这些地区起义后保留下来的部队，当时叫中国工农革命军，1928年5月以后，陆续改称中国工农红军，简称“红军”。

1937年7月7日抗日战争全面爆发，8月25日红军的主力部队改编为国民革命军第八路军，简称“八路军”，1937年9月11日改称国民革命军第十八集团军。随后又将活动在江西、福建、广东、湖南、湖北、河南、浙江、安徽八省十四个地区的红军游击队集中起来，于1937年10月2日改编为国民革命军陆军新编第四军，简称“新四军”。抗战时期坚持华南敌后抗日的广东人民抗日游击队，后北撤山东隶属华东野战军。1929年9月，以海南岛农民起义队伍为基础组建了中国工农红军第1独立师（后称第2独立师）。这支人民武装在土地革命战争、抗日战争和解放战争中经历了长期艰苦卓绝的斗争考验，于1947年10月被改编为中国人民解放军琼崖纵队。

中国抗日战争胜利后，1945年中国共产党领导下的关内各解放区部队大批进入东北地区，10月31日和东北抗日联军等组成东北人民自治军，1946年1月14日，东北人民自治军改称东北民主联军。到1945年9月，中国共产党领导的军队已有127万人，另有民兵268万人。

1945年8月15日，八路军山东军区司令员兼政治委员罗荣桓等提议部队番号改称“人民解放军”，山东军区机关称山东解放军总部。

1945年8月26日，在《中共中央关于同国民党进行和平谈判的通知》中，正式出现了“解放军”的提法。

1946年，解放战争爆发，解放区各部队由八路军、新四军、东北民主联军等陆续改称人民解放军，编成了五大野战军。这些部队经过数年的解放战争，推翻了国民政府的统治，后又进驻西藏，统一了中国大陆。

中共中央和中共中央军委于1948年11月1日做出《关于统一全军组织及部队番号的规定》，指出：人民解放军分为野战部队、地方部队和游击部队三类。野战部队的“野战军”分为四个，以地名区分，即中国人民解放军西北野战军（第一野战军）、中原野战军（第二野战军）、华东野战军（第三野战军）、东北野战军（第四野战军）；各步兵兵团、军、师、团，各骑兵师、团，各炮兵师、团等，一律冠以中国人民解放军的称谓。随后，全军进行了统一整编。从此，中国人民解放军的称谓一直沿用至今。

中华人民共和国成立后，解放军担当保卫国防，参加社会主义革命和建设的任务，同时开展革命化、现代化、正规化建设，逐步发展成由陆、海、空三军和导弹部队组成的诸军、兵种合成的军队。

1985 年 5 月，邓小平根据“世界大战短时间内打不起来，局部战争不可避免”的判断和当时军队机构臃肿的现状，出于顾全经济建设大局的需要，毅然做出战略决策，将军队员额裁减 100 万，并于 1987 年 4 月逐步完成。

为适应世界形势的发展，1997 年 9 月，江泽民在党的十五大报告中指出，在 20 世纪 80 年代军队员额裁减 100 万的基础上，我国将在今后 3 年内再裁减军队员额 50 万。

2015 年 9 月，习近平主席在中国人民抗日战争暨世界反法西斯战争胜利 70 周年纪念大会上郑重宣布，中国将裁减军队员额 30 万。

2016 年 1 月 1 日，中央军委印发了《关于深化国防和军队改革的意见》。《意见》明确提出“牢牢把握‘军委管总、战区主战、军种主建’的原则”，要求以原第二炮兵为主、其他军种分属的战略核打击力量合并组建成一支新的军种——中国人民解放军火箭军，同时新组建中国人民解放军战略支援部队。在这次改革中，原中国人民解放军总参谋部改为中央军委联合参谋部，原中国人民解放军总政治部改为中央军委政治工作部，原中国人民解放军总后勤部改为中央军委后勤保障部，原中国人民解放军总装备部改为中央军委装备发展部。四总部改革后全部隶属中央军委，这是总部制改为军委多部门制的结果，也是联合作战指挥体制改革的体现。

2016 年 2 月 1 日，原沈阳、北京、兰州、济南、南京、广州、成都七个军区调整为东部、南部、西部、北部、中部五个战区，改变指挥体系，组建战区联合作战指挥机构，将海军、空军和火箭军整合在一起，战时战区领导辖区内的武装部队，实现跨区兵种的垂直、多相的指挥和联合协同作战，增强机动力和联合指挥作战的能力。

2024 年 4 月 19 日，中国人解放军信息支援部队成立。根据中央军委决定，新组建的信息支援部队由中央军委直接领导指挥，同时撤销战略支援部队番号，相应调整军事航天部队、网络空间部队领导管理关系。

至此，中国人民解放军就总体形成了中央军委领导指挥下的陆军、海军、空军、火箭军等军种，军事航天部队、网络空间部队、信息支援部队、联勤保障部队等兵种的新型军兵种结构布局。

新时代，人民军队正朝着革命化、现代化和正规化的发展方向阔步前进。

第五节　国防动员

名人名言

战争，无论是热战还是冷战，最终都要成为一场对意志的考验，不仅是对武装部队的

考验，而且是对全体人民的考验。

——［美］柯林斯

战争，光靠原子弹解决不了胜负问题，谁要想入侵中国，碰到了中国的民兵，是进得去，出不来的。

——［英］蒙哥马利

2010年2月26日，第十一届全国人大常委会第十三次会议表决通过了《中华人民共和国国防动员法》。该法的公布施行，是我国国防动员建设史上的一件大事，为完善国防动员体系、促进军民融合式发展、提高国防动员能力提供了基本依据，标志着我国国防动员建设进入法制化、规范化发展的新阶段。

一、国防动员的含义和意义

（一）国防动员的含义

本节视频讲解

国防动员，是国家为应对战争或其他安全威胁，使社会诸领域的全部或部分由平时状态转入战时状态或紧急状态的活动。过去，国防动员亦称战争动员。但是，国防动员发展到现在，人们一般认为国防动员不是只应对战争，还要应对突发事件。

国防动员按照动员的规模，可分为总动员和局部动员；按照动员的方式，可分为公开动员和秘密动员；按照动员的时机，可分为应急动员和持续动员；按照动员的区域，可分为分区动员和跨区动员；按照动员的科技含量划分，可分为粗放动员和精确动员等。

（二）国防动员的意义

国防动员最直接的目的就是使国家和人民尽早、尽快地做好进行战争的各项准备工作以赢得战争的胜利。过去的战争实践中由于没有提前做好战争准备而导致战争失败的例子比比皆是。因此，加强国防动员建设，对于正确处理国家安全与发展的关系，增强国家应对战争状态的能力，维护国家安全，具有重要意义。

1. 做好国防动员工作是夺取战争胜利的重要因素

第二次世界大战以来，突然袭击、不宣而战、先发制人，已成为首先发动进攻一方的惯用手段。处于防御地位的国家，只有做好战时动员工作的准备，才能使其在战争初期不至于陷入被动，并能以最快的速度动员足够的兵力、物力、财力投入战争，迅速完成战争初期军队的组建和补充，保证适时展开兵力，粉碎敌方的战略突袭，制止敌方长驱直入，掩护国家在军事、政治、经济、文化等一切领域适时转入战时体制，夺取战争的主动权，并赢得战争的胜利。

2. 做好国防动员工作是加强经济建设和增强国防实力的重要措施

在和平时期，国防动员的准备工作应当遵循经济建设的基本规律，顾全国家经济建设的大局，纳入国家经济和社会发展的总体规划，贯彻军民结合、平战结合的方针。

3. 做好国防动员工作是壮大国威、威慑敌人的重要战略

平时充分做好国防动员准备工作，保持强大的正规军和后备力量，健全全民动员、武装力量、兵员动员的体制，并公开声明本国战争的实力和潜力，以及充分而有效的动员。这样可壮大国威，显示拼死抗敌的决心，迫使敌人不敢贸然发动战争。

4. 做好国防动员工作是迅速扩充军事力量的直接因素

军队数量大、质量高，夺取战争胜利的机会就多，把握就大。因此，世界各国在进行战争时，非常重视扩大自己的军队，以求在绝对人数上的压倒敌人。动员不仅是人力、物力、财力的动员，也是民心、军心的动员，更是振奋民族精神的大动员。

二、国防动员的主要内容

国防动员的内容十分丰富，主要包括武装力量动员、国民经济动员、人民防空动员、交通战备动员、政治动员等。

（一）武装力量动员

武装力量动员，是指国家为应对战争或其他安全威胁，将武装力量由平时状态转入战时状态所进行的动员。战争是武装力量的直接对抗，各个领域的动员活动都是围绕着武装力量的作战行动来进行的。因此，武装力量动员是战争动员的核心内容。

武装力量动员通常包括现役部队动员、预备役部队动员和民兵动员。现役部队动员，是指将人民解放军各军兵种部队和武装警察部队从平时编制转为战时编制，按动员计划进行扩编，达到齐装满员，并按照国家战略计划实施战略展开；预备役部队动员，是指预备役部队成建制转服现役；民兵动员，是指组织发动民兵担负参战支前任务。

（二）国民经济动员

国民经济动员，是指国家根据国防需要，将有关经济部门、经济活动及其经济关系从平时状态转入战时状态或紧急状态的活动。国民经济动员是战争动员的基础和重要内容，对于充分发挥国家的经济潜力，提高军品生产能力，及时满足战争对各种物资和勤务保障的需求，具有重要的作用。

国民经济动员，主要包括工业动员、农业动员、财政金融动员、科学技术动员、医疗卫生动员等。工业动员，就是国家调整和扩大工业生产能力，增加武器装备及战争需要的其他工业品产量的活动。农业动员，就是国家调整和挖掘农业生产潜力，维护农业设施，增加粮食、棉花、油料、肉类及其他农副产品的产量和国家征购量，满足战争和人民生活对农产品的需求。财政金融动员，是指国家为保证战争需要而采取的筹措和分配资金，维持财政金融秩序的活动。现代战争需要巨额的资金保障，筹措资金是财政金融动员的主要任务。科学技术动员，是指为保障战争对科学技术的需要，国家统一组织和调整科研机构、科研人员、科研设备、资料及成果所进行的活动。医疗卫生动员，是指统一调度和使用医疗卫生方面的人力、药品器材、设备和设施，满足战争对于医疗卫生的需要所进行的活动。

（三）人民防空动员

人民防空动员，是指国家发动和组织人民群众防备敌人空袭、消除空袭后果所进行的活动。在现代战争中，远距离精确打击成为重要的作战样式，大、中城市和经济基础设施面临的空袭威胁日益严重。人民防空动员对于减轻空袭危害，减少人民群众生命和财产损失，保持后方稳定，保存战争潜力，具有重要的作用。

人民防空动员主要包括人防预警动员、群众防护动员、重要经济目标防护动员、人防专业队伍动员等。世纪之交的几场局部战争表明，空袭经济目标、摧毁国防潜力对战争的进程和结局具有决定性影响。搞好重要经济目标防护动员十分重要。而且随着各种灾害的日益增多，人防专业队伍承担的各种救灾任务也会大大增加。

（四）交通战备动员

交通战备动员，是指国家统一管制各种交通线路、设施、工具和通信系统，组织和调动交通、通信专业力量为战争服务的活动。包括交通运输动员和通信动员。交通运输动员，是指国家为了适应战争需要，组织和利用各种交通运输线路、设施和工具，进行人员、物资和装备输送的活动。交通运输动员主要包括铁路、公路、水路和航空等运输方式的动员。通信动员的主要任务是对国家通信网络实行统一管制，征集和调用民用通信资源和力量，组织通信防卫，抢修抢建通信线路和设施，确保军队指挥顺畅、军地联络通畅。

交通和通信是人员、物资和信息流动的物质载体，交通战备动员对于保障军队的机动和其他人员、物资的前送后运，保障作战指挥和通信联络的畅通，具有重要的作用。

（五）政治动员

政治动员，是指国家为进行战争而开展的宣传、教育、组织工作和外交活动。政治动员是国防动员的一项重要内容，并为其他领域的动员活动提供思想和组织保证。政治动员在平时主要表现为国防教育。其内容主要包括国防理论、国防知识、国防历史、军事技能和国防法规等方面的教育，目的是增强国防观念和维护国家安全的意识，提高履行国防义务的自觉性。国防教育的对象为全民，重点是国家机关工作人员、武装力量组成人员和青年学生。

政治动员在战时主要是指在中国共产党的领导下，政府、军队和社会团体等动员主体，组织和运用各种宣传舆论工具，对全体军民进行爱国主义和革命英雄主义教育，使之增强国防观念，坚定打败敌人、夺取胜利的信心和决心。

三、国防动员的组织实施

国防动员的组织实施，通常按照进行动员决策、发布动员令、充实动员机构、修订动员计划和落实动员计划等步骤进行。

学练合一

一、思考题

1. 什么是国防？国防有哪些类型？
2. 国防的地位和作用有哪些？
3. 中国国防发展的历史有哪些启示？
4. 现代国防观包含哪些内容？
5. 我国的国防法规体系包含哪些方面？
6. 我国公民的国防权利有哪些？
7. 我国公民的国防义务有哪些？
8. 我国的国防战略经历了哪些发展阶段？
9. 我国的国防政策包含哪些内容？
10. 我国的武装力量包含哪些？

11. 我国的武装力量的使命任务是什么？

12. 什么是国防动员？主要内容有哪些？

二、判断改错题

请判断语句正确与否，正确的画“√”，错误的画“×”，并将你认为的错误改正过来。

1. 国防的行为主体是人民。（　　）

2. 中国采取的国防类型是互助联盟型。（　　）

3. 现代国防是国家军队数量的体现。（　　）

4. 现代国防建设只要有先进的武器装备就可以了。（　　）

5. 我国的国防法规，按立法权限区分为两个层次。（　　）

6. 公民和组织因国防建设和军事活动在经济上受到直接损失的，可以依照国家有关规定取得赔偿。（　　）

7. 在我国少数民族的人可以不服兵役。（　　）

8. 从1956年起到今天，中国的国防战略曾有过三次大的调整。（　　）

9. 中国的核力量由中央军委主席直接指挥。（　　）

10. 中国人民解放军现役部队包括陆军、海军、空军和第二炮兵。（　　）

11. 凡18～35岁符合服兵役条件的男性公民，除应征服现役以外，均应编入民兵组织服预备役。（　　）

三、不定项选择题

将你认为正确的选项填写在括号里。

1. 公民履行义务兵役主要有（　　）。

A. 服现役　　B. 接受军事训练　　C. 服预备役　　D. 担任城管队员

2. 中国采取的国防类型是（　　）。

A. 互助联盟型　　B. 侵略扩张型　　C. 自卫防御型　　D. 自主中立型

3. 中国的核力量由（　　）直接指挥。

A. 中央军委主席　　B. 中央军事委员会　　C. 国务院总理　　D. 全国人大常委会

4. 中国人民解放军现役部队不包括（　　）。

A. 陆军　　B. 海军　　C. 武警部队　　D. 火箭军

5. 国防动员的内容主要包括（　　）。

A. 武装力量动员　　B. 国民经济动员　　C. 人民防空动员　　D. 政治动员

6. 国防的目的包括（　　）。

A. 捍卫国家的主权　　B. 保卫国家的统一

C. 保卫国家的领土完整　　D. 维护国家的安全

7. 中国人民解放军陆军包括（　　）。

A. 步兵　　B. 炮兵　　C. 第二炮兵　　D. 装甲兵

四、论述题

1. 试论现代国防观的新发展体现在哪些方面？

2. 学习人民军队的发展历程后你有什么体会？

第二章 国家安全

学习目标

正确把握和认识国家安全的内涵，理解本国总体安全观；深刻认清国际形势新变化、战略格局新特点、安全环境新挑战；准确把握国家安全面临的新态势，增强忧患意识、危机意识和使命意识。

国家安全是人民幸福安康的基本要求，是安邦定国的重要基石。维护国家安全是全国各族人民的根本利益所在。习近平总书记强调："我们党要巩固执政地位，要团结带领人民坚持和发展中国特色社会主义，保证国家安全是头等大事。"在新时代，国家安全的内涵和外延比历史上任何时候都要丰富，时空领域比历史上任何时候都要宽广，内外因素比历史上任何时候都要复杂。维护国家安全的任务也比以往更加艰巨。

第一节 国家安全概述

名人名言

安不忘危，盛必虑衰。

——［汉书］陈汤

必须坚持以民为本、以人为本，坚持国家安全一切为了人民、一切依靠人民，真正夯实国家安全的群众基础。

——习近平

国家安全，是指国家的主权、领土、政治制度、人民生命财产等处于不受外部或内部威胁的状态，以及保障持续安全状态的能力。对于不同的国家来说，对于安全内涵和程度的界定是不尽相同的；对于同一个国家来说，它在不同历史时期甚至不同阶段对安全理解和感受也是各不相同、不断变化的。中国国家安全工作，必须适应中国安全面临的新形势需要，走出一条具有中国特色的国家安全道路。

党的二十大报告中指出："国家安全是民族复兴的根基，社会稳定是国家强盛的前提。必须坚定不移贯彻总体国家安全观，把维护国家安全贯穿党和国家工作各方面全过程，确保国家安全和社会稳定。

我们要坚持以人民安全为宗旨、以政治安全为根本、以经济安全为基础、以军事科技文化社会安全为保障、以促进国际安全为依托，统筹外部安全和内部安全、国土安全和国民安全、传统安全和非传统安全、自身安全和共同安全，统筹维护和塑造国家安全，夯实国家安全和社会稳定基层基础，完善参与全球安全治理机制，建设更高水平的平安中国，以新安全格局保障新发展格局。”

一、国家安全及相关概念

准确界定国家安全的相关概念及范畴，是有效维护国家安全的逻辑前提。

（一）安全

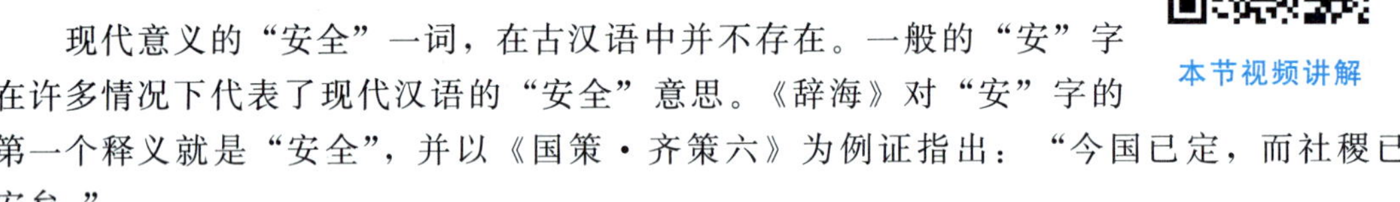

本节视频讲解

现代意义的“安全”一词，在古汉语中并不存在。一般的“安”字在许多情况下代表了现代汉语的“安全”意思。《辞海》对“安”字的第一个释义就是“安全”，并以《国策·齐策六》为例证指出：“今国已定，而社稷已安矣。”

按照《辞源》的解释，“安”字本身有多种释义，其中与现代意义上“安全”概念比较接近的释义主要有两种：一是安全，稳定。《易·系辞下》：“是故君子安而不忘危。”二是对环境或事物感到安适满足或习惯。《吕氏春秋·乐成》：“舟车之始见也，三世然后安之。”而“全”有保全、完整之意。如《孙子·谋攻》中提到：“凡用兵之法，全国为上，破国次之；全军为上，破军次之……”

“安全”在汉语中是指没有危险，不受威胁，不出事故。到目前为止，汉语中的“安全”有两种用法：一是作为动词使用，指保护、保全。二是作为形容词使用，指平安的、无危险的，用以描述某种状态。

英语中的security、safety，含义都有安全、保险的意思。其中“security”一词接近国家安全战略学中的“安全”本义，包含两种释义：一是指安全的状态，即安全（感）；二是指对安全的维护，如安全保障、防卫措施与安全机构等。这里的“安全”既指一种主观感觉，又指一种客观状态，即客观上不存在威胁，主观上不存在恐惧。

比较汉语“安全”与英文“安全”的含义，可以看出两者有以下共同特点：一是都指一种状态，都强调“安全”就是没有危险，不受威胁。从中也可以看出危险与威胁不在一个层次上。在英文中，威胁“threat”是指“声明要进行惩罚或伤害”，或“不希望的事情来临的迹象”。而危险“danger”就是不安全。所以，危险与威胁相比，程度更严重。危险一定包含了威胁，而威胁则不一定是危险。危险的出现，标志着安全的完全丧失，而威胁的出现并不代表危险的出现，并不意味着安全的丧失。没有危险，并不意味着没有威胁；而没有威胁，一定是没有危险，“安全肯定是不受威胁、不出事故、不受侵害的，但是不受威胁、不出事故、并不受侵害但不一定就安全”。二是都强调安全还包含有实现安全状态的行动。安全是一段时间内对价值和体系的维护。

结合中外对安全的定义，我们认为安全概念本身包括两层基本含义：一方面，安全是指主体没有危险的状态，客观上没有威胁或危险，主观感受上没有恐惧或担忧；另一方面，安全是指主体免于危险、消除威胁的一种能力，主要表现于主体为消解内外危险和威胁而采取维护安全行动的过程中。

需要强调的是，人们常常容易混淆和平与安全两个概念，和平不能简单地等同于安全。和平表示无对抗、无纷扰的状态，与战争状态相对应。而安全则是无威胁、无侵害的状态。和平状态不等于没有安全的威胁。另外，和平与安全的获得方法并不一样，和平可以在没有尊严的情况下获得，而维护安全则需要比维护和平付出更大的努力、更大的实力和更大的代价。

（二）国家安全

“国家安全”是军事学和国际政治学一个重要的概念，也是世界各国内外政策表述中使用最为频繁的词汇和概念之一。在古汉语中，虽无“国家安全”这一词汇，但常用“安邦定国”“国泰民安”等来表达类似的意思。在西方，有记录可考的官方人员第一次使用的是1945年8月，美国海军部长詹姆斯·福瑞斯特尔（James Forrestal）在出席参议院听证会时使用了该词。1947年，美国通过《国家安全法》，这是“国家安全”一词首次见之于法律文件。此后，“国家安全”开始在各国政府的政策文件、政府机构的名称以及法律条文中出现，并逐渐成为国际政治和国际关系以及军事战略中的一个常用概念。

一般理解的国家安全，既指一个国家免于被攻击，乃至被消灭的恐惧、担心，没有严重内外危险和威胁的状态，也指国人普遍存在的安全的感觉，国家客观上不存在威胁，国人主观上不存在恐惧的状态。

各国对“国家安全”的内涵和外延的认识并不统一。例如美国的“国家安全”概念最初主要涉及国家的军事、政治和外交斗争，传统安全观注重国家面临的军事威胁及威胁国际安全的军事因素，把军事安全视为国家安全的核心。后来，国家安全逐渐扩展到非传统安全领域，包括反恐怖袭击、经济安全、信息安全、生态安全、防止核扩散，甚至打击走私贩毒、跨国犯罪等。2001年“9·11”事件后，反恐及国土安全成为美国国家安全的第一要务，2002年的《美国国家安全战略报告》称恐怖主义是美国的首要威胁，恐怖主义与大规模杀伤性武器的结合是严重威胁，美国把对这些威胁进行先发制人的打击作为国家安全战略的基石。2010年的《美国国家安全战略报告》强调经济、教育、科技、能源、核扩散、互联网与太空活动对国家安全的影响。近年来美国又在特别强调网络安全。可见，美国国家安全的定义不断扩大，涵盖的领域越来越广泛。

俄罗斯对“国家安全”有自己的定义。1992年的《俄联邦安全法》把“国家安全”定义为：“安全是个人、社会和国家生死攸关的利益受到保护的状态。”1996年俄联邦总统做的《关于国家安全报告》对国家安全的定义是：“国家安全可以理解为国家利益免受内外部威胁的受保护状态，这一状态能够确保个人、社会和国家向前发展。”2009年的《俄罗斯联邦2020年前国家安全战略》报告称“国家安全”是个人、社会和国家既没有内部危险，也没有外部威胁，公民的宪法权利、自由及应有生活质量和水平，以及俄联邦主权、领土完整、持续发展、国防和国家安全而得到保障的一种状态。

2015年7月1日第十二届全国人大常委会第十五次会议审议通过的《中华人民共和国国家安全法》中第二条对国家安全表述为：“国家安全是指国家政权、主权、统一和领土完整、人民福祉、经济社会可持续发展和国家其他重大利益相对处于没有危险和不受内外威胁的状态，以及保障持续安全状态的能力。”

根据中国国家安全的现状和特点，可以看出《中华人民共和国国家安全法》对“国家安全”的表述最具有权威性。

二、总体国家安全观

2014年4月15日，习近平主席在主持召开中央国家安全委员会第一次会议时指出："要准确把握国家安全形势变化新特点新趋势，坚持总体国家安全观，走出一条中国特色国家安全道路。"

（一）总体国家安全观的提出

每个国家都有自己的国家安全观。国家制度不同、经济社会发展阶段不同、所处的安全环境不同，国家安全观也不相同。即使是同一个国家，也会随着国家所处的安全形势的发展变化适时调整自己的国家安全观。

冷战结束后，传统安全观已转向维护政治、军事、经济、科技、文化、环境等诸多方面安全的综合安全。因此，政治安全、国土安全、军事安全、经济安全、文化安全、社会安全、科技安全、信息安全、生态安全、资源安全、核安全、海外利益安全和新型领域安全（太空安全、深海安全、极地安全、生物安全）成为当今国家安全的重要内容，其中，政治安全、国土安全和军事安全属于传统安全范畴，其他安全则属于非传统安全范畴。

维护国家安全是党和国家事业发展的重要保障，也是党和国家事业的重要组成部分。党的十八大以来，以习近平同志为核心的党中央高瞻远瞩，科学把握国家安全形势变化新特点和新趋势，继承和发展了新中国成立以来党和国家有关维护国家安全的一系列重要理论，深入总结维护国家安全取得的经验，审时度势提出总体国家安全观这一重大战略思想，从而把对国家安全的认识提升至新的高度和境界。

习近平总书记深刻指出，"必须坚持总体国家安全观，以人民安全为宗旨，以政治安全为根本，以经济安全为基础，以军事、文化、社会安全为保障，以促进国际安全为依托，走出一条中国特色国家安全道路。"总体国家安全观的提出为中国维护国家安全指明了正确的方向。

（二）总体国家安全观的内涵

习近平总书记指出，坚持总体国家安全观，必须坚持国家利益至上，以人民安全为宗旨，以政治安全为根本，统筹外部安全和内部安全、国土安全和国民安全、传统安全和非传统安全、自身安全和共同安全，完善国家安全制度体系，加强国家安全能力建设，坚决维护国家主权、安全、发展利益。这一重大论断，准确把握新时代国家安全形势变化的新特点新趋势，深刻揭示了总体国家安全观的原则要求和丰富内涵。正确理解和把握总体国家安全观，应重点把握好五大要素和五对关系。

五大要素，就是以人民安全为宗旨，以政治安全为根本，以经济安全为基础，以军事、文化、社会安全为保障，以促进国际安全为依托。以人民安全为宗旨，就是要坚持以民为本、以人为本，坚持国家安全一切为了人民、一切依靠人民，真正夯实国家安全的群众基础。以政治安全为根本，就是要坚持党的领导和中国特色社会主义制度不动摇，把制度安全、政权安全放在首要位置，为国家安全提供根本政治保证。以经济安全为基础，就是要确保国家经济发展不受侵害，促进经济持续稳定健康发展，提高国家经济实力，为国家安全提供坚实物质基础。以军事、文化、社会安全为保障，就是要注意这些领域面临的大量新情况新问题，遵循不同领域的特点规律，建立完善强基固本、化险为夷的各项对策措施，为维护国家安全提供硬实力和软实力保障。以促进国际安全为依托，就是要始终不渝走和平发展道路，在注重维护本国安全利益的同时，注重维护共同安全，推动建设持久和平、共同繁荣的和谐世界。

五对关系，就是既重视外部安全，又重视内部安全，对内求发展、求变革、求稳定、建设平安中国，对外求和平、求合作、求共赢、建设和谐世界；既重视国土安全，又重视国民安全，坚持以民为本、以人为本，坚持国家安全一切为了人民、一切依靠人民，真正夯实国家安全的群众基础；既重视传统安全，又重视非传统安全，构建集政治安全、国土安全、军事安全、经济安全、文化安全、社会安全、科技安全、信息安全、生态安全、资源安全、核安全、海外利益安全和新型领域安全（太空安全、深海安全、极地安全、生物安全）等于一体的国家安全体系；既重视发展问题，又重视安全问题，发展是安全的基础，安全是发展的条件，富国才能强兵，强兵才能卫国；既重视自身安全，又重视共同安全。打造命运共同体，推动各方朝着互利互惠、共同安全的目标相向而行。

（三）提出总体国家安全观的意义

总体国家安全观是对国家安全理论的重大创新，是对中国特色社会主义理论体系的丰富和发展，是全党智慧的结晶，是中国共产党团结带领全国人民进行具有许多新的历史特点的伟大斗争的强大思想武器。总体国家安全观全面系统阐述了中国特色国家安全观，明确了当代中国国家安全的内涵、外延、宗旨、目标、手段、路径等，阐明了各重点国家安全领域以及各领域之间的关系。同时也强调把发展和安全作为国家战略的两个轮子，科学辩证地阐述二者之间的关系，发展是安全的基础，安全是发展的条件，两者必须兼顾起来。

总体国家安全观强调坚持底线思维，强调增强忧患意识，勇于应对所面临的诸多挑战与风险，居安思危，始终绷紧国家安全这根弦，把保证国家安全作为头等大事。总体国家安全观突破了传统国家安全观的局限，摒弃零和思维，强调共同安全，打造国际安全和地区安全的命运共同体。

三、国家安全的基本原则

国家安全的基本原则就是维护中国国家安全过程中必须遵循的一些具体原则。

（一）坚持党对国家安全工作的绝对领导

回顾中国近代的发展进步，可以得出一个基本结论：办好中国的事情，关键在党，中国共产党是中国特色社会主义事业的领导核心。国家安全是安邦定国的重要基石，维护国家安全，是中国特色社会主义建设事业顺利推进的重要保障，也是实现国家长治久安和中华民族伟大复兴的重要基础。在全面建设社会主义现代化国家、实现中华民族伟大复兴的历史进程中，我国面临的风险考验只会越来越复杂，甚至会遇到难以想象的惊涛骇浪。必须毫不动摇坚持中国共产党对国家安全工作的绝对领导，这是维护国家安全的必然要求，也是发挥党总揽全局、统筹协调作用的重要体现。

国家安全事务具有高度敏感、复杂的性质，既需要运筹帷幄，也需要令行禁止，必须通过集中统一、高效权威的领导体制实现对国家安全事务的领导。我国建立国家安全领导体制也遵循了这一规律。根据 2014 年 1 月 24 日中共中央政治局会议决定和党的十八届三中、四中全会精神，中央国家安全委员会作为中共中央关于国家安全工作的决策和议事协调机构，向中央政治局、中央政治局常务委员会负责，统筹协调涉及国家安全的重大事项和重要工作，主要职责是制定和实施国家安全战略，推进国家安全法治建设，制定国家安全工作方针政策，研究解决国家安全工作中的重大问题。

（二）坚持中国特色国家安全道路

不同国家的自然条件、历史文化、社会制度等不同，所面临的国家安全形势不同，国家安全道路也必然有所不同。当前，我国正处于实现中华民族伟大复兴的关键时期，世界百年未有之大变局加速演进，改革发展稳定任务艰巨繁重。面对复杂严峻的形势和前所未有的风险挑战，以习近平同志为核心的党中央站在党和国家事业发展全局的高度，以统揽全局的战略思维和宽广的世界眼光深刻把握国家安全问题，以强烈的忧患意识和责任担当谋划国家安全工作，大力推进国家安全领域理论创新、实践创新、制度创新。坚持政治安全、人民安全、国家利益至上有机统一，以人民安全为宗旨，以政治安全为根本，以经济安全为基础，捍卫国家主权和领土完整，防范化解重大安全风险，走出中国特色国家安全道路。这条道路契合新的时代条件下维护国家安全的紧迫要求，彰显鲜明中国特色。

（三）坚持以人民安全为宗旨

国家安全一切为了人民、一切依靠人民，充分发挥广大人民群众积极性、主动性、创造性，切实维护广大人民群众安全权益，始终把人民作为国家安全的基础性力量，汇聚起维护国家安全的强大力量。人民安全是国家安全的基石和归宿。只有建立在人民安全基础上，国家安全才成为有源之水、有本之木。历史经验表明，在任何时候、任何情况下，人民安全感越强，爱国主义精神越高涨，国家安全就越有依靠；反之，人民离安全越远、越缺乏安全感和归属感，国家安全就越脆弱、越容易被打破。维护国家安全不仅需要强大武装力量的支撑，更要依靠广大人民群众的坚强支持。只有充分保障人民群众的安全利益和当家作主的权利，增强人民群众实现中华民族伟大复兴的中国梦的责任感和使命感，才能切实打牢国家安全的群众基础和人民防线。

（四）坚持统筹发展和安全

统筹发展和安全，是对新中国成立 70 多年来推进社会主义现代化建设经验的深刻总结，是对历史上大国兴衰经验的深刻总结，是对发展和安全辩证统一关系的深刻认识和把握，是着眼于在不稳定不确定发展环境中更好推进中华民族伟大复兴的重要战略部署。没有发展，安全就没有保障；没有安全，发展就不可持续，已经取得的成果也会失去。必须坚持发展和安全并重，实现高质量发展和高水平安全良性互动，既通过发展提升国家安全实力，又深入推进国家安全思路、体制、手段创新，营造有利于经济社会发展的安全环境，在发展中更多考虑安全因素，努力实现发展和安全的动态平衡，全面提高国家安全工作能力和水平。

（五）坚持把政治安全放在首要位置

维护政权安全和制度安全，更加积极主动做好各方面工作。政治安全是国家安全的根本。政治安全的核心是政权安全和制度安全，最根本的就是维护中国共产党的领导和执政地位、维护中国特色社会主义制度。必须不断提高政治判断力、政治领悟力、政治执行

力，坚定维护国家政权安全和制度安全。凡是危害中国共产党领导和我国社会主义制度的各种风险挑战，凡是危害我国主权、安全、发展利益的各种风险挑战，凡是危害我国核心利益和重大原则的各种风险挑战，凡是危害我国人民根本利益的各种风险挑战，凡是危害我国实现“两个一百年”奋斗目标、实现中华民族伟大复兴的各种风险挑战，只要来了，我们就必须进行坚决斗争，而且必须取得斗争胜利。坚持从政治安全高度统筹各领域安全，防范和化解影响我国现代化进程的各种风险，确保国家政治安全和社会大局稳定。

（六）坚持统筹推进各领域安全

统筹应对传统安全和非传统安全，发挥国家安全工作协调机制作用，用好国家安全政策工具箱。把握全局、统筹兼顾，协调好各方面利益关系，调动一切积极因素，促进国家发展，是我们党长期执政过程中的一条重要历史经验。党的十一届三中全会以来，特别是形成抓住机遇、深化改革、扩大开放、促进发展、保持稳定的基本方针以来，我们党在把握全局、统筹兼顾问题上的理论和实践都有了新的重大发展。随着改革开放的深入，我国综合国力不断增强，在国际舞台上的地位也越来越重要，我们面对的风险挑战更大、利益关系更复杂，对统筹兼顾的要求也更高。当前，政治、国土、军事安全等传统安全领域仍然是国家安全的重中之重，任何时候都必须抓住不放。同时，生物安全、极端气候、网络攻击、恐怖主义、公共卫生等非传统安全领域的风险日益上升。面对传统安全和非传统安全交织叠加的新形势，必须统筹兼顾、综合施策。要全面贯彻落实习近平总书记关于坚持统筹推进各领域安全、统筹应对传统安全和非传统安全、发挥国家安全工作协调机制作用、用好国家安全政策工具箱等重要要求，全面掌握各类危害国家安全的新行为新动向，构建集各领域安全于一体的国家安全体系，统筹应对各领域安全风险挑战。

（七）坚持把防范化解国家安全风险摆在突出位置

提高风险预见、预判能力，力争把可能带来重大风险的隐患发现和处置于萌芽状态。随着我国日益走近世界舞台中央，我们要在变局中把握规律、在乱局中趋利避害、在斗争中争取主动，切实维护我国主权、安全、发展利益。维护国家安全，要立足国际秩序大变局来把握，立足防范风险的大前提来统筹，立足我国发展重要战略机遇期大背景来谋划，保持战略定力、战略自信、战略耐心，把战略主动权牢牢掌握在自己手中。在一个更加不稳定不确定的世界中谋求我国发展，要坚持底线思维，从最坏处着眼，做最充分的准备，朝好的方向努力，争取最好的结果。这就要求我们建立健全国家安全风险研判、防控协同、防范化解机制，提高风险预判和处置能力，提高运用科学技术维护国家安全的能力，实现事先预警、快速反应，做到既能发现问题、预测风险，又能解决问题、排除风险。坚持稳中求进工作总基调，保持战略定力，既要敢于斗争，也要善于斗争，全面做强自己。保持清醒头脑，防微虑远、谋定后动，从实际出发，以我为主，把握战略主动。只要我们能够做到准确识变、科学应变、主动求变，善于在危机中育先机、于变局中开新局，就一定能够在抗击大风险中创造出大机遇，始终立于不败之地。

（八）坚持推进国际共同安全

国家安全既包括安全状态也包括维护国家安全的能力。安全威胁的因素永远不可能根除，国家安全是一种相对安全。我们强调“相对处于没有危险和不受内外威胁的状态”，既强调国家安全的状态，也强调不断提升维护国家安全的能力，通过不断加强自身安全能力建设，不断克服和防范不安全因素对国家造成实质性危害。我们加强维护国家安全的能力建设。我们在强调维护我国国家安全的同时，还强调维护共同安全和世界和平，不对其他国家和国际社会构成安全威胁。

我国将立足国内，放眼国际，高举和平发展、合作共赢的旗帜，坚持互信、互利、平等、协作，在积极维护拓展我国利益的同时，积极同外国政府和国际组织开展安全交流合作，履行国际安全义务，促进共同安全，维护世界和平，从打造经济共同体开始，进而形成安全共同体、利益共同体，最终推动构建人类命运共同体。

党的二十大报告中指出，推动构建人类命运共同体是中国式现代化的本质要求之一。中国提出了全球发展倡议、全球安全倡议，愿同国际社会一道努力落实。中国坚持对话协商，推动建设一个持久和平的世界；坚持共建共享，推动建设一个普遍安全的世界；坚持合作共赢，推动建设一个共同繁荣的世界；坚持交流互鉴，推动建设一个开放包容的世界；坚持绿色低碳，推动建设一个清洁美丽的世界。

（九）坚持推进国家安全体系和能力现代化

"十四五规划"和《2035年远景目标纲要》把统筹发展和安全纳入"十四五"时期我国经济社会发展的指导思想，并列专章作出战略部署，突出了国家安全在党和国家工作大局中的重要地位。贯彻总体国家安全观，必须把国家安全贯穿到党和国家工作各方面全过程，同经济社会发展一起谋划、一起部署。这就要求我们推进国家安全体系和能力现代化，坚持以改革创新为动力，加强法治思维，构建系统完备、科学规范、运行有效的国家安全制度体系。特别是要强化党对国家安全工作的绝对领导，完善集中统一、高效权威的国家安全领导体制，健全国家安全法治体系、战略体系、政策体系、人才体系和运行机制，完善重要领域国家安全立法、制度、政策，健全国家安全审查和监管制度，加强国家安全执法。坚持以改革创新为动力，加强法治思维，构建系统完备、科学规范、运行有效的国家安全制度体系，提高运用科学技术维护国家安全的能力，不断增强塑造国家安全态势的能力。

坚持党中央对国家安全工作的集中统一领导，完善高效权威的国家安全领导体制。强化国家安全工作协调机制，完善国家安全法治体系、战略体系、政策体系、风险监测预警体系、国家应急管理体系，完善重点领域安全保障体系和重要专项协调指挥体系，强化经济、重大基础设施、金融、网络、数据、生物、资源、核、太空、海洋等安全保障体系建设。健全反制裁、反干涉、反"长臂管辖"机制。完善国家安全力量布局，构建全域联动、立体高效的国家安全防护体系。

（十）坚持加强国家安全干部队伍建设

国家安全现代化实现，不仅靠制度体系、技术支撑和财政资源，还需要忠诚、专业、奉献和创新的高素质国家安全干部队伍、技术队伍和各类保障队伍。习近平提出："坚持推进国家安全体系和能力现代化，坚持以改革创新为动力，加强法治思维，构建系统完备、科学规范、运行有效的国家安全制度体系，提高运用科学技术维护国家安全的能力，不断增强塑造国家安全态势的能力。"有了健全的制度、强大的能力和坚强的干部队伍作保证，国家安全工作就能有力有序地向前推进。为此，我们必须加强国家安全战线党的建

设，坚持以政治建设为统领，打造坚不可摧的国家安全干部队伍。

第二节　国际战略形势

名人名言

多极化格局的最终形成将是一个充满复杂斗争的长期过程，但这一历史方向不可逆转。

——江泽民

安而不忘危，存而不忘亡，治而不忘乱。是以身安而国家可保也。

——《周易》

一个国家的安全环境首先存在于世界安全的整体状态中，维护国家安全，筹划国家安全战略，无不受外部战略环境的制约和影响。国际战略形势，是影响一个国家安全的大背景，是国际关系中影响国家安全的全局性、长期性发展趋势，主要内容包括国际重大问题、重要因素、主要力量、关键事件、主导潮流的发展过程和趋向。

一、国际战略形势的主要特点及发展趋势

本节视频讲解

当今世界正在发生前有未有之大变局。国际形势正进入冷战结束后新一轮变革动荡与分化重组期，国际格局和国际体系深刻调整。尽管国际形势急剧变化，但和平与发展的时代主题没有变，世界多极化和经济全球化深入发展的大趋势没有变，国际力量对比有利于保持世界形势总体稳定的大环境没有变，和平、发展、合作、共赢的时代潮流更加强劲。同时，天下仍很不太平，国际竞争的“丛林法则”并没有改变，霸权主义、强权政治和新干涉主义有所上升，世界范围内领土主权争端、大国地缘竞争、军事安全较量、民族宗教矛盾等问题更加凸显，保护主义、民粹主义、狭隘民族主义升温，地区热点问题此起彼伏，军备竞争、恐怖主义、网络安全等传统安全威胁和非传统安全威胁相互交织，导致局部动荡频繁发生，和平发展道路坎坷不平。综合分析，世界依然面临着现实和潜在的战争威胁。

（一）国际格局转换加速演进，国际体系改革持续发展

一是全球发展中心“由西向东”转移，世界经济复苏进程艰难曲折。国际金融危机以来，美欧经济遭受重创，欧洲等发达国家软硬实力双双受挫，整体实力相对下降。虽然西方发达国家经济总量仍占世界经济总量的50%以上，仍保持国际体系中的主导地位，但深层次体制性弊端、结构性矛盾难以解决，相对衰退进程仍在持续。美国受阿富汗战争、伊拉克战争和国际金融危机的影响实力削弱，经济总量占世界经济比重持续下降，国家债务数额屡创新高，导致政府机构多次停摆。新兴市场国家和发展中国家整体实力不断上升，亚洲特别是中国经济保持较快增长，全球发展中心“由西向东”加快转移。但亚洲经济快速增长并未改变全球经济困境，美、欧等国债务危机深重，全球经济受此拖累，复苏进程

缓慢曲折。

二是全球权力分配“南升北降”，世界政治向多极化、均衡化方向发展。美国经济实力相对减弱的影响正向政治、外交、安全、军事和文化等领域扩散蔓延，其操控国际关系和国际事务已力不从心。欧盟深陷债务危机，经济复苏乏力，高失业率、人口老龄化问题、难民问题突出，多个国家饱受财政赤字困扰，欧盟威信和国际地位受到前所未有的损害。发展中国家特别是新兴大国国际地位和影响力持续提高，西方国家掌控全球事务能力相对减弱。而印度、俄罗斯、巴西等新兴大国在世界权力分配中的份额继续增加，中国作为重要“一极”地位更加凸显，“一超走弱、多强易位”的政治多极化进程加速发展。同时，南非、印尼等发展中国家以及联合国、欧盟、非盟等国际组织在全球事务中表现活跃，话语权增大，作用增强，全球权力分配更加分散、均衡。

三是全球战略博弈更加激烈，国际体系深层次改革艰难推进。传统大国与新兴大国围绕国际和地区事务主导权、规则制定权、议程设置权和舆论话语权展开激烈竞争。加强国际金融监管、促进世界经济平衡、改善全球治理等涉及国际秩序深层次问题以及亚太、中东等地缘战略角逐成为竞争焦点，国际战略博弈向纵深发展。现有国际秩序开始改变，金砖国家、二十国集团等新的国际合作平台应运而生，携手应对共同威胁、加强多边合作等理念日渐成为国际共识。但是，国际体系深层次改革触及各方根本利益，各方妥协和让步空间收窄，改革难度增大。

（二）大国展开新一轮互动，大国关系模式更趋复杂

一是各大国加紧战略调整，争夺战略主动权。全球实力对比此消彼长、国际格局加速演进，促使各大国纷纷调整战略。特朗普上台后，美全球战略总体呈收缩态势，突出重点、重心东移，积极介入朝鲜、伊朗和阿富汗问题，高调推出“印太”战略构想，调整亚太军事部署，不断强化军事同盟体系，推动形成美国主导的印度、日本、澳大利亚为主轴的亚洲安全架构，力图牢牢掌握对亚太事务的控制权。俄罗斯提出“东方战略”和“欧亚联盟”构想，强化西线战略部署同时，加快战略“东向”转移，对亚太和远东地区的关注不断加大，积极参与亚太地区一体化进程，逐步加强核力量和海、空军力在东部方向的部署，力图成为欧亚并重的“双头鹰”和多极世界中有影响力的独立一极。日本安倍政权积极推动日“自由开放的印太战略”与印“东进”战略对接，积极谋求西进南下，力争东海、染指台海、搅局南海、渗入印度洋并加强与美澳战略协作，加大对越、菲等国支持，谋求“另起炉灶”，牵头搞缩水版“跨太平洋伙伴关系协定”，力图扩大战略影响，对华政策竞争性、对抗性更强。印度素有“大国之志”，利用其在南亚“一家独大”，继续强化在印度洋军事存在，力图形成控制北印度洋的地缘优势。面对美、日拉拢，莫迪政府顺势回应，在加入核供应国集团、“入常”等问题上得到美国支持，在对华遏制上加大与美、日战略配合。在对华关系上，2017 年印度挑起洞朗对峙事件，2018 年又回归到逐渐构建更加紧密的伙伴关系轨道上来。在大国关系中左右逢源的同时，印度力推南向东进战略，力图将印度洋变为“印度之洋”，强化同周边国家关系，影响中南半岛，辐射南海地区，成为掌控世界地缘新枢纽的重要一极。

二是大国间合作与竞争、借重与互疑同步增长，敌友界限日益模糊。近年来，利益深度交融和全球性挑战逐步增多，促使大国间合作与借重增多，但战略目标迥异、深层次矛盾难以化解，导致大国间竞争、牵制的一面同步上升。美、俄在欧洲反导、地缘角逐上的

结构性矛盾难以调和，美、欧仍互为盟友，但双方关系正在从“特殊”走向“正常”，在欧债危机、欧洲防务上的战略矛盾难以弥合。美、俄“心结难解”，双边关系“重启”困难重重；欧、俄虽互有需求，但“以邻为壑”心态影响双方关系提升；日寻求与美政治上对等，但“美主日从”关系难以改变；俄、日虽有缓和意愿，但领土争端等问题制约两国关系走近。

三是大国关系加快重组，利益争夺更加激烈。实力位次变化和新的战略关切促使大国关系加快分化重组，八国集团、东亚峰会等既有合作平台改革加快，二十国集团、金砖国家等新的协调机制不断涌现，多层次宽领域沟通协调成为大国关系新亮点。各大国纷纷借助不同机制，搭建不同组合，争取国家利益最大化，相互间既利用又排挤，大国权力和利益的转移和分配愈加频繁、复杂。

未来一个时期，大国关系将继续进行深刻调整和复杂互动，彼此间合作与竞争、借重与防范、协调与摩擦的“异频共振”特征更加凸显。

（三）地区热点问题复杂多变，地缘战略竞争日趋激烈

当前和今后一个时期，全球爆发大规模战争的可能性仍不大。然而冷战结束以来，全球局部战争和武装冲突数量居高不下，西方军事干涉主义有新的发展。在国际上动辄用武、恃强凌弱、谋求通过军事手段维护霸权地位和既得利益的强权倾向仍较突出。主要大国围绕着国际和地区的主导权问题进行的地缘政治竞争愈演愈烈，国际社会的霸权与反霸权斗争将长期持续，这也是战后局部战争和冲突不断的主要原因。

一是固有摩擦纷争难以化解，传统热点问题跌宕起伏。近年来，亚、非“不稳定弧”地带的传统热点问题“郁结难消”、时有发作，成为引发更大规模地区冲突的引爆点。国际核扩散威胁明显上升。朝核、伊核局势失控风险有所增加，日、韩和中东部分国家试图借机“拥核”的概率上升。印、巴和巴、以及南北苏丹围绕领土争端、民族宗教、资源争夺等问题冲突不断，伊拉克和阿富汗“烂摊子”难见改观。

二是西亚、北非乱局持续发酵，地区政治格局加快重组。突尼斯、埃及、利比亚剧变产生多米诺骨牌效应，西亚、北非地区陷入剧烈动荡。部分国家威权统治相继终结，突、埃、利乱局“未完待续”，沙特等国暗藏动荡火种，叙利亚更是成为地区动荡的“风暴眼”。传统地区力量平衡被打破，伊朗、土耳其、沙特地位上升，以色列、埃及影响减弱，伊斯兰势力强势崛起，地区格局加快重组。美、欧、俄等域外力量强势介入，进一步加剧地区局势复杂性和不确定性，权力分散、多头竞争的地缘格局和政治生态逐步呈现。

三是美战略重心东移，亚太地区日益成为战略博弈主战场。随着亚太地区逐渐成为全球政治经济中心，美视亚太地区为其巩固霸权地位、主导全球事务的关键，不断加大对亚太地区投入，巩固传统盟友关系，打造新型伙伴关系，改建多边机制，谋求构筑以美为主导、以遏华弱华为主要目标的地区格局。美战略重心东移牵动各方神经，印、日、澳等国“随美起舞”，俄不甘落后，东盟伺机而动，有关各方展开新一轮明争暗斗。

四是非传统安全威胁持续蔓延。国际恐怖袭击数量居高不下，国际反恐斗争呈现对抗激烈、地域扩散的基本态势，能源安全、气候安全等问题日益突出。

未来一个时期，国际形势总体缓和稳定与局部紧张动荡并存的局面可能长期持续。引发地区动荡的固有矛盾难以根除，美、俄、欧等出于“逐利谋势”需要仍将继续强力干预地区问题，新旧热点将此起彼伏，地缘战略竞争将更趋激烈。

（四）国际军事竞争日趋加剧，战略新疆域争夺更加激烈

一是各大国加紧安全和军事战略调整，军事实力对强国地位的支撑作用没有降低。世界主要国家着眼多元化威胁，加紧调整安全与军事战略，突出军队支撑作用，兼顾慑战两种能力，在强调以“软”化“险”的同时更加注重以“硬”慑“敌”。美国将军事实力作为维持其“一超”地位的最大本钱，关注重点由反恐转向应对传统安全威胁，战略重心聚焦亚太，强调美“必须拥有同时在几场冲突中作战的能力”和“具备在一个时期内应对和击败一个以上敌手的能力”。俄罗斯以美国和北约为主要对手，视信息化条件下局部武装冲突为主要安全威胁，奉行“强国必强军”信条，强化远东、太平洋方向军事部署，作战思想由“战略防御”转为“战略遏制”，力图慑止各种局势异动。日本防卫理念由“基础防卫”转向更具进攻性的“机动防卫”，防卫重点由“北方”转向“西南诸岛”，并提出“跨域联合作战力量构想”，进一步向军事大国目标迈进。印度致力成为“地区性强国和重要世界大国”，强调军事手段与其他手段综合运用，重点防范“中、巴威胁”，塑造“稳定的安全环境”。

二是各国加紧推进军事改革，着力提升军事实力。美、俄、印等国着眼战争形态演进，持续深化军队体制编制改革，不断加强高、精、尖武器研发部署力度。美军在总结反思近几场局部战争经验教训基础上推动“二次转型”，加紧实施“第三次抵消战略”，不遗余力进行军事技术和体制创新，将“敏捷灵活、反应迅速、技术先进”作为发展目标，加大网络空间、航天作战、特种作战等重点领域投入，推动各种军事能力融合，着力提升全谱作战能力。俄军围绕建设“职业化、常备化、精干化”军队深入推进“新面貌”军事改革，提出“创新型军队”建设理论，着力打造信息化新型军事力量。印军加速军队转型，以“两线作战”准备为牵引，明确各军兵种发展重点，组建新型作战力量，着力打造“能打善战、机动灵活、多用途、网络化、有效应对综合不确定挑战”的新型军队，力争全面提升慑止能力。

三是网络空间、太空军事化日益明显，“全球公域”战略地位更加凸显。网络空间、外太空、深海和极地等战略新疆域成为大国角逐的新前沿和相互牵制、防范、竞争的新战场。“网络军事化”已成现实。美国将网络空间司令部升格为联合作战司令部，组建规模庞大的网络战部队，努力打造集侦、攻、防于一体的新一代网络空间作战平台；俄罗斯已着手成立网络战司令部，加强网络战能力。外空军备竞赛加速。美国加紧提升太空作战能力，谋求太空军事绝对优势；俄罗斯视太空军事力量为与美对抗的“王牌”，组建空天军新军种，加大太空武器装备投入；印度谋求2020年前后初步建立太空作战体系，2030年前后具备太空作战能力。北极主权和利益争夺加剧。加拿大、美国、丹麦和俄罗斯等国围绕北极地区的争夺越来越激烈，排斥域外国家介入北极事务，不断强化在北极的军事存在。

此外，非传统威胁依然严峻。水资源短缺加剧，粮食安全与能源安全问题突出，自然灾害频繁发生，全球气候变化敲响警钟，海盗活动依然猖獗，恐怖威胁长期化、本土化和分散化趋势明显，国际防扩散形势不容乐观。

未来，美安全和军事战略调整必将引发连锁反应，网空、太空在军队建设中的地位将进一步凸显，军事强国围绕核心军事能力的竞争将更加激烈。

二、世界主要国家军事战略动向

当前，世界战略格局正在发生深刻调整，国际范围内安全威胁日益复杂化、多元化，世界新军事革命加速向前推进，战争形态呈现出不同于以往的新面貌、新特征。为适应新的形势和任务，世界主要军事大国都在加速推进军事改革，深入调整军事战略，力求在军事竞争中占据主动地位。

（一）美国

美国长期秉持霸权主义思想，面对中国综合国力和国际地位的不断提升，美国认为中国全方位崛起、超预期崛起、修正性崛起和体制外崛起都将给其利益带来强烈冲击，继而推出“第三次抵消战略”。特朗普上任后，在其前任实施的“亚太”战略的基础上全面制定“印太”战略，稳步推进“重建美军”计划，加大对华遏制与竞争力度，其军事战略调整已实质性展开，体现出四个方面的显著特点：

1. 将中国视为最重要战略竞争对手

2022 年 3 月，美国防部向国会提交了 2022 年度《国防战略》报告，在报告中，美国将中国定位为“最重要战略竞争对手”，俄罗斯是“严重威胁”，朝鲜、伊朗以及暴力极端组织是“持续威胁”。报告列出了美国的国防重点，第一条就是“应对中国日益增长的多领域威胁”，第二是“遏制对美国、盟国和合作伙伴的战略攻击”，第三是遏制侵略，必要时要准备在冲突中获胜，其中将所谓“中国在印太地区的挑战”作为优先事项，然后才是俄罗斯对欧洲的挑战。这一报告反映了美国对中国军力发展及战略威胁的强烈担忧，也标志着其主要战略重心的加速转换。由此可见，冷战后世界进入“大国竞争新时代”，美国最新军事战略调整的目标主要是针对中国。

2. 继续强化同盟体系牵制遏制中国

面对中国近年来的全面迅速崛起，特朗普的精明现实政治风格和美国传统的实用主义促使对华战略从接触与融合向竞争与遏制发生质变。2017 年 11 月，特朗普提出“印太”战略，将“亚太再平衡”战略触角向南亚延伸，意指“寻求一个自由而开放的‘印太’地区”，强化与印度深层合作，支持其利用领土争议问题纷扰中国；加深与蒙古的军事交流，提升其作为蒙古“第三邻国”的地缘优势；美军计划 2020 年前将 60％以上的海空力量调配部署至亚太前沿，继续在南海开展“航行自由行动”，深化美韩、美日同盟关系，强力推动“萨德”入韩，利用朝核问题进一步挤压中国战略选择空间；特朗普于 2018 年 3 月 16 日签署“台湾旅行法”，逐步提升美台关系，使台湾在干扰和破坏中国崛起过程中发挥更大作用。拜登政府上台后，截止到 2023 年 3 月，共分 9 批次对台军售共计 35.57 亿美元。美国的这一系列举措，充分表明其借助中国周边势力主动在亚太地区挑起事端，打乱中国发展进程的意图已经诉诸行动。

3. 加大新兴领域能力建设

美国在新世纪以来的四次军事战略调整中，都十分强调维持在太空、网络、电磁等新兴领域的优势。特朗普政府在新版《国防战略报告》中指出“空中、陆地、海洋、太空与网络空间等每个领域都存在竞争”，明确除继续保持美国传统的军事优势外，还十分重视全球公共空间对形成军事核心能力的影响：美军强调“三位一体”核力量现代化建设，更新核武库，发展战术核武器，降低使用门槛，计划将投入1890亿美元用于战略核投送系统和武器，90亿美元用于战术核投送系统和武器；2017年4月，美军将“联合跨部门太空作战中心”改名为“国家太空防御中心”，将工作重点从试验转向作战，强调要提升太空和网络空间作战能力，设立独立“天军”；美国防部优先在网络防御、重组运营方面投资，并将其不断整合到各种军事行动中，加强在深海、极地和太空的主权宣示和利益争夺。美国在新领域的系列拓展举措，昭示了其加紧抢占新领域制高点，巩固其军事技术绝对领先地位的决心异常坚定。

4. 加速塑造多能新型军队

特朗普执政后，于2017年1月27日签发了“重建美国武装部队”的总统指令，强调“不允许别国的军事力量超过我们”，停止了奥巴马政府的裁军计划，着力重建军备，建立具有决定性优势的联合部队，以求打造一支更为强大的美军；美国还着力加强军事联盟，吸引新的合作伙伴，发展致命、敏捷、有弹性的力量态势，强化动态力量运用；改革国防部组织结构和管理程序，创新整合业务，摆脱过时的管理行为和结构，提高绩效；2017年12月12日，特朗普签署总额高达7000亿美元的《2018年度国防授权法案》，同意将增加美军士兵2万多人，提高军人工资2.4%，增加海军作战舰艇数，大幅增加弹道导弹防御投资。一系列举措旨在全面提升美军军力，使美军能够在全球多维条件下拥有区域介入、行动自由和兵力投送能力，确保美国的绝对优势。

（二）俄罗斯

冷战结束后，俄罗斯军队继承了苏联军队的大部分遗产，无论从数量还是质量上看，俄罗斯仍然是世界军事大国。冷战结束后初期，由于受俄罗斯总体国家战略以及自身整体实力下降等因素的影响，俄罗斯军队建设经历过一段非常困难的时期。近些年来，随着俄罗斯经济逐步复苏，其大国雄心重新燃起。针对新的战略环境和安全威胁，俄罗斯对军事战略进行了大幅调整。

1. 明确北约为主要威胁

冷战结束后初期，俄罗斯一度认为，社会制度和意识形态与西方接轨会赢得西方的支持和帮助，俄罗斯和西方的关系将化敌为友。在这种情况下，俄罗斯将不再面临重大地缘战略威胁，局部的武装冲突将是俄军面临的主要任务。但是，美国等西方国家有步骤挤压俄罗斯战略空间的行动，彻底改变了俄罗斯的想法。冷战结束后，北约接二连三地采取东扩行动，目前势力范围已逼近俄罗斯国界 1999年以美国为首的北约发动科索沃战争，敲打俄罗斯传统盟友；美国于2003年退出《战略反导条约》，在波兰、捷克等国部署弹道导弹防御系统，等等。这些举动让俄罗斯感受到了巨大的战略威胁。因此，俄对国家面临的安全威胁做出了新的判断。2014年颁布的《俄罗斯联邦军事学说》指出：北约在俄罗斯边界附近的进攻力量不断加强，积极部署全球反导防御系统。北约加强军事力量，将是俄罗斯面临的主要外部危险。俄罗斯认为，北约反导系统的部署将破坏全球稳定及核武器领域现有力量对比的平衡，还会引发太空军事化和高精确制导武器系统的部署。新版军事学说对安全威胁的明确是此前的军事学说中没有提及的。这些新的判断表明，俄罗斯已经判明美国和北约的战略企图，并做好了以强硬方式应对北约的准备。

2. 优先加强核遏制和空天防御能力

冷战结束后，俄罗斯失去了东欧地缘缓冲地带，地缘政治环境急剧恶化。北约不断东

扩、传统势力范围内国家与俄罗斯不断交恶、国内恐怖主义和分裂势力的发展，使俄罗斯国家安全面临严重挑战。与此同时，国力的衰退也使俄罗斯军力大不如前，在常规武器特别是常规高精度武器领域已远远落后于美国。在这种情况下，为了有效维护国家安全，俄罗斯把战略威慑力量作为维持大国地位、保障国家安全的主要手段。

核力量是俄罗斯战略威慑力量的主体。长期以来，俄罗斯一直非常重视核武器的重要作用，突出使用核武器维护国家利益的坚决性，建立可靠的“三位一体”战略核力量，维持核武器的实战化水平，确保核遏制的有效性；强调核武器的使用范围不仅限于拥核国家，也包括与拥核国家签订同盟条约的国家。2014 年《俄罗斯联邦军事学说》保留了俄罗斯核武器的使用条件。俄安全委员会的通报称：“学说仍旧保持其防御性质，强调俄罗斯坚持只有在使用非武力措施的可能性用尽后，才会使用武力。”根据这一军事指导方针，如果敌对方首先对俄罗斯或其盟友使用核武器或大规模杀伤性武器，或运用常规武器侵犯俄罗斯以至“威胁俄罗斯的生存”，俄方可以运用核武器予以回击。由此可见，俄罗斯使用核武器的时机，已经不以对方“有核”或“无核”为标准，而是根据军事冲突的性质和可能后果来判断。这一规定不仅降低了俄罗斯使用核武器的门槛，还使其对核武器的运用具有较强的主动性与灵活性。在核力量的建设方面，俄罗斯的建设原则是“够用”和“管用”：即“战略核遏制潜力保持在够用的水平上”，确保核力量“保持在任何条件下都能给侵略者造成应有损失的水平上”。由此可以看到，在发展核力量方面，俄罗斯不再追求与美国的军备竞赛，而是将着力点放在提高核力量的实战和威慑能力方面。

注重发展空天防御力量，把太空军事化和美国发展空天武器视为俄罗斯面临的重要威胁。俄罗斯认为，空天作战是未来作战的重要样式，空天作战的进程和结局将可能决定整个战争的结局。由于美军在该领域的优势，致使俄罗斯在其他领域的优势很可能被减弱甚至抵消。基于这一判断，俄已将空天防御力量视为保障国家安全的非核战略威慑力量。新组建空天防御兵司令部，将分散于各军兵种的侦察和预警力量、防空力量、反导力量和太空防御力量重新整合，组成统一的空天防御体系，以提高空天作战效能。俄罗斯还加强了核领域及空天领域相关武器装备的建设。不仅优先改造已有的战略导弹系统并加强新型战略导弹的研制，计划于 2020 年前建成 8 艘“北风之神”级战略核潜艇，还研制了能够穿透美国反导系统的新导弹。此外，俄罗斯还加紧太空监视系统、反卫星系统、超音速武器以及未来航空系统的研制步伐，为抢占核领域和空天领域的主导权奠定可靠基础。

3. 常规部队建设注重提高快速反应与机动能力

在注重核力量建设发展的同时，俄罗斯也认识到，在核大国相互牵制、彼此制约的情况下，核冲突以及大规模战争爆发的可能性已经大大降低，俄更多面临的是地区性小规模冲突以及打击恐怖主义、反叛乱作战等行动。特别是经过两次车臣战争、俄格冲突之后，俄罗斯进一步认识到，传统意义上大规模集团军群作战的可能性越来越小，俄军的主要任务不再是应对世界大战，战争准备的基点应该放在俄周边爆发的局部战争或地区性武装冲突上。同时，俄军也认识到，自身的战略机动性与任务需求还有较大差距。“西方-2009”演习显示，将 1 个旅投送至 1000 千米之外需 5 昼夜。通过西伯利亚大铁路将 1 个旅从中部地区运送至远东甚至需要两个半月时间。

为了有效应对安全威胁、完成作战任务，近年来，俄罗斯在作战理论发展、军队建设、战略部署以及战备演习方面，已经把应对地区性冲突、提高部队机动和快速反应能力放在了重要位置。2014 版《俄罗斯联邦军事学说》指出：“军事冲突将表现出快捷性、可选择性和对目标的高破坏性，以及兵力兵器的高速机动和各种机动部队集群的运用。夺取战略主动权，保持稳定的国家和军事指挥，保证陆上、海上和空中优势是达成预定目的的决定性因素。”为了应对可能发生的局部军事冲突，目前，俄军已将主要陆军兵力部署在与北约接壤的俄罗斯和独联体北部、西部和西南部边界及与中亚及远东接壤地区；在主要战略方向，部队编组除了重视常备力量集团以外，俄军也注重强化中小型部队的灵活编组和快速部署能力。俄军近年来举行的军事演习，均把跨区战略战役机动作为例行演练内容，重点演练以不同方式向受威胁方向迅速投送兵力和战役机动的能力。在军种结构方面，俄军还决定在空降兵、海军陆战队、空军分队基础上组建特种作战力量，以提高部队快速机动与反应能力。除此之外，俄军还通过战备突击检查、建立武器装备储备基地等措施，使部队保持良好的战备状态，满足快速战略战役机动的需求。

4. 军队体制编制调整与改革

俄罗斯军队的体制编制脱胎于苏联军队，领导体制和指挥机构设置具有明显的针对大战的特征，也具有浓厚的“大陆军”色彩。在近几年俄军遂行的军事行动中，俄军指挥机构臃肿、运转不畅的弱点充分暴露出来，大力调整体制编制成为俄军提高部队战斗力的内在要求。

2008 年 10 月，俄罗斯启动新一轮的“新面貌”军事改革，对俄军指挥体制、部队编制、人员结构、后勤和院校体制进行全面调整，以实现指挥体制扁平化、网络化和部队结构模块化、小型化，适应未来作战的需要。在指挥体制方面，理顺了国防部和总参谋部的隶属关系，进一步确立了国防部长在军队中的核心领导地位，精简和改组包括国防部和总参谋部在内的中央指挥机关，大幅压缩军种总司令部的职能。经过十多年的改革调整，俄罗斯将原有的陆军、海军、空军和航天兵、战略火箭兵、空降兵“三军种、三独立兵种”结构逐步调整为陆军、海军、空天军、战略火箭兵和空降兵的“三军种两兵种”结构，将原有六大军区调整为“西部、南部、中央和东部”四大军区，成立四大联合战役战略司令部。在战区范围内形成了联合战略司令部——战役司令部（陆军集团军、海军舰队、空军空防司令部）——战术兵团（陆军旅）三级指挥体制。陆军由集团军——军——师——团四级建制变为战役司令部——旅——营三级建制。空军转为战役司令部——航空兵基地——航空兵群三级建制，空天防御旅包括防空部队和导弹防御部队。海军四大舰队和一个区舰队（太平洋舰队、波罗的海舰队、黑海舰队、北方舰队和里海区舰队）分属三个联合战略司令部（西部、南部和东部），北方舰队和太平洋舰队组建独立潜艇部队司令部。同时，大幅裁减武装力量兵团和部队、卫戍部队的数量，裁撤部分基地、兵营和设施，改革军队后勤保障体制，整合教育培训体系，等等。经过调整，俄军在整体结构上更为精干、灵活，新建立的战区指挥体制基本具备了联合作战、联合训练和联合保障的能力。

（三）日本

第二次世界大战后，日本于 1970 年首次提出了“专守防卫”的军事战略方针。按照日本官方的解释，所谓“专守防卫”有三层含义：一是受到侵略时才可使用力量；二是力量行使的程度仅限于自卫；三是力量保持的规模限定在能够自卫的程度。日本认为，“专守防卫”等同于“战略守势”，其主要作战对象是苏联，在军队建设上提出要建设一支能应对小规模军事入侵的“基础防卫力量”。冷战期间，日本曾对“专守防卫”军事战略方针进行过多次调整。冷战后，日本又对军事战略进行了四次调整，分别提出了“主动先制”“拒止与拓展”“动态防卫”和“联合机动防卫”军事战略方针。近年来，随着美国战略重心东移，“亚太再平衡”和“印太”战略的实施，美国对日本的战略借重明显上升。同时，日本国内政治日益右倾化，也促使民族主义和右翼思潮迅速抬头。安倍政府在外交与安全政策上回归自民党既有路线，对华采取敌视强硬路线，极力渲染“中国威胁”，积极开展修改和平宪法、解禁集体自卫权、建设正规国防军等各种努力。2013 年底，安倍政府成立国家安全保障会议，抛出所谓的“积极和平主义”。在防卫政策上，2018 年 12 月，安倍晋三内阁发布了新版《防卫计划大纲》和与之配套的《中期防卫力量整备计划（2019—2023 年度）》，标志着日本军事战略开始了新一轮的调整。

1. 战略指导强调“多次元统合防卫”

在对安全环境的判断上，日本强调其面临的安全环境正发生剧变且日趋严峻，国际社会的力量平衡加速变化且愈发复杂，现存秩序的不确定性正在增大。各国政治、经济、军事竞争加剧，“灰色区间事态”出现长期化趋势，“混合战争”“多域战”等新型战争形态和作战样式开始登场。

在传统安全领域，日本对朝鲜核导问题的“威胁”认知以及对中国军队的动向，表现出强烈“担忧”。这也是近年来安倍内阁对日本所处周边安全环境的基本判断。关于朝鲜的核武器开发与弹道导弹试射，安倍内阁在 2016 年版《防卫白皮书》中将其定位为“重大且紧迫的威胁”，在 2017 年版《防卫白皮书》中又将之定位为“新阶段的威胁”。尽管 2018 年上半年朝鲜半岛局势发生变化，6 月美朝首脑实现会晤，但安倍内阁在 2018 年版《防卫白皮书》中对朝鲜核导问题的“基本认识没有变化”，仍将其定位为“前所未有的重大且紧迫的威胁”。在新版“大纲”中，安倍内阁再次强调朝鲜“核与导弹能力没有发生本质变化”，认为“朝鲜的军事活动，对日本安全产生重大且紧迫威胁，也严重损害地区及国际社会的和平与安全”。关于中国军队的动向，新版“大纲”中认为：“中国基于与现有国际秩序相悖的擅自主张，尝试单方面改变现状，位于东海等海空域的军事行动持续活跃”，“再加上国防政策及军事力量的不透明性，引发了地区及国际社会在安全保障上的强烈担忧”。

在注重传统安全领域的同时，日本高度关注新兴领域，新版“大纲”强调，“现在的作战样式是陆、海、空与太空、网络及电磁波等新领域相互交织，各国为提升全域军事能力，正在追求可支撑新领域能力的技术优势。太空及网络领域也已广泛运用在民生方面，若不能实现稳定利用，则恐怕对国家及国民的安全造成重大影响。”因此，日本必须着眼“太空、网络、电磁波等新领域的运用（正急速扩大需要）从根本上改变此前重视陆、海、空等物理领域应对的国家安保方式。”

基于上述判断，日本提出了“多次元统合防卫力”概念。新版“大纲”提出：“日本将深化旧版大纲提出的统合机动防卫力量的方向性，确保机动且持续地实施统合运用，同时有机地融合包括太空、网络、电磁波等在内的全部领域的能力，在从平时至有事的各阶段，能够持续常态化地实施灵活且具备战略性的活动，作为真实有效的防卫力量，构筑多次元统合防卫力量”。

作为指导防卫力量建设的核心概念，在以往历年版“大纲”中，日本政府先后提出了“基础防卫力量构想”（1976 年、1995 年）、“多能、弹性、有效的防卫力量”（2004 年）、“机动防卫力量”（2010 年）与“统合机动防卫力量”（2013 年）。比较而言，旧版“大纲”中的“统合机动防卫力量”，是注重陆、海、空自卫队之间的联合作战指挥体制建设并着力提升各自卫队的机动防卫能力；新版“大纲”中的“多次元统合防卫力量”，则是优先加强太空、网络、电磁波等新领域的防卫力量建设，整编可以横跨陆、海、空作战的自卫队部队，并注重陆、海、空等传统领域与天、网、电等新领域之间的作战指挥融合。

2. 重点加强西南方向的军事部署

日本军事部署重心的调整，主要源于其对周边安全威胁的判断。日本认为，朝鲜持续发展核武器及弹道导弹，在朝鲜半岛进行军事挑衅行为，并对包括日本在内的相关国家发出挑衅言行，对日本的安全构成了重大而紧迫的威胁。日本认为，中国的军事力量发展缺乏透明度，在东海和南海活动日趋活跃，试图以武力为后盾改变钓鱼岛现状。同时，日本还大肆炒作中国设置东海防空识别区和海空力量常态化进出太平洋等行动，刻意渲染“中国威胁论”，强调对中国上述军事动向需要密切关注。在应对岛屿攻击上，日本提出要根据安全环境的需要迅速部署和展开岛屿防御部队，确保海上及空中优势，阻止敌侵略行为；在岛屿遭受侵犯时，要及时夺回被占岛屿。

在这一背景下，近年来自卫队以加强西南方向的防卫态势为重点，优先建设确保海空优势的防卫力量——这是实际遏制和应对各种事态的前提——并努力确立广泛的后方支援基础，重视建设机动展开能力。为保证在西南地区有事时自卫队能够迅速且持续地应对，日本陆上自卫队新组建了沿岸监视部队和执行快反任务的警备部队，以强化西南诸岛的部署态势；组建专业化机动作战部队，有效遂行空降、水陆两栖作战、特种作战、航空运输、特种武器防护等任务，实现与海上自卫队和航空自卫队有效联合，完善和强化岛屿地区的防御态势；为尽可能将进攻岛屿之敌拒止于海上，组建岸舰导弹部队；为在岛屿遭受攻击时迅速实施登岛、夺岛和守卫作战，并新建了正式的水陆两栖作战部队（水陆两栖机动旅）。航空自卫队则组建了 E-2C 预警机飞行队，部署在那霸基地；在西南地区岛屿建设警戒雷达基础设施，保持全天候警戒监视态势；增加部署在那霸基地的战斗机部队。

3. 军队建设注重提升“跨域联合作战”能力

日本认为，作为海洋国家，确保海上交通与航空交通的安全是和平与繁荣的基础。因此近年来，日本一直强调要以应对“岛屿攻击”为抓手，全面提高自卫队的攻防作战能力，使日本自卫队能够充分发挥两个方面的作用：一是有效威慑和应对包括“灰色地带”（围绕领土、主权、海洋经济权益发生的介于平时与“有事”之间的事态）在内的各种事态。二是稳定亚太地区安全环境及改善全球安全环境。围绕上述设想，日本确立了新的建军方针，即“构建一支拥有广泛的后方支援基础，具备高技术能力和情报指挥通讯能力为支撑，在软硬件两方面都具备快反性、持续性、坚韧性和互通性的联合机动防卫力量”。根据“新中期防”，陆上自卫队将在冲绳县设立 2 个大队的“岛屿防御用高速滑翔弹”部队，负责打击敌方舰船。陆自 15 个师团中的 8 个将改编为机动部队，装备 134 辆可使用 C-2 运输机投送的 16 式机动战车，大大提升了陆自的远程投送能力和战役机动能力。海上自卫队将维持现有常备舰队规模，即 4 个护卫群 54 艘水面舰艇和 6 个潜水队 22 艘潜艇。“新中期防”要求，未来 5 年将建造 10 艘大型水面舰艇、8 艘潜艇和 4 艘警戒舰，提高协同作战系统（CEC）能力。海自还将购置舰载无人机和 SH-60K 直升机，以及 12 架 P-1 巡逻机。航空自卫队将引进更多的 F-35 战机和隐身巡航导弹。“新大纲”提出，未来 10 年将追加采购 105 架 F-35，加上此前的 42 架 F-35A，最终将拥有 147 架 F-35。根据“新中期防”，5 年内将引进 27 架 F-35A，以及 4 架 KC-46A 加油机、5 架 C-2 运输机和 9 架 E-2D 预警机，升级 20 架 F-15DJ 战斗机，使其可以发射 AAM-4B 中距空空导弹。同时，还计划引进“联合防区外空地导弹”（JASSM）、远程反舰导弹（LRASM）等隐身导弹，应对“敌军登陆船”。这将使日本拥有射程超过 500 千米的空对舰、空对地打击能力。

日本认为，伴随军事技术发展和战争形态变化，未来作战空间将由陆、海、空传统物理空间向太空、网络、电磁等新领域拓展，因此，要有机融合陆、海、空、天、网、电等所有领域的力量，提升跨域协同作战能力，通过实施多域联合作战，弥补单个领域作战劣势，综合确保日本安全。为此，日本将组建太空专门部队、网络防卫部队、电子战力量、海上运输部队等新型作战力量，提升太空情报侦测、网络攻防、电磁干扰等新型作战能力，并将与美国加强新领域合作，开展相关联合演练。新大纲还提出要建立对陆基、海基反导力量和陆、海、空自卫队防空力量进行统筹运用的综合导弹防空体系，以应对敌弹道导弹、飞机和巡航导弹，进一步提升一体化防空反导能力。根据“跨域联合作战”的构想，为提升网络战和电子战能力，将建立专门用于网络作战的部队，设立太空领域专门部队，争夺太空优势。事实上，借朝鲜核导问题，日本军事航天活动从幕后开始走向台前。从 2003 年公开发射第一颗侦察卫星起，日本不仅发射了多颗侦察卫星和军用通信卫星，还计划构建太空监视网。明确组建专门面对太空领域部队，这是继日本突破公开发射军用卫星后，在提升太空战力方面又一重要举措。根据公开资料，日本迄今进行了 11 次侦察卫星发射（1 次发射失败），共 13 颗卫星被成功送入太空，其中 7 颗退役，至今还有 2 颗光学侦察卫星和 4 颗雷达侦察卫星在轨运行。

4. 注重发挥日、美同盟的作用

长期以来，日本一直把日美同盟作为军事战略的重要支柱之一，在安全上依靠美国。这次日本军事的战略调整，一方面强调加强日美同盟对维护日本安全的重要性，另一方面也力争通过强化新形势下的日美军事同盟实现日本自身在防卫政策上的重大突破。日本认为，现阶段日美同盟对确保日本和平与安全必不可少，驻日美军在慑止和应对地区不测事态上仍发挥着重要作用；在日本战略环境日益严峻的情况下，加强日美同盟对确保日本安全、应对全球性安全问题至关重要。特别是在应对核威胁问题上，日本强调“必须依靠以美国的核威慑力量为主的延伸威慑加以应对”。

2015 年 4 月正式公布的新版《日美防卫合作指针》，不仅对日美军事合作大幅扩容和提速，还扩大了日本军事行动范围和内涵，实现了日本防卫政策上的重大突破。其一，合作地域扩大到全球。新版《日美防卫合作指针》消除了日、美军事合作的地域限制，从“周边”一下扩展到全球，实现了日本武装力量走向世界的目标。其二，合作内容实现全覆盖。新版指针强调从平时到发生突发事件的“无缝”合作，如维和、救援、预警、情报分享、监控、侦察、训练、演习、拦截弹道导弹、舰船护卫等。其三，采取一切手段挫败对日本发动的预期攻击。这等于日本今后可以实施先发制人的打击。其四，从自卫扩大到“他卫”。新版指针规定当与日本友好的第三国受到攻击，并危及日本生存以及人民追求生活、自由和谋求幸福的权利时，为确保日本生存和保护日本人民，日本可以采取包括使用武力等措施对形势做出反应。这意味着日本武装力量将可以对他国发起武装攻击。其五，从双边合作扩大到三边和多边合作。日、美将加强三边和多边安全及防务合作，具体包括情报分享、监控、侦察、训练、演习、能力建设、海洋安全等。其六，成立常设“联盟合作机制”。不同于美韩同盟和北约，日、美没有设立统一司令部。为弥补这一缺陷，日、美过去就已建立了“联盟合作机制”，但不是常设的。新版指针把这一机制常设化，将有助于强化日、美协调配合。

从日美同盟的发展走向看，日本将在“紧密且对等”的联盟战略思想下，进一步巩固

和深化同盟关系，在同盟内部追求平等地位，在军事发展和国际安全体系中的作用等方面寻求独立自主权，角色也将由国际秩序的遵从者向国际秩序的塑造者转换。

（四）印度

印度在独立之初就确立了以“主宰南亚，控制印度洋，做一个有声有色的世界大国”为主要内容的国家战略总目标。围绕着这一国家战略总目标，在自独立至今的半个多世纪时间里，印度军事战略从初步确立，经过不断调整，已经形成为一个比较完善的军事战略体系。莫迪上台以来，聚焦“全球领导大国”的战略目标，对内大力发展经济夯实执政之基，同时积极调整军事战略，加快推进军事改革，旨在打造一支结构合理、攻守兼备、慑战并举的现代化军队，有效应对各种威胁和打赢“两线战争”。

1. 战略指导突出进攻性和主动性

在威胁判断上，印度认为自身面临着复杂、多元的安全威胁。其中，印度将巴基斯坦视为主要现实威胁，而将中国视为最大潜在威胁，认为未来将面临与巴基斯坦和中国的“两线战争”。

在战略指导上，印度军事战略非常强调进攻性和主动性，坚持以军事战略维护印度的南亚支配地位，争取印度洋主导地位，支持国家大国目标的实现。目前，印度在南亚地区格局中的支配地位已经形成，其战略重点开始由陆地转向印度洋方向，并加快了从军事上支持国家实现大国目标的步伐。在应对安全威胁上，印度推行“先发制人”的战略方针。印军认为：一旦印度的利益受到威胁，将立即采取行动，以突然打击和快速反应粉碎敌人的入侵企图；以强大核、常优势对敌实施威慑，以先发制人的有限战争，给敌人以教训和惩戒；通过攻势行动，在战争初期即将战火引入敌方领土，在敌方领土内歼灭其有生力量。如对巴“冷启动”作战和对华“攻势防御”作战思想，都具有鲜明的进攻性和主动性。

为落实其进攻性、主动性的战略指导，印度在总体战略部署上强调“西攻、北防、南下、东进”，即：向西对巴基斯坦采取攻势，对北面的中国采取战略防御，向南控制印度洋，向东通过马六甲海峡进入西太平洋，争取印度在各方向的军事优势，扩大其战略影响，支撑其向大国迈进的战略目标。

2. 加强边境地区的军事部署

印度将中国视为最大潜在威胁，始终高度重视针对中国的各种战备活动。印度认为，中、印边境的军事斗争将主要体现在对争议地区的控制与反控制上。因而，印度将军事斗争准备的重点转变为应付中小规模边境武装冲突，强调以“攻势防御”作战思想为指导，突出“攻防平衡”，通过完善战备制度、加强战场建设、强化军事训练等措施，提高部队作战能力。其中，在战略部署上，印度强调要加强边境地区对华军事部署，不断完善边境防御体系，加强前沿地区军事存在，提高部队的快速反应和应急作战能力，继续在边境地区对华保持强大的军事压力。

目前，印度与中国在中印边境的西、中、东段都存在领土争议，争议领土面积达 12 万多平方千米。为取得战场优势，印度不断加强对华作战兵力部署，向中印边境地区增派大量兵力，计划在现有 12 万兵力基础上，再增加 6 万人的部队。在中印边境西段地区，印军在该地区组建了第 14 军，加强了空军战斗机和直升机分队的部署，积极进行战场建设，不断加强边境控制。在中印边境中段地区，印度计划进一步强化该地区实力，对驻军进行改编，组建轻型、实用、高效的作战部队。在中、印边境东段地区，印度陆军根据《2012－2027年长期一体化远景规划》，将建立并部署一支完全成熟的“山地打击军”。建设中的“山地打击军”将由6万人组成，至少下辖2～3个师及附属支援兵力，重点负责中、印边境东段地区防务。除增加陆军兵力外，印度空军也调整战斗序列，恢复并扩大靠近中印边境的空军基地，将向东北部和其他方向前沿地区增加部署苏-30等先进战机。为应对所谓的中国“导弹威胁”，印度还加强了在边境地区的巡航导弹部署。此外，印度还计划将中印边境地区警察部队纳入自己管辖范围，以更好地进行边境管理，应对敌方在边境地区的“入侵活动”。

3. 加大对印度洋的控制力度

作为印度洋沿岸大国，印度一直将印度洋视为“印度之洋”。印度三面环海，本土半岛深入印度洋1600千米，海岸线长达7500多千米，拥有200万平方千米的专属经济区，海洋对印度来说具有重大战略意义。特别是随着经济全球化的深入发展，印度洋已成为世界举足轻重的海上通道，关乎全球贸易与石油运输安全，并因而成为大国博弈的热点地区。印度认为，要想成为世界大国，确保自身的安全和发展，扩大自身影响力，必须加强对印度洋的战略控制。

为支撑控制印度洋的战略设想，冷战结束后，印度陆续发布了保护海洋利益、实施海洋战略的三个重要文件：2004年的《海洋学说》、2007年的《印度的海军战略》和2009年重新修订的《海洋学说》。印度宣称从阿拉伯海到南海的广阔海域，都是印度的利益范围，并积极推进以称雄印度洋为核心目标的海洋战略，制定了全面控制印度洋的“东进、西出、南下”战略，即：向东把活动范围与影响延伸到南中国海，乃至西太平洋；向西穿过红海与苏伊士运河，影响扩大到地中海；向南扩展到印度洋最南端，甚至绕过好望角到达大西洋。根据这一战略，印度明确提出要对印度洋实施三个层次的战略控制：距离印度海岸500千米范围内的海域为绝对控制区，主要是保护其领海、岛屿和专属经济区安全；500～1000千米范围内的海域为中等控制区，主要是防止敌国海军力量接近，拒敌于绝对控制区外；距离海岸1000千米以外的印度洋为软控制区，主要是防止区域外大国不断向印度洋渗透，维护自身的海上航线安全。

为实现上述战略目标，印度在海军装备建设上提出了“三步走”的发展战略：一是建立亚洲最大航母舰队。印度将组建以现有“维兰特”号、从俄罗斯购买的“戈尔什科夫海军上将”号（移交后更名为“维克拉玛蒂亚”号）、自造的“勇敢”号为主的航母战斗群，其中两个分别部署在孟加拉湾和阿拉伯海，另一个作为战略机动力量，为三面临海的印度建立起强大的海上防线，为真正把印度洋变成“印度之洋”保驾护航。二是加强海基核力量建设，以弥补“三位一体”核打击力量的短板。多年来，印度高度重视弹道导弹核潜艇的发展，在借鉴俄罗斯核潜艇技术的基础上，研制了“歼敌者”号核潜艇，成功试射了K-15潜射弹道导弹，并新租借了俄罗斯“海豹”号核潜艇以加强人员培训。三是打造具备远洋作战能力的“蓝水海军”。印度投入巨资加强各型舰艇建设，在未来几年内将新增数十艘各类舰船，海上作战力量将由包括3艘航母在内的先进大中型作战舰艇组成，海军总兵力将达到10万，成为一支既能够有效控制印度洋又能够前出其他远洋海域的“蓝水海军”。在提高装备水平的同时，印度还高度重视海军基地建设，在其东部海岸、东南部群岛和南部岛屿上新建了海军基地。在西南方向，印度继在马达加斯加岛建立雷达监听站后，又租借了毛里求斯共和国的阿加莱加群岛，并在上述群岛建设海军基地和机场，以扼守莫桑比克海峡等战略通道。

4. 更加重视核武器的威慑作用

印度将核武器作为实现国家目标的重要工具，在核战略上谋求对巴基斯坦形成核优势，与中国形成核平衡。在这一思想指导下，1998 年 5 月，印度不顾国际社会反对，进行了多次核试验，使其事实上迈入了有核国家行列。1999 年印度公布了《核政策构想草案》，2003 年又在上述草案的基础上发布了一份新的核战略文件。这两份文件明确阐述了印度的核政策，其核心思想为：一是建立和维持可靠的、最低限度的核威慑力量；二是不首先使用核武器，不对非核国家使用核武器；三是对首先使用核武器国家将实施大规模的、可对其造成巨大损失的反击；四是如果遭受重大的生化武器袭击，将保留使用核武器反击的权利。

为实现有效核威慑，印度大力发展“三位一体”的核力量。印度在正式发表的核政策文件中提出：要建立一支由陆基弹道导弹、中远程攻击机和空地导弹、核动力潜艇和潜射弹道导弹组成的，具有生存和反击能力的“三位一体”核威慑力量；建立核力量指挥控制机构，确保核力量的指挥、控制和安全储存。在 1998 年进行核试验并宣布拥有核武器后，印度加快了“三位一体”核打击体系的建设步伐。在陆基核力量上，印度目前已装备射程 250 千米的“大地”近程弹道导弹，射程 280 千米的“布拉莫斯”巡航导弹，射程 2500 千米的“烈火-2”、射程 3500 千米的“烈火-3”中程弹道导弹。2012 年 4 月，射程达 5000 千米的“烈火-5”远程弹道导弹发射成功，标志着印度陆基核力量取得新的跃升，具备了对印度洋和周边国家的远程威慑打击能力。在空基核力量上，印度空军拥有多种可以投掷核武器的飞机，包括“美洲虎”攻击机、“幻影-2000H”战斗机、“米格-27”和“苏-30MKI”战斗机。在海基核力量上，印度正在大力推进国产战略核潜艇建设，以获取“可靠的第二次核打击”能力。通过一系列的努力，印度力争 2020 年前建成“三位一体”的战略核力量体系，形成可靠的核威慑。

5. 积极推进东向行动政策

20 世纪 90 年代初，印度前总理拉奥正式提出“东向”战略，要把印度与生机勃勃的亚洲重新联结起来，这成为印度“东向”战略的起点。2014 年，莫迪上台后将“东向政策”升级为“东向行动政策”。当前，印度正在借助美国实施“印太”战略之机，积极推进东进政策，意图积极融入亚太，在东南亚、东亚和西太平洋地区发挥影响，从而在地区秩序构建中发挥关键作用。

一是加强东部方向的海、空军基地建设，为军事力量东进提供有力支撑。近年来，印度不断加强本土东部的海军基地港口建设，以提高海军远程兵力投送能力。印度还在靠近马六甲海峡西口的安达曼·尼科巴群岛成立了由海、陆、空三军组成的联合司令部，组建了新的海军军区，不断增加海军兵力，并开始扩建该岛机场。该基地在有效瞰制马六甲海峡的同时，将成为保障印度军事力量东进南中国海和西太平洋的重要前进基地。

二是加强与东南亚、东亚、西南太平洋国家的军事安全合作，牵制中国。近年来，外部势力不时鼓噪“中国威胁论”，加之中、印间本就存在的边境领土归属问题，使得印度在安全问题上始终对中国心存芥蒂。另外，美国等西方国家杜撰的所谓中国在印度洋的“珍珠链战略”，也给印度制造出不小的恐惧感。为此，印度不断加入同区域外国家的安全合作，利用一些所谓的安全合作机制，旨在提升印度海军的战略能力，从海上方向威慑中国。同时，印度也想借日本和南海周边国家与中国存在的海洋争端，通过加强与相关国家的海上军事交流合作，提升印度的战略地位。在这些战略意图的驱使下，印度与越南签署协议，拟在南海展开石油勘探，不断加强两国的军事安全合作关系。在中越发生海上危机时，印度多次表态称，印度在必要时将出动海军力量维护印度在南海的石油利益，其干涉中国南海事务的意图昭然若揭。目前，印度与日本的军事合作也不断深化，与日本海上自卫队进行了多次海上联合军事演习。在西南太平洋方向，印度还准备通过军事人员交流、举行防务对话以及开展联合海上军演等方式，提升与澳大利亚和新西兰的军事安全合作水平。

第三节　我国的国家安全形势

名人名言

亲仁善邻，国之宝也。

——［春秋］左丘明

我们需要有一个和平的国际环境，也正在努力创造和维护这个和平环境。

——邓小平

国家安全形势是一定时期内对国家安全产生直接、间接影响作用的各种背景情况和条件的总和。维护国家安全，筹划国家安全战略，必须首先对国家安全形势做出客观、全面的综合分析和判断，以此明确国家安全面临的主要机遇、风险和挑战，判定国家安全形势发展趋势，为国家安全战略决策提供科学依据。

一、中国的地缘环境特点

我国处在欧亚大陆的亚洲，位于亚洲的东部，太平洋的西岸，东临太平洋。在地域上既在亚太地区，也包含在东北亚地区，处在亚洲大陆板块与太平洋海洋板块的交接部位。既是一个陆地大国，也是一个海洋大国，集大陆性与海洋性于一身。在世界大国中，中国是周边地缘环境最复杂的国家之一。

本节视频讲解

（一）邻国众多，国家安全面临的威胁和潜在隐患多

中国是世界上陆海邻国最多的国家，在陆地上与之接壤的国家有 14 个，从东向西依次是：朝鲜、俄罗斯、蒙古、哈萨克斯坦、吉尔吉斯斯坦、塔吉克斯坦、阿富汗、巴基斯坦、印度、尼泊尔、不丹、缅甸、老挝、越南。与韩国、日本、菲律宾、文莱、马来西亚、印度尼西亚等 6 国隔海相邻。

地缘政治规律表明，一个国家的邻国多，现实威胁和潜在隐患就多；邻国强，现实与潜在的安全威胁就大。在周边的这些邻国中，既有世界最发达国家，也有十分贫穷的国家；既有不少大国，又有众多小国；既有资本主义国家，又有社会主义国家。有的过去曾经侵略过我国，并且目前仍然是经济大国或军事大国，有着雄厚的综合国力和军事实力，具有对我国安全造成重大影响的能力；有的邻国之间积怨很深，严重对立，一旦它们之间爆发战争或武装冲突，必将影响我国边境安全；有的国家内部不稳定因素很多，一旦发生大的内乱，必将对我国边境造成很大压力；有的国家的居民与我国边境地区的居民属于同一民族，一旦这些邻国国内的狭隘民族主义泛起，可能会引起我国国内的民族纠纷；有的国家的居民与我国某些地区的居民信奉同一宗教，一旦这些国家内的宗教派别斗争加剧或者某些极端教派掌权，就可能增加我国国内相关地区的不稳定因素；还有一些国家与我国之间存在着历史遗留下来的边界领土争议和海洋国土划界的争议，存在着可能引发边界事件甚至武装冲突的隐患。

（二）边界漫长、海域辽阔，边界和海洋权益纠纷多发

作为陆海兼备的国家，中国拥有陆地面积约 960 万平方千米，海域总面积约 473 万平方千米，海岛约 6500 多个。中国拥有世界第二长的边界线，共有陆地边界线约 2.2 万千米，海岸线约 1.8 万千米。由于受历史因素的影响，我国边界存在争议的地方较多。在陆地上，我国曾与苏联、印度、越南存有边界领土之争，并先后于 1962 年、1969 年和 1979 年爆发边界武装冲突。目前，中国主要存在的陆地边界争议是和印度的边界划分。

中国海洋国土存在的争议则更大。1982 年 4 月，第三次联合国海洋会议上通过的《联合国海洋法公约》，首次以国际法的形式，对领海、毗连区、大陆架、专属经济区等作了具体规定。专属经济区，是指领海以外并邻接领海的区域，其宽度从领海线起不超过 200 海里，沿海国对此海域中的生物和非生物资源享有主权。“专属经济区”的规定唤醒了沿海国家开发和维护海洋资源的意识，进而引发了争夺海洋岛屿、海洋国土、海洋资源和海洋通道的新一轮较量，使世界的许多热点集中到海洋上。由于中国与海上邻国之间没有 400 海里以上的海洋空间，因此，各自宣布的专属经济区不可避免地出现重叠，300 多万平方千米的海洋国土中就有 150 多万平方千米存在争议。其中，中国与朝鲜、韩国之间存在关于黄海、东海大陆架划分问题，中国与日本之间存在关于东海大陆架划分、钓鱼岛的归属问题，中国南海处于“岛屿被侵占、海域被分割、资源被掠夺”的严重局面，1974 年曾与越南爆发西沙群岛之战，1988 年与越南爆发南海之战，都是由于岛屿与海域的归属纠纷引发的。

（三）地处大国利益交汇区，国家安全受大国战略博弈影响大

中国及其周边地区是世界上人口最密集，社会、经济发展最不平衡的地区。世界总共有 10 个国家人口过亿，其中有 7 个国家位于该地区，它们是：中国、印度、印度尼西亚、俄罗斯、日本、巴基斯坦、孟加拉国。

中国周边地区也是世界上大国强国最集中的地区。在我国周边国家中，俄罗斯、日本、印度等国都是世界或地区大国。俄罗斯是一个拥有大量尖端科技、先进武器和核武器的世界大国，又与我国有着数千千米的共同边界。虽然俄罗斯的战略重心在欧洲，但其大部分国土位于亚洲，在太平洋有着漫长的海岸线和大片海洋国土，这决定了俄罗斯在该地区具有重要战略利益。日本是当今世界的经济大国，与我国有着历史、文化和经济的密切关系，也是一个曾经侵略过我国的国家。近年来，日本不仅巩固其经济大国地位，而且还谋求成为世界政治大国，希望在亚太地区和国际事务中发挥更大的作用，以确保日本在该地区的安全利益，并为此不断加强其军事实力。印度是仅次于我国的最大的发展中国家和人口最多的国家，也是南亚次大陆举足轻重的国家，政治、经济、军事潜力巨大，且其亚

太战略已经由“东向政策”（Look East Policy）升级为“东向行动政策”（Act East Policy）。世界最强大的国家美国虽然不与我国相邻，但其军事力量却在我国周边一些国家长期部署，并与某些国家签订有军事协定。美国认为其在东亚有重大的战略利益，对东亚地区事务也一直不断地进行干涉。

事实上，世界公认的五大力量中心，除欧洲外，美、中、俄、日均交汇于此；世界核俱乐部的主要成员，事实上的有核国家在我国周边构成世界最密集的核分布圈。众多邻国当中强国、大国多，必然给我国安全带来很大的压力。

（四）周边地区热点敏感问题多，国家安全易受影响

在我国周边地区热点问题集中。印、巴在克什米尔问题上的争端还没有解决的迹象，南亚地区的紧张难以真正消除；阿富汗国内局势动荡不安对周边国家影响巨大；中亚地区各大国及相关国家对石油的争夺日趋激烈可能导致冲突；日、俄南千岛群岛领土之争是影响两国关系的主要障碍，短期内难以解决；日、韩围绕独岛（竹岛）的争端没有停止；朝鲜核问题时起时伏，威胁东北亚地区安全；东海油气田问题争执激烈，双方分歧严重。在众多的热点问题中，有些我国属于当事一国，直接相关；有些热点，虽然不是当事国，但对我国影响很大。周边地区的热点问题不可避免地对我国的安全产生影响。

军事知识窗

克什米尔地区由两个国家分治：巴基斯坦控制了西北部地区（自由克什米尔和克什米尔北部地区），印度控制了中部和南部地区（查谟—克什米尔邦）。锡亚琴冰川同时被印度和巴基斯坦所控制，印度控制了其中大部分地区，而巴基斯坦则控制了其中较低的山峰。巴基斯坦将整个克什米尔地区视为有争议的领土，而印度则援引其宪法证明克什米尔地区为印度不可分割的一部分。克什米尔地区也有一部分人倾向于独立建国，但是由于种种原因受到印度和巴基斯坦的共同反对。由于印巴两国都拥有核武器，克什米尔向来被认为是世界上最具危险性的领土争端之一。

（资料来源：百度百科）

二、新形势下的中国国家安全形势

改革开放以来，中国特色社会主义建设取得巨大成就，经济发展、政治安定、民族团结、社会稳定的良好局面得到长期保持，特别是十八大以来我国的经济力、科技实力、国防实力、国际影响力又上了一个大台阶，综合国力、核心竞争力、抵御风险能力显著增强。我国的快速发展将深刻改变世界和地区战略格局，其与外部世界的关系在发生深刻变化，与国际社会的互联互动也变得空前紧密。各国加大对我国借重与合作，外部环境对我总体有利，国家安全形势总体可控，我国仍将处于可以大有作为的重要战略机遇期。但是也要看到，我国快速发展使得西方对我国疑虑和戒备不断加深，对我国战略防范和遏制进一步增强，我国外部安全压力增大。而随着我国经济社会持续发展和深刻变革，各种矛盾和问题相互作用，可以预料或难以预料的安全风险趋于增加。与此同时，我国面临的风险挑战依然严峻。习近平主席深刻指出：“从国家安全面临的威胁来看，主要存在国家被侵略、被颠覆、被分裂的危险，改革发展稳定大局被破坏的危险，中国特色社会主义发展进程被打断的危险”。

（一）美持续加大对印太的战略投入，中国面临的战略压力明显上升

面对中国不断上升的综合国力和对外影响力，美国对中国发展的战略焦虑和疑惧上升，对华政策深度调整。经过近几年的美国国内对华政策大辩论，美国学界和政界达成共识，认为过去四十多年来的对华政策是失败的。美国的接触与融合政策并没有使中国走上

民主自由的道路，中国利用时机发展自己，成为今日在制度、道路、理论和文化上自信的中国。美国认为中、美的竞争领域不断扩大，不仅在经济和安全领域，中国在制度和意识形态领域也对美国构成挑战，美国要摒弃以往的战略，与中国开启全方位的战略竞争。美国对华政策正从传统的“接触＋遏制”日益转向“零和”思维推动的战略竞争。

为规制和阻遏我国发展，美等西方国家加强对我国战略试探和摸底，加大利用所谓民主、人权及台湾等问题对我国牵制，插手南海、东海等热点问题，不断挑战我国利益底线。持续炒作“中国威胁论”，抹黑我国国际形象；加强对我国周边渗透，侵蚀我国战略依托和基础；加紧对我国实施西化、分化战略，加大意识形态攻势，着力把互联网等新兴媒体打造成对华渗透的主要平台。特别是在军事上，美加紧建立全球和地区反导系统，不断加强在亚太的军事前沿部署和活动力度，在东亚地区频繁开展更具威慑性和针对性的联合军演，将调配60％的海、空力量强化亚太前沿军事部署，使我国面临更大军事威胁。

2022年3月，美国防部向国会提交了2022年度《国防战略》报告，在报告中，美国将中国定位为“最重要战略竞争对手”，俄罗斯是“严重威胁”，朝鲜、伊朗以及暴力极端组织是“持续威胁”。这与拜登执政团队此前发布的《临时国家安全战略指南》中的论述基本一致。

最近10余年来，美国为了维护自身霸权地位，抱着冷战思维不放，历届政府处心积虑推进具有明显针对性的军事战略：从奥巴马政府提出“重返亚太战略”和“亚太再平衡战略”，到特朗普政府制定“印太战略”，再到拜登政府进一步充实、强化“印太战略”，并以“价值观外交”拉帮结派，美国从未放弃在亚太地区掀起大国地缘政治竞争进而从中渔利的图谋。

（二）涉及领土海洋权益争端凸显，我国维权与维稳面临更复杂局面

近年来，在全球海洋热点问题急剧升温和我国实力快速上升等因素的综合作用下，部分周边中小国家对解决海洋领土问题的紧迫感和焦虑感增强，我国周边地区的海权争夺明显加剧，对我国政治、经济和战略利益的牵制增大。

东海方向，中、日围绕钓鱼岛主权争端和海域划界的斗争更加复杂。2012年日本政府对钓鱼岛部分岛屿实现所谓的“国有化”引发“钓鱼岛危机”。中国政府提出强烈抗议，并连续采取了划定钓鱼岛海域领海基线、划设东海防空识别区、实现巡航常态化等一系列反制措施。近年来，日本持续加强对钓鱼岛及附近海域管控，推动将钓鱼岛纳入“美日安保条约”适用范围，加大在东海海域对中国侦察力度，企图运用“强化实际管控、炮制法理依据、寻求外部支持”等手法在东海问题上挑起新的事端。中、日双方围绕钓鱼岛的斗争，已经从初期的法理斗争扩展到实际维权斗争，从海上斗争扩展到空中斗争，从执法力量斗争扩展到军事力量斗争，从双方斗争扩展到多方斗争。日本不断加强西南岛屿军事部署，大力发展攻防兼备、大型化、远洋化、信息化海上力量，军事战略进攻性、冒险性趋向明显，中日海上公务船之间、海空舰机之间发生海上意外事件的风险骤增，中、日因钓鱼岛等问题发生擦枪走火引发军事冲突的风险不能排除。

南海问题“多边化”和“国际化”趋势继续发展。越南、菲律宾等国加紧对中国南海油气资源进行掠夺性开发，继续谋求以“小步快走”方式蚕食中国南海权益，“聚合抱团”、“倚强制华”的势头上升，竭力加强相互联合并勾结域外大国介入南海争端，加紧扩充军备，加大战备演训力度，加紧战场建设，在南海岛礁主权和海洋权益争端中不断挑战中国底线。与中国利益摩擦更趋表面化、激烈化和常态化。

美国不断加大对东海、南海地区干涉力度，声称《美日安全保障条约》适用钓鱼岛，怂恿日本巡逻南海，挑唆菲律宾等将南海争端提交国际仲裁。美国实际“选边站”“拉偏架”刺激了有关国家倚美自重、以武谋海的心态，增大了对抗性因素，加剧了地区矛盾和紧张局势。

从2015年至今，中国扎实推进南海岛礁建设，在一定程度上扭转了在南沙海域长期被动的局面，但域外大国与域内声索国反弹较大，对我国家利益构成严峻挑战，使解决争端更加艰巨和复杂。美一方面利用各类《报告》和国际会议场合指责中国南沙岛礁建设，一方面谋求与亚太盟友开展更为广泛的军事合作，鼓动日、澳、印度军事介入南海及东盟国家联巡南海；推进与菲、越、印尼海上安全合作，尤其是加大军援和售武。最严重的是，美军自身不断加强在南海地区的军事存在，正从后台走向前台，步步逼近，多次派航母、驱逐舰、反潜机等赴中国在建岛礁周边海空域执行所谓“航行自由行动”，进入中国岛礁12海里领海范围。

总的来说，中国海上方向岛礁被侵占、资源被掠夺、海域被瓜分的局面依然严峻复杂，我国将长期面对遏制与反遏制、分裂与反分裂、侵权与反侵权等矛盾和斗争。因海上方向维权斗争引发武装冲突的可能性不能排除。

（三）分裂势力依然存在，实现和维护国家统一的任务依然艰巨

台湾问题事关国家统一和长远发展，国家统一是中华民族走向伟大复兴的历史必然。但影响台海局势稳定的根源仍然存在，“台独”分裂势力及其分裂活动仍然是两岸关系和平发展的最大威胁。“台独”分裂势力“人还在、心不死”，仍在竭力煽动两岸敌意和对立，阻挠两岸交流合作，分裂祖国的危险始终存在，仍然是两岸关系和平发展的最大现实威胁。2017年以来，蔡英文当局出台新的“去大陆化，去中国化”举措，同时大力推进军事转型、加快整军备战步伐，两岸建立军事安全互信机制仍受多种因素制约。考虑到台湾岛内政治生态的复杂性，“台独”事变的突然性，以及美日等利用台湾问题遏制中国的顽固性，未来台海形势发生逆转的可能性难以完全排除，要求我国在维护国家统一、应对“台独”事变方面做好全面准备。

反对民族分裂，维护祖国统一，是国家最高利益所在，也是边疆各族人民根本利益所在。随着我国综合国力和国际影响力持续提升，边疆地区发展稳定的局面日益巩固。我国维护国家统一、打击分裂暴恐活动的举措得到更多理解和支持，国际舆论持续改善，客观、理性的声音不断增多。同时，必须深刻认识反分裂斗争的长期性、复杂性、尖锐性。“藏独”“东突”等民族分裂势力暴力倾向进一步加剧。“东突”势力不断变换手法，打着“民主”“人权”“宗教自由”的幌子，骗取国际社会同情与支持，实际上是以分裂国家为目标，以极端宗教思想为指导，企图以暴力恐怖为手段破坏国家统一和民族团结。

（四）新兴领域竞争激烈，安全面临诸多挑战

中国面临的新兴领域安全威胁主要包括太空、网络、海外、极地、深海、生物等领域，其中尤其以太空、网络和海外利益安全威胁最为突出。

太空和网络空间成为军事竞争新的制高点，世界大国在太空和网络空间的战略竞争日趋激烈。世界主要大国纷纷制定太空、网络领域军事战略，加速发展太空、网络高新技术武器和军事力量，中国面临的高端军事压力和新型安全压力不断增大。

太空是国际战略竞争制高点。世界主要国家围绕进出、利用和控制太空，纷纷制定太

空战略，发展太空军事力量。美国将获取压倒性的太空军事优势视为保持美总体战略优势、赢得未来战争的决定性因素，全面谋求太空能力优势、技术优势、联盟优势和规则优势，积极发展太空及临近空间进攻手段。俄将外空防御与反击力量视为重要的战略遏制手段，组建空天防御部队，全力维持在利用空间能力方面“第一梯队国家”地位。日本、印度大力发展太空支援作战能力和反卫武器系统。随着有关国家加紧争夺太空资源，我国在太空领域面临多元挑战和危险。我国一贯主张和平利用太空，为应对新的竞争，必须密切跟踪掌握太空态势，保卫太空资产安全，服务国家经济建设和社会发展，维护太空安全。

网络空间是经济社会发展新支柱和国家安全新领域。网络空间国际战略竞争日趋激烈，不少国家都在发展网络空间军事力量。有关国家相继出台网络空间安全战略，加紧建设网络战部队，加紧研发网络空间武器装备，利用网络优势挑战我国网络安全。在网络空间由于网络和信息核心技术的缺乏使我国整体上处于弱势地位。在国家层面，保证信息安全、确保信息系统和信息基础设施稳定运转的任务艰巨。在军事层面，网络战已成为新型作战样式，人民解放军未来作战主动权面临着巨大的挑战和考验。面对网络空间斗争，只有加快网络空间力量建设，提高网络空间态势感知、网络防御能力，才能支援国家网络空间斗争和参与国际合作，遏控网络空间重大危机，保障国家网络与信息安全，掌握新型安全领域军事竞争战略主动权。

海外利益安全问题凸显。近十年来，随着我国实施“走出去”的战略，现已成为全球货物贸易的第一大国和主要对外投资大国。企业、机构和人员大规模“走出去”，海外利益的广度和深度不断拓展，海外利益成为我国国家利益的重要组成部分。与此同时，国际安全环境发生复杂深刻变化，各种传统和非传统安全问题点多面广，我国海外利益拓展面临阻力加大、摩擦增多、风险上升的严峻局面，维护国家海外利益安全的任务日益繁重。海外利益安全主要包括海外能源资源安全、海上战略通道以及海外公民、法人的安全。我国海外经济利益和能源资源产地分布比较密集的区域，有相当一部分是矛盾丛生、问题成堆、战乱不断的高风险地区。国际和地区局势动荡、恐怖主义、海盗活动、重大自然灾害等都可能对我国安全构成威胁。近年来，全球恐怖主义活动进入新一轮活跃期，国际恐怖主义活动对我国公民造成连带伤亡的情况及国际涉华劫持人质事件，也屡屡发生。

（五）周边形势处于矛盾多发期，周边安全环境中的风险隐患增多

中国周边地区日益成为大国战略博弈的重要地带，地缘战略竞争加剧，热点问题纷繁复杂，各种不稳定不确定因素增多。

朝鲜半岛核问题充满变数。金正恩上台之后，积极推动拥核入宪，并宣布成功试爆氢弹，试射多型中远程弹道导弹，宣布“完成核武大业”；美全面推行“极限施压”，推动安理会加大对朝制裁，再次将朝列入“支恐国家”名单，与韩、日举行大规模联演，继续对朝保持强大军事威慑。美、朝相互示强，半岛紧张局势呈螺旋式上升，面临失控风险。进入 2018 年，朝鲜以参加韩国平昌冬奥会为契机，展示无核化意愿，主动推进首脑外交。中、韩大力支持，美国积极响应，美、朝在新加坡举行首次峰会，推动无核化谈判重启，半岛局势出现重要转折。然而美、朝对话气氛虽然形成，但双方在无核化方式、步骤上的分歧仍然存在。美、朝在无核化步骤及何时放松、解除制裁问题上尖锐对立，使得谈判难以取得实质性进展，未来半岛局势仍充满变数。

缅北局势动荡不安。缅甸有大大小小 135 个民族，素有“民族的熔炉”之称，其中少

数民族占全国人口的1/3多，居住面积超过了缅甸国土面积的一半，是世界上民族矛盾最尖锐、最复杂的国家之一。1948年独立以来，缅甸在民族国家构建与少数民族的自我发展要求之间一直存在着严重的对立。这种对立突出地表现在缅甸十多个较大的少数民族组建了本民族的武装，并与以缅族为主的中央政府长期武装对抗，至今尚未停止。政局动荡和内部冲突对中国安全环境造成冲击。2015年3月13日更是发生缅政府军战机飞入我国领空误投炸弹造成我边民5死8伤的恶劣事件。

中亚地区恐怖活动猖獗。在美军逐步撤离阿富汗、“伊斯兰国”势力外溢的背景下，中亚地区恐怖主义、分裂主义、极端主义活动日益猖獗，我国周边恐怖主义势力存在反弹可能，防止“三股恶势力”渗透破坏、维护西部边境地区安全稳定的压力上升。以“藏青会”为代表的“藏独”势力激进组织暴力化倾向有所抬头，“东突”民族分裂势力暴力化倾向进一步加剧，与境外极端势力相互勾结。境外“三股恶势力”加紧向我国渗透，暴力恐怖活动范围不断扩大，组织更加严密，未来我国面临的反恐怖斗争形势依然严峻。

核安全风险不断上升。地区热点核问题延宕难决，核安全问题的综合性、复杂性和多变性明显上升。我国在面临有核国家核威胁的同时，还存在国际上核扩散带来的安全风险，核安全问题不容低估。一方面，大国之间的核博弈仍在延续。美、俄核裁军量减质增，核战略并无实质变化。美国在强化本土导弹防御的同时，还加紧在东亚地区构建导弹防御系统，并实施“常规全球快速打击”计划，企图削弱中国核威慑效能，使中国处于被动地位。另一方面，我国周边核技术总体上呈扩散趋势，核扩散难禁局面给我国带来安全风险。当前，具备初步核能力、拥有核技术、事实拥核或者有核开发意愿的国家不断增多。且不说周边国家由于核武开发问题可能引发的战争影响我国家安全，单就核电、核技术利用方面，中国就必须防范事故风险。1986年苏联切尔诺贝利核事故和2011年日本福岛核事故对地区生态安全所造成的重大灾难，就足以警醒世界。而更为令人担忧的是，核扩散造成核恐怖主义威胁日益凸显。近年来，核能与核技术的广泛应用导致越来越多的核材料分散在世界各地，而一些国家和地区对这些核材料与核技术缺乏有效的保护，核材料与核技术流失现象严重。一旦恐怖分子获得核武器或核材料，并发动核恐怖袭击，将对人类造成严重危害。

（六）国家和社会发展处于关键期，政治安全和社会稳定面临新挑战

中国正处于全面建成小康社会的关键期、改革开放攻坚期、社会矛盾凸显期，经济社会问题相互叠加，人民内部矛盾和其他矛盾相互交织，国内问题和国际问题相互传导，政治安全和社会稳定面临新的挑战。

意识形态领域斗争日趋复杂激烈。随着中国快速发展壮大，一些西方国家的焦虑感不断上升。不论是从国际战略格局上，还是从意识形态上，他们是绝对不愿意看到中国共产党领导的社会主义中国和平发展的顺利实现，阻滞中国发展的图谋一刻也未停止，对中国的戒备和防范心理越来越重，千方百计对中国发展进行牵制和遏制。西方敌对势力加大对中国实施西化、分化战略的力度，加紧对中国进行意识形态攻势，攻击中国的政治制度、治理方式和发展模式，利用民族、宗教、人权等问题挑起矛盾，竭力煽动制造非法聚集事件甚至重大政治性事件，围绕“颜色革命”的斗争将更加激烈。中国同西方敌对势力之间渗透和反渗透、破坏和反破坏、颠覆和反颠覆的斗争是长期的、复杂的，有时甚至是尖锐的。

经济社会转型期各种社会矛盾凸显。中国进入经济体制深刻变革、社会结构深刻变

动、利益格局深刻调整、思想观念深刻变化的时期，人民内部各种具体利益矛盾十分复杂，教育、就业、社会保障、医疗、住房、生态环境、食品药品安全、安全生产、社会治安等引发的社会问题日益突出，群体性事件和个人极端事件时有发生，对国家安全和社会稳定造成了一定的影响。

三、维护中国特色国家安全的策略

（一）坚持以总体安全观作为国家安全战略的根本指导方针

当前，中国国家安全内涵和外延比历史上任何时候都要丰富，时空领域比历史上任何时候都要宽广，内外因素比历史上任何时候都要复杂，必须坚持总体国家安全观，以人民安全为宗旨，以政策安全为根本，以经济安全为基础，以军事、文化、社会安全为保障，以促进国际安全为依托，把握好五大要素和五对关系，走出一条中国特色国家安全道路。

（二）坚决反对和制止分裂，维护国家主权统一和领土完整

维护国家主权和领土完整是国家的核心利益。完成祖国的完全统一，实现中华民族的伟大复兴是所有中国人的神圣使命和崇高目标。完成这一目标，必须制止分裂，促进统一，防备和抵抗侵略，捍卫国家主权、领土和海洋权益。

中国是一个多民族国家，各民族在祖国大家庭享有平等地位和同等权利。中国反对任何民族歧视和压迫行为，禁止破坏民族团结和制造国家分裂的行为，祖国统一是海内外中华儿女的共同心愿。台湾是中国神圣不可分割的一部分，不允许任何势力任何人将它从祖国分裂出去。

2015 年 11 月，习近平主席在会见台湾地区领导人马英九时强调，希望两岸共同努力，携手奋斗，坚持“九二共识”，巩固共同的政治基础，坚定走和平发展道路，保持两岸关系发展正确方向，深化两岸交流合作，增进两岸同胞福祉，共谋中华民族伟大复兴。

二十大报告中指出：“‘和平统一、一国两制’方针是实现两岸统一的最佳方式，对两岸同胞和中华民族最有利。我们坚持一个中国原则和‘九二共识’，在此基础上，推进同台湾各党派、各界别、各阶层人士就两岸关系和国家统一开展广泛深入协商，共同推动两岸关系和平发展、推进祖国和平统一进程。我们坚持团结广大台湾同胞，坚定支持岛内爱国统一力量，共同把握历史大势，坚守民族大义，坚定反‘独’促统。……台湾是中国的台湾。解决台湾问题是中国人自己的事，要由中国人来决定。我们坚持以最大诚意、尽最大努力争取和平统一的前景，但决不承诺放弃使用武力，保留采取一切必要措施的选项，这针对的是外部势力干涉和极少数‘台独’分裂分子及其分裂活动，绝非针对广大台湾同胞。国家统一、民族复兴的历史车轮滚滚向前，祖国完全统一一定要实现，也一定能够实现！”

2024 年 6 月 21 日，最高人民法院、最高人民检察院、公安部、国家安全部、司法部联合发布了《关于依法惩治“台独”顽固分子分裂国家、煽动分裂国家犯罪的意见》（以下简称《意见》），自发布之日起施行。《意见》深入贯彻习近平法治思想和新时代党解决台湾问题的总体方略，根据《反分裂国家法》和《中华人民共和国刑法》《中华人民共和国刑事诉讼法》等法律规定，对依法惩治“台独”顽固分子分裂国家、煽动分裂国家犯罪的总体要求、定罪量刑标准和程序规范等作出具体规定。依法严惩“台独”顽固分子分裂国家、煽动分裂国家犯罪，坚决捍卫国家主权、统一和领土完整。

（三）准确把握大国利益边界，构建新型大国关系

大国之间的关系对国家安全影响重大。新的历史时期，大国关系出现了许多新特点：竞争日趋激烈但不放弃合作；大国关系中“敌”“我”“友”界限模糊；国家利益成为形成和解决国家间矛盾的主要因素。中国作为世界上最大的发展中国家，必须针对大国关系新特点发展新型大国关系，以大力推动国家安全环境稳定地向好的方向发展。

中国外交理念与实践正在发生具有重大政策意涵的变化，这些变化一方面受到中国国内政策主要目标的驱动，另一方面是适应两个变化：一是因应国际环境深刻而复杂的变化；二是体现中国国际地位和影响力的变化。构建新型大国关系，是中国外交新动态的最重要体现。

新型大国关系作为中国外交正式的政策理念的缘起，是与中美关系紧密相连的，体现了中国领导层希望为全局性、战略性、复杂性日益增强的中、美关系寻求新的指导理念和范式，破除以冷战思维、零和博弈、阵营对抗等为特征的传统大国关系定式，推动以合作求和平、以合作促发展、以合作谋安全的新理念。即一是要从战略高度和长远角度看待和处理中、美关系，牢牢把握两国关系的大局；二是积极推进各领域的对话与合作，扩大利益交汇点；三是妥善处理台湾问题，维护两国关系的政治基础；四是扩大两国人民往来，为两国关系的长远发展持续注入活力。

中国构建新型大国关系的对象并不仅仅限于美国，在当前和未来一个时期，其新型大国关系的适用对象分为三个层面：一是中、美关系；二是中国与俄罗斯和欧盟的关系；三是中国和发展中大国及地区大国的关系。在可预见的未来，受到政策优先目标、紧迫性、重要性和外交资源分配等因素的限制，中国新型大国关系的经营重点是构建不冲突不对抗、相互尊重、合作共赢的中美关系，并且在相当长时期内，中、美关系在中国外交中仍具有全局性影响。与此同时，中国也将积极推进中俄全面战略协作伙伴关系、提升中欧战略合作关系水平，深化与印度这样的发展中大国和地区大国的友好合作关系。

（四）积极运筹周边外交，推动多边安全合作

目前，中国周边环境总体上是稳定的，睦邻友好、互利合作是中国与周边国家关系的主流。但是也要看到，中国周边地区形势和环境却比 21 世纪第一个十年发生了很大变化。一方面，中国同周边国家的联系日益紧密，中国周边地区充满生机与活力；另一方面，多样性与差异性特点日益突出，一些历史遗留问题不时出现。

对于周边外交工作的基本方针，中国最高领导层提出了坚持与邻为善、以邻为伴，坚持睦邻、安邻、富邻，突出体现“亲、诚、惠、容”的理念。可以说，这一理念是中国努力化解近年来周边国家对中国实力上升产生疑虑的重要举措。

随着经济全球化加速发展，中国参与区域经贸合作的程度日益加深，并且在过去相当长的时期内，中国始终注重对区域经济合作架构的参与和建设。然而，经贸合作机制的深化并没有必然地给中国周边安全带来预想的红利，恰恰相反，中国周边已经成为当今世界热点较为集中的地区之一。其中一个重要的原因就是中国对地区安全机制的参与程度较低，而造成这一结果的主要原因是美国双边同盟体系对中国参与地区安全机制的限制以及中国的被边缘化。为改变这一现状，近年来，中国在国际社会积极主动作为，在倡导“中国理念”、发出“中国声音”、提出“中国方案”、提供“公共产品”等方面做了许多实实在在的工作。第一，中国利用每四年

一次的亚信峰会大力推动亚洲安全观和新安全机制建设。第二，中国深入参与各类次区域多边安全合作机制（如上海合作组织、东盟地区论坛等）。第三，中国积极参与了一系列地区多边联合军事演习。中国坚持加强同周边国家的全方位交流与合作，积极构建周边安全合作机制，重视安全机制的保障作用，建立从双边到多边，从东北亚、东南亚等区域再到能覆盖整个亚太地区，从核安全、海上安全、陆地边界安全等单项到多项综合的安全机制，以营造一个长期和平、稳定的周边安全环境。另外，“亚投行”的建立、“一带一路”倡议的提出和实施等都为中国营造安全、稳定的周边安全环境创造了良好条件。

学练合一

一、思考题

1. 什么是国家安全？
2. 怎样坚持总体国家安全观？
3. 国家安全的基本原则是什么？
4. 中国地缘环境的特点是什么？
5. 维护中国特色国家安全的策略有哪些？

二、判断改错题

请判断语句正确与否，正确的画“√”，错误的画“×”，并将你认为的错误改正过来。

1. 国家安全，是指国家的主权、领土、政治制度、人民生命财产等处于不受侵略的状态。（　　）
2. 坚持中国共产党对国家安全工作的绝对领导。（　　）
3. 国家利益是指一个主权国家在国际社会中生存需求和发展需求的总和。（　　）
4. 人民安全是国家安全的基石和归宿。（　　）
5. 一个国家只要不被侵略就是安全的。（　　）
6. 维护国家安全只要有强大的军队就可以了。（　　）
7. 国家安全既包括安全状态也包括维护国家安全的能力。（　　）
8. 中国的领土面积是九百六十万平方千米。（　　）

三、不定项选择题

将你认为正确的选项填写在括号里。

1. 国家利益包括（　　）。

A. 核心利益　　B. 重大利益　　C. 一般利益　　D. 切身利益

2. 我国周边热点问题包括（　　）。

A. 朝核危机　　B. 印巴冲突　　C. 台海问题　　D. 南海问题

3. 习近平总书记提出的总体国家安全观包括（　　）。

A. 以人民安全为宗旨　　B. 以政治安全为根本

C. 以经济安全为基础　　D. 以军事、文化、社会安全为保障

4. 下列不与我国在陆地接壤的国家是（　　）。

A. 朝鲜　　B. 蒙古　　C. 不丹　　D. 韩国

四、论述题

1. 试论国家安全与安全威胁的关系。
2. 试论我国的周边安全环境存在哪些威胁。

第三章　军事思想

学习目标

了解军事思想的内涵和形成与发展的历程，了解外国代表性军事思想；熟悉我国军事思想的主要内容、地位作用和现实意义；理解习近平强军思想的科学含义和主要内容，树立正确的战争观和科学的方法论。

军事思想来源于军事实践，又对军事实践具有指导作用。军事思想正确与否，直接关系到军事实践的成效，关系到战争的胜负。面对世界新军事变革的挑战，世界主要军事强国无不在大力推进军队体制编制和武器装备现代化的同时，高度重视创新和发展军事思想。

第一节　军事思想概述

世界上只有两种强大的力量，即刀枪和思想，从长远看，刀枪总是要被思想战胜。

——［法］拿破仑

一个民族想要站在科学的最高峰，就一刻也不能没有理论思维。

——［德］恩格斯

从理论上弄清军事思想的基本概念和内涵，了解军事思想的地位作用和发展历程，有利于树立科学的战争观，掌握马克思主义的方法论。

一、军事思想的内涵

军事思想是关于军事领域基本问题的理性认识。通常包括战争观、军事问题认识论和方法论、战争指导思想、国防和军队建设思想等。也是研究军事思想形成及其发展规律的学科。

本节视频讲解

军事思想揭示战争的本质、战争的基本规律以及进行战争的指导规律，阐明军队和国防建设的基本理论和原则，从总体上考察和回答军事领域的普遍性、根本性问题，揭示军事领域的一般规律，提出军事斗争和国防军队建设的基本方针与指导原则，为人们研究和解决军事问题提供总体性理论指导。

军事思想的内容可分为两个层次，一个是军事哲学层次上的问题，一个是军事实践基本指导原则层次上的问题。前者主要包括战争观、军事问题的方法论；后者主要包括战争指导、军队和国防建设的基本方针和原则等。军事思想的本质含义在于对战争规律的科学认识，为准备战争、遏制战争和打赢战争提供强大的理论指导。战争观和方法论是军事思想的精髓和灵魂，军队和国防建设是军事领域的具体实践。

军事思想是人们长期进行军事实践活动的经验总结和理论概括，它来源于军事实践，又给军事实践以理论指导，并随着战争、军队和国防实践的发展而发展。

二、军事思想的发展历程

随着社会生产力的发展，战争规模的扩大，以及科学技术水平的不断提高，军事思想经历了一个由浅入深的演进过程。

（一）古代军事思想

远古时代，生息繁衍于世界各地的众多氏族群体，对军事问题的认识普遍处于蒙昧状态，往往把战争发生和胜负的原因归结为“天意”“神旨”等。随着私有财产和阶级的产生，战争成为阶级斗争的最高形式。与此同时，人类对战争问题的认识进一步贴近客观实际，迷信色彩有所淡化。

在古代，中国的军事思想发展水平一直居于世界前列。春秋以前已出现了专门的军事文献《军政》《军志》，在《尚书》《周易》等著作中也包含一些军事思想。春秋战国时期，社会剧烈变革，争霸、兼并战争频繁、激烈，加之军事技术的进步和学术思想上的百家争鸣，有力地促进了军事思想的发展，使中国古代军事思想出现了一个前所未有的兴盛时期。不仅在诸子百家典籍中有大量深邃的军事思想，而且涌现出了孙武、吴起、孙膑等一批兵学家，产生了《孙子兵法》《吴子》《司马法》《孙膑兵法》《武备志》等一大批兵学著作。

此时期的外国军事思想，以古代希腊军事思想和古代罗马军事思想为突出代表。史书记载的古希腊底比斯军事统帅埃帕米农达、马其顿国王亚历山大三世、迦太基军事统帅汉尼拔、古罗马军事改革家盖乌斯·马略、奴隶起义军领袖斯巴达克等人的军事实践活动和这一时期的代表性军事著作（如希罗多德的《历史》、修昔底德的《伯罗奔尼撒战争史》、色诺芬的《远征记》、恺撒的《高卢战记》和《内战记》等书），都可反映出古代欧洲一些国家的军事思想。

（二）近代军事思想

近代军事思想发展的总体特征，一是欧洲一些国家在文艺复兴运动和产业革命的推动下率先实行军事思想的变革，资产阶级军事思想体系得到确立；二是人类军事思想发生革命性变化，以马克思主义军事理论为代表的无产阶级军事思想宣告诞生。

15 和 16 世纪之交，欧洲军事思想领域出现了近代化的萌芽，主要代表作是意大利 N. 马基雅维利的《战争的艺术》等。17～18 世纪，欧美各国资本主义因素迅猛发展，促使战争和军队建设从形式到内容发生了巨大变革，欧美军事思想的近代化过程随之达到高潮。其成果集中体现在克劳塞维茨的《战争论》和若米尼的《战争艺术概论》中。这两部著作均在总结拿破仑战争经验的基础上产生，标志着世界近代资产阶级军事思想体系的基本确立。

无产阶级军事思想，作为一种崭新的军事思想体系，也是在近代确立的。19 世纪中后期，为适应工人运动发展的需要和迎接无产阶级暴力革命，马克思和恩格斯共同创立了马克思主义军事理论。他们运用辩证唯物主义和历史唯物主义，首次正确揭示了战争和军队同社会生产方式之间的内在联系，阐明了军事领域的若干基本规律，确立了军事问题认识论和方法论的科学原则，创立了关于城市工人武装起义、无产阶级军队和人民战争及其战略战术原则的学说。马克思主义军事理论的诞生，是人类军事思想发展史上一次划时代的伟大革命，为人们研究、解决军事领域的问题提供了科学的基本观点和方法，为无产阶级军事思想的发展奠定了坚实的理论基石。

鸦片战争之后，中国传统兵学受到西方军事思想的严重冲击。林则徐、魏源等有识之士提出“师夷长技以制夷”的主张。在“洋务运动”中，清政府在“器利兵精”和“自强以练兵为要，练兵又以制器为先”的思想指导下，开始兴办中国近代军事工业，引进、仿造西式的枪炮、战舰，编练军队。在中法战争和中日甲午战争中，清军虽最后归于失败，但国防建设思想、作战指导思想和作战方式却向近代化迈进了一步。以孙中山为代表的资产阶级革命党人，在共产国际和中国共产党的帮助下，提出以党治军、军队与国民相结合，进而成为群众武力的建军方针，并在军队中建立党代表和政治工作制度，在建军思想上迈出了重大的一步。1927～1949 年，蒋介石及国民党政府引进西方和日本的一些军事技术、体制编制和资产阶级军事思想，又按其所需承袭中国古代军事思想，并与西方的军事思想掺杂混用，从而形成其军事思想的政治特征。在此期间，蒋百里的《国防论》和杨杰的《国防新论》等著作，比较深入地探讨了国防问题，在一定程度上反映了国防建设的客观规律。

（三）现代军事思想

1917 年俄国十月社会主义革命的成功，标志着人类文明跨入现代史时期，而世界现代军事思想的孕育，则可前推至 19 和 20 世纪之交。

19 世纪末至 20 世纪初，世界资本主义体系发展到帝国主义阶段，各种军事理论大量出现。代表性的有：美国马汉提出“海权论”、英国麦金德提出“大陆心脏说”、鲁登道夫提出“总体战”理论、意大利的杜黑提出“制空权”理论、英国的富勒提出“机械化战争论”、利德尔·哈特提出“间接路线”战略等。

无产阶级军事思想也得到蓬勃发展。列宁从帝国主义和无产阶级革命时代的特点与俄国的实际出发，创立了关于战争与革命、武装起义和建设工农红军、实行全民战争等学说，为马克思主义军事理论谱写了新篇章。斯大林等继承和发展了马克思列宁主义的军事理论，制定了苏维埃国家军队和国防建设的基本原则，做出了关于决定战争命运的诸因素及其相互关系、战略与策略等问题的论述，全面建立起苏联军事思想体系。毛泽东军事思想中关于人民战争思想、人民军队思想、人民战争的战略战术思想、国防建设思想和战争观、方法论的学说，既深刻揭示了中国革命战争、人民军队和国防建设的特殊规律，又反映了军事领域的一般规律，其丰富性和系统性达到了前所未有的高度，是无产阶级军事思想发展史上的一座丰碑。

第二次世界大战结束到20世纪70年代后期，以美国和苏联为首的两大政治、军事集团之间进行了长期的冷战。随着双方核力量由比较悬殊到相对均势的发展变化，军事思想也进行了相应调整。在战争指导原则方面，先是立足于打赢核大战，后又相继提出冷战理论、有限战争理论及特种战争理论等。军队和国防建设的指导方针，由原来的优先发展核武器，调整为既重视发展核军备，同时又不放松发展常规力量，以适应打赢核威慑条件下不同规模和强度的常规战争的需要。这一时期，在广大第三世界国家和地区的人民革命武装斗争中，游击战理论得到了一定的发展。

20世纪80年代，随着新科技革命在世界范围内蓬勃兴起，大量新技术用于军事目的，促使军事领域发生新的变革，和平与发展成为时代主题，世界格局向多极化方向发展，武装冲突和局部战争频繁发生，尤其是海湾战争，参战国家和兵力多，使用高新技术武器装备种类、数量繁多，现代化程度高。这些都有力地推动了各国现代军事思想的发展，集中体现为着重探索现代条件特别是高技术条件下局部战争的客观规律及指导原则，探索在这种新的战争形态下军队建设和国防建设的指导方针及原则。如美国提出了低强度冲突理论和空地一体战思想等。中国军事思想同样得到发展，先后形成了邓小平新时期军队建设思想、江泽民国防和军队建设思想、胡锦涛国防和军队建设思想和习近平强军思想，不断推动着我党的军事指导理论创新发展。

三、军事思想的地位作用

战争与其他社会现象相比更少确实性，更难捉摸。作为揭示军事领域基本规律的军事思想对战争实践的能动的反作用也就更为突出，甚至对战争和军事实践活动的成败，有着决定性的影响。因此，正确认识军事思想的地位和作用，对于研究和解决军事问题，有着重要的理论和现实意义。

（一）为认识军事问题提供基本观点

人们总是基于一定的思想观念，去评判军事问题的是非与价值，进而确定对其采取何种态度和行动。不同的人思想观点各不相同，对军事问题的看法也不相同，得出的结论也不一样。军事思想从总体上揭示军事领域的一般规律，为人们研究和解决军事问题提供总体性理论指导。人们如果能掌握和运用科学的军事思想去认识军事问题，就能得出正确的结论，反之，就不能。运用马克思列宁主义的战争理论去看待战争，就能全面认识战争在人类社会中的作用，正确判断正义战争与非正义战争，坚持正义的、进步的、革命的战争去反对非正义的、反动的、反革命的战争。如果用否定一切战争暴力的和平主义，或“强存弱汰”的社会达尔文主义之类的观点看待战争，就不可能有正确的态度和行动。

（二）为进行军事预测提供思想方法

军事预测是对与战争、军队和国防直接相关的事项的发展趋势及其前景预先进行的科学推测。军事预测的方法和手段很多，军事思想为军事预测提供了基本的思想方法。科学的军事思想，揭示了军事领域矛盾运动的规律，为军事预测提供了正确的认识论和方法论工具。恩格斯和列宁关于资本主义列强之间的争夺将导致世界大战的预见，毛泽东关于中国人民抗日战争进程与结局的论断，就是科学地进行宏观预测的范例。非科学的军事思想

因不能揭示甚至歪曲了军事领域矛盾运动的规律，必然导致错误的预测结果。日本军国主义对中日战争进程和结局的预测就是错误的。第二次世界大战以后，外国军事理论界曾出现了依据第一次世界大战到第二次世界大战间隔 20 余年的史实，得出每隔 20 余年将爆发一次新的世界大战的预测结论，就是错误的预测结果。

（三）为从事各项军事实践活动提供全局性指导

人们从事军事实践活动离不开军事思想的指导。指导军事实践的军事思想是否正确，决定着军事实践的成败。没有正确的军事思想作指导，即使具备取得战争胜利的有利条件，也不能够把战争胜利的可能变为现实。有了正确的军事思想作指导，就可以在战争中掌握主动，少犯错误，多打胜仗。在战争史上，每一次取得伟大胜利的战争，都离不开正确的军事思想的指导。春秋时期，吴国用了孙武的军事思想，打败了强大的楚国。战国时期，齐国用了孙膑的军事思想，打败了强大的魏国。拿破仑的军事思想，成功地指导了法国的资产阶级革命战争。毛泽东军事思想，在中国半殖民地半封建社会性质的条件下，从敌强我弱的实际情况出发，充分发挥其能动的指导作用，取得中国革命战争的伟大胜利。战争实践证明，正确反映战争本质及其规律的军事思想，一旦被从事战争的人们所掌握，并成功运用于作战实践，就会转化为巨大的力量。在客观物质条件许可的范围内，军事思想正确与否决定着军事实践的成效，决定着战争的成败。在交战双方物质条件大致相等的情况下，拥有先进军事思想的一方，往往能够占据上风。即使一方的力量较弱，但拥有先进的军事思想，也常常能够取得以弱胜强的战绩。相反，如果军事思想保守落后，主观认识和客观实际不符，即使有优势的兵力和先进的武器装备，也可能在战争中遭受挫折或失败。第二次世界大战前夜，法国对闪击战认识不足，看不到飞机、坦克等新式兵器的出现对作战可能带来的影响，墨守第一次世界大战中依托坚固阵地进行阵地防御战的经验，自恃马其诺防线“坚不可摧”，结果被德军的闪击战所击败。苏联在卫国战争初期，在德军的战略突袭下损失惨重，其作战思想落后于战争实践是一个重要的原因。

第二节　外国军事思想

战争无非是政治通过另一种手段的继续。

——［普鲁士］克劳塞维茨

海权即凭借海洋或者通过海洋能够使一个民族成为伟大民族的一切东西。

——［美］马汉

飞机将完全改变迄今已知的战争样式，战争的主要特性必将与以往任何战争根本不同。

——［意大利］杜黑

外国军事思想是指除中国以外的世界其他有代表性的国家及其政治家、军事家和思想家关于战争、国防和军队等问题的理性认识。学习和了解外国军事思想，并对其加以甄别、借鉴和扬弃，取其精华，去其糟粕，对于发展和创新中国军事思想具有重要意义。

一、主要内容

外国军事思想是与人类社会的历史发展和以战争为中心的军事实践活动紧密地联系在一起的，大致经历了古代、近代和现代三个历史时期。

本节视频讲解

（一）古代外国军事思想

古代是奴隶社会和封建社会生产方式占统治地位的时期，大约从公元前 4000 年到 17 世纪中叶，在军事上处于冷兵器时代及冷兵器与火器并用的时代。这一时期，古埃及、亚述帝国、波斯帝国、古希腊、古罗马、拜占庭帝国、阿拉伯帝国等国家和民族的政治家、军事家、思想家对战争、国防和军队等问题提出的一系列的看法，基本上反映出农牧时代的外国军事思想。

外国军事思想最早萌芽于古埃及、巴比伦、亚述等国。古代各国有关战争和军事方面的内容，一般都是最先反映在国家的法典和编年表之中。古巴比伦的《汉谟拉比法典》，就有关于保障军队利益和军队纪律的条文。在古代，最有影响的军事思想还是来自于欧洲的希腊罗马文明。如希罗多德的《历史》、修昔底德的《伯罗奔尼撒战争史》、色诺芬的《长征记》、恺撒的《高卢战记》、阿里安的《亚历山大远征记》等。在这个时期，历史著作和军事著作是合为一体的。到了罗马帝国时期，罗马的军事家们已经注意对理论的总结了。奥尼山得的《军事长官指南》、古罗马军事著作家韦格蒂乌斯所著的《罗马军制》以及弗朗蒂努斯的《谋略》，都是著名的军事理论著作。

外国古代的军事思想主要体现在以下几个方面：一是陆、海并重。希腊罗马地处地中海沿岸，地中海是当时重要的贸易通道，希腊罗马人在战争实践过程中逐渐认识到要想夺取战争的胜利，光凭陆军或海军的力量都是不能够取得胜利的，必须协调发展陆、海军的力量。二是进攻至上。希腊罗马人崇尚进攻，不论是在进攻战中，还是在防御战中，希腊罗马人都力求进攻。如马拉松之战。三是以力制胜。古希腊罗马并不缺乏高超的以智取胜的例子，不过从整个社会情况来看，希腊罗马人主张以力制胜。双方作战主要凭借的是士兵的技术、体力以及忍耐力。

在中世纪，教会处于统治地位，文化上处于封闭状态，缺乏创造力。可以说这个时期的军事思想基本上是停滞不前的。发展主要体现在拜占庭帝国的军事思想中。西罗马帝国灭亡后，拜占庭帝国力图收复罗马帝国的失地，于是开始在东西两个方向上进行作战。在一个多世纪的战争中，拜占庭涌现出了像贝利撒留、纳尔塞斯、希拉克略等著名军事家，也产生了独特的军事思想，涌现出了一些军事著作，如毛莱斯的《战略》和李奥的《战术》。

（二）近代外国军事思想

近代是指资本主义生产方式占统治地位的时期，大约从 17 世纪中叶到 20 世纪中叶，军事上处于火器和机械化兵器时期，并已开始出现和运用核武器。这一时期，英国、法国、德国、俄国（苏联）、美国等国家的著名政治家、军事家、思想家对战争、国防和军

队等问题的一系列看法，大致反映出工业时代的外国军事思想。

1. 近代前期外国军事思想（17 世纪中叶至 18 世纪下半叶）

资本主义制度在英、美等少数国家得到确立，但世界绝大多数国家和地区仍处于封建专制政权统治之下。这一时期，英国资产阶级革命领导人克伦威尔、美国独立战争领导人华盛顿、俄国沙皇彼得一世和苏沃洛夫、普鲁士国王弗里德里希二世等人的军事实践活动，以及英国军事理论家劳埃德的《1756 年德意志普鲁士国王、奥地利女王及其盟国之间的战争史序言或劳埃德将军的军事政治回忆录》、苏沃洛夫的《制胜的科学》等军事著作，大致反映出资产阶级革命初期的军事思想。

2. 近代中期外国军事思想（18 世纪末至 19 世纪下半叶）

这是资本主义生产方式在全球范围内得到确立、巩固和发展的时期。两次工业革命及拿破仑战争、美国内战、普法战争等一系列较大规模战争，推动了世界特别是欧洲军事思想获得革命性发展。以法国统帅拿破仑一世为代表的一大批杰出将帅的军事实践活动，以及由著名军事理论家克劳塞维茨和若米尼分别撰写的军事名著《战争论》和《战争艺术概论》等军事著作，表明近代外国军事思想进入成熟阶段。

3. 近代后期外国军事思想（19 世纪末至 20 世纪中叶）

这是帝国主义争霸和重新瓜分世界的时代，军事上处于从火器向机械化装备过渡的时期。两次世界大战给人类带来了惨重的灾难，但同时也造就出众多的杰出将帅，并推动军事思想进入全面繁荣和发展时期。这个时期的著名军事人物有毛奇、马汉、施里芬、福煦、鲁登道夫、杜黑、富勒、利德尔、哈特等，著名的军事著作有《海军对历史的影响》《作战原则》《机械化战争论》《总体战》《制空权》《战略论》等。

（三）现代外国军事思想

现代是指从第二次世界大战结束至今，军事上处于从核威慑下的机械化战争向信息化战争过渡的时期。这一时期美国、苏联（俄罗斯）、英国、法国、德国、日本、印度等国家及其政治家、军事家、思想家关于战争、军事和国防等问题提出一系列看法，基本上反映出现代外国军事思想。

西方现代军事思想可以分为两个时期，一是冷战时期，二是冷战后时期。在冷战时期，比较有影响的人物有布罗迪、杜勒斯、基辛格、麦克纳马拉、康恩、泰勒、奥斯古德、博弗尔等，有影响的著作有《绝对武器》《大胆的政策》《核武器与外交政策》《音调不定的号角》《设想一下不可能设想的事》《有限战争》《战略入门》等。在冷战后时期，比较有影响的人物和著作有：托夫勒的《战争与反战争》、塞缪尔·亨廷顿的《文明的冲突与世界秩序的重建》、艾伦·坎彭的《第一场信息战争》，美军的《作战纲要》《2020 年联合构想》，俄罗斯的《俄联邦军事学说》，英国人基冈的《作战史》，以色列人克瑞伍德的《战争的演变》等。

二、主要特点

综观外国军事思想的主要内容，尽管有着各自特殊的发展特点，但也从中反映出一些共同的特征。

（一）军事思想形成起步较晚

与中国相比较，西方军事思想形成较晚。大约在公元1世纪以前，西方国家的军事著述和史学著述是不分的，他们还没有按照军事理论的逻辑需要来构筑兵学理论的大厦，而只习惯于在战争事件和神话传说中夹杂着对战争与军队问题的零星认识。公元1世纪初古罗马人弗龙蒂努斯编写的《谋略》一书，试图突破传统史著的时空结构按照军事理论的客观需求来建立自己的军事理论体系，但仍然未能完全摆脱传统观念的束缚。直到公元4世纪末5世纪初，古罗马人韦格蒂乌斯《论军事》一书的问世，才结束了军事著述与史学著述不分的现象。

（二）深受西方传统文化影响

一个国家的传统文化，是几百年甚至几千年的历史过程中形成和积淀下来的，它不仅对民族的思维模式、行为和生活方式，而且对国家的政治观点和军事思想也产生深刻而长远的影响。例如，美国历史短，发展快，虽缺乏哲学底蕴，但很自负，有进取心。这种独特的历史使美国以“上帝的选民”“优秀民族”自居，产生了美国拥有征服“劣等民族”、把其社会制度和价值观推广到全世界的权力，所谓“天定命运论”。第二次世界大战后，“天定命运论”加上“世界领导论”造就了“全球霸主论”。美国这种以“优秀民族”自居、以征服和扩张求发展的传统文化，使它认为其对外发动的战争必然是正义的，谋求不可挑战的军事优势是理所当然的。受对外扩张和大国主义战略文化的影响，苏联冷战期间与美国争霸、向全世界扩张，其军事思想体现了扩张主义和大国主义特点。

（三）具有较强的创新开放性

外国军事思想是所处时代军事活动的客观反映，是对军事现象的规律性总结，但它又是随着客观事物的发展变化而变化的，并非一成不变。因此，外军在强调军事战略、作战条令、训练条令等文件的权威性、指导性和规定性，要求部队遵照执行的同时，也为修改、发展和完善它们预留了空间。美军规定，每次提出关于军事的新概念颁布18个月后，要对其进行全面评估，如果评估结果表明该概念符合预想情况，体系结构基本可行，就进一步深化和完善。否则，就放弃该概念或修改不合理的体系结构，不管这个概念或体系结构是谁提出来的和由谁批准的。

三、《战争论》主要军事思想

《战争论》是19世纪资产阶级经典军事理论著作，自1832年面世以来，再版20多次，其各种译本在世界范围广为流传，被西方国家推崇为军事理论的代表作，并被奉为军事院校的教科书和军官的必读书。《战争论》作者克劳塞维茨（1780—1831），普鲁士将军、军事理论家和军事历史学家。克劳塞维茨亲身经历了法国资产阶级革命时期的军事改革和战争实践，对法国资产阶级革命和拿破仑战争经验教训进行了系统总结，为《战争论》的产生奠定了基础。《战争论》共3卷，8篇，124章，中文译本达69万余字，主要论述了战争的性质、战争理论、战略、战斗、军队、防御、进攻和战争计划等问题，构成了一个内容丰富、思想精深的理论体系。

（一）关于战争

军事知识窗

1831 年 11 月，克劳塞维茨因病去世，在他死后出版的《战争论》，汇集了克劳塞维茨对 130 余个战例的分析、研究，对战争与政治的关系、战争理论、战斗、防御等进行的辩证论述，见解精辟。在书中，克劳塞维茨第一次提出了“战争无非是政治通过另一种手段的继续”这一著名论断。这本未完成的著作由于从战例实际出发考察，总结战争理论，终于成为流传后世的军事学经典理论名著。

（资料来源：百家号）

克劳塞维茨认为，战争是一个奇怪的三位一体，在不同情况下表现出不同的特点。在战争中，最终解决问题的是消灭敌人的军队。克劳塞维茨指出：“透过战争的全部现象就其本身的主要倾向来看，战争还是一个奇怪的三位一体，它包括三个方面：一是战争原有的暴烈性，即仇恨感和敌忾心，这些都可以看作是盲目的自然冲动；二是盖然性和偶然性的活动，它们使战争成为一种自由的精神活动；三是作为政治工具的从属性，战争因此成为纯粹的理智行为。”克劳塞维茨在世界军事思想发展史上第一次比较正确地说明了战争是社会政治现象，克服了以往人们脱离社会政治而抽象地解释战争现象的唯心主义战争观。但由于阶级和时代的局限，他的观点中也有着明显的缺陷。例如，他提出的“政治”，指的是国家一切利益的代表，或者国家之间的政治交往，而不是建立在经济基础和阶级关系之上的政治，因而抽掉了政治的经济基础，抹杀了政治的阶级性质。

克劳塞维茨认为“战争是迫使敌人服从我们意志的一种暴力行为”。迫使敌人服从我们的意志是战争的政治目的，而打垮敌人，使其无力抵抗则是军事目的。只有在军事上打垮敌人，才能使敌人在意志上屈服。而要在军事上打垮敌人，可以从三个方面着手：第一是消灭敌人的军队，使其不能继续作战；二是占领敌人的国土，使其无处建立新的军队继续进行战争；三是征服敌人的意志，迫使敌人签订和约。其中，消灭敌人的军队是最为重要的。因此，他强调：“用流血的方式解决危机，即消灭敌人军队，这一企图是战争的长子”，“消灭敌人军队不仅在整个战争中，而且在各个战斗中，都应该看作是主要的事情，这是我们的原则。”

（二）关于战争理论

克劳塞维茨认为，战争理论不应当制定一套供战场上使用的“代数公式”，也不应当搭起一层层“脚手架”，去保障指挥官在攀登时处处有立足之处，更不应当始终牵着指挥官的手走路，而应当帮助指挥官认清战争中的种种关系和这些关系之间的相互作用，分清战争中种种事物的主次，认识目的和手段的区别与联系等。同时，克劳塞维茨还指出，战争理论和作战原则是客观存在的，是一定时代的产物，但不是永恒不变的，各个时代有各个时代的战争和战争理论，必须具有时代的特点，适合特定国家的需要。由于时代发生变化，军队发生变化（雇佣军、封建军队、常备军等），作战方法、战争理论也要随之改变。

克劳塞维茨认为，军事家应在研究战史的基础上形成理论，提出原则。他把经验比作土壤，把理论和原则比作果实，认为理论的果实应成长在经验的土壤里。正因为理论不能离开实际，所以从战争理论的研究和学习的角度来讲，“光辉的战例是最好的老师”。但同时，克劳塞维茨又辩证地指出，重视战史研究并不等于一切都要墨守成规，唯经验是从。他认为注意正确地运用史例和防止滥用史例很重要，否则所运用的战争史例不但不足以说明问题，还会直接妨碍和影响对问题的理解。

（三）关于战略与战术

克劳塞维茨认为，战争的手段“只有一个，那就是斗争”，斗争又可以分成若干单位，“斗争中可以相互区别的每一个这样的单位叫作一个战斗”。在此基础上，克劳塞维茨正确地区分了战略与战术。

克劳塞维茨认为，战略有许多构成因素，其中主要有五类：第一类为精神要素，主要指精神素质及其作用所引起的一切；第二类为物质要素，主要是指军队的数量、编成、各兵种的比例等；第三类为数学要素，主要指作战线构成的角度、向心运动和离心运动等；第四类为地理要素，主要指制高点、山脉、江河、森林、道路等；第五类为统计要素，一切补给手段等都属于这一类。这些要素相互影响，共同发挥作用。因此，研究战略问题时决不能局限于某一种要素，而要把整个战争现象当作一个整体，综合分析各要素的特点及作用。

（四）关于防御与进攻

克劳塞维茨在总结和分析大量战史的基础上，经过深入地研究和思考，提出了“防御是比进攻强的一种作战形式”的思想。他承认，防御具有消极的目的——据守，进攻具有积极的目的——占领，这使得防御者往往处于被动地位，进攻者却常常居于主动地位。但是，从总体上来说，防御在若干方面比进攻有更多的有利条件。

虽然克劳塞维茨认为防御是比进攻强的一种作战形式，但他同时也辩证地指出，防御与进攻的优劣是相对的，二者之间存在着相互包含、相互转化的关系。对此他做了一个形象的比喻，“防御这种作战形式绝不是单纯的盾牌，而是由巧妙的打击组成的盾牌。”

（五）关于民众武装

关于民众武装的理论，是克劳塞维茨对军事理论的又一重要贡献。克劳塞维茨对民众战争的地位作用、实行条件、运用特点等作了详细的阐述，提出了一系列颇有新意的观点。克劳塞维茨认为，“民众武装是一种巨大的防御力量”。换言之，如果说防御是一块盾牌，那么，这块盾牌主要是民众武装的力量铸成的。

关于如何使用民众武装，克劳塞维茨提出，要使民众武装产生效果，必须具备五个基本条件：“战争是在本国腹地进行的；战争的胜负并不仅仅由一次失败决定；战区包括很大一部分国土；民族的性格有利于采取这种措施；国土上有山脉、森林、沼泽，或耕作地等，地形极其复杂，通行困难。”

第三节 中国古代军事思想

名人名言

兵者，诡道也。

百战百胜，非善之善也；不战而屈人之兵，善之善者也。

凡战者，以正合，以奇胜。

——［春秋］孙武

中国古代军事思想，是指中国奴隶社会、封建社会时期的政治家、思想家和军事家关于战争、军队等一系列军事问题的理性认识，是中国古代各历史时期人们军事实践经验的理论升华。

一、主要内容

在中国古代漫长的发展历程中，部落之间、民族之间、诸侯之间、新旧王朝之间、阶级之间、阶级内部及国家之间所发生的战争连绵不断。据《中国历代战争年表》不完全统计，有文字记载的战争，就有2000多起。战争对人类的安危，民族的兴衰，国家的存亡，社会的变革，产生了直接的重要影响，积累了深邃的军事理论，蕴涵着丰富的战争经验与教训。

本节视频讲解

（一）战争观

对战争起因的基本看法。古代对战争的起因有过不同的认识阶段。奴隶社会居主导地位的是天命战争起因论，认为战争是一种超自然的力量决定的，发生战争是“皇天降灾”，是对违天命者的惩罚。战国时期，天命战争起因论逐渐被自然主义战争起因论所取代。《吕氏春秋》作者认为，战争起因于人的争斗本性，有人类存在就有战争。认为战争是历史发展到一定阶段的产物，并且与国家的产生有直接关系，论述最明确的是秦汉之间成书的《礼记·礼运》。不难看出，古代在战争起因的认识上，是从唯心论向唯物论逐步靠拢的，这些朴素的思想也为我们今天深入研究这个问题提供了有价值的资料。

一是对战争与和平的认识。战争与和平是阶级社会发展过程中两种交替存在的形态，自古以来人们都渴望和平，反对战争。为了摆脱兵燹战祸的苦难，争取长治久安的生活，古人从历史经验中提出许多带根本性的思想观点，如安不忘战，忘战必危；兵凶战危，好战必亡等。

二是对战争与政治关系的认识。古代军事家从战争实践中认识到军事从属于政治，政治是战争胜利的首要因素。提出武表文里、武植文种；兵之胜败、本在于政；争天下者，必先争人；文事武备，互存互用等基本观点。

三是对战争与经济关系的认识。战争不是单纯的主观意志行为，它受各种客观因素的制约，其中经济因素是战争的物质支柱。古代兵家对战争与经济的关系早有深刻的认识，提出战争依赖经济；富国是强兵的基础；指导战争要着眼于经济等基本思想。

（二）治军思想

“国以军为辅，军以民为本”。自从国家出现以后，任何一个政权的建立和巩固，都要依靠军队；军队的建设也离不开民众。因此，正确认识和处理军队与国家、军队与民众的关系，是古代治军的重要内容。

“定制，军之要；备具，胜之源”。治理军队靠好的制度，克敌制胜靠精良的武器。因此，古人建设军队强调“制必先定”“备必先具”。

“兵不在众，以治为胜”。为了提高军队的质量，古人十分强调“以治为胜”。这里所说的“治”，就是强调把军队培养成明礼仪、知荣辱；明法令、知进退；令行禁止、进退有节的有战斗力的军队。要做到这些，严格的教育训练和管理是重要途径。

“军之强弱，系于将帅”。将帅是组织和领导军队的骨干，选将用将问题历来倍受古代兵家和政治家的重视。用什么标准选将帅？选拔什么样的将帅？这是历代兵家、兵书探讨最多的问题。《孙子兵法》中说：“将者，智、信、仁、勇、严也。”《孙膑兵法》中提出：义、仁、德、信、智五条。《司马法》中又强调：礼、仁、信、义、勇、智六种德行。《吴子兵法》中概括为“总文武者，军之将也”。《六韬》中则认为：“将有五才。所谓五才者，勇、智、仁、信、忠也”。

（三）战略思想

中国古代军事战略思想博大精深，内容十分丰富。中国古代军事战略的最高宗旨是实现和维护国家利益，其原理及主体架构的核心是一个“胜”字。先人论述军事战略的出发点是“胜”，落脚点是“胜”，战争活动中所有的运筹和实践无不围绕这个“胜”字展开。中国古代军事战略体系正是以“胜”为核心构建的。在其下面辖有三个子范畴——先胜、全胜和战胜。先胜是关于战争准备的思想；全胜是关于用最小代价获取最大利益的思想；战胜是关于用战争手段获得胜利的思想。

先胜思想：“先胜”这个概念最早见之于《孙子兵法》：“胜兵先胜而后求战，败兵先战而后求胜。”这里的“先胜”是指在战争之前就使自己具备取得战争胜利的条件，是关于战争准备的战略理论。其所包含的内容，大致有三个方面：知、积形和庙算。

全胜思想：孙子最早提出了“全胜”思想，即以万全之策力争以最小的代价获取全局性的理想胜利。中国古代战略思想体系中的全胜思想，主要包括全破、攻心、商战、全争等内容。

战胜思想：所谓战胜，是指通过战争手段夺取胜利。这是中国古代军事战略思想的主体内容，也是最精彩的内容。从实际情况看，军事斗争主要方式是战胜，而不是不战而胜，虽然战胜这一方式“非善之善者”，但它在军事斗争中的地位却远远超过不战而胜。

（四）作战指导原则

中国古代无论在作战实践上还是在作战指导理论上，都有丰富的内容。主要作战指导

原则有：

阵而后战，兵法之常。讲究阵法，是古代战术思想中常见而且非常重要的内容。岳飞曾总结说："阵而后战，兵法之常"。"阵法"一词最早出现在《六韬·犬韬·均兵》中。阵法是古代兵家总结作战中兵力布置的不同而取得不同效果的经验教训，形成于春秋战国时期的若干调整队形、布置兵力的方法。

集中兵力，以众击寡。孙武在《孙子兵法·虚实》中就提出在作战时要"我专而敌分""以众击寡"。所谓"专"，就是集中兵力于某一点或某一方向。不仅在进攻作战时要集中兵力，就是在防御中也要分清重点，集中防御。

活用奇正，避实击虚。奇正相生相变是我国古代战术思想中的重要组成部分。孙子把奇正的运用视为克敌制胜的法宝："三军之众，可使必受敌而无败者，奇正是也。"认为"战势不过奇正，奇正之变，不可胜穷也"。那么，什么是奇正呢？综合起来，就是常法为正，变法为奇。分而言之，在兵力使用上，担任守备、钳制的为正兵，机动、突袭的为奇兵；在作战方式上，正面进攻、明攻为正，迂回、侧击、暗袭为奇；在作战方法上，按一般原则作战为正，采取特殊战法为奇。

示形诱敌，诡诈制胜。采取示形诱敌，诡诈之术制胜敌人，是自古以来兵家采用的重要战术之一。《孙子兵法》中第一次旗帜鲜明地提出"兵者，诡道""兵以诈立"。唐代的李世民把诡诈战术归纳上升为误敌战术，他在《李卫公问对·卷下》中说："以观千章万句，不出乎多方以误之一句而已。"

二、主要特点

中国古代军事思想，除具有军事思想所共有的阶级性、时代性和实践性等特征外，由于它根植于中国特有的社会土壤，吸吮着中国特有的文化营养，反映了中国特定历史时期的战争实践，因而相对于一般而言，又具有自己民族的基本特征。

（一）历史悠久，著述丰厚

中国有史可查的最早的兵书大约初始于西周，《周礼》中的《夏官司马》就具有军事著作的内容特征。《尚书》中的"誓"，则类似后代的战争动员令。举世公认的世界最辉煌的古代兵法名著《孙子兵法》，是中国现存最早、影响最大、流传最广的兵书，被公认为是"世界第一兵书"。中国军事思想不仅历史悠久，而且有关著述浩如烟海，蔚为壮观。据不完全统计，仅中国史籍注录的上起周秦、下至辛亥革命时期的兵书，大约有3000多部，为世界之最。

（二）舍事言理，宏观思考

中国古代军事思想对战争与军队问题的观察分析，言兵却不限于兵，而是将军事与政治、经济、人文、自然、心理、艺术等有关因素系于一起，从哲学高度观察、评论战争，解释战争运动的条件，揭示战争和战争指导规律，形成"舍事言理"论述军事问题的优良传统，从而使中国军事思想具有较强的哲学思辨性、较高的理论概括性和较深远的宏观超前性和较广泛的社会通用性等特点。

（三）崇尚道义，追求和平

中国古代军事思想把崇尚道义，追求和平作为研究军事问题的价值取向。这是中华民族长期以来反对扩张、知足戒贪传统思想文化的积淀及其在军事思想中的反映。早在先秦时期，兵家就把“止戈为武”作为思考战争问题的逻辑起点。《司马法》中指出：“杀人安人，杀之可也；攻其国，爱其民，攻之可也；以战止战，虽战可也。”明确把“安人”“爱其民”“止战”作为进行战争的目的。《孙子兵法》中则把“道”作为战争取胜的首要因素，把“不战而屈人之兵”作为军事战略的最高境界。

军事知识窗

《孙子兵法》是中国古代军事文化遗产中的璀璨瑰宝，优秀传统文化的重要组成部分，其内容博大精深，思想精邃富赡，逻辑缜密严谨，是古代军事思想精华的集中体现。作者为春秋时祖籍齐国乐安的吴国将军孙武。

《孙子兵法》被奉为兵家经典。诞生至今已有 2 500 年历史，历代都有研究。兵法是谋略，谋略不是小花招，而是大战略、大智慧。如今，孙子兵法已经走向世界。它被翻译成多种语言，在世界军事史上也具有重要的地位。

（资料来源：百度百科）

（四）注重谋略，力求智取

翻开中国古代的历史典籍，其中对战争的记述，无不在运筹帷幄的谋略上浓墨重彩，精雕细刻，而在战争经过的描写上则是惜墨如金，语焉不详。《孙子兵法》中所提出的“十二诡道”，《百战奇法》《三十六计》中所概括出的 130 多条战争法则，都是熔炼中国传统谋略思想而形成的纯结晶。这些耳熟能详、出口能诵的奇法妙计，是中国传统战争智慧得以存在并不断深化的思想和社会基础。

三、《孙子兵法》主要军事思想

《孙子兵法》是中国古代最著名的兵书，“武经七书”之一，是世界公认现存最早的“兵学圣典”。《孙子兵法》共十三篇，约 6000 字，揭示了战争与作战的基本规律，蕴含着丰富的军事思想，对战争的认识、战略思想、作战指导思想、治军思想的阐述深度和广度都前无古人。

（一）战争观

孙子站在新兴地主阶级立场上，用中国古代朴素的唯物论思想和原始的辩证法思想观察战争，形成了独特的战争观。主要包括以下几点：

重战。孙子旗帜鲜明地提出要重视研究战争，他认为：“兵者，国之大事，死生之地，存亡之道，不可不察也。”。

慎战。孙子充分认识到战争给国家和民众带来的巨大灾难和损失，“兴师十万，……日费千金。……不得操事者，七十万家。”提醒国君和将帅，对待战争要慎之又慎，做到“非利不动，非得不用，非危不战。”

备战。孙子战争的立足点要放在事先做好充分准备，认为：“无恃其不来，恃吾有以待也；无恃其不攻，恃吾有所不可攻也”，要做到“以虞待不虞”。

（二）战略思想

《孙子兵法》蕴含着丰富的战略思想，即战争全局谋划筹策思想。如首篇中讲“计”、讲“庙算”，第二篇讲“作战”，第三篇讲“谋攻”、讲“全胜”、讲“不战而屈人之兵”。这些都是国君和统帅对战争全局的谋划和指导，都是战略的内容。

知彼知己，先计先算。孙子强调战前对战争全局进行总体计划和筹策，定出可行的战略方针。而这种计划筹策的基础是知彼知己，调查研究。《谋攻》篇中指出，“知彼知己，百战不殆；不知彼而知己，一胜一负；不知彼不知己，每战必败。”正确地指明了在进行战略谋划时，必须从敌我双方的客观实际出发，否则就必然失败。在充分做到知彼知己的基础上，孙子提出“计”和“庙算”，依据“五事”的“道、天、地、将、法”对战争的胜负进行总体地评估和计算；进而以“主孰有道？将孰有能？天地孰得？法令孰行？兵众孰强？士卒孰练？赏罚孰明？”具体比较衡量战争双方实力。

充分准备，未战先胜。主要有三个方面：一是思想上的准备，或者说是政治上的准备。孙子认识到战争最重要的准备是政治条件的准备。《形篇》中指出：“修道而保法，故能为胜败之政”。认为修明政治，确保法制，才能掌握胜败的决定权。二是物质上的准备。包括武器装备的“具器械”准备：“驰车千驷，革车千乘”“甲胄矢弩，戟盾蔽橹，丘牛大车”“修橹轒辒”“烟火必素具”等；军需物资准备方面，孙子提出要有丰足的“辎重”“粮食”和“委积”，“军无辎重则亡，无粮食则亡，无委积则亡”。三是搞好临战状态的作战准备，即孙子所说的谋“形”和造“势”。强调积累强大的军事力量以立于不败之地，尔后调动和部署兵力、物力于最佳位置，达到“若决积水于千仞之溪”“如转圆石于千仞之山”的程度。通过这样的战争准备，便能够以排山倒海之势，将积聚的军事能量发挥出来，形成有利于我的军事态势，进而战胜强敌。

以“全”争胜，不战而屈人之兵。在《谋攻》篇中，在以“全”与“破”对举后指出：“上兵伐谋，其次伐交，其次伐兵，其下攻城。攻城之法为不得已。……故善用兵者，屈人之兵而非战也，拔人之城而非攻也，毁人之国而非久也，必以全争天下，故兵不顿，而利可全，此谋攻之法也。”“全”就是完善、完全，“破”就是战胜、征服。两者相比较而言，“百战百胜，非善之善也；不战而屈人之兵，善之善者也”。“善之善”就是至善，就是全胜，也就是指出了战争指导所应追求的至善至美的全胜境界。其内涵是：以强大的军事实力为后盾，通过综合运用政治、外交、经济、武力威慑等手段，以小的代价，取得“兵不顿而利可全”的全胜。

（三）作战思想

致人而不致于人，争取战场主动权。孙子认为，要夺取战场主动权：一是要先处战地，以逸待劳，“先处战地而待敌者佚，后处战地而趋战者劳”。二是抓住利害，调动敌人。“能使敌人自至者，利之也；能使敌人不得至者，害之也。”三是运用“诡道”“示形”致敌。孙子认为，为了使敌失去主动权，应采取“诡道”和“示形”的方法。

出奇制胜。表现在三个方面：一是奇正结合，做到“凡战者，以正合，以奇胜”“三军之众，可使必受敌而无败者，奇正是也”；二是奇正相生，即“战势不过奇正，奇正之变，不可胜穷也。奇正相生，如循环之无端，孰能穷之”；三是出奇制胜，攻敌无备，出敌不意，使敌难以对付，故能常胜。

避实击虚。孙子专设《虚实篇》谈论虚与实。他认为“进而不可御者，冲其虚也”，“兵形象水，水之形避高而趋下，兵之形避实而击虚”。孙子论虚实主要强调，战势存在虚实，己方应力求实，而设法使敌方空虚；察明敌之虚实，击之可破；转化敌我虚实态势，使敌常虚、我常实；善于集中优势兵力突然袭击敌之虚。

（四）治军思想

孙子关于军队建设的内容，概括起来主要有两个方面，一个是将帅选用问题，一个是军队管理问题。

将帅选用。孙子认识到“将孰有能”是关乎战争胜利的重大问题。他指出“知兵之将，生民之司命，国家安危之主也”。又说，“夫将者，国之辅也，辅周则国必强；辅隙则国必弱”。基于此，孙子提出了“智、信、仁、勇、严”的将帅选拔标准。在将帅的使用问题上，孙子明确指出“将能而君不御者胜”，是“用人不疑，疑人不用”的管理原则在军事领域里的反映。

军事知识窗

1927 年 8 月 7 日的“八七会议”是中共中央的一次紧急会议，在党的历史上被认为是具有历史性转折意义的会议，“它在中国革命的危急关头，结束了陈独秀右倾投降主义在中央的统治，总结了过去革命斗争的经验教训，制定了党的新的策略路线，扭转了党内的混乱状况，整顿了党和革命队伍，对领导人民坚持斗争起了重大作用”。

（资料来源：百度百科）

“令之以文，齐之以武”的军队管理。“令”，是命令，这里指教育，“文”，是政治、道义，这里指道理，包括封建的政治标准和道德规范；“齐”，是整饬、规范，“武”，是军纪、军法。“令之以文，齐之以武”，意谓用道理去教育军队，用军纪、军法统一军队的行动。“令之以文，齐之以武”二者相辅相成，对立统一，不可或缺。这一思想对于残酷虐待士卒的奴隶主军队是一种革命，对于新兴地主阶级军队则是一种创新。

第四节　当代中国军事思想

为把我军建设成为一支强大的现代化正规化革命军队而奋斗。

——邓小平

我们一定要建设一支政治合格、军事过硬、作风优良、纪律严明、保障有力的战斗力很强的人民军队。

——江泽民

我军优良传统归结起来，最本质、最核心的就是听党指挥、服务人民、英勇善战。

——胡锦涛

军队首先是一个战斗队，必须坚持一切建设和工作向能打胜仗聚焦。

——习近平

当代中国军事思想，是中国共产党及其历代领导集体在指导当代中国丰富多样的军事

实践中不断完善形成的理论体系，是用于指导中国军事实践的科学思想武器，是马克思主义中国化的重要理论成果，是中国共产党集体智慧的结晶。

一、毛泽东军事思想

毛泽东军事思想是毛泽东关于中国革命战争、人民军队和国防建设以及军事领域一般规律问题的科学理论体系。它是马克思列宁主义普遍原理与中国革命战争和国防建设实际相结合的产物，是中国共产党领导中国人民及其军队长期军事实践经验的科学总结和集体智慧的结晶，是毛泽东思想的重要组成部分。它同时也多方面汲取了古今中外军事思想的精华，是中国共产党领导中国革命战争、军队建设、国防建设和反侵略战争的指导思想。

本节视频讲解

（一）毛泽东军事思想的形成和发展

任何一种科学理论的产生都离不开特定的历史条件。毛泽东军事思想是适应指导中国革命战争、反侵略战争、人民军队和国防建设的历史需要而产生，随着战争、军队和国防建设实践的推移而发展。

1. 毛泽东军事思想的产生

从 1927 年 8 月 1 日，中国共产党发动南昌起义，进入独立领导武装斗争开始，至 1935 年 1 月遵义会议这个阶段，是毛泽东军事思想产生时期，也是奠定毛泽东军事思想的基础阶段。

中共“一大”通过的纲领，就提出了用革命手段推翻旧政权的历史任务。1924 年国共两党合作以后，中国共产党派周恩来等人帮助孙中山建立黄埔军校和革命军队，并先后参加了广东战争和北伐战争，这是中国共产党参与组织武装、参加战争的重要尝试。大革命失败后，毛泽东提出了“上山”以“造成军事势力的基础”的主张。随后，在“八七”会议上，毛泽东又进一步提出“政权是由枪杆子中取得的”重要论断。尔后，在井冈山斗争中，提出了“十六字诀”的游击战争的基本作战原则。1928－1930 年初，毛泽东在他的《中国的红色政权为什么能够存在?》《井冈山的斗争》等著作中，提出了中国革命必须走农村包围城市道路的理论。古田会议又明确了建设新型的人民军队的建军原则。在 1930－1934 年的反“围剿”作战中，红军取得了丰富的作战经验，提出了诱敌深入的作战方针，形成了红军的全部作战原则。这些都表明，毛泽东军事思想的基本内容已经产生，为其后来科学体系的形成奠定了坚实的基础。

2. 毛泽东军事思想科学体系的建立

从 1935 年 1 月召开的遵义会议，至 1945 年抗日战争结束，这个阶段是毛泽东军事思想形成完整科学体系的时期。遵义会议纠正了王明“左”倾冒险主义在军事上的错误，重新肯定了以毛泽东为代表的正确军事路线，是毛泽东军事思想发展的一个起点。1936 年 12 月，毛泽东写了《中国革命战争的战略问题》一书，运用辩证唯物主义和历史唯物主义的观点，深刻地阐明了无产阶级研究战争和指导战争的立场、观点和方法，系统地论述了中国革命战争的战略指导问题。抗日战争爆发后，毛泽东相继发表了《抗日游击战争的战略问题》《论持久战》《论新阶段》《战争和战略问题》等军事著作，系统地论述了人民军队、人民战争、人民战争的战略战术的理论和原则，以及研究和指导战争的认识论和方法论。这一时期，毛泽东军事思想已发展成为系统的理论，并经受了战争实践的考验。至此，毛泽东军事思想作为一个具有鲜明中国特色的军事理论科学体系已经建立起来了。

3. 毛泽东军事思想的丰富和发展

全国解放战争、新中国成立后的抗美援朝战争以及社会主义革命与社会主义建设，是毛泽东军事思想继续得到全面丰富和发展的时期。在全国解放战争中，毛泽东等老一辈军事家的战争指导艺术得到了充分的发挥，毛泽东军事思想得到极大的丰富，这在《抗日战争胜利后的时局和我们的方针》《以自卫的战争粉碎蒋介石的进攻》《集中优势兵力，各个歼灭敌人》《解放战争第二年的战略方针》《关于辽沈、淮海、平津三大战役的作战方针》等著作和文电中得到充分体现。抗美援朝战争，是一场现代化战争。指导这场战争取得伟大胜利，为毛泽东军事思想增添了适应现代化战争需要的新内容。新中国成立后，毛泽东又提出了一系列国防建设理论、制定了积极防御的战略方针。毛泽东去世后，党的历届领导集体始终坚持实事求是的思想路线，提出了新时期加强国防建设和军队建设的一系列重要思想方针、原则，继承并进一步丰富和发展了毛泽东军事思想。

毛泽东军事思想的科学体系包括无产阶级战争观和方法论、人民军队思想、人民战争思想、人民战争战略战术思想和国防建设思想。

（二）无产阶级战争观和方法论

1. 无产阶级战争观

无产阶级战争观与方法论，是毛泽东站在无产阶级立场上，运用辩证唯物主义和历史唯物主义的基本原理，对战争本质等问题所做的正确回答，对战争规律和战争指导原理所做的科学揭示。它是毛泽东军事思想的理论基础部分，是我们研究和指导战争的基本理论依据。

战争是私有制和阶级的产物。1936 年 12 月，毛泽东在《中国革命战争的战略问题》一文中指出："战争——从有私有财产和有阶级以来就开始了的、用以解决阶级和阶级、民族和民族、国家和国家、政治集团和政治集团之间、在一定发展阶段上的矛盾的一种最高的斗争形式。"这一观点，表明私有财产和私有制的出现是战争得以产生的决定性因素。因此，要从根本上消灭战争，就必须消灭私有制，消灭随私有制产生而形成的阶级和国家。

战争是流血的政治。毛泽东讲："政治是不流血的战争，战争是流血的政治。"这一论断阐述了战争与政治的一致性和差别性，深刻地揭示了战争的本质，是毛泽东军事思想关于无产阶级战争观的理论基石。

共产党人要拥护正义战争，反对非正义战争。毛泽东依据战争与政治的关系，继承了马克思列宁主义鉴别战争性质的学说，明确指出："历史上的战争分为两类，一类是正义的，一类是非正义的。一切进步的战争都是正义的，一切阻碍进步的战争都是非正义的。"将战争区分为正义与非正义两种根本对立的政治属性，为我们明确对待战争的态度提供了基本依据，无产阶级和共产党人对待战争的基本态度可归结为两点：一是对待不同性质的战争采取不同的态度，拥护正义战争，反对非正义战争；二是我们的最终目的是消灭一切战争，实现永久和平。

2. 研究和指导战争的方法论

毛泽东和老一辈无产阶级革命家，在领导中国革命战争的实践中，运用辩证唯物主义和历史唯物主义的观点研究和指导战争，形成了按照无产阶级战争观系统研究和指导战争的根本方法理论。

遵循战争规律研究指导战争。毛泽东在《中国革命战争的战略问题》一文中指出："战争的规律——这是任何指导战争的人不能不研究和不能不解决的问题。……不懂得它的情形，它的性质，它和它以外事情的关联，就不知道战争的规律，就不知道如何指导战争，就不能打胜仗。"毛泽东研究和指导战争方法论的核心，就是从研究战争规律入手，认识和把握战争规律，用以正确地指导战争。

运用阶级分析的方法研究指导战争。根据中国社会各阶级的状况，毛泽东和老一辈革命家指出了不同历史时期革命的依靠力量和打击的对象，中国共产党在领导中国历次革命战争的实践中，都较好地团结了一切可以团结的力量，孤立和打击了极少数敌人，取得了革命战争的胜利。这充分说明，阶级分析的方法是被中国革命战争所证明了的科学方法。它是认识战争本质，使战争得以发展并取得胜利的一把钥匙。

按照历史的观点研究指导战争。所谓历史的观点，就是运用马克思主义的历史观，从历史的联系与历史的线索出发研究与阐述战争发展的历史，揭示其运动规律，以借鉴历史经验，研究指导现实战争。具体来讲，一是要尊重历史经验；二是要借鉴历史经验；三是要发展历史经验。

坚持辩证的观点研究指导战争。毛泽东研究和指导战争的方法论，不仅是唯物的，而且是辩证的。具体体现在以下几个方面：一是着眼特点，具体地研究战争；二是着眼发展，动态地研究战争；三是着眼全局，整体地研究战争；四是着眼实际，客观地研究战争；五是着眼矛盾，运用对立统一的规律研究战争。

总之，毛泽东研究和指导战争的方法论，归结到一点，也是最根本的一点，就是一切从战争的客观实际出发，具体情况具体分析，实事求是地研究和指导战争。

（三）人民军队思想

毛泽东人民军队思想，是以毛泽东为主要代表的中国共产党人关于建设人民军队的指导思想，是毛泽东军事思想的重要组成部分。它成功地解决了把一支以农民为主要成分的革命军队，建设成为一支无产阶级性质的、具有严格纪律的、同人民群众保持密切联系的新型人民军队的问题，系统地提出了人民军队建设的理论、方针和原则，是其过去、现在和将来建设的科学指南。主要内容包括以下几个方面：

坚持全心全意为人民服务的唯一宗旨。这个宗旨，指明了人民军队同一切剥削阶级军队以及其他旧式军队的本质区别，是其建军原则的核心，也是其一切军事活动的出发点和归宿点。全心全意为人民服务的宗旨，体现了人民军队的阶级本质，是其立于不败之地的力量源泉。正是坚持了这一宗旨，才有了人民军队的生存、发展和不断壮大。

执行战斗队、工作队和生产队的三大任务。这个军事、政治、经济三位一体的任务，是新型人民军队同其他的旧式军队的又一本质区别，体现了无产阶级军队的性质。人民军队作为无产阶级革命和专政的工具，在执行三大任务的过程中，其根本任务仍然是战斗队，战斗队任务完成的好与坏，关系到革命政权的得失，关系到人民安危的最直接的利益。这是军队自身的本质属性所决定的。

确立党对军队的绝对领导。毛泽东指出："我们的原则是党指挥枪，而决不容许枪指挥党。"这是处理无产阶级政党和无产阶级军队之间关系的根本原则。坚持中国共产党对我军的绝对领导，用党的路线、方针、政策和无产阶级思想教育官兵，按照无产阶级思想面貌建设军队，这是无产阶级革命斗争规律的必然要求，是建设新型人民军队的根本保证，是夺取中国革命战争彻底胜利的历史选择。党对军队的绝对领导是通过政治、思想和组织的领导实现的。

实行强有力的革命政治工作。人民军队的政治工作，是中国共产党在军队中的思想工作和组织工作，是人民军队的生命线。其基本任务，是保证军队各项任务的完成。政治工作是我军的生命线，这是毛泽东关于人民军队政治工作重要性作用的形象比喻。官兵一致、军民一致、瓦解敌军是政治工作的三大原则。政治工作三大原则，集中反映了人民军队政治工作的根本目的，即团结自己，战胜敌人。同时也体现了人民军队建设的根本要求，是其无产阶级本质的反映和建军宗旨的体现。

实行集中指导下的民主制度。毛泽东规定了人民军队要实行政治、经济、军事三大民主，从而使其民主传统进一步系统化、理论化、制度化。三大民主概括了军队民主生活的主要方面，构成了一个完整体系。其中政治民主是整个民主活动的基础。没有政治上对官兵民主权利的尊重，就没有官兵平等的民主权利，更谈不上实行经济和军事民主。而官兵政治上的民主权利，很多方面又是通过经济和军事民主来体现的。

此外，毛泽东还十分注重人民军队的纪律建设，亲自为其制定了三大纪律八项注意，作为全军行动的基本准则。人民军队在强调革命化建设的同时，逐步实现现代化和正规化是毛泽东建军思想的重要组成部分。

（四）人民战争思想

毛泽东人民战争思想，是以毛泽东为代表的中国共产党人在领导中国革命战争的伟大实践中，创造性地运用辩证唯物主义和历史唯物主义的原理，集中党和群众的集体智慧，立足中国革命战争的实际情况，创立的具有中国特色的、指导中国革命战争取得彻底胜利的、完整系统的人民战争理论。其基本精神是：依据辩证唯物主义和历史唯物主义基本原理，在中国共产党的正确领导下，以人民军队为骨干，一切为了人民，坚决依靠人民，彻底动员组织人民，充分武装人民，实行全面彻底的人民战争。这一基本精神所反映的实质，即战争的目的为了人民，进行战争依靠人民，胜利果实属于人民。因此，中国共产党领导的人民战争成为历史上任何人民战争所不能比拟的真正的人民战争。

人民战争思想，是毛泽东军事思想的核心内容，是中国人民进行革命战争的根本指导路线，是其军队克敌制胜的根本法宝。

其基本原理是有以下几个方面。

(1) 革命战争是群众的战争。毛泽东指出："革命战争是群众的战争，只有动员群众才能进行战争，只有依靠群众才能进行战争。"也就是说，革命战争的基础和依靠力量是人民群众，人民群众是革命战争的主体。这是马克思主义关于群众自己解放自己的观点在革命战争中的具体体现，也是毛泽东对这一观点在革命战争中的具体运用。

(2) 战争伟力之最深厚的根源存在于民众之中。战争是力量的竞赛，而根本的力量在于人民的力量。毛泽东指出："战争的伟力之最深厚根源，存在于民众之中。"他还说："从长远的观点看问题，真正强大的力量不是属于反动派，而是属于人民。"按照历史唯物主义的观点，人民是书写战争历史、主宰战争胜利进程的主人。具体表现在：人民群众是战争政治力量的直接拥有者，人民群众是战争军力和经济力的源泉，人民群众是战略战术灵活机动的首要条件。

(3) 兵民是胜利之本。“兵民是胜利之本”，是说军队和民众的团结、进步是战争胜利的根本条件。首先，军队只有团结进步才会有强大的战斗力。其次，人民只有团结进步才能发挥出最深厚的战争伟力。民众越是团结进步，民众中蕴藏的战争力量才越雄厚，有了这样的群众条件，战争的兵源问题、财源问题也就不难解决了。最后，只有同人民团结的军队才是真正无敌的军队。军队和人民同呼吸共命运、血肉相连、鱼水相依的关系，决定了军队和人民群众的团结必须是亲密无间的。这是中国能够实行人民战争并战胜敌人的一个社会基础。

(4) 人是战争胜负的决定因素，武器是重要因素。在人和武器的关系问题上，毛泽东指出：“武器是战争的重要的因素，但不是决定的因素，决定的因素是人不是物。力量对比不但是军力和经济力的对比，而且是人力和人心的对比。军力和经济力是要人去掌握的。”科学地阐明了人和武器在战争中的地位和作用。需要说明的是，毛泽东所说的战争中人的因素，不是指单一个体，而是指进行战争的整个军队和广大人民群众；也不单指人力，而是人力和人心的结合体。因此，把人和武器作为一个统一体来看，人的作用是决定性的。具体地讲，包括以下含义：第一，人是武器的支配者，在战争中起主导作用。第二，人具有自觉的能动性，是战争中最活跃的力量。第三，人心向背是战争中经常起作用的因素。强调人的因素，并不是否定武器在战争中的重要作用。相反，正是看到了武器在战争中的重要作用，并要使之得到充分的发挥，才突出强调人的作用。在战争中，应努力寻求人和武器的高度统一和最佳结合。

其主要内容包括以下几个方面：

(1) 坚持党对人民战争的统一领导。只有共产党才能把广大人民群众团结在自己的周围，才能最广泛地组织和动员人民群众的力量，才能把进行战争的各种力量融为一体，从而形成全面的、全民的人民战争。党对革命战争的领导，靠的是正确的政治路线和军事路线的领导。

(2) 充分动员、组织、武装广大人民群众。人民群众中存在着的战争伟力，要通过动员、组织和武装并投入战争活动才能发挥出来，才能迅速转化为实际战争行为的能力。所谓动员群众，就是对广大人民群众进行广泛深入的政治宣传鼓动工作。通过宣传教育，使广大人民群众明了战争的政治目的和达到这一目的的政治纲领；组织群众，就是把全体军民投入战争的力量，通过科学组合而形成人民战争的整体力量；武装群众，就是根据战争的实际需要，把凡能拿起武器进行战斗的公民都编组在对敌斗争的武装力量之中，形成一个时时处处都能打击敌人的人民战争的汪洋大海。

(3) 发挥人民军队的骨干力量作用。无论是大规模的全面战争，还是中小规模的区域性战争，人民军队始终是进行人民战争的骨干力量。

(4) 建立巩固的革命根据地。革命根据地是进行人民战争的战略基地和重要依托。中国革命的敌人是异常强大的，在这种形势下，革命力量要求得生存，就必须有一个立足点，即巩固的革命根据地，并依靠这个条件，粉碎敌人以优势兵力的进攻来消灭革命力量的企图。革命力量要求得发展，也必须依靠根据地，通过不断积蓄革命力量，“用波浪式的推进政策”逐步扩大根据地和革命力量，逐步改变敌强我弱的形势，才能最后战胜敌人。

（5）实行“三结合”的武装力量体制和“三结合一配合”的组织斗争形式。“三结合”的武装力量体制指的是主力兵团、地方兵团与民兵的结合。主力兵团（野战军），是能在全国范围内执行机动作战任务的部队；地方兵团（地方军），也叫地方部队，是指在省、地、县范围内活动，通常执行地区性作战任务的部队；民兵，指不脱离生产的武装组织，执行保卫地方和支援、配合军队作战的任务，是正规军的强大的后备力量。在这三种武装力量中，野战军是骨干力量，地方军是重要力量，民兵既是现实的支援、配合力量，也是潜在的强大后备力量。这三种武装力量的结合，不仅使进行人民战争的力量形成了整体，也利于根据各种武装力量的特点，开展不同形式的军事斗争，正确解决了平战结合、军民结合问题。“三结合一配合”是指在实行人民战争时，要采取主力兵团与地方兵团相结合；正规军与游击队、民兵相结合；武装群众与非武装群众相结合；以军事斗争为主与其他（政治、外交、经济、思想、文化等）各种斗争相配合。“三结合”与“三结合一配合”，是共产党领导进行人民战争的最好的组织形式和斗争形式，是毛泽东人民战争思想中指导实行人民战争的最有特色的部分。它不仅解决了准备战争的国家武装力量组成，也解决了进行战争的组织斗争形式。

（6）运用灵活机动的战略战术。毛泽东等无产阶级革命家、军事家，在长期的中国革命战争实践中，不断进行探索、创造和积累，形成了人民战争所必需的一系列战略战术。它的基本特征，就是善于按照变化的具体情况从事灵活机动的作战。这些灵活机动的战略战术，是人民战争取得胜利的途径。

（五）人民战争战略战术思想

人民战争的战略战术，是关于进行人民战争的一系列基本的作战指导方针、原则和方法。在敌强我弱的条件下，毛泽东及其老一辈无产阶级革命家把唯物辩证法运用于作战指导，创造并制定了一整套适合中国革命战争实际，以灵活机动为主要特点的人民战争的战略战术思想。这一思想的精髓概括起来，就是“你打你的，我打我的；打得赢就打，打不赢就走”，其基本思想是：保存自己，消灭敌人；承认积极防御，反对消极防御；战略上藐视敌人，战术上重视敌人。主要内容包括以下几个方面：

集中优势兵力，各个歼灭敌人。集中优势兵力，各个歼灭敌人的作战法则，反映了克敌制胜的普遍的军事活动规律。保存自己，消灭敌人与集中兵力打歼灭战有着内在联系。它们之间以歼灭战为中间环节，形成了战争目的、作战形式、用兵原则的有机统一。毛泽东指出：“我们的战略是‘以一当十’，我们的战术是‘以十当一’，这是我们战胜敌人的根本法则之一。”他还形象地做了比喻：“我们在战略上藐视吃饭，这顿饭我们能够吃下去。但是具体地吃，却是一口口地吃的，你不可能把一桌酒席一口吞下去。这叫作各个解决，军事书上叫作各个击破。”集中优势兵力，各个歼灭敌人的战法，也正是在战术上重视敌人的突出表现。

游击战、运动战、阵地战三种作战形式密切配合，适时进行以改变主要作战形式为基本内容的战略转变。运动战，是正规兵团在长的战线和大的战区，从事战役战斗的外线速决的进攻作战形式。阵地战，是依托坚固阵地或野战阵地进行防御，对据守坚固阵地或野战阵地之敌实施进攻的作战形式。游击战，是一种分散流动的作战形式，能在战略、战役、战斗上与正规战相配合。游击战、运动战、阵地战是中国革命战争的三种基本形式。

三者是紧密联系，缺一不可的整体。根据战争实际，在一定时期以某种作战形式为主，其他作战形式相配合，并依战争形势的发展变化，适时进行以作战形式为主要内容的战略转变，是战争指导上的重大问题，也是中国革命战争的显著特点。

慎重初战，不打则已，打则必胜。初战又称为序战，是指战争或战役的第一仗。慎重初战对掌握战争主动权具有关键性意义。毛泽东在中国革命战争实践中，创造性地继承和发展了前人关于慎重初战的理论，在总结军队作战经验时提出了慎重初战的三个原则，即："必须打胜，必须照顾全战役计划，必须照顾下一战略阶段，这是反攻开始，即打第一仗时，不可忘记的三个原则。"在决战问题上，毛泽东既慎于决战，又敢于决战，并且善于决战。

不打无准备无把握之仗。毛泽东认为，充分做好战争准备，是争取主动，避免被动的前提。他指出："优势而无准备，不是真正的优势，也没有主动。""劣势而有准备之军，常可对敌举行不意的攻势，把优势者打败。"因此，他要求军队要"不打无准备之仗，不打无把握之仗，每战都应力求有准备，力求在敌我条件对比下有胜利的把握。"这一原则对于争取战场主动权具有非常重要的指导意义。

作战指导上的主动性、灵活性和计划性。主动性，指的是军队行动的自由权，是区别于被迫处于不自由状态的。灵活性，就是依据实际情况，灵活地使用兵力，是具体地实现主动性于作战中的东西。计划性，就是事先对作战行动制定方针和步骤、方案，就是一切行动的预先准备工作。主动性是中心，灵活性和计划性是实现主动性于战争中的手段。

（六）国防建设思想

毛泽东依据马克思主义国家学说的基本原理，从中国革命战争和保卫社会主义国防的伟大实践出发，适时提出了一系列国防建设理论、方针和原则，形成了有中国特色的现代化国防建设思想。中华人民共和国建立后，面对新的形势，在进行社会主义建设和保卫国家主权及领土完整、反对外来侵略的过程中，毛泽东提出建设现代化国防的思想，内容主要包括：加强武装力量建设，这是国防建设的核心内容。建立完整的国防工业和国防科研体系，这是实现国防现代化的关键。加强战略后方建设，为未来反侵略战争奠定了有利基础。加强全民国防教育，是巩固和加强国防力量的重要手段。

毛泽东在领导和创建新中国国防现代化事业的伟大实践过程中，结合中国国防建设的实际，探索出一条具有中国特色的国防建设之路，逐步形成了一整套中国国防建设的方针原则。主要包括：坚持国防建设与经济建设协调发展，坚持以现代化为中心；坚持"独立自主，自力更生"；坚持"军民结合，平战结合"。

总之，毛泽东国防建设思想成功地解决了社会主义革命和建设时期的国防力量、国防政策、国防设施、国防科技和国防教育等一系列重大问题。它不仅是中国人民在过去保卫国家独立与领土完整、反对外来侵略、维护国家利益的根本指导方针，而且是新的历史时期国防建设的基本指导理论。

二、邓小平新时期军队建设思想

邓小平新时期军队建设思想是邓小平关于新时期国防和军队建设及有关军事问题的科学理论体系，是建设有中国特色社会主义理论的重要组成部分，是在新的历史条件下继承和发展毛泽东军事思想的产物，是新时期军队和国防现代化建设的根本依据和指导方针。

它不仅揭示了中国新时期军队建设及军事斗争的基本特点和规律，而且提供了正确认识和解决当代军事问题的立场、观点和方法，是新时期军队和国防建设的根本指导思想。在全面把握邓小平新时期军队建设思想的理论体系的基础上，着重阐述以下五个方面。

（一）战争与和平的新判断

> **军事知识窗**
>
> 1978年12月党召开了十一届三中全会，根据历史的经验教训，重新确立了马克思主义的思想路线、政治路线和组织路线，做出了把工作重点转移到社会主义现代化建设上来的战略决策，标志着党和国家进入了社会主义现代化建设新的历史时期。
>
> （资料来源：人民网）

进入新时期后，世界的时代主题和战略格局出现了历史性的重大变化。这是中国新时期军队和国防建设必须考虑的重要前提和依据。20世纪下半叶以来，国际局势经历了资本主义和社会主义两大阵营对立，美、苏争霸和第三世界兴起。旧的秩序逐渐被打破，新的秩序尚未建立。在这个过程中，世界各种矛盾的焦点从“战争与革命”转向“和平与发展”，整个世界处在一个大变动的历史时期。邓小平经过长期观察和冷静分析，于1985年明确指出：“现在世界上真正大的问题，带全球性的战略问题，一个是和平问题，一个是经济问题或者说发展问题。和平问题是东西问题，发展问题是南北问题。概括起来，就是东西南北四个字。南北问题是核心问题。”1988年，他再次指出：“当前世界上主要有两个问题，一个是和平问题，一个是发展问题。和平是有希望的，发展问题还没有得到解决。”邓小平关于和平与发展是当今时代主题的论断，实事求是地反映了世界基本矛盾在当代的发展和变化，对国际局势作出了马克思主义的正确判断。

在和平与发展两大问题中，邓小平一直强调，发展问题是个核心问题，具有更重要的意义。在这方面，邓小平提出了两个重要思想。第一，对发展问题要有新的时代认识。他指出，发展才是硬道理，“中国能不能顶住霸权主义、强权政治的压力，坚持我们的社会主义制度，关键就看能不能争得较快的增长速度，实现我们的发展战略。”同时，“应当把发展问题提到全人类的高度来认识，要从这个高度去观察问题和解决问题。”世界范围内由于发展的极度不平衡造成的贫富之间的对立，日益成为导致国际局势动荡不安的重要原因。世界的发展决不能建立在广大发展中国家贫穷落后的基础上。第二，靠发展来维护和平。致力于把维护世界和平的基点放在爱好和平国家的发展上，放在第三世界国家的发展上，特别是放在中国自己的发展上，是邓小平提出的一个极其重要的战略指导思想。邓小平指出：“如果世界和平的力量发展起来，第三世界国家发展起来，可以避免世界大战。”“中国的发展是和平力量的发展，是制约战争力量的发展。”“如果中国在本世纪末达到‘小康水平’，那么制约战争的力量将有很大的增长。如果中国再经过三十年到五十年的建设接近发达国家水平，那时战争就更难打起来，不是说完全没有可能，而是更难打起来。”正是在这个意义上，邓小平指出，发展自己同维护和平是一回事情。当前，争取和维护一个和平的环境来实现四个现代化，是中华民族千载难逢的历史机遇，是民族振兴伟业的大前提，是中国军队和国防建设肩负的重大历史使命。

（二）军队和国防建设指导思想实行战略性转变

基于新的时代特征和对战争与和平问题的新判断，适应党和国家工作重点的转移，在党中央、中央军委和邓小平的正确领导下，1985年5月23日到6月6日召开的中央军委扩大会议作出了军队和国防建设指导思想实行战略性转变的重大决策。其基本内涵是：根据对战争与和平问题的新判断，适应中国共产党和国家工作重点转移的要求，把军队和国防建设由准备“早打、大打、打核战争”转到和平时期的建设轨道上来，摆脱多年来在临战状态下进行应急式建设的被动局面，在服从和服务于国家经济建设大局的前提下，有计划有步骤地进行现代化建设。

实行战略性转变的基本依据是对当代战争与和平问题的新判断。现在世界上真正大的问题，就是和平问题和发展问题。发展需要和平，和平离不开发展。其中发展问题是个核心问题，具有更重要的意义，要靠发展来维护和平。邓小平指出，中国仍然处在社会主义初级阶段。从这个阶段的实际出发，解决中国现在面临的所有问题，包括军队和国防现代化问题，关键是要把经济发展起来。因此，要紧紧扭住这个“中心”不放，硬着头皮把国家经济搞上去。当今中国，经济建设及其发展状况，是决定中国命运的一个大局问题。离开这个大局，社会主义就有丧失物质基础的危险，中华民族就有被开除“球籍”的危险，中国各族人民就有沦为世界“难民”的危险。因此，军队和国防建设要服从整个国家建设大局，要在这个大局下行动。

（三）建设一支强大的现代化正规化的革命军队

1981 年 9 月，邓小平在华北检阅部队军事演习时发表讲话，提出：“我军是人民民主专政的坚强柱石，肩负着保卫社会主义祖国、保卫四化建设的光荣使命。因此，必须把我军建设成为一支强大的现代化正规化的革命军队。”这一论述，明确了新时期军队建设的总方针、总任务、总目标，是新时期加强军队全面建设的根本指南。

始终不渝地坚持人民军队的性质。建设强大的现代化正规化革命军队，必须把革命化建设放在第一位。始终不渝地坚持人民军队的性质，是邓小平对新时期军队建设的根本要求，也是新时期军队革命化建设的根本内容。在新的历史条件下，军队建设的外部环境发生了深刻的变化。针对新情况和新问题，邓小平强调，军队要始终不渝地坚持人民军队的性质，坚持党对军队的绝对领导，大力加强思想政治建设，建设高素质的干部队伍，继承和发扬人民军队的优良传统与作风，做到政治上永远合格。

中心是解决现代化问题。建设一支强大的现代化正规化的革命军队，中心是要解决现代化的问题。邓小平指出，谋划军队建设全局，“指导思想要明确，就是要解决现代化问题”。坚持以现代化建设为中心，是时代发展的客观要求。现阶段，军队建设的主要矛盾是现代战争的客观需要同军队现代化水平还比较低的矛盾。为了解决这一主要矛盾，适应现代战争的需要，必须把军队建设的目标定在世界先进水平上，坚持以现代化为中心，努力提高军队现代化水平，增强现代条件下自卫作战的能力。坚持以现代化建设为中心，是军队向高级阶段发展的必由之路。

提高军队的正规化水平。军队的正规化，是世界各国军队发展的共同要求和建设的普遍规律。简言之，军队的正规化就是建立统一编制、统一指挥、统一制度、统一纪律和统一训练的军队。在新的历史条件下，由于长期的和平环境，加上部队成员的不断变化，军队容易出现管理松懈、作风松散、纪律松弛的现象。这就要求军队必须始终坚持严格训练、严格管理，大力加强正规化建设。同时，在现代战争中，各种情况更加复杂多变，参战部队的成分更加复杂多样，若没有严密的组织、严明的纪律、科学的分工和密切的协同，就无法形成强有力的整体作战能力，就无法取得战争的胜利。

坚持革命化、现代化、正规化的统一。革命化、现代化、正规化建设相互联系，相互促进，是一个整体。实践证明，只有这三个方面全面、协调地发展，才能真正提高军队的战斗力，其中任何一个方面滞后或被忽视，都会削弱军队的战斗力。革命化是现代化和正规化建设的灵魂和方向，现代化是革命化和正规化建设的物质基础，正规化是现代化的重要保证和必要条件。

（四）走有中国特色的精兵之路

建设一支强大的现代化正规化革命军队，贯彻其中的一个根本要求，就是全面提高军队战斗力。在指导新时期军队建设的过程中，邓小平始终坚持战斗力标准，注重军队的质量建设，强调把教育训练提高到战略地位，把改革精神注入军队建设和战斗力提高的各个方面，指引军队走上了一条有中国特色的精兵之路。

军队就是要提高战斗力。提高战斗力，增强国防实力，是新时期军队和国防建设的基本目的，也是检验军队和国防建设各项工作的根本标准。1988 年 12 月，中央军委扩大会议明确提出：必须把提高战斗力作为军队改革和建设的出发点和落脚点，作为检验军队各项工作的根本标准。战斗力标准的确立，对于指导新时期军队建设具有重要的理论和实践意义。

注重军队的质量建设。邓小平自 20 世纪 70 年代末以来一再指出，军队要“讲质量，讲真正的战斗力，搞少而精的真正顶用的”。1985 年，他率领全军实行军队建设指导思想的战略性转变，作出了裁减军队员额 100 万的战略决策，坚定不移地引导军队走上了有中国特色的精兵之路。注重军队质量建设，就是要坚持“精兵、利器、合成、高效”的原则。

把教育训练提高到战略地位。邓小平关于把教育训练提高到战略地位的思想，是从军队和国家建设的全局出发，提出的一项高屋建瓴的战略性决策。这一思想，主要包括：学习现代战争知识，提高干部战士驾驭现代战争的本领；加强诸军兵种的合成训练，解决诸军兵种联合作战的协同和指挥问题；加强合成训练，必须树立整体作战意识，必须“从难从严从实战需要”出发训练部队；要把院校训练作为整个教育训练的重要环节摆到战略位置上。

军队建设要贯彻改革精神。坚定不移地走有中国特色的精兵之路，是一项崭新的事业，是一场深刻的变革。邓小平强调必须贯彻改革创新的精神，解放思想，实事求是，不断研究新情况，解决新问题。军队改革既是关系军队前途命运的大事，又是充满风险的崭新事业。面对新时期的改革，邓小平指出：“我们的方针是，胆子要大，步子要稳，走一步，看一步。”既要积极，又要稳妥，这是新时期军队改革的总的原则。

（五）实行现代条件下的人民战争

在新的历史条件下，邓小平继承和发展毛泽东人民战争思想，明确提出了“现代条件下人民战争”的重要概念，为积极防御的军事战略方针增添了新的时代内容，为新时期的军事理论研究和未来军事斗争的战略指导指明了方向。邓小平指出：“我们的战略是毛泽东主席制定的。毛主席的战略思想就是人民战争，过去是正规军、游击队和民兵三结合，现在是野战军、地方军和民兵三结合。”在新的历史条件下，坚持积极防御的战略方针，必须继承毛泽东人民战争思想，重视研究现代条件下的人民战争，建立起符合中国新时期客观实际的现代条件下人民战争理论，从而正确地指导新时期的军队建设和军事斗争。

坚持人民战争，适合中国的实际情况，是中国拥有的真正优势和力量所在。第一，中国坚持的是自卫立场，在维护世界和平和维护国家利益这个基点上，正义属于中国，因而能够赢得中国和世界最大多数人的拥护。第二，中国块头大，一是地域辽阔，二是人口众多，敌人要占领中国，消灭该国人民，是根本不可能的。第三，中国拥有一支由人民解放军、武装警察部队、预备役部队和广大民兵组合而成的强大武装力量，具有深厚的人民战争潜力和持久作战的社会经济与政治基础。邓小平曾说："敌人要打进来，中国的'三结合'就会叫敌人处于人民战争的汪洋大海之中。"坚信军事斗争的胜负归根结底取决于人民，因而坚持人民战争思想，是毛泽东军事思想的活的灵魂之一，也是邓小平研究军事问题的重要的立场、观点和方法。实践已经并将继续证明，坚持人民战争，是任何强大敌人都不敢贸然入侵中国的重要原因。

与过去的人民战争相比，现代条件下人民战争主要具有以下新特点：一是战争的对象发生了重大变化。现代条件下人民战争的主要对象既可能是企图破坏祖国统一的分裂主义者，又可能是蓄意危害我国国家利益的霸权主义者，还可能是蚕食中国边境领土和海洋权益的入侵者。二是战争的基本样式是高技术条件下的局部战争。现代条件下人民战争将是局部范围内的高技术战争。三是战争发生的地域将主要在边境和海上。现代条件下人民战争的战场将主要在我国边海防的边境地区或一定方向上的海域、空域，战场容量相对狭小，不便于大兵团作战，人民战争的一些传统战法将受到战场条件的严重制约。四是战争的力量基础更加雄厚。党的十一届三中全会以后，我国实行改革开放政策，经济建设取得了举世瞩目的成就。随着国家发展战略目标的逐步实现，进行人民战争的物质基础无疑将变得日益雄厚。五是人民群众参战的方式发生变化。高技术条件下的局部战争，持续时间短，战场容量小，情况复杂多变，对专业技术力量参战、支前的需求量增大，对战场人员综合素质的要求大幅度提高。这必将改变传统的人民群众在人力、物力上参加或支援战争的状况，人民群众直接参战的机会减少，其参战的方式将更多地表现为间接参战。

坚持人民战争的战略思想，需要加强军事科学研究。在新军事革命浪潮的推动下，世界各国军事发展日新月异，封闭就要落后，跟不上时代潮流就要被动挨打。因此，我们必须面向世界，积极研究外军的发展趋势，大胆学习和借鉴外军的有益经验为我所用。同时，还要看到，未来可能发生的高技术局部战争，军队的作战对象将发生很大变化，需要采取动态分析的方法加强对主要对手的研究。既要分析它的过去，也要分析它的现在，还要对其未来一个时期内的可能发展进行预测。特别是要熟悉敌高技术兵器的战术技术性能，针对其长处和弱点，找出对付的有效办法；搞清敌人作战理论和作战方法的新变化，有的放矢地制订对策，为打赢现代条件下的人民战争提供正确的理论指导。

三、江泽民国防和军队建设思想

江泽民国防和军队建设思想是江泽民关于中国国防和军队建设及有关军事问题的科学理论体系，是对毛泽东军事思想和邓小平新时期军队建设思想的继承和发展，是新的历史条件下国防和军队建设的指导思想。在全面把握江泽民国防和军队建设思想的理论体系的基础上，着重阐述以下内容。

（一）解决好打得赢、不变质两个历史性课题

江泽民指出："在军队建设上，我最关注的是两大问题：一个是我军能不能跟上世界

军事发展的趋势，打赢未来可能发生的高技术战争，切实捍卫祖国的主权、安全和统一；一个是我军能不能始终保持人民军队的性质、本色、作风，永远成为党绝对领导下的革命军队。”这是江泽民关于当代中国国防和军队建设的基本课题和根本任务，也是江泽民国防和军队建设思想的核心和总纲。

打得赢，就是军队要建设成为一支具有强大实战能力和威慑能力的现代化军队，能够打赢现代条件特别是高技术条件下的局部战争，为维护国家的安全统一，为建设中国特色社会主义事业提供可靠保障。不变质，就是军队始终坚持中国共产党的绝对领导，永远保持人民军队的性质、本色和作风，经得起任何政治风浪的考验，永远成为党的军队、人民的军队、社会主义国家的军队。

（二）党对军队的绝对领导是军队永远不变的军魂

面对国际风云变幻和国内改革开放的新形势，江泽民把党对军队的绝对领导作为军队建设和发展的首要问题。他明确指出：“一个军队要有军魂。我看，我们军队的军魂就是党的绝对领导。”所谓“军魂”，就是把“党对军队的绝对领导”看成是立军之本、建军之魂。否认党对军队的绝对领导，军队就会成为失去灵魂、任人摆布、被人利用的躯壳。坚持党对军队的绝对领导，是军队的优良传统，是毛泽东、邓小平始终强调的一条根本原则。江泽民把这一原则提到“军魂”的高度，来深刻揭示这一原则的科学性、重要性和必然性，是对毛泽东、邓小平关于党对军队绝对领导思想的继承、丰富和发展。

在新的历史条件下，坚持党对军队的绝对领导，遇到了许多新情况、新问题。在这一根本原则问题上，中国面临的来自国内外敌对势力的最严峻挑战，就是他们散布和鼓吹的“军队非党化”“军队非政治化”和“军队国家化”等荒谬论调和错误政治观点。一些原社会主义国家的党放弃对军队的领导、丧失政权的教训，十分深刻。中国必须始终坚持党对军队领导地位的绝对性，确保党从思想上、政治上、组织上牢牢掌握军队。要进一步强化军魂意识，牢固树立党对军队绝对领导的观念，在坚持党对军队绝对领导这个根本原则上始终做到旗帜鲜明，立场坚定，行动高度自觉。

（三）积极推进中国特色军事变革

积极推进中国特色军事变革，是贯穿于江泽民国防和军队建设思想中的主导性思想。江泽民指出：“推进中国特色的军事变革，必须按照实现信息化的要求，科学确立军队建设的战略目标、发展思路和具体步骤。”

推进中国特色军事变革的根本目标，是建设信息化军队、打赢信息化战争。江泽民强调，推进中国特色军事变革，必须以信息化为主导，把建设信息化军队、打赢信息化战争作为根本目标，积极推进我军由机械化半机械化向信息化的转变。

推进中国特色军事变革的发展道路，是实现机械化信息化建设的复合式跨越发展。江泽民指出：“当前，我军处在机械化任务尚未完成、同时又要努力向信息化过渡的特殊阶段。”“要坚持以信息化带动机械化，以机械化促进信息化，实现机械化、信息化建设的复合式发展，完成机械化、信息化建设的双重历史任务。”

推进中国特色军事变革的战略步骤，是按照“三步走”的战略构想逐步实现国防和军队现代化。江泽民和中央军委确定了国防和军队现代化建设分“三步走”的战略构想。第一步，到 2010 年，用十几年时间，努力实现新时期军事战略方针提出的各项要求，主要解决好军队的规模、体制编制和政策制度问题，为国防和军队的现代化打下坚实基础。第二步，到 2020 年，随着国家经济实力的增长和军费的相应增加，加快军队质量建设的步伐，使国防和军队现代化建设有一个较大的发展，基本实现军队机械化，使信息化建设取得重大进展。第三步，再经过 30 年的努力，到 21 世纪中叶，实现国防和军队的现代化。

（四）用新时期军事战略方针统揽国防和军队建设全局

以江泽民为核心的中央军委在 1993 年初召开的军委扩大会议上，明确规定军队新时期的军事战略方针仍然是积极防御，并在具体内涵上充实了新的内容。江泽民将军事战略方针的基本精神归纳为：必须以毛泽东军事思想、邓小平关于新时期军队建设的思想为根本指导，服从和服务于国家的发展战略，把未来军事斗争准备的基点放在打赢可能发生的现代技术特别是高技术条件下的局部战争上，实施灵活正确的战略指导。

为贯彻新的战略方针，江泽民于 1995 年提出了实行“两个根本性转变”的战略思想，即“在军事斗争准备上，由应付一般条件下的局部战争向打赢现代技术特别是高技术条件下局部战争转变；在军队建设上，由数量规模型向质量效能型、人力密集型向科技密集型转变”。在世纪之交新军事变革呈现加速发展的趋势，信息化战争登上历史舞台。以江泽民为核心的党中央、中央军委适应未来军事斗争发展的新要求，及时对新时期军事战略方针进行了充实和完善。一是进一步明确了军事战略目标和任务，把维护国内和周边地区稳定和打赢可能发生的局部战争作为军事战略的目标和任务；二是进一步明确了军事斗争准备的基点，强调我们的军事斗争准备的基点要放到打赢信息化条件下的局部战争上；三是进一步明确了战略指导思想和原则，着眼于发挥积极性和主动性，新时期军事战略方针强调了坚持和发展积极防御的战略指导思想和原则；四是进一步明确了基本作战思想，强调体系对抗，以一体化联合作战作为基本作战形式，非接触、非线式作战将成为重要作战方式以及综合运用以精确打击为主的多种作战方式和手段，夺取制空权、制海权和制信息权等等。

（五）按照“五句话”总要求全面加强军队建设

江泽民从增强军队战斗力和军队根本职能出发，明确指出：“部队要做到政治合格、军事过硬、作风优良、纪律严明、保障有力。”这是实现我军建设总目标的总要求，反映了新时期军队建设的发展规律，涵盖了新时期军队建设的基本内容，是实现新时期我军建设总目标所必须遵循的行动准则和纲领。“政治合格”，就是要始终坚持党对军队的绝对领导，模范贯彻执行党的理论、纲领和路线方针政策，坚持人民军队的性质、本色和作风，始终做党、人民和社会主义国家利益的忠实捍卫者。“军事过硬”，就是要具有牢固的战斗队思想、精湛的军事技术、良好的军事素质和快速高效的反应能力，能够有效履行维护国家安全、统一和发展利益的职责使命。“作风优良”，就是要有良好的思想、工作、战斗和生活作风，做到实事求是，谦虚谨慎；学以致用，言行一致；积极进取，敢于创新；英勇顽强，雷厉风行；艰苦奋斗，勤俭办事。“纪律严明”，就是要严格遵守法律法规和条令条例，严格遵守政治、组织、军事和群众纪律，做到令行禁止，一切行动听指挥，确保部队的集中统一和高度稳定。“保障有力”，就是在一定的经济和社会条件基础上，科学组织和运用人力、物力、财力、技术等，及时、准确、高效地保障军队建设和作战需要。

江泽民提出的“五句话”是实现新时期军队建设总目标的总要求，也是检验“三化”

建设总目标实现程度的重要尺度，思想极其深刻，内涵极其丰富，意义极其深远。“五句话”科学地概括了构成我军战斗力的基本内容，揭示了国防与军队建设的客观规律，提出了新形势下全面加强军队建设的大思路和根本标准，反映了人民军队七十多年来建设的优良传统和宝贵经验，是对毛泽东、邓小平关于军队建设思想的基本原理和建军原则的坚持、运用和发展，集中体现了党的第三代领导集体在新形势下的建军思想和治军方略，为新形势下加强国防与军队现代化建设指明了方向，具有极为重要的现实指导意义。而且标准更加清晰，要求更加具体，行为更加规范，方向更加明确。

（六）实施科技强军战略，加强军队质量建设

江泽民和中央军委在制定《“九五”军队建设计划纲要》时，明确提出“科技强军”战略思想。实施科技强军战略，是顺应世界军事发展历史趋势的重大战略决策。它要求军队建设必须以科技进步为动力，把军队战斗力的提高真正转到依靠科技进步上来，向科学技术要质量，向科学技术要战斗力，走有中国特色的精兵之路，从根本上提高我军建设质量，努力缩短与世界军事强国的差距。

江泽民指出：“加强质量建设的关键，是实施科技强军的战略，提高军队现代化建设的各个方面的科学技术含量，增强现代技术特别是高技术条件下的防卫作战能力。”实施科技强军战略，是顺应世界军事发展历史趋势的重大战略决策。实施科技强军战略，核心内容是把依靠科技进步提高战斗力摆在国防和军队建设的战略位置，增强国家的军事科技实力，全面提高军队建设的科技含量。实施科技强军的落脚点是实现军队建设的“两个转变”。江泽民指出：“……贯彻科技强军战略，以改革创新的精神推动我军由数量规模型向质量效能型、由人力密集型向科技密集型转变。”依靠科技进步实现“两个转变”，关键是要提高广大官兵的科学技术素质。随着世界新军事变革的深入发展，随着武器装备的更新换代，我军官兵掌握现代科技知识不够的问题越来越突出，已经到了非解决不可的时候了。必须在全军迅速掀起并形成一个广泛、深入、持久地学习现代科技特别是高科技知识的热潮。要把学习高科技知识同学习马克思主义理论紧密结合起来，同学习毛泽东军事思想和邓小平新时期军队建设思想紧密结合起来。如果全军官兵有了正确思想理论的武装，又有了现代科技特别是高科技知识的武装，军队的建设质量和战斗力就会大大提高起来。

四、胡锦涛国防和军队建设思想

胡锦涛国防和军队建设思想是胡锦涛关于国防和军队建设及有关军事问题的科学理论体系。它着眼新的时代特征和军队建设新的阶段性特征，科学应对国防和军队建设面临的新情况新问题，创造性地指导了新世纪新阶段国防和军队建设伟大实践，继承和发展了毛泽东军事思想、邓小平新时期军队建设思想、江泽民国防和军队建设思想，是着眼时代条件、立足国情军情、指导军事实践、创新理论发展的必然结果。在全面把握胡锦涛国防和军队建设思想的理论体系的基础上，着重阐述以下内容。

（一）在全面建设小康社会进程中实现富国和强军相统一

富国和强军，是发展中国特色社会主义、实现中华民族伟大复兴的重要基石。正确认识和处理经济建设和国防建设的关系，是中国社会主义建设中一个带有全局性的重大问题。在大力发展经济的同时，高度重视国防和军队建设，是共产党领导社会主义现代化建

设的一条重要历史经验。新中国成立后，共产党就强调必须建立强大的国防军，必须建立强大的经济力量，这是两件大事。以后党又提出四个现代化，其中就有一个国防现代化。改革开放以来，共产党对经济建设和国防建设关系的认识不断深化。新世纪新阶段，中国特色社会主义事业布局有了新的拓展，对国防和军队建设提出新的战略需求。胡锦涛同志指出，国防和军队建设在中国特色社会主义事业总体布局中占有重要地位，直接关系中国特色社会主义的兴衰成败。这一重要论断，进一步明确了国防和军队建设的战略定位，揭示了国防和军队建设对坚持和发展中国特色社会主义的重大意义。

实现富国和强军相统一，关键是科学统筹经济建设和国防建设。坚持经济建设和国防建设协调发展的方针，既是强国之策，也是强军之道。胡锦涛同志强调，坚持和落实科学发展观，统筹好、协调好经济社会发展的各项重大关系，其中就包括统筹好、协调好经济建设和国防建设的关系。落实这一要求，才能实现经济建设和国防建设协调发展、良性互动。

（二）全面履行新世纪新阶段军队历史使命

2004 年 12 月 24 日，胡锦涛在军委扩大会议上向全军提出了新世纪新阶段的历史使命，即：为党巩固执政地位提供重要的力量保证，为维护国家发展的重要战略机遇期提供坚强的安全保障，为维护国家利益提供有力的战略支撑，为维护世界和平与促进共同发展发挥重要作用。2007 年 8 月 1 日，胡锦涛在庆祝中国人民解放军建军 80 周年暨全军英雄模范代表大会上的讲话中郑重强调："人民解放军的全部工作，都要围绕有效履行这一历史使命来展开，各项建设都要围绕提高履行历史使命的能力来进行。"胡锦涛关于新世纪新阶段军队历史使命的论述，把军队历史使命与党长期执政、国家安全发展、民族伟大复兴、世界和平进步紧密联系起来，充分体现了历史与现实、理论与实践、政略与策略、继承与创新的统一，是对新世纪新阶段我军地位作用的新概括、职能任务的新拓展、性质宗旨的新要求、发展目标的新定位，实现了人民军队使命任务的与时俱进。

新的历史使命要求我军把维护国家安全利益与维护国家发展利益统一起来，把维护国家根本利益与维护世界和平结合起来；要求把我军建设成为同国家国际地位相称、同国家安全和发展利益相适应的军事力量；要求我军进一步提高军事斗争准备的标准，必须具备应对多种安全威胁、完成多样化军事任务的能力，最大限度地应对危机、遏制战争，一旦发生战争也能够掌握主动、控制战局、赢得战争；要求军队进一步充实军事力量运用的指导原则，使军事力量运用自觉服从国家总体战略，与政治、外交、文化和法律等斗争紧密结合，把战争行动与非战争行动、应对现实安全威胁与防范潜在安全威胁统一起来。

（三）在国防和军队建设中贯彻落实科学发展观

2003 年党的十六届三中全会提出了科学发展观问题。2005 年 4 月 1 日，胡锦涛在军委民主生活会上明确提出坚持在国防和军队建设中贯彻落实科学发展观的要求。2006 年 3 月 11 日，胡锦涛在十届全国人大四次会议解放军代表团全体会议上进一步强调，坚持把科学发展观作为加强国防和军队建设的重要指导方针，推动国防和军队建设又好又快发展，努力提高军队应对危机、维护和平、遏制战争、打赢战争的能力，切实履行好新世纪新阶段的历史使命。2010 年年底，胡锦涛进一步提出以推动国防和军队建设科学发展为主题的重大战略思想，全面阐明了科学发展观对国防和军队建设的总体要求。

胡锦涛指出，以推动国防和军队建设科学发展为主题，是时代的要求，是统领国防和军队建设全局的总纲。国防和军队建设贯彻落实科学发展观，必须全面准确地把握科学发展观的深刻内涵和基本要求，把科学发展观贯彻落实到国防和军队建设的各个领域和全过程。总体要求是：坚持党绝对领导下的人民军队的根本性质和宗旨，着眼有效履行新世纪新阶段的历史使命，以提高信息化条件下的威慑和实战能力为根本出发点和落脚点，全面加强革命化、现代化、正规化建设，全面落实政治合格、军事过硬、作风优良、纪律严明、保障有力的总要求，统筹中国特色军事变革与军事斗争准备，统筹机械化建设与信息化建设，统筹诸军兵种作战力量建设，统筹当前建设与长远发展，统筹主要战略方向建设与其他战略方向建设，进一步实施科技强军战略，着力推动军事理论创新、军事技术创新、军事组织体制创新和军事管理创新，加快转变战斗力生成模式，充分发挥广大官兵的主体作用，坚持军民结合、寓军于民，实现国防和军队建设全面协调可持续发展。

（四）加快转变战斗力生成模式

胡锦涛在党的十七大报告中要求全军“切实转变战斗力生成模式”。他强调，必须进一步实施科技强军战略，推进军队建设由数量规模型向质量效能型、由人力密集型向科技密集型转变，把军队战斗力生成模式切实转到依靠科技进步特别是以信息技术为主要标志的高新技术进步上来，不断提高官兵的科技素质，充分发挥科技进步和创新对战斗力提高的巨大推动作用。胡锦涛强调，要把战斗力生成模式切实转到以信息为主导、以新型作战力量建设为增长点、提高基于信息系统的体系作战能力上来，转到依靠科技进步、官兵素质提高、管理创新上来，转到走军民融合式发展路子上来。

新世纪新阶段，积极开展信息化条件下军事训练，要着眼战略全局大抓军事训练，切实把军事训练摆到战略地位；要积极推进机械化条件下军事训练向信息化条件下军事训练的转变；要按照打赢信息化条件下局部战争的要求全面严格训练部队；要坚持从实战需要出发从难从严训练，大力加强基础训练、联合训练和使命课题训练，积极开展复杂电磁环境下训练，努力提高部队信息化条件下的实战能力；要坚持把军事训练的根本着眼点放在提高官兵综合素质上，要适应战斗力生成模式转变，坚持走科技兴训之路；围绕构建信息化条件下军事训练的科学体系，深化军事训练内容、方式和手段的创新发展；要充分发挥军事训练对军队全面建设的推动作用。积极开展信息化条件下军事训练的目标，是提高信息化条件下一体化联合作战能力。围绕积极开展信息化条件下军事训练这一战略任务，胡锦涛提出了“四个坚持”的基本要求，即坚持从信息化条件下的实战需要出发从难从严训练，坚持把军事训练的根本着眼点放在提高官兵综合素质上，坚持走科技兴训之路，坚持以改革创新推动训练发展。

（五）围绕“三个确保”时代课题加强军队思想政治建设

思想政治建设是革命化建设的核心，是军队的根本性建设。共产党始终把思想政治建设摆在军队各项建设首位紧抓不放，坚强有力的思想政治建设保证了部队建设正确的政治方向和各项任务的顺利完成，全军官兵高举旗帜、听党指挥、履行使命的思想政治基础更加牢固。但也要看到，国际政治和意识形态领域的斗争更加激烈，一些西方国家加紧对中国实施西化、分化战略，敌对势力加紧对中国进行渗透破坏活动，并把军队作为渗透破坏的重点目标，妄图改变军队性质。与此同时，随着经济社会的深刻变革和对外开放的不断扩大，社会思想空前活跃，各种思想文化相互激荡，国际国内思想舆论互动性增强，传导途径日益拓宽，传播速度不断加快。在这样的情况下，社会上一些错误的、落后的东西不可避免地会渗透到军队中来，对官兵思想道德产生影响和侵蚀。从部队思想政治建设的现状看，一些党组织和领导干部的思想、作风、能力素质与部队建设科学发展的要求还不相适应，与履行新世纪新阶段军队历史使命的要求还不相适应，一些党员干部在党性、党风、党纪方面也还存在不少问题。国际国内形势的深刻变化和军队使命任务的拓展，要求必须从时代高度审视思想政治建设，以创新精神推动思想政治建设，把思想政治建设抓得更加扎实有效。

胡锦涛指出，要把军队思想政治建设抓得更加扎实有效，从思想上、政治上、组织上确保其始终成为党绝对领导下的人民军队，确保国防和军队建设科学发展，确保有效履行新世纪新阶段的历史使命。这“三个确保”，是新世纪新阶段军队思想政治建设必须着力解决的时代课题，反映了形势任务变化对军队思想政治建设的新要求。正确把握“三个确保”的时代课题，必须把坚持党对军队绝对领导的根本原则和人民军队的根本宗旨作为思想政治建设的根本出发点，始终保持其坚定正确的政治方向；必须牢固确立科学发展观在国防和军队建设中的指导地位，努力提高国防和军队建设科学发展水平；必须紧紧围绕军队有效履行新世纪新阶段的历史使命加强思想政治建设，为其履行使命提供可靠政治保证、强大精神动力和有力人才支持，努力使思想政治建设适应新形势、实现新发展。

（六）坚持不懈地拓展和深化军事斗争准备

军事斗争准备在国家安全和发展战略全局中具有重要地位。军事斗争准备是军队长期的主要战略任务，军事斗争准备水平既关系到战争时期能否打赢战争，也关系到和平时期能否遏制战争，无论国家安全形势紧张还是缓和，军事斗争准备任何时候都不能有丝毫放松，军事斗争准备做得越充分，国家的安全和发展利益就越有保障。新世纪新阶段中国安全形势整体是好的，但还存在诸多不稳定、不确定因素。胡锦涛强调，要适应形势的发展变化，坚持以国家核心安全需求为导向，坚持用新时期军事战略方针为统揽，正确把握新形势下军事斗争准备的目标、任务和要求，拓展和深化军事斗争准备，努力把军事斗争准备提高到一个新水平，为捍卫国家主权、安全、领土完整，为维护国家发展利益，提供强大力量支撑和保证。

坚持以军事斗争准备为龙头牵引军队现代化建设。以军事斗争准备为龙头，抓住发展重点，统筹发展全局，通过局部跃升促进整体提高，不仅适应了国家安全形势的需要，而且也适应了军队现代化建设的需要。从中国的国情和军情出发，军队现代化建设不能盲目铺摊子，也不能同发达国家搞军备竞赛，只能根据维护国家安全统一需要和军事斗争任务的轻重缓急，逐步加以推进。军事斗争任务，为军队现代化建设提供了紧迫的作战需求，提供了明确具体的要求，也提供了实实在在的抓手，形成了巨大的牵引力量。未来军队进行的军事斗争，将是信息化程度很高的诸军兵种一体化联合作战。做好军事斗争准备，与建设信息化军队、打赢信息化战争的战略目标，从根本上说是一致的。抓住军事斗争准备，就抓住了军队现代化建设的发展重点，就能对整个国防和军队建设起到巨大的牵引和推动作用。

五、习近平强军思想

党的十八大以来，习近平主席在新时代坚持和发展中国特色社会主义历史进程中，着眼实现中华民族伟大复兴的中国梦，紧紧围绕新时代建设一支什么样的强大人民军队、怎样建设强大人民军队，深入进行理论探索和实践创新，形成了习近平强军思想，开拓了中国特色强军之路，把当代中国马克思主义军事理论和军事实践发展推向新境界。习近平强军思想，明确了新时代国防和军队建设一系列根本性、方向性、全局性的重大问题，是习近平新时代中国特色社会主义思想的“军事篇”，是马克思主义军事理论中国化时代化的新飞跃，是党的军事指导理论的重大突破、重大创新、重大发展，为实现党在新时代的强军目标、把人民军队全面建成世界一流军队提供了科学指南和行动纲领，必须牢固确立习近平强军思想在国防和军队建设中的指导地位。

（一）明确党对人民军队的绝对领导是人民军队建军之本、强军之魂，必须全面加强军队党的领导和党的建设，贯彻党领导军队的一系列根本原则和制度，确保部队绝对忠诚、绝对纯洁、绝对可靠。

坚持党对人民军队的绝对领导是新时代中国特色社会主义基本方略的重要内容，是党和国家的重要政治优势。习近平主席反复强调抓军队建设首先要从政治上看，对党绝对忠诚要害在“绝对”二字。必须按照新时代党的建设总要求加强军队党的建设，强化“四个意识”，严肃政治纪律和政治规矩，深入抓好军魂教育，经常、主动、坚决地向党中央和中央军委看齐，坚决维护权威、维护核心、维护和贯彻军委主席负责制，全面彻底肃清郭、徐流毒影响，坚决抵制“军队非党化、非政治化”和“军队国家化”等错误政治观点的影响，确保全军在任何时候任何情况下都坚决听从党中央和中央军委指挥。军队高级干部必须对党忠诚、听党指挥，做对党最赤胆忠心、最听党的话、最富有献身精神的革命战士。

全面加强人民军队党的建设，确保枪杆子永远听党指挥。健全贯彻军委主席负责制体制机制。深化党的创新理论武装，开展“学习强军思想、建功强军事业”教育实践活动。加强军史学习教育，繁荣发展强军文化，强化战斗精神培育。建强人民军队党的组织体系，推进政治整训常态化制度化，持之以恒正风肃纪反腐。

（二）明确强国必须强军，巩固国防和强大人民军队是新时代坚持和发展中国特色社会主义、实现中华民族伟大复兴的战略支撑，人民军队必须有效履行新时代使命任务。

安不可以忘危，治不可以忘乱。新时代中国安全的内涵外延、时空领域、内外因素都在发生深刻变化。由大向强、将强未强之际往往是国家安全的高风险期，国家越是发展壮大，面临的压力和阻力就越大。这是中国由大向强发展进程中无法回避的挑战，是实现中华民族伟大复兴绕不过的门槛。习近平主席深刻指出：“强国必须强军，军强才能国安。”国防和军队建设是国家安全的坚强后盾，军事手段是实现伟大梦想的保底手段，军事斗争是进行伟大斗争的重要方面，打赢能力是维护国家安全的战略能力。国防和军队现代化进程必须同国家现代化进程相适应，军事能力必须同实现中华民族伟大复兴的战略需求相适应。军队必须服从服务于党的历史使命，把握新时代国家安全战略需求，为实现中华民族伟大复兴提供战略支撑。

（三）明确党在新时代的强军目标是建设一支听党指挥、能打胜仗、作风优良的人民军队，到2027年实现建军一百年奋斗目标，到2035年基本实现国防和军队现代化，到本世纪中叶把人民军队建成世界一流军队。

建设强大的人民军队是共产党的不懈追求。在各个历史时期，共产党都根据形势任务的变化，及时提出明确的目标要求，引领军队建设不断向前发展。习近平主席提出中国梦不久就提出强军梦，做出全面建成社会主义现代化强国战略部署的同时，提出实现党在新时代的强军目标，把人民军队全面建成世界一流军队。这是准确把握国家安全环境的深刻变化、强国强军的时代要求，是对军队建设目标作出的新概括、新定位，内在要求建设强大的现代化陆军、海军、空军、火箭军、信息支援部队、军事航天部队、网络空间部队和联勤保障部队，建设绝对忠诚、善谋打仗、指挥高效、敢打必胜的联合作战指挥机构，不断提高军队现代化水平和实战能力。

（四）明确军队是要准备打仗的，必须聚焦能打仗、打胜仗，扭住强敌对手，创新军事战略指导，发展人民战争战略战术，全面加强练兵备战，坚定灵活开展军事斗争，有效塑造态势、管控危机、遏制战争、打赢战争。

习近平主席强调："人民军队永远是战斗队，人民军队的生命力在于战斗力。"必须贯彻新形势下军事战略方针，把备战与止战、威慑与实战、战争行动与和平时期军事力量运用作为一个整体加以运筹，牢固树立战斗力这个唯一的根本的标准，提高军事训练实战化水平，扎实做好各方向各领域军事斗争准备，聚力打造精锐作战力量，着力建设一切为了打仗的支援保障力量，加快构建适应信息化战争和履行使命要求的武器装备体系，加快建设以联合作战指挥人才为重点的高素质新型军事人才队伍，发扬一不怕苦、二不怕死的战斗精神，锻造召之即来、来之能战、战之必胜的精兵劲旅。

全面加强练兵备战，提高人民军队打赢能力。研究掌握信息化智能化战争特点规律，创新军事战略指导，发展人民战争战略战术。打造强大战略威慑力量体系，增加新域新质作战力量比重，加快无人智能作战力量发展，统筹网络信息体系建设运用。优化联合作战指挥体系，推进侦察预警、联合打击、战场支撑、综合保障体系和能力建设。深入推进实战化军事训练，深化联合训练、对抗训练、科技练兵。加强军事力量常态化多样化运用，坚定灵活开展军事斗争，塑造安全态势，遏控危机冲突，打赢局部战争。

（五）明确推进强军事业必须坚持政治建军、改革强军、科技强军、人才强军、依法治军，坚持边斗争、边备战、边建设，更加注重聚焦实战、创新驱动、体系建设、集约高效、军民融合，加强军事治理，推动高质量发展，全面提高革命化现代化正规化水平。

政治建军、改革强军、科技强军、人才强军、依法治军，是党的'二十大'制定的国防和军队现代化建设的重要方略和战略，是开创强军兴军新局面的重要保障。政治建军是军队的立军之本，任何时候任何情况下都不能有丝毫松懈；改革是决定军队未来的关键一招，必须大刀阔斧实施改革强军战略；科学技术是核心战斗力，必须下更大气力推进科技强军、赢得军事竞争主动；人才是第一资源，是推动我军高质量发展、赢得军事竞争和未来战争主动的关键因素，我们要打造德才兼备的高素质、专业化新型军事人才方阵，实施人才强军战略；军队越是现代化越要法治化，必须厉行法治、从严治军。贯彻"五个更加注重"战略指导，必须强化作战需求牵引，提高军队建设实战水平；下大气力抓理论创新、抓科技创新、抓科学管理、抓人才集聚、抓实践创新，靠改革创新实现新跨越；坚持成体系筹划和推进军事力量建设，全面提高军队体系作战能力；坚持以效能为核心、以精确为导向，提高国防和军队发展精准度；深入实施军民融合发展战略，加快把国防和军队建设融入经济社会发展体系，实现国防和军队建设更高质量、更高效益、更可持续发展。

全面加强军事治理，巩固拓展国防和军队改革成果，完善军事力量结构编成，体系优化军事政策制度。加强国防和军队建设重大任务战建备统筹，加快建设现代化后勤，实施国防科技和武器装备重大工程，加速科技向战斗力转化。深化军队院校改革，建强新型军事人才培养体系，创新军事人力资源管理。加强依法治军机制建设和战略规划，完善中国特色军事法治体系。改进战略管理，提高军事系统运行效能和国防资源使用效益。

（六）明确改革是强军的必由之路，必须推进军队组织形态现代化，构建中国特色现代军事力量体系，完善中国特色社会主义军事制度。

习近平主席指出："深化国防和军队改革，是为了设计和塑造军队未来。"领导管理和作战指挥体制改革，以重塑军委机关和战区为重点，强化中央军委集中统一领导和战略指挥、战略管理功能，形成决策权、执行权、监督权既相互制约又相互协调的运行体系，构建平战一体、常态运行、专司主营、精干高效的战略战役指挥体系。规模结构和作战力量体系改革，按照调整优化结构、发展新型力量、理顺重大比例关系、缩减数量规模的要求，推动军队由数量规模型向质量效能型、由人力密集型向科技密集型转变，部队编成向充实、合成、多能、灵活方向发展。军队政策制度调整改革，立起打仗的鲜明导向，营造公平公正的制度环境，使军事人力资源配置达到最佳状态，让军人成为全社会尊崇的职业，把军队战斗力和活力充分激发出来。

（七）明确科技是核心战斗力，必须坚持自主创新战略基点，推进高水平科技自立自强，统筹推进军事理论、技术、组织、管理、文化等各方面创新，建设创新型人民军队。

习近平主席指出："创新能力是一支军队的核心竞争力，也是生成和提高战斗力的加速器。"人民解放军这支军队，靠改革创新走到现在，也要靠改革创新赢得未来。必须把创新驱动发展的引擎全速发动起来，善于运用新理念、新思路、新方法推进军队各项建设。要加快形成具有时代性、引领性、独特性的军事理论体系，依靠科技进步和创新把军队建设模式和战斗力生成模式转到创新驱动发展的轨道上来，下大气力推进军事管理革命，努力培养造就宏大的高素质创新型军事人才队伍，大力弘扬创新文化，激励官兵争当创新的推动者和实践者，使谋划创新、推动创新、落实创新成为全军的自觉行动。

（八）明确强军之道要在得人，必须贯彻新时代军事教育方针，推动军事人员能力素质、结构布局、开发管理全面转型升级，锻造德才兼备的高素质、专业化新型军事人才。

人才是第一资源，是推动我军高质量发展、赢得军事竞争和未来战争主动的关键因素。要坚持党管干部、党管人才、组织选人，坚持从政治上培养、考察、使用人才。坚持为战争准备人才，把能打仗、打胜仗作为人才工作出发点和落脚点，提高备战打仗人才供给能力和水平。坚持走好人才自主培养之路，落实院校优先发展战略，建强新型军事人才培养体系。创新军事人力资源管理，形成激励担当作为的工作导向、政策导向、舆论导向，充分调动广大官兵积极性、主动性、创造性，把优秀人才聚集到强军事业中来。

（九）明确依法治军是我们党建军治军基本方式，必须构建中国特色军事法治体系，推动治军方式根本性转变，提高国防和军队建设法治化水平。

习近平主席指出："一支现代化军队必然是法治军队。"强化法治信仰和法治思维，坚持依法治官、依法治权，领导干部带头尊法、学法、守法、用法，引导官兵把法治内化为政治信念和道德修养，外化为行为准则和自觉行动。构建系统完备、严密高效的军事法规制度体系、军事法治实施体系、军事法治监督体系、军事法治保障体系，坚决维护法规制

度权威性，强化法规制度执行力。推动实现从单纯依靠行政命令的做法向依法行政的根本性转变，从单纯靠习惯和经验开展工作的方式向依靠法规和制度开展工作的根本性转变，从突击式、运动式抓工作的方式向按条令、条例办事的根本性转变，形成党委依法决策、机关依法指导、部队依法行动、官兵依法履职的良好局面。

（十）明确军民融合发展是兴国之举、强军之策，必须巩固提高一体化国家战略体系和能力。

把军民融合发展上升为国家战略，是中国共产党长期探索经济建设和国防建设协调发展规律的重大成果，是从国家安全和发展全局出发作出的重大决策，是应对复杂安全威胁、赢得国家战略优势的重大举措。着眼经济实力和国防实力同步增长，强化统一领导、顶层设计、改革创新和重大项目落实，同步推进体制和机制改革、体系和要素融合、制度和标准建设，完善军民融合组织管理体系、工作运行体系、政策制度体系，努力开创经济建设和国防建设协调发展、平衡发展、兼容发展新局面。

（十一）明确作风优良是我军鲜明特色和政治优势，必须全面从严治党、全面从严治军，全面锻造过硬基层，坚定不移正风肃纪反腐，大力弘扬我党我军光荣传统和优良作风，永葆人民军队性质、宗旨、本色。

“作风优良才能塑造英雄部队，作风松散可以搞垮常胜之师”，这是习近平主席反复强调的一个重要观点。人民军队要恪守全心全意为人民服务的宗旨，牢记为人民扛枪、为人民打仗的神圣职责，始终做人民信赖、人民拥护、人民热爱的子弟兵，不断发展坚如磐石的军政军民关系。把理想信念的火种、红色传统的基因一茬茬、一代代传下去，加强党史、军史和光荣传统教育，永葆老红军的政治本色。军中绝不能有腐败分子藏身之地，要锲而不舍、驰而不息地把作风建设和反腐败斗争引向深入，努力铲除腐败现象滋生蔓延的土壤，积极培育风清气正的政治生态。严肃各项纪律，坚持严字当头、一严到底，下大气力治松、治散、治虚、治软，用铁的纪律凝聚铁的意志、锤炼铁的作风、锻造铁的队伍。各级领导干部要以钉钉子精神抓落实，以行动作无声的命令，以身教作执行的榜样，带动形成崇尚实干、敢于担当、主动作为的良好氛围。

学练合一

一、思考题

1. 什么是军事思想？其内涵包含哪些内容？
2. 军事思想的地位和作用是什么？
3. 外国现代军事思想有哪些代表性成果？
4. 《战争论》包含哪些主要的军事思想？
5. 中国古代军事思想中的战略思想包含哪些内容？
6. 《孙子兵法》中的作战思想包含哪些内容？
7. 什么是毛泽东军事思想？包含哪些主要内容？
8. 毛泽东对战争是怎么定义的？
9. 什么是无产阶级的战争观和方法论？
10. 毛泽东人民军队思想包含哪些内容？
11. 什么是毛泽东人民战争思想？

12. 人民战争思想的基本原理是什么？主要内容包含哪些？
13. 毛泽东人民战争的战略战术思想包含哪些内容？
14. 毛泽东国防建设思想包含哪些内容？
15. 什么是“打得赢不变质”？
16. 我军永远不变的军魂是什么？
17. 江泽民为推进中国军事变革制定的“三步走”战略是什么？
18. 我军建设的“五句话”总要求是什么？
19. 胡锦涛为人民解放军制定的新世纪新阶段新的历史使命是什么？
20. 什么是“三个确保”？
21. 习近平主席强军思想的主要内容是什么？

二、判断改错题

请判断语句正确与否，正确的画“√”，错误的画“×”，并将你认为的错误改正过来。

1. 军事思想是关于军事领域基本问题的理性认识。（　）
2. 我国最早的兵书是《孙子兵法》。（　）
3. 克劳塞维茨的军事著作代表作是《战争艺术概论》。（　）
4. 蒋介石撰写了《国防论》。（　）
5. 美国 A. T. 马汉提出了《制空权》理论。（　）
6. 意大利的 G. 杜黑提出《海权论》思想。（　）
7. 英国的 H. J. 麦金德提出“大陆心脏说”理论。（　）
8. 德国的 E. 鲁登道夫提出“机械化战争论”理论。（　）
9. 英国的 J. F. C. 富勒提出“总体战”理论。（　）
10. 英国的 B. H. 利德尔・哈特提出“间接路线”战略（　）
11. 外国军事思想最早萌芽于古埃及、巴比伦、亚述等国。（　）
12. 著名军事理论家克劳塞维茨和若米尼分别撰写的军事名著《战争论》和《战争艺术概论》等军事著作，表明近代外国军事思想进入成熟阶段。（　）
13. 人民战争思想，是毛泽东军事思想的核心内容。（　）
14. 邓小平一直强调，在和平与发展两大问题中，发展问题是个核心问题。（　）
15. 实行战略性转变的基本依据是对当代战争与和平问题的新判断。（　）
16. 革命化是现代化和正规化建设的灵魂和方向，现代化是革命化和正规化建设的物质基础，正规化是现代化的重要保证和必要条件。（　）
17. 党对军队的绝对领导是我军永远不变的军魂。（　）
18. 胡锦涛强调，在全面建设小康社会进程中实现富国和强军相统一。（　）
19. 习近平强军思想是党的军事指导理论的重大突破、重大创新、重大发展。（　）
20. 党在新时代的强军目标是建设一支听党指挥、能打胜仗、作风优良的人民军队。（　）

三、不定项选择题

将你认为正确的选项填写在括号里。

1. 军事思想揭示（　）。

A. 战争的本质　　B. 战争的基本规律

C. 战争的指导规律　　D. 战争的制胜法宝

2. 外国古代的军事思想主要体现在以下几个方面（　　）。

A. 陆海并重　　B. 进攻至上　　C. 以力制胜　　D. 火力第一

3. 克劳塞维茨认为战争具有“三位一体”的特性，这三个方面是（　　）。

A. 暴烈性　　B. 盖然性和偶然性

C. 残酷性　　D. 作为政治工具的从属性

4. 克劳塞维茨认为，战略的构成因素包括（　　）。

A. 精神要素　　B. 物质要素

C. 数学要素　　D. 统计要素

5. 毛泽东军事思想的科学含义是（　　）。

A. 马克思列宁主义普遍原理与中国革命战争和国防建设实际相结合的产物

B. 中国共产党领导中国人民及其军队长期军事实践经验的科学总结

C. 中国共产党集体智慧的结晶

D. 毛泽东思想的重要组成部分

6. 毛泽东人民战争思想的基本精神的实质是（　　）。

A. 战争的目的为了人民　　B. 进行战争依靠人民

C. 帮助人民翻身得解放　　D. 胜利果实属于人民

7. 毛泽东人民战争思想的基本原理是（　　）。

A. 革命战争是群众的战争

B. 兵民是胜利之本

C. 人是战争胜负的决定因素，武器是重要因素

D. 战争伟力之最深厚的根源存在于民众之中

8. “三结合”的武装力量体制是指（　　）。

A. 主力兵团、地方兵团与民兵相结合　　B. 武装群众与非武装群众相结合

C. 正规军与游击队、民兵相结合　　D. 统计要素

9. 江泽民提出的五句话总要求包括（　　）。

A. 政治合格　　B. 军事过硬　　C. 作风优良　　D. 纪律严明

10. 新世纪新阶段我军历史使命包括（　　）。

A. 为党巩固执政地位提供重要的力量保证

B. 为维护国家发展的重要战略机遇期提供坚强的安全保障

C. 为维护国家利益提供有力的战略支撑

D. 为维护世界和平与促进共同发展发挥重要作用

四、论述题

1. 试论毛泽东军事思想的历史地位和现实意义。

2. 试论信息化条件下如何开展人民战争。

3. 试论人与武器在战争中的关系。

第四章　现代战争

学习目标

了解战争内涵、特点和发展历程。理解新军事革命的内涵和发展演变。掌握机械化战争、信息化战争的形成、主要形态、特征、代表性战例和发展趋势，树立打赢信息化战争的信心。

自原始社会末期以来，战争就成为人类历史长河中一种波澜壮阔的特殊的社会现象，也伴随着人类社会的发展一直延续至今。战争同社会生产力与生产关系的矛盾运动有着密切的关系，战争随着这种矛盾运动，不断地发展变化着自身的形态，不同的时代呈现出不同的战争面貌。

随着电力、内燃机和电子通信技术的发展并运用于军事领域，战场上陆续出现了飞机、坦克、火炮、雷达以及航空母舰，人类历史上发生了第一次、第二次世界大战，在给人类造成巨大灾难的同时也推动着战争形态由近代的热兵器战争向现代的机械化战争演变。

第一节　战争概述

名人名言

战争就是两军指挥员以军力财力等项物质基础作地盘，互争优势和主动的主观能力的竞赛。

——毛泽东

战争的指导，就像医生给病人看病一样，是一门艺术。

——［英］富勒

了解战争的概念、特点和基本发展历程，是为了更好地把握现代战争的特点和规律。

一、战争的基本内涵

本节视频讲解

毛泽东通过观察和分析战争的基本问题，纵向考察战争与阶级的关系，给战争下了一个科学的定义：“战争——从有私有财产和有阶级以来就开始了的，用以解决阶级和阶级、民族与民族、国家和国家、政治集团和政治集团之间，在一定发展阶段上的矛盾的一种最高的斗争形式。”2011 年版《军语》将战争定义为：国家或政治集团之间为了一定的政治和经济等目的，使用武装力量进行的大规模激烈交战的军事斗争，是解决国家、政治集团、阶级、民族、宗教之间矛盾冲突的最高形式。战争按性质，分为正义战争和非正义

战争；按规模，分为全面战争和局部战争；按形态，分为冷兵器战争、热兵器战争、机械化战争和信息化战争等。

克劳塞维茨说过战争无非是政治通过另一种手段的继续。毛泽东认为战争是流血的政治，政治是不流血的战争，战争是政治的特殊手段的继续。在《论持久战》中毛泽东指出："战争有其特殊性，在这点上说，战争不即等于一般的政治。"毛泽东的论述深刻地揭示了战争的本质，很显然，战争产生于政治，从属并服务于政治，又反作用于政治，而由于政治斗争是阶级斗争的表现形式，因此战争的本质属性是阶级性。

战争是人类解决矛盾最激烈、最极端的方式，引发战争的直接因素通常是政权争夺、领土争端、经济冲突、民族矛盾、宗教纠纷、价值观推广等，其根源存在于阶级、民族、宗教、政治集团、国家之间的政治、经济利益等对抗性矛盾中。

从以上阐述我们不难看出，毛泽东从揭示阶级矛盾的本质出发揭示了战争的内涵，为我们认识战争和把握战争规律指明了方向。

二、主要特点

人类社会的发展因时代不同而形态各异，战争同样如此，每个时代的战争都不可避免地深深打上了时代的烙印，而呈现出不同的特点。但战争的本质和内在逻辑是不变的，因而战争具有本身所固有的一些特点。

（1）对抗性。战争是交战双方为着一定的目的运用暴力手段进行的对抗活动，它自始至终贯穿着矛盾运动。比如，进攻与防御、机动与停止、内线与外线、正面与翼侧、集中与分散、速决与持久等。这种对抗性使得战争活动和战场态势始终处于动态变化之中，战争对抗因交战双方的互动较量而成为一种"活力对抗"，因而人的能动作用在战争中至关重要。

（2）暴烈性。暴力是战争的特殊本质属性，战争是流血的政治，这里的"流血"是"暴力"的同义词。战争就是迫使敌人服从自己意志的一种暴力行为，交战双方均可能最大限度地使用暴力手段去追求战争的胜利。正因如此，战争具有极大的破坏性，对人员的杀伤、装备的损毁、设施的摧毁、环境的破坏是战争的必然结果。第二次世界大战，先后有 61 个国家和地区、20 亿人口被卷入战争，据不完全统计，战争中军民共伤亡 9000 余万人，足见战争的暴烈和残酷。

（3）概然性和偶然性。所谓概然性，是指在战争中偶然事件发生的可能性也是有规律的，根据大量现象可以估计偶然事件发生的可能性的大小，这样的可能性称为概然性。所谓偶然性，是指战争中常常出现出乎意料的非规定特性，即主观与客观的一些因素常常使战争的发展过程出现意想不到的变化和意想不到的转机。以上两种性质中，前者主要就战争的客观特点而言，后者则主要就战争的主观特点而言。正是因为战争具有主、客观特性，使人们可以通过概然性的计算或主观能动性作用的发挥而把握战争规律并驾驭战争的发生、发展与结局。

（4）从属性。战争具有"作为政治工具的从属性"。战争是政治的继续，战争不是单纯暴力行为，而是和政治有着本质上的一致性。战争是政治发展到一定阶段的一种表现，它服从、服务于政治目的，因而这种从属性也在一定程度上制约着战争的暴烈性。

三、发展历程

战争是人类发展到一定阶段的特殊产物，不同的历史阶段会呈现不同的战争形态。所谓战争形态，是以主战兵器技术属性为主要标志的战争历史阶段性的表现形式和状态。战争形态随着科学技术的发展和在军事上的应用而发生变化，而科学技术在军事上的主要表现，就是武器装备的发展更新，这些武器装备影响和改变了战争的形态，因此，人们通常用武器装备的特征来区分战争的形态，并将之划分为冷兵器战争、热兵器战争、机械化战争和信息化战争四个阶段。

（一）冷兵器战争

冷兵器时代覆盖了人类社会的石器和铁器两个时代。石器时代的生产力水平极低，石器作为武器的杀伤力极为有限，这就制约了战争规模，双方没有攻防形式的区别，战场上仅凭个人的勇气和体魄进行拼杀，也没有什么作战方法可言。随着春秋时期冶炼技术的发展和广泛应用，金属兵器逐渐取代了石木兵器，尤其是铁器出现和广泛使用后，开始出现了不同功效的“十八般”兵器，并出现了车兵、步兵、骑兵和水军等军兵种，战争规模不断扩大，人们认识到不同的组合会产生不同的战斗力，开始出现了列阵作战，相应的作战方式和战术也得以产生，并得到发展。

（二）热兵器战争

火药的发明和在军事领域的广泛应用，给军事带来了巨大的冲击，也带来了一场军事革命，战争形态发生了一次质的飞跃，战争由此进入热兵器时代。

火药发明于中国，但在军事上得到全面的发展和应用，则是在欧洲。13～14 世纪火药通过战争，经由蒙古、阿拉伯传到欧洲。随着欧洲的资产阶级工业革命和科学技术的发展，并在军事领域的广泛应用，尤其是金属与火药的结合，出现了一系列的武器，小到火枪、手枪，大到火炮，使武器的杀伤力得到了极大的提高。与之相适应，出现了炮兵、工程兵等新的兵种，近代化的海军也得以建立。作战已不再是双方集中在一起的大会战，而是通过一系列战役、战斗来决定战争的胜负。战争中相继产生了以线式和散兵作战为主的作战方式。战争规模进一步扩大，原有的军队组织体制已无法适应作战的需要，导致了近代化军事组织体制的产生。

军事知识窗

据宋代路振的《九国志》记载，唐哀帝时（十世纪），郑王番率军攻打豫章（今江西南昌），“发机飞火”，烧毁该城的龙沙门。这可能是有关用火药攻城的最早记载。到了两宋时期火药武器发展很快。据《宋史·兵记》记载：公元 970 年兵部令史冯继升进火箭法，这种方法是在箭杆前端缚火药筒，点燃后利用火药燃烧向后喷出的气体的反作用力把箭簇射出，这是世界上最早的喷射火器。公元1000年，士兵出身的神卫队长唐福向宋朝廷献出了他制作的火箭、火球、火蒺藜等火器。1002 年，冀州团练使石普也制成了火箭、火球等火器，并做了表演。火药兵器在战场上的出现，预示着军事史上将发生一系列的变革。战争从使用冷兵器阶段向使用火器阶段过渡。

（资料来源：百度百科）

（三）机械化战争

进入 19 世纪末，科学技术得到了全面、迅猛的发展，促进了军事技术的全面进步，随着新的兵器和军兵种不断涌现，出现了新的作战方式和作战理论，也诞生了一种全新的战争形态——机械化战争。

电力、内燃机和电子通信技术等在军事领域的广泛应用，使军事装备产生了质的飞跃，出

现了集当时最新科学技术成就于一身的飞机、坦克，并产生了一系列相应的武器装备，如高射炮、反坦克炮、雷达等。陆军出现了坦克兵、防化兵、防空兵，以及伴随坦克作战的机步兵和针对坦克的反坦克炮兵等。海军发展成为由潜艇、航空母舰以及舰载机等构成的水下、水面和空中的立体化的现代海军。并诞生了一个新军种——空军，制空权成为战场上争夺的新的“制高点”。各军兵种的出现和广泛运用于战场，使传统的线式作战和单一军兵种的作战已无法适应现代作战的需要，各兵种的合同作战以及各军种的联合作战发展成为主要的作战形式。第二次世界大战中，陆、海、空军的协同作战，充分显示了机械化条件下联合作战的整体威力。

（四）信息化战争

随着以信息技术为核心的高新技术的迅猛发展和在军事上的广泛应用，历史的车轮驶入信息时代，战争形态由机械化战争向信息化战争转变。信息化战争是指信息化军队在陆、海、空、天、电磁、网络、心理等多维空间，运用信息、信息系统和信息化武器装备进行的战争。信息化战争是建立在社会信息化基础上的新型战争。通常认为，1991 年初爆发的海湾战争是第一场带有信息化特征的局部战争。

信息时代，以信息技术为核心的高新技术推动人类社会由工业社会向信息社会过渡，并使大量信息化武器、单兵数字化装备和综合电子信息系统等层出不穷，使战争的情报侦察、指挥控制、战场机动、火力打击、全维防护、综合保障等作战要素的效能得到极大提升。特别是海湾战争、科索沃战争和伊拉克战争的实践让人们看到了信息化战争战场空间拓展、作战节奏加快、信息作用突出、作战行动多样、体系对抗激烈等不同于以往战争形态的鲜明特点，联合作战发展成为信息化战争的基本的作战形式，并伴随产生了诸如“空、海一体战”“网络中心战”及“不对称作战”等作战理论，使得战争形态迅速由机械化战争向信息化战争演变。虽然战争的表现形式依然是飞机轰鸣，坦克隆隆，炮声阵阵，但主宰这一切发生的是看不见的信息，“信息流”成为战争制胜的主要因素。伊拉克战争被认为是最具有信息化战争特征的一场局部战争，在这场战争中，虽然伊拉克拥有数十万大军、几千辆坦克、几千门大炮，但由于美军通过其先进的技术完全掌握了战场信息，尽管在兵力兵器的数量上远不如伊拉克，但战争的结局几乎呈现出“一边倒”的局面，美军取得完胜，这就是信息的力量。

第二节　新军事革命

若无某种大胆放肆的猜想，一般是不可能有知识的进展的。

——［美］爱因斯坦

科学也需要创造，需要幻想，有幻想才能打破传统的束缚，才能发展科学。

——郭沫若

回顾战争发展史我们不难看出，战争形态的每一次大的发展转变，无一不是军事革命的推动使然。金属化军事革命促使冷兵器战争形态的形成，火药化军事革命使战争形态由冷兵器战争向热兵器战争转变，机械化军事革命使战争形态由热兵器战争向机械化战争转变，信息化军事革命也必将推动战争形态由机械化战争向信息化战争转变。在人类社会由机械化工业时代步入信息时代之际，在以信息技术为核心的科技革命的推进下，世界范围的新军事革命已经蓬勃兴起，正全面走向深入。这场具有划时代意义的新军事革命，是当代世界军事发展的必然。

一、新军事革命的基本内涵

所谓新军事革命，又称为信息化军事革命，它是以人类社会由工业时代向信息时代转型为根本动因，以高技术特别是信息技术的飞速发展为直接动力，以信息的利用为“核心”，以“系统集成”和网络化为主要手段，把工业时代的机械化军队改造成信息时代的信息化军队，最终建成信息化军事形态的过程。其核心内容是信息化建设和联合作战能力铸造，即以信息网络技术为基础，提高军队信息获取、传递、处理和利用能力，使之成为各种作战要素、各类作战行动高度融合的一体化的联合军队，构建出适应信息时代要求的信息化战争体系。新军事革命的实质就是把工业时代的机械化军事形态改造成信息时代的信息化军事形态的过程，简单点说就是信息化。

本节视频讲解

新军事革命具有如下特征：

(1) 深刻性。新军事革命不是带有量变性质的变革，而是对工业时代的军事形态进行脱胎换骨的改造，是由旧质向新质的一次突变，其内容和影响相当深刻。人们的军事思维要完成向信息化思维的过渡，机械化的军事理论要让位于信息化军事理论，军事技术革命要完成军事信息革命，军队的机械化武器装备体系要被信息化武器装备体系所代替，军队的体制编制要从层级型过渡到扁平型，等等。

(2) 全面性。新军事革命不是各要素、各部分前后相继式的顺序性变革，也不是军事领域某个方面的局部革命，而是涉及所有要素，涉及军事形态的方方面面的整体联动和协调发展，表现出明显的整体性、全面性和广泛性。它覆盖众多国家，包含陆、海、空、天、电磁网络和心理认知领域，涉及军事形态的方方面面，比如军事技术、武器装备、国防预算、军队编制、后勤保障、战争动员体制、军事理论、军事观念、军事思维方式等。

(3) 快速性。相比较以前发生的军事革命，新军事革命的演变速度大幅提高，演化进程大大加快。金属化军事革命大约经历了 2000 多年，火药化军事革命历经了 800 多年，机械化军事革命历经 150 年，此次新军事革命预计将持续 100 年左右时间。其主要原因在于信息技术具有发展快、渗透性强、传播广的特点，随着其网络化程度的提高，信息传播方式出现了巨大变革，直接推动了新军事革命的快速发展演变。

(4) 不平衡性。世界各国推进新军事革命的进程不同，新军事革命的各要素的发展速度也不同，新军事革命的不平衡性是动态变化的。从各个国家来看，最快的是美国，其次是英、法、德、日等西方发达国家，再其次是俄罗斯，发展中国家最慢。从军事形态构成要素来看，军事技术和武器装备发展最快，其次是军事理论的创新，再其次是军事人才的培养，军队编制、体制的变革则最慢。

二、发展演变

20 世纪 70 年代以后，随着信息网络技术的飞速发展，以美国为首的西方发达国家率

先进入了信息时代的初级阶段，新军事革命随之开始萌发。随着信息化的逐步深入，新军事革命经过酝酿发育、全面发展并进入质变发展阶段。总的来说，此次新军事革命迄今为止经历了三个阶段。

20 世纪 70 年代初至 20 世纪 80 年代末为新军事革命的酝酿奠基阶段。受现代高新技术发展的推动和美苏争霸的影响，美、苏等国开始自发探讨新的军事理论和进行军事改革。越南战争失败后，美军开始进行全面的军事改革，重点发展信息化武器装备，进行“第一次训练革命”，并提出了“体系战争”“第三次浪潮战争”“空地一体战”、信息战等新的军事理论；苏军总参谋长奥加尔科夫等人也敏锐地发现军事领域悄然发生的变化，预见并提出“军事技术革命”的概念，这又被称之为“奥加尔科夫革命”。

20 世纪 90 年代是新军事革命的探索兴起阶段。1991 年的海湾战争初步展示了美军 20 世纪七八十年代军事改革的成果，因而更加积极自觉地推动军事变革。其他国家受到强烈震撼而纷纷围绕如何缩小与美军的“时代差”和“技术差”，竞相加快了军事变革的步伐。新军事革命蓬勃兴起，在全球形成了新军事革命的浪潮。

进入 21 世纪，新军事革命进入稳步发展阶段。新世纪伊始尤其是“9·11”事件后，面临新的形势和威胁，美国先后发动阿富汗战争和伊拉克战争，并以此推动美军全面转型，欧洲、日本、俄罗斯、中国等国也加快改革步伐。各国在总结前一阶段军事变革经验教训的基础上，以全新的理念设计军队信息化建设目标，更加全面、理性、稳健地推进新军事革命，新军事革命进入了有计划、有组织、全面推进、协调发展的新时期。

三、主要内容

新军事革命是军事领域的整体性变革，涉及现代和未来军事的方方面面。但从军事革命的一般发展规律来看，其主要内容包括新军事技术革命、新军事装备革命、新军事理论革命和新军事组织革命四个大的方面。

（一）新军事技术革命

新军事技术革命是整个新军事革命的先导，是军事领域整体性变革的技术基础和基本前提，也是军事革命的主要内容。它主要表现为军事技术跨时代的进步，从而为新的军事革命提供所需要的技术基础和物质手段。在这次新军事革命中，作为其基础和先导的军事技术革命，就是要充分利用以信息技术为核心的高新技术的最新成果，在实现军事技术整体跃升的基础上，实现武器装备的信息化、智能化和一体化，为新军事革命提供所必需的坚实的技术基础。新军事技术主要包括军事信息技术、军事新材料技术、军事新能源技术、军事航天技术、军事海洋技术、军事生物技术等六个大的方面。当前，军事技术形态正在向智能化、网络化、微型化等方向发展。

（二）新军事装备革命

建立在技术创新基础上的新型武器装备的大量涌现，往往是军事领域出现革命性变化的重要标志。新军事装备革命是指由工业化战争军事装备向信息化战争军事装备的跨时代跃升，主要是实现武器装备的信息化、智能化和一体化。武器装备系统的信息化是利用信息技术特别是计算机技术，使预警探测、情报侦察、火力打击、指挥和控制、通信联络、战场管理等领域的信息采集、传输、处理和显示实现网络化、自动化和实时化。在新军事装备革命中，武器装备系统的信息化是核心和关键。武器装备系统的智能化是通过大量使用计算机、大规模集成电路、相应的软件以及其他新型技术手段，使武器装备系统具有智慧功能，不仅能利用自身的信息探测和信息处理装置自主地对目标进行分析、识别和筛选，而且能自主地分析目标的威胁程度，并选择最佳时机实施攻击。武器装备系统的一体化是通过 C^4ISR 系统，将战场上各军兵种的各种武器系统、作战平台和保障系统联成一体化的武器装备体系。

（三）新军事理论革命

建立与新的武器装备体系和新的军事需求相适应的新的军事理论是新军事革命的核心要素。以创新军事理论为目的的军事理论革命是新军事革命的核心内容。新军事理论革命主要表现为军事学说、军事理论（特别是作战理论）、作战方法的革命性发展。首要任务是要建立与信息化战争这种新的战争形态相适应的军事学说，发展信息战理论、太空战理论、联合作战理论等新的作战理论，并为提出和实施与此相适应的新的作战方法奠定理论基础。当前这场军事理论革命正在向揭示信息化战争形态、描绘未来战争战略、探索新型作战构想、构建新型军事体系的方向发展。

（四）新军队组织革命

在新军事革命中，不论是新军事技术革命的成果、新军事装备的成果，还是新军事理论革命的成果，都必须通过军事行为的最终实施者——军队的组织结构的革命性变化来体现。因此，新军队组织革命是新军事革命能否最终实现的关键，也是新军事革命的难点。新军事组织革命的最终目的，就是要在新军事技术革命、新军事装备革命和新军事理论革命的基础上，通过军队建设思想、体制编制形式、组织指挥体制等方面的彻底性变革，把机械化军队的组织体制逐步改造成信息化军队的组织体制。当前军事组织形态正在向优化结构、减员增效、模块组合、去重型化的方向发展。

第三节　机械化战争

名人名言

作战方式、战争形式，不是永远一样的。它们是随着发展的条件，首先是随着生产的发展而改变。

——［苏联］斯大林

科学技术是生产力发展的第一要素，也是推动战争形态发展和军事变革的根本动力。纵观人类历史，科学技术的每一次重大进步，总要唤起军事上的创新精神。全新的科学技术一旦注入军事领域，便会引发军事领域的重大变革。整个 20 世纪的历史巨变表明，正是几次科技革命所推动的生产力跳跃式前进，带动了经济、政治、社会的巨大变革，并导致机械化战争的形成和发展。

一、机械化战争的基本内涵

富勒认为，坦克出现以后，陆军机械化是必然的发展趋势，战争将是一种纯粹的机械化活动，战争胜负“百分之九十九在于武器”，战场上坦克数量多的一方胜利的机会亦多。他认为，骑兵将退出战场，步兵降为辅助兵种，炮兵则需提高机动能力。还主张，作战时，首先以坦克出敌不意地突向敌人的纵深，摧毁其首脑机关，同时以飞机轰炸其交通枢纽和补给系统，接着使用摩托化步兵和炮兵扩大战果，追歼逃敌，一次会战即夺取战争的胜利。富勒的理论，虽然指出了军队建设和作战方法发展的某些趋向，但过分夸大了坦克的作用，贬低了人和其他兵种在战争中的作用。

（资料来源：百度百科）

本节视频讲解

机械化战争，是指主要使用机械化武器装备及相应作战方法进行的战争。它具有机动速度快、火力毁伤强、战场范围广、战争消耗大等特点，是工业时代战争的基本形态。

19 世纪末 20 世纪初，电力能源和内燃机发明后，在众多科技成果的影响下，大科学、大工业、大生产的资本主义社会化生产形成。随着速射机枪、坦克、飞机、潜艇、航空母舰、无线电设备等一大批自动化、机械化武器装备相继问世，战场面貌发生了重大变化，机械力逐渐取代人力、畜力，车辆、舰船、飞机等成为社会生产力和军队战斗力的主要载体，人类战争至此进入了机械化战争时代，同时人类战争的惨烈也被推向了历史顶峰。

机械化战争作为二次工业革命的直接产物，是工业时代战争的基本形态。一方面，“物能”的拥有和释放在决定战争胜负上始终占有主导地位，成千上万的坦克、装甲车、火炮及难以计数的弹药、油料所产生的动能、机械能、化学能的对抗，成为战场上对抗的焦点，交战方式主要表现为“摧毁与反摧毁”，战争始终围绕“物质和能量对抗”这一核心，沿火力、机动力和突击力三大轴线对抗发展。另一方面，战争是在相对分散的陆、海、空战场，以相对应的军兵种和不同的武器装备进行的“单元式”战场较量，也就是通过在不同战场和不同军兵种间相对独立进行的会战和决战来达成战争目的。军队的机械化程度得到快速提高，机械化作战理论得到空前繁荣，作战形态发生了根本变革。特别是第二次世界大战时期，各主要军事强国将现代化的陆、海、空军及其具有高度机动力、突击力的机械化作战平台大量运用于战争，推动了机械化战争的高速发展，使战争进入了真正的机械化时代（见图 4-1、图 4-2）。

图 4-1　机械化战争是工业时代战争的基本形态

图 4-2　机械化战争以火力为主导

二、形态与特征

战争形态是武器装备、体制编制、作战方式、作战思想等战争诸要素之间的内在、稳定、结构性的联系方式，是标志战争在不同历史发展演变阶段上的整体特征的军事范畴。

从战争发展史的演变过程来看，机械化战争是从热兵器战争发展而来，没有热兵器就谈不上机械化；同样，热兵器不向机械化发展就没有出路。只有实现火器与机器的有机结合，使火力与机动力成为武器装备杀伤力的两大基本要素，才能使武器性质发生根本性的变化，从物质型转变为物能型，火器和机器才能变成真正“活的”工具。

通过回顾机械化战争的产生和发展历程，机械化战争主要表现出以下几个典型特征：

一是武器装备的机械化。机械化战争是机械化时代的战争形态，是工业革命的产物，因工业革命的成果运用而使军队进化为机械化军队，其典型标志就是机械化武器装备的大量使用，主要以飞机、坦克、大炮、军舰等兵器为主要特征。1911 年飞机首次被用于作战，在 1916 年的凡尔登战役中德军首次集中使用飞机，在主要进攻方向上以大量飞机来支援地面作战行动。1916 年坦克在索姆河战役中首次被投入使用，其后很快成为陆战的主要兵器。

二是火力成为主导因素。时间、空间、兵力、火力、信息、行动是作战的几个基本要素，时代不同其主导因素有所不同。冷兵器时代乃至热兵器时代，兵力是战争的主导因素，物质流成为影响胜负的主要因素，因此优势数量的兵力兵器成为主要的制胜砝码。机械化战争时代，双方交战仍主要在传统空间展开，传统火力效能的发挥对作战力量的发展和作战样式的转变起着至关重要的作用，因此，火力成为主导因素，能量流主导物质流，成为影响胜负的主要因素，因此，火力本身是否强大、火力运用是否得当则十分关键。

三是以歼灭有生力量为主。机械化战争同以往时代的战争相比，尽管火力打击武器日益强大，火力打击效果显著提高，但打击目标仍以歼灭有生力量为主，敌重兵集团、精锐部队成为打击的重中之重。第一次世界大战，战争伤亡达 3500 余万人，相当于过去 1000 年间欧洲发生的所有战争伤亡的总和。第二次世界大战，伤亡总数超过了 9000 万人，给人类带来了空前的浩劫。

三、代表性战例

机械化战争伴随着自动化武器装备的出现和战争规模的扩大不断发展，在两次世界大战期间达到顶峰。两次世界大战的典型战例，更加鲜明地展现出机械化战争所具备的典型特征。

（一）凡尔登战役

凡尔登战役是第一次世界大战中破坏性最大、持续时间最长的战役。在第一次世界大战中期，法军和德军在法国东北部边境重镇凡尔登附近，展开了一场规模巨大、旷日持久、代价惨烈的阵地攻防消耗战。战事从 1916 年 2 月 21 日延续到 12 月 19 日，德、法两国投入 100 多个师的兵力，军队死亡超过 25 万人，50 多万人受伤，凸显了机械化战争的激烈和残酷，因战争死伤人数过大，这场战役被人们称之为“凡尔登绞肉机”“马斯地域的磨坊”“凡尔登屠场”或“地狱之战”。

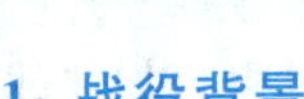

1. 战役背景

凡尔登位于巴黎的西北部，距巴黎 220 千米左右，第一次世界大战前是一座不起眼的小城镇，人口仅有 1.5 万人。

它临水靠山，炮台环列，防御工事复杂坚固。它既是协约国西线的突出部位、法国西线的支点，又是巴黎的“钥匙”，法国东方的门户。凡尔登是法国前线最大的交通枢纽，有 16 条铁路和公路通过。德国总参谋长法尔肯海恩断定，无论从实际战略价值还是从稳定军心的心理价值出发，法军无论如何也不能丢掉凡尔登，必会倾力保卫。这样德军就可以凭借强大力量将法军消灭于此。从战场态势看，德军处于极为有利的地位，法军在凡尔登的设防阵地是一个突入德国防线的大规模堡垒综合体，伸出到德军阵地之间，德军可从东、西、北三面进攻，一旦开战，凡尔登的交通线只有城南一条铁路可用。

1916 年初，第一次世界大战进入了第三个年头，随着“施利芬计划”的破产，德军指挥部改变了部署，计划在东线进行防御，在西线重点对法军右翼部队所依托的“凡尔登突出部”实施突击。

2. 双方企图

凡尔登是英、法军队战线的突出部，它像一颗伸出的利牙，对深入法国北部的德军侧翼形成严重威胁，德、法在这里曾有过多次交手，但德军皆未能夺取要塞。如果德军能一举夺取凡尔登，必将沉重打击法军士气。同时，占领凡尔登即可打通进军巴黎的通道，进一步占领巴黎，使法国不攻自灭。德军的目的是进攻凡尔登这一法国不可能放弃的军事要地，先发制人，争取在英、法军队发起进攻之前，突破法军战线，以改变战略态势，让法国在那里投入全部兵力，然后加以歼灭，使法国在军事上崩溃，从而逼其投降。

法军则企图依托以要塞筑城工事与野战型筑垒地域相结合的防御体系，实施坚守防御，大量杀伤消耗敌人，扭转战争态势。

3. 兵力部署

德军担任进攻任务的为第 5 集团军，下辖 7 个军共 19 个师，火炮 1200 余门，还有 13 座威力巨大的 420 毫米的攻城榴弹炮，飞机约 170 架，后来陆续增至 50 个师，约占西线德军总兵力的一半。

法军凡尔登筑垒地域正面 112 千米，纵深 18 千米，由四道防御阵地组成，前三道为野战防御阵地，第四道由永备工事和两个筑垒地带构成的坚固阵地。由法军第 3 集团军防守，5 个师防守凡尔登以北地区，3 个师防守凡尔登以东和东南地区，另 3 个师作为预备队配置在凡尔登以南地区。最终，法国投入了全国 2/3 的兵力。

4. 简要经过

1916 年 2 月，德国以 13 个师的兵力，1400 多门大炮、每小时 10 万发炮弹的火力，向凡尔登一带发动了猛攻。仅仅 4 天，德国就向法军阵地倾泻了 400 多万发炮弹，将这一地区的森林、山头、战壕全部夷为平地。法军遭重创，两道防线接连被破，上万名士兵被俘。法军前线指挥官贝当调集了一切可以动用的部队，自 2 月 27 日起，法军利用唯一与后方保持联系的巴勒迪克—凡尔登公路（又称“圣路”），源源不断地向凡尔登调运部队和物资，一周内运送人员 19 万、物资 2.5 万吨。自此法军大批援军及时投入战斗，加强了纵深防御，对战役进程产生了重大影响。至月底，德军由于弹药消耗过大，加之战略预备队未及时赶到，攻击力锐减，丧失了突破法军防线的时机。

3 月 5 日起，德军扩大进攻正面，试图合围凡尔登，但遭法军顽强抵抗，付出巨大伤亡后进展甚微，不得不于 5 月底停止进攻。法军则频繁轮换作战部队，不断实施反击，与德军反复争夺，迟滞德军进攻。6 月初，德军再次发动大规模攻势，并首次使用窒息性毒气弹和催泪弹，给法军造成重大伤亡，一度进抵距凡尔登不足 3 千米处，但终被击退。当俄军 1916 年夏季进攻战役和西线索姆河战役开始后，德军在凡尔登方向未再投入新的兵力。经数月苦战，德军虽在凡尔登以北、以东地区楔入法军防线 7～10 千米，但始终未能达成战役突破。到了秋季，德军已经非常疲惫，9 月 2 日，德皇批准停止进攻。10～12 月法军发起两次大规模反攻，基本收复被德军攻占的阵地，战役至此结束。

5. 战役启示

凡尔登战役是典型的机械化阵地战、消耗战。双方参战兵力众多、伤亡惨重。在 10 个月交战中，双方共投入 200 万兵力，发射了 4000 万发炮弹，伤亡人数近百万，创造了战争史记录。在这场消耗战中，双方各师兵员损失率达 70%以上，凡尔登成了骇人听闻的“绞肉机”和“人间地狱”。这次战役成为第一次世界大战的转折点，是德军从进攻转入防御的转折点，德国从此逐步走向最后的失败。

这次机械化战役中形成的关于如何组织阵地防御的经验，成为大战后各国修建要塞工事的依据。后来防御作战中的堑壕体系受凡尔登战役的影响，逐渐向半永备甚至永备工事方向发展。一战之后，法国军更是根据凡尔登的“成功经验”，耗费巨资修筑了马其诺防线。凡尔登战役中，协约国和同盟国为夺取战场制空权，集中了数百架飞机进行了一场首次的大规模空战，航空兵开始由步兵和炮兵附庸的地位，变为一个能够独立承担侦察和打击任务的强大军种，航空兵的大规模运用受到高度重视。凡尔登战役充分体现了摩托化后勤体系的威力，法军创造性地利用公路向前线输送大量兵力和弹药物资，有力地保证了战役的顺利进行。

（二）诺曼底登陆战役

诺曼底登陆战役是第二次世界大战中英国、法国、加拿大等同盟国军队于 1944 年 6～7 月在法国北部诺曼底地区进行的战略性登陆作战，是盟军进军欧洲的“霸王行动”的重要组成部分，目的是夺取集团军群登陆场，开辟欧洲第二战场。诺曼底登陆战役是非常典型的大规模机械化作战行动，也是世界战争史上规模最大的海上登陆战役。

1. 战役背景

诺曼底是法国北部沿海的一个地区，包括康坦丁半岛和塞纳河沿岸及其以西地区。诺曼底以东是加莱地区，以西是布列塔尼平岛，东南距巴黎约 250 千米，以北隔英吉利海峡与英国相望。当时，法国及大部分欧洲大陆被德军侵占，盟军决心以英国为基地，横渡英吉利海峡在诺曼底登陆，尔后攻占法国向德国进攻。

1943 年 1 月，美、英两国决定在法国北部实施登陆战役，开辟第二战场。当时，苏军在斯大林格勒会战中已取得决定性的胜利，开始转入反攻；日军在太平洋战区遭到了挫败，德军隆美尔军团在北非也受到了严重打击。因此，整个世界战局对美、英在西线开辟第二战场极为有利。

1944 年初，德军在东线开始全线溃退，苏军的反攻矛头已指向柏林。美、英指定艾森豪威尔为战役最高司令官，具体组织登陆战役，登陆战役的实际组织准备时间约为 6 个月。

当时法国北部较合适的登陆地点有康坦丁半岛、加莱地区和诺曼底地区。综合权衡后，最终决定在诺曼底登陆。诺曼底地区登陆场地幅较宽，能建立同时容纳 26～30 个师的登陆场；德军防御较薄弱，英国主要港口集中在西南海岸，距诺曼底较近；康坦丁半岛作为塞纳湾的屏障，可减缓强西风对舰只航渡的影响；登陆部队只要把塞纳河和卢瓦尔河上的桥梁炸毁，就能切断德军的增援。但诺曼底地区的主要缺点是没有一个良好的海港，来加速后续军队和物资器材的上陆。

2. 双方企图

美、英军登陆作战的企图是：利用苏军在东线已给德军严重打击，并发动强大攻势牵制德军的有利形势，从西线德军防御薄弱的诺曼底地区突击登陆，夺取集团军群登陆场，为开辟第二战场创造条件，尔后攻占法国，直指德国腹地，加速打败德国法西斯。

1942 年德军就担心美、英军在西欧登陆，因此希特勒命令从挪威至西班牙的大西洋沿岸构筑抗登陆防御地带，即“大西洋壁堡”。德军认为：如果美、英军登陆成功，德军将腹背受敌，其后果可能是总崩溃。但如能将登陆兵一举歼灭或击退，不仅使美、英军在以后的很长时间内难以发动另一次登陆作战，而且自己也可从西线抽调大量兵力到东线去抗击苏军的进攻，因此希特勒电令加强西线特别是法国北部的抗登陆防御准备。由于德军错误判断加莱为盟军的主要登陆地区，据此德军抗登陆作战的企图是：集中主要兵力兵器于加莱地区的海岸和浅近纵深，坚守海岸防御，迅速实施反击，将美、英登陆兵一举歼灭于水际滩头。

3. 兵力部署

（1）盟军。美、英联军投入地面部队约 150 万人，共 30 个师，其中 7 个装甲师；飞机 12837 架；各型舰艇 9000 余艘，其中登陆艇 4000 艘。

陆军由第 21 集团军群编成，下辖美军第 1、英军第 2 和加拿大第 1 集团军。美军第 1 集团军编有第 5、7、9、19 军和 1 个空降军，共 14 个师；英军第 2 集团军编有第 1、8、12、30 军和 1 个空降军，共 13 个师；加拿大第 1 集团军编有 1 个军，共 3 个师，在登陆初期配属给英军第 2 集团军。海军由东部和西部 2 个特混舰队编成。东部特混舰队编有 3 个突击舰队和 1 个后续舰队，负责保障英军第 2 集团军登陆；西部特混舰队编有 2 个突击舰队，1 个后续舰队和 1 个后勤舰队，负责保障美军第 1 集团军登陆。空军由美军战术空军第 9 集团军、战略空军第 8 集团军、英军战术空军第 2 集团军和英皇家空军轰炸机指挥部编成。共计有各型飞机 12837 架，其中：重型轰炸机 3467 架，轻型、中型和俯冲轰炸机 1645 架，战斗机 5409 架和部队运输机 2316 架。

登陆部队编为两个梯队：第 21 集团军群以美第 1 集团军的第 5、7 军，英第 2 集团军的第 1 和第 30 军为第一梯队，在 5 个海滩突击上陆，并以 3 个空降师配合。以美第 1 集团军的第 8、19 军，英第 2 集团军的第 8、12 军，加拿大第 1 集团军的第 1、2 军为第二梯队，向纵深和侧翼发展进攻。

(2) 德军。在盟军登陆前夕，西线德军的兵力计有：陆军“G”“B”两个集团军群，下辖第1、7、19、154集团军，计33个海防师、13个步兵师、1个装甲步兵师、9个装甲师和2个伞兵师，共计518个师。空军为战术空军第3集团军，飞机总数约500架。根据盟军判断，可能在登陆日用来抗击登陆兵上陆的德国空军兵力不会超过1800架次。海军活动于波罗的海和比斯开湾之间的德军海军兵力，仅有西线舰队的鱼雷艇50～60艘和新旧潜艇150艘。

西线德军的主力第15集团军23个师配置在加莱地区400千米长的海岸线上，担任主要方向上的防御；第19集团军8个师防守法国南部的地中海沿岸地区；第1集团军6个师防守南特以南的比斯开湾地区；第7集团军14个师防守诺曼底半岛和布列塔尼半岛地区。其中在诺曼底地区执行防御任务的只有该集团军的第84军的3个海防师、2个攻击步兵师、1个装甲师、2个独立步兵团和1个独立伞兵团。

4. 简要经过

1944年6月5日晨，各突击舰队在怀特岛南侧的会合海域集中后，开始向目标地区开进。6月5日至6日夜间，各突击舰队在塞纳河湾距登陆海滩20～21千米的换乘海域展开，并于6日晨2时30分起分别开始换乘。与此同时，盟军轰炸机对上陆地区的德军海岸炮兵阵地和海岸防御设施实施航空火力准备，稍后海军舰炮和船载炮兵进行了火力准备。

1944年6月6日凌晨，美军第82空降师、101空中突击师、英军空降兵第6师首先实施空降，配合正面登陆部队抢滩上陆。

6日晨6时30分开始，盟军第一梯队5个师在不同的登陆地段抢滩上陆。美军第7军步兵第4师在犹他海滩突击上陆，美军第5军在奥马哈海岸突击上陆，英军第30军步兵第5师在哥尔德海滩突击上陆，英军第2军步兵第3师斯沃德海滩突击上陆，加拿大步兵第3师在朱诺海滩突击上陆。6月6日，盟军登陆比较顺利，但登陆后进展缓慢，仅占领了5个正面和纵深不大（7～9千米）的孤立登陆场。6月7日开始，盟军开始向侧翼和纵深发展，连接和扩大各孤立登陆场。经6天激战，盟军建立了正面约80千米，纵深13至19千米的统一登陆场。到7月18日，盟军夺取了正面约154千米，纵深13～35千米的集团军群登陆场，有36个师，150万人，33万台车辆登陆，上陆物资达160万吨。

6月6日美、英军在诺曼底海岸的登陆，对德军来说是意外的，德军不相信盟军会在恶劣天气下实施登陆作战，再加上突击上陆前的航空火力准备和各种欺骗手段，使德军的通信联络和海岸雷达失去了作用。因此，在突击上陆后的较长时间内，德军统帅部未能查明此次登陆作战的真实规模，也未下达正式的作战命令。

在盟军上陆过程中，德军只在部分登陆地段进行了有力的反击，但被击退，其他登陆地段未能迅速集中兵力实施有力的反冲击，使盟军登陆兵得以巩固立足点。在6日至12日7天中，德军从各方面调来抗击美、英军登陆的兵力约为12个师，比美英军预先估计少8个师。在这一段相当长的时间内，德军之所以迟迟未能从法国北部的加莱地区调动主力来影响抗登陆作战，主要原因是德军统帅部一直未能正确地判断美、英军的企图。德军统帅部更错误地认为：盟军在诺曼底的登陆只是一种牵制性的行动，极易击退，而真正登陆进攻的主要方向将指向英伦海峡最狭窄的加莱地区。所以，德军就始终部署相当大的兵力在加莱地区等待美英军主力的上陆，结果严重地削弱了诺曼底地区的抵抗力量。

在盟军突击上陆时，诺曼底地区德军的行动非常混乱。由于德军西线总司令伦斯塔特元帅与“B”集团军群司令官隆美尔元帅之间存在着抗登陆作战方针上的分歧，在诺曼底地区没有形成一个协同一致的抗登陆作战计划，因而在美、英军队突击上陆时，不能集中使用主要兵力兵器实施反冲击或反突击。在这段时间里，德军所采取的进攻性行动，仅局限于装甲第 21 师、党卫军装甲第 12 师和轻装甲师在奥纳河与苏尔河之间正面所进行的局部反冲击。由于无力集中有力的装甲兵团实施决定性的反突击，故未给予美、英登陆军队以致命的打击，最终大势已失。

直至 7 月 24 日战役结束时，盟军共投入 288 万人，5300 多艘战舰和 13700 多架战机。德军投入的兵力达 51 万人。战役中，盟军共消灭德军 11.4 万人，击毁坦克 2117 辆，飞机 245 架；盟军方面有 12.2 万将士献身疆场。此后，盟军向欧洲腹地推进，并相继解放了法国和比利时等国，攻入德国本土。

5. 战役启示

诺曼底登陆战役的胜利，是机械化战争形态的集中体现，其成功实施主要得益于战前的充分准备，以及对制空权、制海权的激烈争夺，多种机械化作战样式在局部区域的集中出现，加速了第二次世界大战的结束进程，也为后续国家实施大规模登陆作战提供了有益经验。

从机械化战争的特点规律来讲，有两点启示最为突出：一是先期夺取作战地域内制空、制海权是发起登陆战役的前提。为保障诺曼底登陆作战，削弱德国的战争潜力，夺取战区制空、制海权，瘫痪德军防御体系，孤立登陆地区，美、英空军从 1944 年初至 6 月对德军进行了大规模的战略轰炸。轰炸的目标主要包括德国本土的军事工业，包括航空、潜艇、石油工业等，德国和西欧的空军、火箭基地，通往法国北部的铁路交通枢纽和塞纳河、卢瓦尔河上的桥梁，法国北部德军海岸防御体系。在近 6 个月的轰炸中，共投弹达 44 万吨。战略轰炸牵制了大量德军飞机用于本土防空，削弱了对登陆地区的增援能力，使盟军取得了战区的绝对制空权，尤其是德军海岸防御体系遭到严重破坏，使得通往法国北部的交通陷于瘫痪，切断了登陆地区与其他地区的交通联系，从而有效阻止了德军地面后备部队向登陆地区的增援。二是集中优势兵力、海、空立体登陆是一举突破抗登陆防御体系的根本保证。5 个师同时在不同的登陆地段突击上陆，并列部署，相互依托，在德军近 3 个师担负海岸防御的 80 千米正面上登陆，而 3 个空降师则在登陆地区两侧德军战术防御纵深内空降，夺占了海岸通路、重要桥梁，并建立桥头堡，阻敌增援，保障了登陆兵从海上突击上陆。由于盟军海上登陆兵和空降兵的密切配合，使得盟军在较短时间内，在局部地区对敌迅速形成兵力优势，使敌腹背受敌，难以组织有效的快速反击，从而保障了盟军从海上增兵的速度超过了德军陆上的增兵速度，一举突破了德军的抗登陆防御体系。

第四节　信息化战争

名人名言

在未来战争中，对信息的争夺将发挥核心作用，可能会取代以往冲突中对地理位置的争夺。

——［美］艾略特·科恩

随着信息技术的发展，以微电子信息技术为核心的新一轮科技与产业革命，推动着人类社会逐步向以信息产业为主导的新的发展阶段过渡，战争也随之步入了信息化阶段，逐步呈现出新的战争形态——信息化战争。目前处于机械化战争向信息化战争加速演化的进程之中。

一、信息化战争的基本内涵

信息化战争，是指依托网络化信息系统，使用信息化武器装备及相应作战方法，在陆、海、空、天和网络、电磁等空间及认知领域进行的以体系对抗为主要形式的战争，是信息时代战争的基本形态。

本节视频讲解

信息化战争是人类继冷兵器战争、热兵器战争和机械化战争形态之后的一种全新的战争形态。它是人类步入信息时代以后，以信息和知识为核心资源，以信息化武器装备为基础，以信息化军队为主体，为争夺制信息权而进行的全新战争形态，也是信息时代典型社会特征在战争领域的全面体现。

信息化战争之所以能够脱颖而出，主要得益于以信息技术为代表的高新技术的快速发展及其在军事上的广泛运用。信息技术广泛运用于军事领域，使得信息化武器装备成为战场的主战兵器。比如，太空系统对作战情报侦察、预警、导航、通信、气象等提供了重要的战略支援和保障，精确制导弹药成为战场上主要的硬摧毁手段，网络战、电子战武器成为战场上重要的软杀伤手段。同时，在机械化向信息化转型过程中，各种武器装备通过嫁接信息技术不断地进行信息化改造，使得信息不仅成为战斗力的主导要素，而且渗透到其他要素之中，渗透到战场的每一个角落，信息网络把陆、海、空、天、电等多维力量紧密地链接在一起，形成了严密的作战体系。大量信息装备广泛运用于战场，制约和影响着武器平台的效能发挥，也成为对方首要攻击目标。寻找并攻击对方网络关键节点，瘫痪敌方指挥信息系统体系，已成为信息化战争中获取制信息权、获得战场主动权的重要途径和手段。

二、形态与特征

信息化战争与以往战争最大的不同点，就在于信息的地位和作用发生了主导性变化。信息作为一种新型资源，改变了物质和能量的作用方式，信息流主导物质流和能量流，进而改变了战争的制胜机理，成为战斗力生成的重要主导资源。

军事知识窗

第五战场是指网络空间战场，网络，网络时代，信息战将成为未来战场的主要形式，而一种特别的兵种也将随之而诞生。美国国防部副部长威廉·J. 林恩（William J. Lynn）在接受英国《金融时报》专访时说，鉴于从网络间谍到信息网络攻击和病毒……的威胁越来越严重，美国国防部已将网络空间视为继陆地、海洋、空中和太空之后的第五维战场。

（资料来源：中国新闻网）

与机械化战争相比，信息化战争形态主要有以下几个典型特点。

一是武器装备的信息化。工业时代的战争，以机械化武器装备为物质基础，而信息时代的战争，则是以信息化武器装备系统为物质基础。信息化武器装备系统，是以计算机技术为核心、以信息技术为基础的一体化的武器装备系统，主要包括信息武器系统、单兵数字化装备和 C^4KISR 系统。比如信息武器系统的典型代表——精确制导武器，精确制导武器是在传统打击弹药的基础上，为实现快速精确打击而发展起来的典型信息化装备，通过加装精确制导模块，传统弹药实现了包括目标信息探测、测量数据融合、目标信息定位与跟踪、综合数据计算与处理技术等在内的关键技术功能，其射程更远、精度更高、抗毁性更强。伊拉克战争中，美、英联军发射了大量的精确制导武器，有效地攻击和摧毁了伊拉克的防空系统、指挥中心、战略资源等目标。比如美军“战斧”巡航导弹的命中精度可达 10 米，GBU-N 激光制导钻地炸弹可穿透 30 米深的泥土和 6 米厚的混凝土建筑。在信息技术的支持下，新武器装备不断出现，传统武器系统也呈现出一定的智能化发展趋势。依靠信息处理和人工智能等新兴技术的支撑，智能炮弹、智能地雷、智能指挥控制系统等开始出现。智能化的武器系统开始部分取代人的简单活动，具备一定的自主决策能力。美国早在 2016 年就已经发射了自主战机，英国在 2030 年将用 Taranis 无人机全面取代龙卷风战斗机，韩国甚至已经研发出可实现自动目标识别和开火的 SGR-A1 智能哨兵。

二是战场空间的多维化。信息化战争的战场空间呈现立体多维的特征，由地面、海洋、空中逐渐向外层空间、电磁空间、网络空间以及心理空间等领域扩展。信息化战争，多军兵种联合作战，使战争空间早已突破陆、海、空传统模式而走向包括海、空、天在内的多维立体构架。只有构建和依托基于信息网络的联合作战体系，才能在信息化战争中争得主动。比如，海湾战争中，以美国为首的多国部队，首先以强大的电子战夺取战场电磁控制权，继而对伊实施长达 38 天的持续空袭夺取了制空权，再展开强大的地面进攻，整个战争只经过短短 96 小时的地面作战就取得了最终胜利。科索沃战争中，以美国为首的北约部队，利用其绝对优势的电子战力量和海、空军优势，对南联盟实施了长达 78 天的大规模空袭，达成了战争目的。在伊拉克战争中，美军甚至动用了 160 余颗军用和民用卫星，为美军作战行动提供各种情报信息支援，构建了陆、海、空、天、电等多维一体化战场，给世界各国上演了一场多维信息化战争异彩纷呈的精彩大戏。

三是战争节奏的快速化。信息化战争，作战行动迅猛，作战阶段转换快捷，作战进程短促，战争持续时间大为缩短。1991 年的海湾战争持续 42 天，其地面交战不过 96 小时；1999 年的科索沃战争持续 78 天；2003 年的伊拉克战争大规模作战行动只持续了三周时间。由于各类高新技术的广泛运用，使得“观察—判断—决策—行动”的周期大为缩短，战场目标发现效率高，火力打击精度高，战场机动速度快，指挥决策近实时，因而带来了信息化战争的高效率。信息化战争的目的通常是打击、削弱和瘫痪敌作战体系和战场体系，动摇其政治、经济基础。这种有限的战争目的，决定了其持续时间不可能太长。此外，战争的高消耗客观上也限制了战争的持续时间。信息化武器装备不仅杀伤破坏力大，而且打击精度、战场摧毁力相当高，这无疑会使交战双方的战场物资消耗与武器装备的损耗大幅增加，过长的战争持续时间将成为难以承受之重。

四是作战效果的精确化。信息化战争，遂行的是基于效果的作战，作战效果精确成为显著特点，原因在于战场感知精确化、指挥控制精确化、打击精确化、保障精确化。比如，大量的信息化精确制导武器和弹药的使用大大提高了火力打击的效果。美军在1991年海湾战争中使用的精确弹药占总投弹量的比例为8%，这一比例后来不断提高，在科索沃战争为35%，阿富汗战争为60%，伊拉克战争则达到了80%以上。根据推算，就杀伤破坏效果而论，定位精度每提高1倍，相当于增加了3颗弹，增加了7倍当量；定位精度每提高2倍，相当于增加了8颗弹，增加了26倍当量。1991年1月17日凌晨3时，海湾战争爆发，两架美军F117A轰炸机悄然飞抵巴格达上空投下海湾战争中的第一枚激光制导炸弹，这颗炸弹从巴格达通信中心大楼的通风孔进入大楼内部爆炸，整个大楼被摧毁。海湾战争期间，美军曾发射两枚“斯拉普”空地导弹，从80千米超视距攻击伊拉克的一个水电站，第一枚在发电机厂房的墙上炸开了一个洞，第二枚从洞中钻入厂房炸毁了发电机组，而水坝及附近设施没有遭到破坏。

五是指挥控制的网络化。战场的指挥控制体系，是传输作战指挥指令，引导战争发展的重要依托，从一定程度上可以反映某种战争形态的典型面貌。在机械化战争形态下，指挥控制体系主要采取传统宝塔形结构，或者形象说是“树”型结构，这种指挥结构存在着指挥层级多、部队协同难、抗毁性差等缺点，难以充分发挥下级部队的主观能动性，任何一个重要环节出现坍塌就会使得整个系统结构陷入瘫痪。信息化战争形态下，指挥控制体系发生了重大变化，网络化、一体化成为其基本特征。单位与单位间、武器系统与武器系统间不仅有纵的联系，而且还有横的联系，不仅有邻近级别的联系，而且还可跨层级联系。多层次、跨方位、全时空的指挥控制网络将实现陆、海、空、天、电等多维力量的整体联动，战场的情况获取、指挥决策、控制协调将无缝链接，最高指挥官可以实时了解前方战场情况，前线士兵也可近乎实时地反馈一线需求并得到及时响应，作战单元之间的协同更加顺畅和便捷，整体作战能力得到了极大跃升。

三、代表性战例

以信息技术为核心的新军事变革兴起后，世界各国加快了信息化武器装备的发展和战场实践运用，近期几场局部战争呈现出了信息化战争的典型特征。

（一）海湾战争

海湾战争发生在冷战结束以后的背景下，是第二次世界大战后牵涉国家最多、规模空前的一场典型局部战争。与20世纪80年代以来的其他几场局部战争相比，海湾战争投入的信息化武器装备最多，信息化技术水平最高，战争规模最大，战争模式和作战方式变化最大，成为信息化战争时代真正到来的重要开端。

1. 战争背景

中东位于东半球的中心，也是欧、亚、非三洲的结合部，自古就是兵家必争之地。其中的海湾是指波斯湾，它位于印度洋阿拉伯西北部。苏伊士运河的开通，使其成为东西方水陆交通的枢纽，世界战略之要冲。霍尔木兹海峡被西方世界视为“海上生命线”的关键，由于这里盛产石油，以及交通要道的作用，被称为海上石油的“咽喉”、油库的“阀门”。

海湾地区的国家有沙特阿拉伯、科威特、巴林、卡塔尔、阿拉伯联合酋长国、阿曼、伊拉克和伊朗 8 个国家。伊拉克位于阿拉伯半岛的东北部，属于海湾地区的强国。科威特在伊拉克的南部，为阿拉伯最小的国家之一。

历史上，科威特和伊拉克都曾在奥斯曼帝国统治之下，1871 年科威特成为奥斯曼帝国伊拉克巴拉省的一个独立县，1899 年科威特被迫承认英国为其宗主国，1939 年正式沦为英国的保护国，1961 年才征得英国同意宣布独立。次年伊、科两国建立了外交关系，但两国边界一直没有划定，且多次发生边界武装冲突。虽经双方多次谈判，但问题终未解决。尤其在布比延和瓦尔巴两岛的归属问题上，因遭到科威特拒绝，伊拉克便萌发了武装侵占科威特的念头。

此外，两国的石油矛盾也进一步加深。两国均盛产石油，油田同处一个地质构造，科威特地处盆底，其储油量达 92.3 亿吨，位居世界第五。科威特连年大量开采，造成国际市场油价猛跌，使伊拉克经济损失惨重。而伊拉克在两伊战争中欠债 700 多亿美元外债，其中欠科威特 120 亿美元。伊拉克要求免除其所欠债务，但遭到科威特等国的拒绝，伊拉克财政危机的加深，使其加大了对科威特动武的决心。

1990 年 8 月 2 日凌晨 2 时，伊军以 5 个师的兵力在空军的支援下，突然大举入侵科威特。科军仅有 2 万余人，来不及组织有效抵抗，防线就被伊军突破，至 8 月 3 日，伊军基本控制了整个科威特。8 月 7 日“自由科威特临时政府”宣布成立，并于次日宣布成为伊拉克的第 19 个省。

伊拉克入侵科威特，严重触及了美国和西方国家的战略利益。海湾是西方的主要石油供应地，是西方的经济命脉。伊拉克入侵科威特，不仅损害了曾许诺保护科威特安全的美国信誉，而且严重威胁沙特这一美国在中东的重要盟国以及海湾其他产油国的安全，进而直接危及整个西方国家的经济命脉。萨达姆政权军事力量的壮大和扩张野心的膨胀，还会进一步威胁到美国盟友以色列的安全。为此，美国决心出兵干预。战争的直接起因是伊拉克对科威特的入侵，实质是美国全球霸权与伊拉克地区霸权之间的矛盾与冲突。

2. 双方企图

这场战争美军的目标是：打掉伊拉克国家指挥当局指挥军事行动的能力，将伊军赶出科威特，消除伊拉克对该地区的进攻威胁，包括消灭科威特战区内的共和国卫队；摧毁已知的伊拉克核、生、化武器的生产及投送能力，包括其已知的弹道导弹计划；帮助恢复科威特合法政府。

伊拉克针对美国为首的多国部队的军事部署，采取了一系列针对性措施。他把自己的行动涂上伊斯兰色彩，号召阿拉伯人进行“圣战”，赶走美国侵略者；提出一项和平解决海湾危机的建议，即以色列撤出所有在中东被占阿拉伯领土，叙利亚从黎巴嫩撤军，美国和其他国家军队撤出沙特；同意接受与伊朗签订的《阿尔及尔》协议，把在伊科境内的上万名西方人扣留下来，作为“人质盾牌”，企图防止美国发动战争；并抢时间把 54 万人军队部署到科威特前线，加紧构筑“萨达姆防线”，做好战争准备。

3. 兵力部署

伊拉克总兵力为120万人，装备有坦克5600辆、装甲车2880辆、火炮3100门、飞机770架、地地导弹700多枚、发射架80余部。在科威特战区共5个军、43个师，共54.5万人，坦克4280辆。伊军在科威特成三线部署，并在沙特边境设立了一道由地雷阵、防坦克壕、沙堤组成的防线。

美国部署在海湾的部队共约53.7万人（截止1991年2月下旬），还投入了7个航母编队。多国部队一方参战总兵力约76万人，配备飞机3260架，坦克约4000辆，装甲车5600辆，舰船247艘，火炮230门。

4. 简要经过

战争主要经历了“沙漠盾牌”“沙漠风暴”两个行动阶段。

(1)“沙漠盾牌”行动。时间从1990年8月7日起至1991年1月16日止，以美国为首的多国部队主要用于防御体系的构建和进攻方案的部署，以击退伊拉克军队的进攻，阻止其继续南下发动对沙特阿拉伯等国的进攻。

(2)“沙漠风暴”行动。时间从1991年1月17日起至1991年2月28日止，是整个作战行动的主体部分，主要分为空中战役阶段（1991.1.17—1991.2.23）和地面战役阶段（1991.2.24—1991.2.28），目的是夺取和保持制空权，摧毁伊拉克的核、生、化武器，主要军工厂、军事设施和军事力量，消灭科威特战区的伊拉克军队，恢复科威特领土主权和合法政府。

①空中战役阶段。以美国为首的多国部队于2001年1月17日2时30分，对伊拉克进行了空袭，首日出动各型飞机达1300多架次。参加首轮空袭的是美国、英国、沙特阿拉伯、科威特四国，而后法国、意大利、加拿大和卡塔尔也先后加入，使对伊开战国达八个。从17日至23日的一周时间内，盟军共出动各型飞机1.2万余架次，对伊、科境内重要军事目标进行突击，投弹量超过6万吨，相当于数颗小型核弹的打击力。海湾战争进入第二周后，多国部队轰炸的重点转向了战场目标，在对伊军指挥系统、“飞毛腿”导弹发射架、军用机场和码头等设施袭击的同时，主要加强了针对伊共和国卫队后勤补给线的轰炸。从第三周开始，多国部队重点轰炸交通线、桥梁及武器库、机场、通信设施等具体目标。造成伊国内油料供应紧张，并使科战区伊军物资供应减少了“大约90%”。另外，多国部队采用了区分地区的定点轰炸战术，使伊损失了11%的坦克、火炮和40%的空军，战斗力减弱大约30%。美海军还不断寻歼伊军水面舰船，使伊海军装备的50余艘主要作战舰艇大部被击沉击伤，剩余几艘驶入伊朗水域避难，使伊海军战斗力几乎全部丧失。

战争爆发后，伊拉克总统萨达姆才通过电台向全国发表讲话，宣布“战斗之母”行动已经开始。但伊拉克仅进行了有限的反击，为保存实力，伊方在多国部队7天的空袭中一直采取规避战术，把作战飞机和导弹发射架等都隐藏在地下掩体中，仅以部分地面炮火实施射击和以机动导弹袭击敌方。战争进入第二周后，为抗击多国部队的空中重点袭击，伊军以机动地地导弹继续袭击沙特和以色列，但效果并不理想。为保存实力，伊拉克还把战机疏散到伊朗。在抗击多国部队的行动中，最有代表性的是伊拉克称之为“冰山之顶”的袭击作战——海夫吉之战。这是唯一一次由伊军主动发起的大规模的攻击行动，但也以失败而告终。伊军为对付多国部队地面进攻，向沙特边界调去了一支数万人的部队，并加强早已部署的保卫科威特的三道防线，在科威特城内布设地雷、修碉堡、挖战壕，准备与多

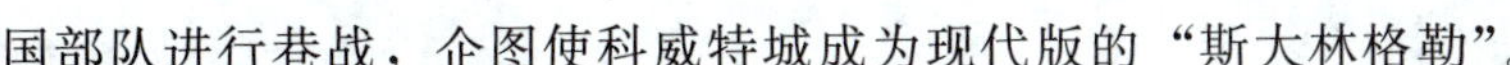

国部队进行巷战，企图使科威特城成为现代版的“斯大林格勒”。

②地面战役阶段。2月24日凌晨4时，多国部队向科威特和伊拉克境内的伊军阵地发起了大规模的地面进攻，这次行动名为“沙漠军刀”的“解放科威特”战斗。这是一次地面（包括海上）与空中相结合的立体进攻，共有美国、沙特、英国等13个国家的军队参加了作战。进攻共分四路，其中向科威特境内进攻的有三路：一路从海上向科威特东部实施两栖登陆，另两路从陆上越过科沙边界进入科境内。这三路主要以美陆战队第1、2师为主。第四路为西路进攻部队，以英、法军为主，其中包括法军第1轻装甲师、英军一个装甲师、美7军团部分兵力和沙特、科威特等阿拉伯军队。该路以法军的“幼鹿”轻装甲师打头阵，直接从沙特越过边界进入伊拉克境内，然后自东北方向推进，与东路部队和另一路空降的美伞兵部队会合，对科威特境内的伊军形成包围。另外，美101空中突击师在伊境内纵深80千米的地区空投，建立前进补给基地并以一部兵力穿插伊军侧后，以切断伊军供应线；美82空降师则在离科沙边界80千米处的科威特城南郊实施战术空降，拟对科威特城发动攻坚战。其中美第7军从科威特向西横向机动，绕过伊军重点防区科沙边界和伊拉克南部实施迂回攻击，人们后来把这一行动称为“左勾拳”。

在多国部队进攻过程中，伊军大部分时间内只进行小规模的抵抗，只在决战阶段部分部队进行过强有力的抵抗。在地面作战阶段，由于伊军执行了萨达姆的撤退命令，未作全面抵抗，使多国部队的进攻发展顺利，不仅很快收复了科威特（26日），还占领了伊拉克2.6万平方千米的领土，从而增加了其战争结束后向伊拉克讨价的筹码。

地面作战至28日8时50分双方停止军事行动止，共进行了近96个小时的战斗。整个战争行动如图4-3所示。

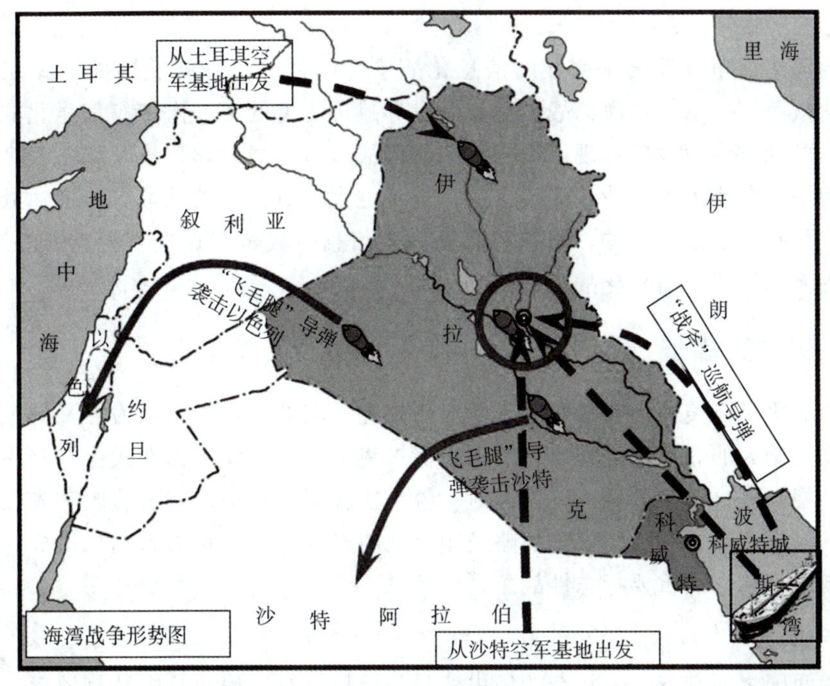

图4-3 海湾战争示意图

5. 战争启示

美军在海湾战争中使用了大量信息化的武器装备，战争的策略、战争的模式、作战的方式方法同以往战争相比，有很大的不同，引起了世界军事界高度关注。在“沙漠风暴”行动前 5 个小时，多国部队就动用了 F-111A、EC-130、F-4G 等各型电子战飞机及其他电子对抗设备，在电磁空间开始了代号为“白雪”的信息对抗行动，大面积、长时间地干扰伊方的电子通信系统和军队 C^4ISR 系统，致使伊方的指挥控制系统完全瘫痪，通信系统失灵，雷达屏幕一片雪花，广播电台也一度失常。空袭准备开始时，多国部队还大量使用反辐射导弹，摧毁伊军部队雷达或使之被迫关机。当多国部队空袭行动开始后，伊军根本不知道空袭来自何方，战机也无法升空迎战，导弹、高炮更找不到打击的目标。战争头一周，多国部队的战机损失率仅为 0.15%，大大低于一些国家的飞行训练的事故率，这在世界空战史上堪称“奇迹”。战争中，多国部队大量使用了精确制导弹药，极大地提高了火力摧毁效果，从某个侧面改变了传统的作战方式。“战斧”巡航导弹、“飞毛腿”地对地导弹、“爱国者”地对空导弹、“哈姆”空对地反辐射导弹、“海尔法”空对地反坦克导弹、“响尾蛇”空对空导弹、“霍克”地对空导弹等，将海湾战场变成了导弹格斗场。其中最为精彩的当数“爱国者”大战“飞毛腿”，开启了战争史上反导对抗的奇观。此外，依托强大的信息系统，多国部队利用 C^4ISR 系统（综合电子信息系统）有效地将陆、海、空、天、电等五维战场空间的作战行动凝聚为一体，开创了多维空间力量进行一体化联合作战的成功先例。在空袭阶段，多国部队平均每天出动飞机 2000 多架次，这些飞机分别从不同的基地或航母起飞，沿不同的空中层次，袭击不同的目标，但无一因协调控制不周而造成自毁或误伤的情况，这不能不归功于信息技术革命带来的战场上强有力的自动化的指挥控制系统。

正因为海湾战争表现出了明显的信息化战争特征，1992 年，美国的坎彭编著了《第一次信息化战争》一书，将海湾战争称作是世界战争史上的第一次带有信息化战争特征的局部战争。的确，海湾战争体现了情报战、心理战、电子战、导弹战以及 C^4ISR 系统对抗等信息化战争的典型内容，战争涌现出的信息量之大，对信息的获取、传递、处理和利用速度与效率之高，都是空前的，把它称为第一次信息化战争一点也不为过。海湾战争后，世界军事界掀起了研究信息化战争的热潮。

（二）伊拉克战争

伊拉克战争是以美国为首的联合部队对伊拉克发动的一场以反恐为名义的带有信息化特征的，先发制人的非对称的战争。美国以伊拉克藏有大规模杀伤性武器并暗中支持恐怖分子为由，绕开联合国安理会，单方面对伊拉克实施军事打击。它是美国“先发制人”新军事战略的初次实践，对美国安全战略及国际战略格局产生着重大影响，也成为信息化战争发展和新军事革命的重要标志性战争。

1. 战争背景

美、伊两国之间有着十分复杂的历史背景，伊拉克在海湾战争中被打败后，针对其的国际贸易禁运等制裁一直没能停止，美国原本指望战后其国内的动荡和外部压力能使萨达姆下台，但没想到萨达姆的统治丝毫未受影响，于是美国国内就把矛头指向老布什。小布什上台后，在美国遭受“9·11”恐怖袭击后，就准备将其同塔利班一起解决掉，但最后还是放在阿富汗战争之后解决。

2002 年后，美国借口伊拉克藏有大规模杀伤性武器、支持恐怖分子而引发伊拉克危机，但伊拉克与联合国相关部门非常配合，表示无条件接受联合国安理会第 1441 号决议，使美国失去了出兵伊拉克的借口。但美国直接绕过联合国，打响了新世纪的第二场战争。

实质上美国开战有不可告人的目的：推动其全球战争，谋求建立单极世界；转移国内矛盾和民众注意力，为小布什连任创造条件；控制世界石油市场，进一步控制中东局势，防止大规模杀伤性武器的扩散。

2. 双方企图

美军在这场战争中以速决为指导，注重初战决胜，企图以海、空兵力突袭伊拉克领导人，使其战略指挥体系瘫痪。并通过精准的火力打击，摧毁伊拉克的指挥控制系统，摧毁伊军的防空系统。同时以地面突击兵力高速突进，不与伊军抵抗力量过多纠缠，一举占领巴格达。联军旨在通过精确打击，直接摧毁伊军指挥体系，并以多种手段配合，重点摧毁和瓦解伊军的抵抗意志，达到速决制胜的目的。

伊军则企图利用陆军的数量优势依托城镇抵抗敌人攻击，放弃边境一线部署，利用巷战、城市游击战与敌胶着近战，力图通过延长战争时间迟滞、消耗敌人，给美军造成尽可能多的伤亡，挫败美军速战速决的作战企图，阻止美国扶持的反对势力上台。

3. 兵力部署

(1) 美英联军。战前美军地面部队在海湾地区常规兵力约 5 万人，分布在科威特、土耳其、巴林、沙特、卡塔尔、阿曼和印度洋英属迪戈加西亚岛共 7 个基地。联军参战部队主要部署在伊拉克南北两大战略方向，南部为主要作战方向。

联军空中作战力量采取全方位、大纵深部署，并将远距离的海外基地部署和近距离的伊拉克周边基地部署结合起来。

参战的海上力量主要包括美军 6 个航母战斗群和英军的 1 个航母战斗群和 1 个直升机航母战斗群。

(2) 伊拉克军队。伊拉克平时将全国分为北部、中部和南部 3 个战区，分别由北部、中央、南部 3 个作战集团负责防守。战前，伊拉克对军队部署进行了调整，将全国重新划分为北部战区、幼发拉底河战区、中部战区和南部战区 4 个战区，并围绕 4 个战区进行了有重点的兵力部署。伊拉克在开战前地面部队 37.5 万人，最精锐的共和国卫队有 6 个师和 1 个特别装甲旅不足 7 万人，陆军坦克不足 2000 辆，空军有 180 架喷气式飞机和 130 架攻击机，海军仅有 2 艘轻型护卫舰和一些巡逻艇。

4. 简要经过

伊拉克战争主要军事行动仅持续 20 多天，呈现出明显的阶段性特征。

(1) 斩首行动。2003 年 3 月 20 日 5 时 35 分。美军出动了数架 F-117 战斗轰炸机和数艘海军舰艇，对伊拉克首都巴格达发动了第一轮攻击，重点轰炸了伊拉克总统萨达姆的一处官邸。在此后的 1 个小时内，美、英联军又对巴格达发动了两轮空袭。这次代号为“斩首行动”的攻击行动，共发射了 40 余枚巡航导弹，投掷了多枚精确制导炸弹，企图一举达成“斩首”之目的，达到小战而屈人之兵的目的。

在美、英联军空袭时，巴格达防空部队进行了猛烈的还击，伊军向科威特发射了 7 枚地对地导弹。当天下午，伊拉克总统萨达姆向国民发表讲话，谴责美、英发动的侵略战争，号召全体伊拉克人民抵抗侵略并赢得最终的胜利。

（2）震慑行动。“斩首行动”的当天晚上，美军地面部队使用各种火炮向伊军阵地猛烈开火，开始实施地面进攻。美、英战机再次对巴格达等重要军事目标实施了精确打击，美、英联军分三路从伊拉克南部的伊科边境北上进入伊拉克：中路为美第 1 海军陆战师和英皇家海军陆战队第 3 突击旅，该路率先向伊拉克第二大城市巴士拉方向发起进攻；东路为美军第 1 海军陆战师和英军第 1 装甲师各一部，向伊拉克东南部的港口城市乌姆盖斯尔方向发起进攻；西路为美第 3 机步师和第 7 骑兵团，向纳西里耶方向发起进攻。美、英联军高速突进，长驱直入，创造了日机动速度 170 千米的最高纪录，三路大军直击纳西里耶、巴士拉和乌姆盖斯尔等三个伊拉克南部最重要的城市和港口，并快速闪击直逼巴格达。与此同时，美军 101 空中突击师夺取了伊拉克西部几个重要机场，美、英及澳大利亚的部分军队从海上登陆，进攻伊拉克的唯一石油出海港口——法奥港。

原计划从土耳其向伊拉克北部进攻的美第 4 机步师，终因土耳其议会的反对，被迫放弃开辟北方战线的计划，使美军的南北对进战略一开始没有实现。为配合南部战场，美军从空中向伊拉克北部的库尔德控制区投送了数千名伞兵，以便在库尔德人的配合下开辟北方战线，构成南北夹击之势。

21 日美、英联军开始代号为“震慑与敬畏”的大规模空袭行动，出动了包括 8 架 B-52 战略轰炸机在内的各种战机，对巴格达等城市进行了空前规模的空袭。当天，联军共投下了 3000 枚精确制导炸弹，发射了 300 多枚巡航导弹。在第一周内，美、英联军投掷的各类精确制导炸弹已超过 2 万枚，并发射战斧巡航导弹 500 多枚，先后轰炸了巴格达、巴士拉、纳杰夫、基尔库克、乌姆盖斯尔等十余座城市和港口。美军不断增强对伊拉克各主要城市的空中打击力度，并配合强大的心理战，以进一步增强对伊拉克军民的“震慑”威力，彻底摧毁伊拉克军民的抵抗意志。到 3 月底，联军基本控制了伊拉克南部地区。

针对美军的高技术武器，高强度、高精度的打击，高速度的推进，伊军坚持“持久战”方针，以大、中城市为依托，采取重点、定点和多层防御战略，同联军进行长期的巷战和城市游击战。此外，伊军还点燃了巴格达城周围灌满汽油的壕沟，用黑色烟柱干扰美军战机的轰炸行动。为打破联军的围攻，增援法奥港口的伊拉克守军，争取战场的主动，巴士拉的伊军实施了一次较大规模的战术突围。巴格达的伊军也利用沙尘暴的不良天气，向卡尔巴拉、纳杰夫方向进行增援。伊军敢死队也对联军拉长的后勤补给线进行袭扰。伊军诸多行动企图打乱联军的作战部署，阻止美军的北上。

（3）夺占巴格达。从 3 月 25 日开始，联军不仅轰炸巴格达的战略目标，同时还以精确的空中火力打击巴格达周围的军事目标，尤其是伊拉克共和国卫队。

联军采取蛙跳式进攻，直逼巴格达，由于挺进速度过快，战线过长，兵力不足，后勤补给困难，加之，沙尘天气的影响和伊拉克军民的顽强抵抗，美军地面部队曾一度暂缓向巴格达推进。美、英联军经过战略调整后继续向巴格达进逼。

首先，联军凭借其先进的自动化指挥系统和优势的空中精确打击力量，对巴格达周围的军事目标，尤其是伊拉克共和国卫队的麦地那师和巴格达师进行了歼灭性的打击。其次，派出精锐的特种分队机降于巴格达以北地区，切断巴格达通往北部地区，尤其是与提

克里特的联系，阻止萨达姆向北逃窜，也阻止伊拉克北部兵力的南援。同时，美军不断向库尔德控制区增派兵力，空投了5000多名士兵和部分装甲车等军事装备，加强对基尔库克、摩苏尔等北部地区的轰炸，不断扩大北方战场。

美第3机步师和第1海军陆战师则继续沿幼发拉底河及底格里斯河向巴格达方向推进。30日晚，第3机步师在伊拉克卡尔巴拉东南地区与饱受联军空中打击的伊军精锐的"共和国卫队"麦地那师进行了首次激战。随即包围了卡尔巴拉，切断了卡尔巴拉通往巴格达的所有道路。同时，美军又向守卫在纳杰夫的"萨达姆敢死队"发动了猛烈攻击。美第1陆战师于4月2日攻击了底格里斯河重镇库特，于当天夺取并控制了底格里斯河上通往巴格达的最后一座大桥，打开了通往巴格达的东南大门。从4月1日起，美军进入了被萨达姆划定的巴格达保卫战的"红色警戒线"，伊拉克战争进入"决定性"阶段。

4月2日，第3机步师攻入巴格达国际机场，并通过猛烈空袭破坏了巴格达萨达姆国际机场的跑道，以阻止伊拉克官员乘飞机逃离伊拉克。4日，美军先头"毫无抵抗"地穿过巴格达市区。6日，美军控制了通往伊拉克首都巴格达的两条主要高速公路，占领了巴格达郊区。同时，也控制了从巴格达到萨达姆故乡提克里克的道路。至此，美军完全包围了伊拉克首都巴格达，并封锁了所有出入城区的通道。美第3机步师和第1海军陆战师于7日分别从西南、东南两个方向攻入巴格达市中心。萨达姆政府高官及巴格达首军也在一夜间突然"蒸发"。美军几乎在毫无抵抗的情况下，占领了伊拉克首都巴格达。当日英军也进入巴士拉市区，控制了巴士拉。之后，美军相继占领了伊拉克北部石油重镇基尔库克、萨达姆故乡提克里特。伊拉克第5军团向美军投降。至此，大规模的军事行动基本结束。整个战争行动过程如图4-4所示。

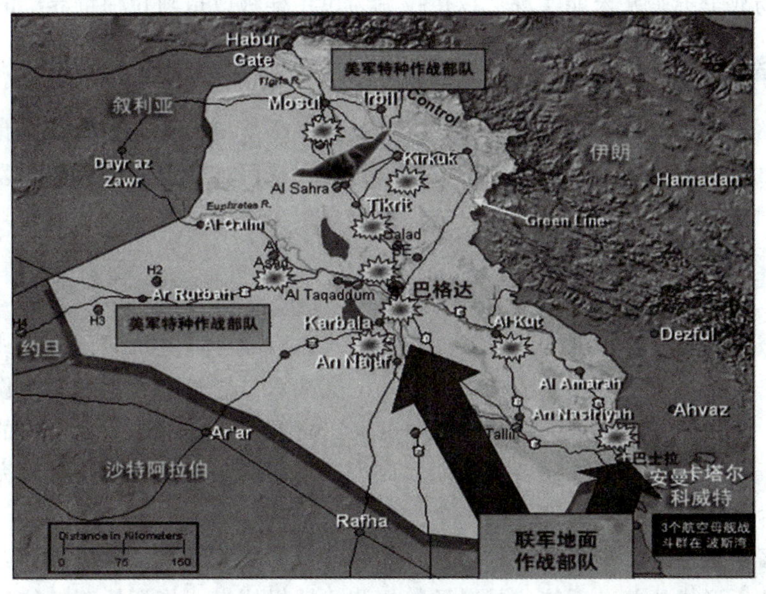

图4-4 伊拉克战争示意图

5. 战争启示

伊拉克战争的爆发，表面上是由于美英联军指责萨达姆支持恐怖主义、拥有大规模杀伤性武器而导致的，实质上是美英为首的西方国家借反恐之名趁机清除反美政权，为控制中东石油、改造阿拉伯世界而发动的一场侵略型战争。

从军事上看，伊拉克战争是一场信息化程度较高的非对称战争。正如美国前副总统切尼所指出的："伊拉克战争与海湾战争的最大不同，在于美国现在拥有了更为先进的信息技术优势。"正是凭借先进的信息技术，美军取得了对伊军的全面信息优势，使战场空间对美军呈现出单向透明，并进而实现牢牢对战场控制权的把握，战争中联军空地作战的一体化程度从海湾战争时的10%提高到了90%。在全面的战场信息优势支持下，美军可以说想怎么打就怎么打，想打哪里就打哪里，想打多长时间就打多长时间，战争的节奏完全掌握在美军的手中，伊军完全处于被动挨打的境地。因此，可以说全面的信息优势在一定程度上主导了伊拉克战争的进程。战争表明，建立了较完善的信息化战争体系的国家对仍处于机械化半机械化水平的国家拥有绝对军事优势；海空精确打击力量在信息化战争中将发挥越来越具有决定性的作用；在大规模作战阶段应尽可能多地使用精确制导武器；精确作战、信息作战、特种作战、空间对抗等新型作战样式和理论在信息化战争中将发挥越来越大的作用；要善于利用与控制新闻媒体，注重发挥心理战部队的作用，在战前和战中实施大规模的心理攻势；要实现精确化后勤，尽可能实现全资产的可视化；等等。

伊拉克战争，虽然一开始美军顺利地推翻了萨达姆政权，赢得了军事上的胜利，但由于侵略战争不得人心，伊拉克反美武装利用民众对外国占领军的不满，依托城市广泛开展游击战，加之一系列决策失误，迟迟未能稳定伊拉克局势，在战略上陷入长期被动，被迫开展了长达8年多的稳定行动。2011年12月14日，美国总统奥巴马在北卡罗来纳州布拉格堡军事基地发表讲演宣布伊拉克战争正式结束。至2011年12月18日，美军全部撤出伊拉克。这场战争美军并未能实现"以伊拉克为民主样板改造阿拉伯世界"的战略目的。

四、发展趋势

从当前整个世界的范围来看，战争形态正处在一个从机械化战争向信息化战争加速演变的阶段。虽然准确预测信息化战争的发展趋势还比较困难，但是循着战争发展的历史轨迹，结合科学技术的最新发展趋势，可以大致勾画出未来信息化战争发展的典型趋势。

（一）作战体系更加网络信息化

信息化战争中，联合作战成为基本的作战形式，作战力量更加多元，作战要素更加齐全，并通过信息网络的铰链形成复杂作战体系。交战双方的较量是依托复杂作战体系展开的体系对抗，因而体系对抗成为信息化战争的突出特征。提高基于信息网络的体系作战能力、提高基于网络信息体系的联合作战能力成为迫切需要，因此，构建更加完善的网络信息体系也成为信息化战争向前发展的一个方向。

所谓网络信息体系，是指围绕构建联合作战体系，依托共用信息基础设施，集成各级各类信息系统所形成的复杂系统，是对预警探测、情报侦察、指挥控制、信息对抗以及综合保障等功能系统的综合集成，是统一的网络信息共享环境和信息服务保障环境融合的有机整体。网络、信息、体系是网络信息体系的三个核心要素，网络是形态，信息是灵魂，二者结合形成的体系是目标。

随着世界新军事革命向纵深发展，信息化战争加速向前演化，以网络为中心、以信息

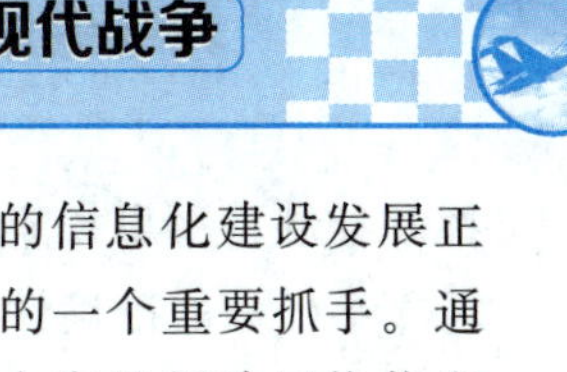

为主导、以体系为支撑的特征日益凸显。当前，世界大多数国家军队的信息化建设发展正处于一个战略调整期，加强网络信息体系建设，成为军队信息化建设的一个重要抓手。通过体系设计、体系建设、体系运用、体系保障来重塑现代军事体系，内容是新建网络信息资源和重构网络信息服务体系，基础支撑是栅格化的信息基础网络，目标是实现网络聚能、信息赋能、体系释能。

（二）战争层次更加模糊

在信息化纽带的影响下，未来社会将会变成高度连接的统一整体，各层次之间的界限将变得更加模糊。这种信息化社会的基本特征也会及时反映到信息化战争形态的发展变化上，未来信息化战争的各种层次差异将变得更加模糊。

未来信息化战争，战争的战略、战役和战术层次会变得更加模糊。一方面，战役或战术行动具有战略意义。由于大量信息化、智能化装备和系统的集中运用，武器装备的作战效能越来越高，精确打击和信息作战等行动对敌方军事、政治、经济和心理的攻击威力越来越大，因而小规模的作战行动和高效益的信息进攻行动就能有效达成一定的战略目的。这使得战争进程更为短暂，战争与战役甚至战斗在目的上的趋同性更为突出。另一方面，作战行动将主要在战略层次展开。信息化战争不再是从战术突破到战役突破再到战略突破，而是战争一开始，打击的对象就将主要集中于关乎敌方政治、经济和军事命脉的重要战略目标。尤其是在信息化战争中起主导作用的战略信息战，对敌方经济和政治信息系统的攻击，以及对敌方民众和决策者心理的攻击，更具有全纵深和全方位的性质。大规模的信息进攻和超视距的非接触作战将成为未来信息化战争的主要行动样式。

未来信息化战争，作战力量运用的时空频域层次也会变得更加模糊。随着信息技术的发展，即时通信、远程控制将成为信息化战争的基本特征，未来作战力量在信息化战场的时空频域界限将会彻底打破，战场前后方、战场时域差等将会被彻底消除。作战力量的参战方式将变得更加多样，参战地点将更加不受约束。在人工智能等技术的影响下，士兵、武器、装备，在执行任务目的层面上的功能也开始变得模糊。有些作战行动不再需要人去主动参与，而是更多可以依靠机器人去替代，机器也在人工智能技术的支持下可以完成越来越多的工作。在信息社会紧密连接的基础上，越来越多的军事行动可以依靠社会民间组织参与，战争不仅可能会在国家与国家之间展开，而且也可能会在社会团体与社会团体之间、社会团体与国家之间、少数个人与社会团体之间展开，发动和从事战争的主体呈现出多元化的趋势，战争层次将变得更加模糊。

（三）作战样式不断丰富

随着信息技术的迅猛发展、新军事革命的深入，以及国家政治战略需求的变化，信息化战争将以前所未有的速度催生出新型作战力量、新型作战方式和方法，并在被付诸实践的过程中逐渐凝聚为新型的信息化作战样式，影响和指导未来信息化战争的行动。

信息时代的军事探测革命将使得侦察、探测的空域、时域和频域范围大大扩展，使对作战行动的感知、定位、预警、制导和评估达到几乎实时和精确的程度；军事通信革命将在未来信息化战争中实现军事信息的无缝链接和实时传输，使各指挥机构和部队、各侦察和作战平台之间达到在探测、侦察、跟踪、火控和指挥方面的信息畅通，真正实现实时指挥和控制；军事智能革命将真正实现作战指挥活动和作战武器装备的自动化和智能化，执行军事任务的准确性和时效性将大幅度提高。战争的规模将逐渐趋小，以天、小时和分钟计算时间的战争可能以秒为单位发生，物资、能源的消耗战将逐步让位给信息、能量的控制战。

在目前发生的信息化战争中，作战双方往往在战争体系、战争力量、战略资源、作战方式、军事理论和战争结局等方面具有多侧面的不对称性。这与信息技术和信息化社会发展的特点有关，也与战争主体在政治、经济、军事、文化、科技、自然等各方面的差距有关。随着信息化战争的发展，信息技术发展的特点将进一步突显。信息技术将向多个领域推进，新信息技术会层出不穷，技术生命将越来越短，技术的军事应用方法将越来越多，信息对抗的途径将越来越多，作战手段将越来越多，各国在信息技术、军事理论、政治文化的发展上的差距和差别不会消失。可以预测，在信息化战争的发展过程中，不对称的战争表现还会存在，并更具多样性。

随着信息技术的发展和运用，战争时空将得到充分延伸，并且这种延伸将不断加速扩大。新型信息技术在不断突破人类传统能到达的空间和时间物理极限，围绕信息资源展开的争夺战将日趋激烈，信息化行动样式的演变将变得更加快速、新奇。战略心理战、太空绞杀战、掏心战、隐形战、精微战等新型作战样式都可能会接踵而至。未来信息化战场可能会深入至浩渺的太空深处，或者进入某一微小的细胞之中；世界各地的海沟、极地、地下，处处都有可能发生搏杀；电磁战将渗入更多的空间，贯穿在更多的时间尺度之中，变为无处不在的战争幽灵；信息化军队的作战能力将可能拓展至脑控、肌肉控、神经控等新型领域，作战时间和空间域将得到大大拓展。信息化战争的战场将会越来越广泛地涉及敌对双方甚至多方的政治、经济、文化、环境、信息、能源、网络等领域，虚拟战场与真实战场可能会充分结合，战场的边界变得更加变幻莫测、捉摸不定，与之相适应的新型作战样式将层出不穷。

（四）战争能力将持续提升

信息化战争的发展使战争体系的效能不断提高，人类的战争能力呈现持续提升的趋势。

战场感知力持续提升。目前，由于大量先进电子侦察监视技术的运用，战场感知力已经有了很大的提高。但随着信息技术的发展，战场感知力还会持续提升。一个从声频、电频到光频，从水下、地面到太空的全频谱、全方位、全时空的侦察监视体系将出现在战场上，各种目标的性状和变化都可能随时处在严密的监控之中。对于处于信息优势的一方，战场将更加透明。

战场反应速度持续加快。现代侦察监视技术和指挥控制技术使战场的反应速度明显提高。随着信息化战争的不断发展，战场的反应速度还会不断加快，“即时化”可能真正出现。拥有信息优势的军队不仅能够及时发现作战空间内所有重要目标，而且可使参战的所有部队实时共享作战信息，乃至实行协同、联合作战。未来可能出现的网络中心战将进一步提高战争的反应速度。高超音速的飞行器绕地球一圈只需两个多小时；密布于太空的无数个微型卫星将对地球上的任何一点实施即时打击；高速巡航导弹、多国联合舰队、激光武器的运用将促进战场的反应灵敏度速度。在未来，C^4ISRK 系统（指挥信息系统）必将

有更大的飞跃，战争系统的整体反应速度会不断提升。“即时化”把信息优势变成了时空优势、质量优势、决策优势和行动优势。

精确打击能力持续增强。信息技术的应用已使突击兵器的命中概率达到80%以上，基本实现了“指哪儿打哪儿”。导弹和精确制导弹药成为战场攻击武器的主角。二战时飞机投掷炸弹的误差近千米，而在伊拉克战争中这种误差已缩小到几米。随着军事信息技术的发展，信息化战争中的精确打击能力将不断增强。目标的识别、选定和摧毁将更加精准，打击误差可能缩小到厘米，甚至更小。人们可能对上万千米外的一台电脑、一部手机、一名将军、一只侦察苍蝇或者某个士兵的眼睛实施精确打击。精确打击不仅限于物质层面，还将涉及人的精神、心理层面，将可对某个人或某些具有共同特性的群体实施定性、定量、精微准确地心理突击和精神手术。

作战空间和时间持续延伸。信息技术的运用使战争的时空得到了延伸。目前人类的战场已经扩展到陆、海、空、天以及电磁的空间，作战时间也得到延伸。随着信息技术的发展，这种延伸将不断扩大。

战场效能持续提高。未来的信息化战争，战场效能必将持续提高。信息技术将使战争要素得到最优化组合，战争力量将在最关键的地点、时机、方向上，以最佳攻击手段、攻击强度和最小损耗，对与政治目标最密切关联的关键目标，实行精确、集中、有效地能量释放，从而产生了很高的战场效能。战争手段的多元化、空间的多维化和行动的一体化，增加了战争能量释放的通道、针对性和一致性，使战争能量的单位时间流通量大幅提升，减少了无效发散，提高了效率，达到了一种战争能量在极短的时间内集中、有效地流向最关键最重要空间的战场境界。

人类的战争能力的快速提升，使信息化战争中的对抗更趋激烈。参战人员在知识、能力、心理和生理上的压力大大增强。未来的信息化战争将是一场殊死搏杀。

（五）战争对经济和科技的依赖性将越来越强

信息化战争对科技实力和经济实力有很大的依赖性。美国B-2A隐形战略轰炸机单架飞机的研制费达到了20多亿美元，组建一个具有基本信息战能力的航母编队需要100多亿美元，一枚巡航导弹值百万美元，一颗“锁眼-12”卫星的造价高达14亿美元。42天的海湾战争中，美军消耗物资达1.7万余种、3千多万吨，花去了1100多亿美元。随着信息化战争的发展，其对经济和科技的依赖程度将会越来越大。信息化武器的研制、生产、维护、使用都离不开科技力量和经济力量的支撑。高素质人才培训、购置昂贵的设备和较长的研制周期，都需要耗费巨资；科研成果产业化的投资比研究开发投资还要高出5～20倍；由于技术更新换代快，新武器的替换耗费大量资源。信息技术发展越快，信息化战争的经济科技依赖性越强。

（六）战争形态向智能化方向发展

近年来，随着人工智能、“互联网＋”、超算技术在军事领域的广泛运用，战争形态正迅速从信息化向智能化演变，呈现出信息生“智”、以“智”赋“能”和“智”主释“能”的新特征。

信息生“智”，是在信息网络、大数据、云计算和人工智能等技术的支撑下，具有辨别是非、自主行为的能力，可按照人类事先设定的规则或算法，进行“类脑”的思维活动，是信息化迈向智能化突出的特点，也是信息化向智能化战争形态演变或转型的重要标志。信息生“智”成为影响未来战争制胜的第一要素，它不仅使作战行动具有了自适应化、精准化特点，而且还能够通过敌我双方的信息博弈，自主发现并判明敌作战体系弱点，提供人工智能辅助决策的目标规划、任务规划和行动规划，为指挥员快速、精准决策提供科学依据。

以“智”赋能，是指通过数据分析、信息融合生“智”，为作战体系中多军兵种作战要素、作战单元、作战系统，甚至是作战平台灌输自主“智慧”和自适应协同能力，实现要素寻优协作、智能辅助决策、无隙自主联动、大群跨域组网，从而完成自主协同的作战任务。从本质上讲，信息化向智能化作战转型是由信息主导向智能主导过渡，信息在流转过程中，由“大数据”分析到“云计算”处理，进而赋予多军兵种联合作战指挥拥有“超级大脑”，最终推动智能化军事装备逐步从类脑水平向真脑、群脑水平快速递进。

“智”主释能，就是以智能主导信息火力融合，主导信息火力打击，主导体系结构破击，充分发挥多军兵种非对称的精确打击威力，最大限度地精准释放智能化打击威力，对作战对手联合作战体系中的重要目标或关键性薄弱环节实施精准毁伤，在大幅提升打击效能的同时，减少人员的附带损伤，以最低代价获得最佳的联合作战效果。从其内涵上看，信息化向智能化作战转型的过程中，战场优势不仅仅局限于以往追求的信息优势、兵力优势、火力优势和机动优势，而是力争对作战对手形成全空间、全要素、全系统、全流程的智能优势，掌控战场主导权和控制权，使战争按己方意图进行或结束。

学练合一

一、思考题

1. 战争的基本内涵是什么？主要特点有哪些？经历了哪些发展阶段？

2. 什么是新军事革命？主要内容有哪些？

3. 什么是机械化战争？其主要特征是什么？

4. 什么是信息化战争？其主要特征是什么？发展趋势是怎样的？

二、判断改错题

请判断语句正确与否，正确的画“√”，错误的画“×”，并将你认为的错误改正过来。

1. 火药发明于中国，并在军事上得到全面的发展和应用。（　　）

2. 所谓战争形态，是以主战兵器技术属性为主要标志的战争历史阶段性的表现形式和状态。（　　）

3. 信息化战争是指军队在陆、海、空、天、电磁、网络、心理等多维空间，运用信息、信息系统进行的战争。（　　）

4. 新军事革命的实质就是把工业时代的机械化军事形态改造成信息时代的信息化军事形态的过程，简单点说就是信息化。（　　）

5. 机械化战争，是指主要使用机械化武器装备及相应作战方法进行的战争。（　　）

6. 信息化战争是人类继冷兵器战争、热兵器战争和机械化战争形态之后的一种全新的战争形态。（　　）

三、不定项选择题

将你认为正确的选项填写在括号里。

1. 战争是解决（　　）之间矛盾的最高斗争形式。

A. 阶级和阶级　　B. 国家和国家

C. 民族与民族　　D. 政治集团和政治集团之间

2. 战争的主要特点包括（　　）。

A. 对抗性　　B. 概然性和偶然性

C. 暴烈性　　D. 从属性

3. 战争的发展至今已经历了（　　）等几个阶段。

A. 冷兵器战争　　B. 热兵器战争

C. 机械化战争　　D. 信息化战争

4. 新军事革命具有如下特征（　　）。

A. 深刻性　　B. 不平衡性　　C. 全面性　　D. 快速性

5. 新军事革命的主要内容包括（　　）。

A. 新军事技术革命　　B. 新军事理论革命

C. 新军事装备革命　　D. 新军队组织革命

6. 机械化战争主要表现出以下几个典型特征（　　）。

A. 以歼灭有生力量为主　　B. 大量使用飞机、坦克、大炮、军舰

C. 火力成为主导因素　　D. 武器装备的机械化

7. 信息化战争形态主要特点不包括（　　）。

A. 武器装备的信息化　　B. 大量使用飞机、坦克、大炮、军舰

C. 战场空间的多维化　　D. 作战效果的精确化

四、论述题

1. 为什么说战争是政治的继续？

2. 试论信息化战争与机械化战争相比较的不同之处。

第五章　信息化装备

学习目标

了解信息化装备的内涵、分类、发展及对现代作战的影响，熟悉世界主要国家信息化装备的发展情况，提高学习高科技知识的积极性，努力成为国防科研人才。

第一节　信息化装备概述

名人名言

技术决定战术。

——［德］恩格斯

一旦技术上的进步可以用于军事目的并且已经用于军事目的，它们便立刻几乎强制性地，而且往往是违反指挥官的意志而引起作战方式上的改变甚至变革。

——［德］恩格斯

信息技术在军事领域的广泛运用产生了大量的信息化装备，这些装备在信息化战争中的使用，使得战争的规模虽然不大，但涉及的战场空间却非常广泛，战斗的节奏加快，作战效能极大提高。

一、信息化装备的定义及分类

（一）信息化装备的定义

信息化装备是采用现代技术，具有单一或多种信息功能的装备，如精确制导武器、综合电子信息系统及加装数据链和相关信息系统的飞机、舰船等。

本节视频讲解

在信息化战争中，信息成为制胜的重要因素。谁能够及时地获取、传输、处理和使用信息，谁就能够掌握战场主动权从而赢得战争。各种武器装备由于利用现代技术加装了信息系统，能够获取和使用战场信息，使得其作战效能大大提高。如各种导弹，能够及时获取目标信息，并在制导系统的控制下准确命中目标。综合电子信息系统将所有作战要素集合成一个作战体系，极大地提升了作战效能。

(二)信息化装备的分类

信息化装备有多种分类方法，按信息化装备的性质可分为进攻类信息化装备、防御类信息化装备和支援类信息化装备；按信息化装备的杀伤效应可分为“硬杀伤”类信息化装备和“软杀伤”类信息化装备；按信息化装备的功能又可分为信息系统、信息化作战平台、信息化弹药（精确制导弹药）、新概念武器和单兵数字化装备等。本章重点介绍信息化作战平台、综合电子信息系统和“硬杀伤”信息化装备等。

二、信息化装备的特征

信息时代的信息化装备，其内涵、质量和性能都与机械化装备有很大的不同。传统武器装备主要由物质和能量两大要素构成，杀伤力和机动力是衡量武器装备性能优劣的主要指标。信息化装备突出物质、能量、信息三大要素的融合，从而使其凸显出新的时代特征。

(一)网络化

所谓网络化是利用网络技术把遍布于战场每个角落的侦察系统、火力系统、指挥系统、支援保障系统等联成一个有机整体，实现信息化武器装备的整体联动。

网络化有两个目的：一是通过网络将各作战系统、作战单元和作战要素连接为一个整体，构成一个庞大的作战体系，因为信息化战争不再是人与人、兵器对兵器的对抗，而是作战体系之间的对抗；二是通过网络使作战体系内所有的作战要素实现信息共享。

我们可以想象一下，未来的信息化战场上，由电缆、光纤和无线电台、卫星散射、接力等各种电子设备构成的有形和无形的“信息公路”，密布于陆地、海洋、空中和太空等各个空间，构成了一个无缝链接、无所不在的庞大信息网络。这个信息网络将太空卫星、侦察飞机、地面雷达、水下声呐及其他光电器材等情报侦察、预警探测传感器连接构成传感网，为指挥中心和武器系统提供全时域、全空域、全频域、全天候实时、精确的情报信息，使我们很清楚地知道“敌人有多少？在哪里？在干什么？”，并将指挥控制中心、战斗单元和武器系统连接为一体，让我们想打哪里就打哪里，想什么时候打就什么时候打，想怎么打就怎么打（见图5-1）。例如在阿富汗战争中，美军采用LINK-16数据链技术，将RQ-1“捕食者”无人机、RC-135V/W电子侦察机、U-2高空侦察机、E-8“联合星”飞机和RQ-4“全球鹰”无人机联系起来，实现了战场信息的互通与共享，从而提高了武器装备打击的灵活性和精确性。

图5-1 网络化作战体系示意图

（二）集成化

所谓集成化就是利用信息技术把功能较为单一的武器装备集成为具备情报侦察、通信、指挥控制、火力打击和电子对抗等多种功能于一体的武器系统。

20 世纪 90 年代初，我国著名科学家钱学森提出了“综合集成”的系统学概念。将其运用在军事领域，就是利用信息技术把多个分离的系统，整合成高效、低耗、协调的大系统，使之发挥最佳的整体效能。信息化战争，是体系与体系的对抗。体系对抗要求武器装备的发展必须从注重发展“拳击手”转变到注重发展“全能运动员”，重视武器装备多种功能的协调发展，提高武器装备的整体质量与效能。

例如一门火炮，在机械化战争中，从确定自己的位置到发现目标位置，再到解算出射击诸元把炮弹打出去，这个过程往往需要几十分钟。而将自动定位系统、信息采集系统（包括空中侦察系统、地面炮位侦察雷达等）和指挥自动化系统等与火炮集成为信息化火力打击系统后，火炮机动到任何地方都可以自动定位，从发现目标到炮弹命中目标，只需要几十秒钟（见图 5-2）。

图 5-2　信息化火炮武器系统示意图

任何一种武器，无论技术如何先进，在信息化战场上都是难以单独完成作战任务的。例如，科索沃战争中，南联盟装备的米格-29 战机虽然技术性能并不逊于美军的 F-16 战机，但一旦升空作战即被击落。主要原因在于美军的 F-16 得到了预警机的引导和侦察情报网的支持，构成了一个空中火力打击系统，能实时发现和定位米格-29 战机的空间位置，而米格-29 战机还采用的是由地面雷达引导其作战的传统方式，在空中就如同“睁眼瞎”，也难怪一升空就被击落。

因此，世界各国军队研制武器装备时，都十分注重各种武器系统的集成化、体系化、标准化建设，使其成龙配套，将分离的武器装备或系统集成为一个新的更高层次的系统，从而更便于从传感器到射手之间、各武器系统之间、各作战部队之间的信息流动，大幅度提高信息化武器装备的整体作战效能。

（三）精确化

所谓精确化，就是利用信息技术提高武器装备的命中精度，从而提高作战效能。目前，大量的精确制导武器如各种导弹和精确制导炸弹广泛运用于战场，使得战争面貌发生了翻天覆地的变化。

例如在海湾战争中，美国用 2 枚“斯拉姆”导弹攻击伊拉克巴格达附近的一个水电站，导弹在距目标 110 千米的飞机上发射，第 1 枚导弹在水电站的墙壁上击穿一个洞，第二枚导弹从这个洞进入水电站内部爆炸，将电站摧毁，命中精度之高，令人震惊，不仅提高了作战效能，也大大降低了附带损伤。

信息技术的发展使得精确打击兵器正逐渐成为军队武器装备的主体。海湾战争中，精确制导弹药仅占总投弹量的8.4%，这一比例后来不断提高，在科索沃战争为35%，阿富汗战争为60%，伊拉克战争则达到80%以上。

(四) 隐身化

所谓隐身化就是使各种新型武器装备具有对抗雷达、红外、声音以及可见光探测的隐身特性，提高武器装备的战场生存率和隐蔽突防能力。

随着各种侦察探测手段的广泛运用和“发射即摧毁”精确打击能力的不断提升，使得隐形武器装备的发展备受各国军队重视。

目前，各国军队都在大力发展新的隐身技术，隐形飞机、隐形导弹、隐形舰艇、隐形车辆、隐形火炮、隐形卫星、隐形通信系统等层出不穷。其中，隐身飞机是应用隐身技术最多、发展最快的作战平台。目前比较先进的隐形飞机主要有两种：一是B-2A隐形轰炸机（见图5-3），其雷达反射截面积仅0.3平方米，同一只老鹰差不多；二是F-22隐形战斗机（见图5-4），其雷达反射截面积只有F-15战斗机的1%。

图 5-3 美国 B-2A 隐形轰炸机

图 5-4 美国 F-22 隐形战斗机

(五) 智能化

所谓智能化就是充分利用人工智能技术，使武器装备不仅大幅度改造和提升物理功能，而且全面拓展其信息功能和智能控制能力，使武器装备由单纯的物质、能量载体转变为物质能量与人脑功能的结合体。

如巡航导弹在使用时，在发射前人们将目标方位、外形、红外及电磁等特征信息预置到导弹的计算机中，同时，控制人员要选取一条经过优化的进攻路线，并把路线的方位、高度等信息预置到导弹中。然后，把所有信息进行计算机编程，为巡航导弹设计出一个作战流程。巡航导弹发射后就会自动沿着预定航线飞行，到达目标区域后会自动寻找、打击预定目标。这是一款智能化程度相当高的信息化武器装备。

未来信息化战场上，将出现大规模的机器人部队和由机器人驾驶的飞机、坦克、装甲战车、军舰以及智能电脑控制的其他武器装备。

三、信息化装备的运用对现代作战的影响

（一）战场空间无限扩大

由于信息化装备的使用遍布陆、海、空、天和电磁网络空间，使得信息化战争的战场空间已经拓展到上述空间，作战行动可能在任意一个或几个空间展开。特别是侦察监视系统的使用，使得人们能够“眼观六路，耳听八方”。从大洋深处到茫茫太空，布满了天罗地网式的侦察监视系统：水下的声呐，能够偷偷寻找军舰和潜艇的踪迹；地面的传感器，能够警惕地注视人员与车辆的动静；空中的侦察飞机，能够同时监视高、低空、地面、海上的各种活动目标，太空中的光学侦察卫星可以监视全球除南、北极以外的绝大部分地区的任何军事行动，电子侦察卫星则密切监听、监测电磁网络空间的通信联络信息。例如在阿富汗战争中，虽然主战场只在 65 万平方千米的阿富汗境内展开，但战争的空间遍及全球。有 89 个国家向美国军用飞机授予领空飞越权，76 个国家授予美军飞机着陆权，23 个国家同意接纳美军部队。美国还在空中部署有各种侦察、预警飞机，全方位、全时段监视对方的所有行动。在外层空间利用多颗卫星组成太空侦测网，全面监视、搜寻塔利班和本·拉登的动向。又例如在 2011 年 5 月 1 日，美国派出 24 名“海豹突击队”队员，搭乘 2 架“黑鹰”直升机前往巴基斯坦，对其首都伊斯兰堡郊外的一处楼房实施突击行动，在行动中击毙了“基地”组织的头目本·拉登。表面上看这是一次小分队的战术行动，但是为了确保这次战术行动的成功，美国组织了一个庞大的系统进行战略支援：在太空，有若干颗侦察和通信卫星负责战场信息的获取和实时传送；在空中有一架隐形无人机担负无线监听和实时传送信息的任务，以及多架 F/A-18 战斗机担任待战掩护任务；一支航母编队被部署到印度洋担负战略掩护任务；另外还有两个中亚基地、五个指挥中心以及近万名各类支援保障人员参与了行动。在这么一个庞大系统的支援下突击行动取得圆满成功。

这种小规模行动，大体系支撑的作战模式，充分说明信息化战争的战场空间由于信息化装备的运用已经拓展到人类可能触及的所有空间。

（二）作战效能极大提高

由于信息化装备能够及时获取目标信息并有强大的信息处理能力，所以能够对目标实施精确打击，使得作战效能成倍提高。20 世纪 70 年代美国在越南战争中想要炸毁越南北方交通要道上的清化大桥，在四年多的时间里，出动了几百架次的轰炸机、歼击机，投掷了 5000 多吨各种炸弹，损失了几十架飞机都没能炸毁那座大桥。后来美国研制出了“灵巧”激光制导炸弹，一次出动 14 架飞机，投掷了十几枚“灵巧”炸弹就将清化大桥彻底摧毁了。一般情况下，在战场上如果想击毁一辆坦克，使用常规炮弹需要发射几百上千发，而如果使用反坦克导弹则只需要 1～2 枚。对一些重要目标，使用“地毯式”轰炸的方法虽然可以摧毁目标，但造成的附带损伤也是巨大的。这在国际社会普遍关注人道主义伤害的今天显然是行不通的。而使用精确制导的信息化武器就能够做到既摧毁目标，又能够最大限度地减少附带损伤。

（三）战斗节奏加快，时间缩短

虽然兵家历来强调“兵贵神速”，但因为受技术条件的限制，传统武器装备常常“欲速而不达”。现代武器装备由于充分利用了信息技术的成果，真正做到了“机动快、反应快、打击快、转移快”。这是因为信息化装备能够及时获取和使用战场信息，且信息化武器装备的打击速度极大提高，就使得其在战场上能够及时发现目标并摧毁，因此就使得战斗的节奏加快，战斗的持续时间缩短。过去在机械化战争中，从战争准备到战争实施再到战争结束的时间是以年来计算的，第二次世界大战打了六年，美国打越南战争打了十一年。但自从在战争中开始使用信息化装备以后，战争进程就被大大缩短了，可以用天数来计算。1973 年爆发的第四次中东战争只打了 18 天，海湾战争打了 42 天，伊拉克战争打了 27 天。而一些大量使用信息化装备的战斗行动持续时间更是用分钟来计算的，如美国空袭利比亚只用了 18 分钟，以色列空袭叙利亚的“贝卡谷地”，摧毁其 19 个防空导弹阵地仅用了 6 分钟。一般来说，一场战斗的过程应该是“发现目标——定位——瞄准——攻击——评估战果”。在海湾战争中因为使用的信息化装备比例不高，这个过程大概需要 100 分钟，而在据说是最具有信息化战争特征的伊拉克战争中，这一过程已经缩短到 10 分钟。难怪美国前国防部长科恩曾说：“以往的哲学是大吃小，今天的哲学是快吃慢”。在信息化战场上，谁先发现目标，谁先火力攻击，谁就能掌握战场主动权，消灭敌人而不被敌人所消灭，而这就需要依赖于信息化装备。

（四）推进现代作战样式持续演变

信息化装备极大地提升军队的作战能力，改变着作战力量的运用方式，从而推动作战样式发生演变。随着导弹和精确制导技术的运用，导弹打击和导弹的拦截作战成为重要作战样式；隐身飞机和各种电子战装备的大量使用，使得电子对抗战成为新的作战样式；此外，网络设备、太空装备的大量运用，使得电磁战、太空战等新型作战样式也开始出现。信息化战场呈现出空间超立体、大纵深、全方位、多层次、非线性的特征，打击手段出现多样化，作战行动向高速度、全天候、全时域发展。

（五）促进了指挥控制智能化的发展

由于信息化装备遍布战场空间，随时获取战场信息，各种作战要素，要想结合为一个完整的作战体系而协调一致的行动，也需要随时掌握战场信息。这样一来汇集到指挥员面前的战场信息就是海量的：出现在战场空间的各种目标信息、各作战要素的位置信息、任务需求信息以及作战目的信息等等，需要指挥员及时做出决策。哪些目标需要哪些作战要素，什么时候采取什么样的行动，用多少火力予以消灭，当前任务是什么？后续任务有哪些？因此指挥协同的难度大大增加了。这些活动如果仅靠指挥员或参谋人员去处理是根本不可能的，必须依托指挥控制系统来完成。在海湾战争中，美军在战区中有 3000 多台计算机同国内的计算机联网，用这些计算机跟踪与分析敌军实力、制定与演练作战方案、汇集与查找各种资料。美国的“全球军事指挥控制系统”，是一个总共由 100 多台大型机、3000 多台小型机和工作站、数以万计的微型机组成，可连接全球 100 个基地与战争热点的大型作战指挥网。从一定程度上讲，没有电子计算机，便不可能打什么“信息化战争”。

仍以海湾战争为例，在整个38天空袭期间，多国部队的空域管制人员必须根据空中任务分配指令，每天管理数千架次飞机的航行活动，涉及122条空中加油航线、600多个限制区、312个导弹交战空域、78条空中攻击走廊、92个空中战斗巡逻点、36个训练区和6个国家的民航线，总航线长达15万千米，要完成如此复杂艰巨的任务，如果没有一个智能化的指挥控制系统，简直是不可思议的事情。

（六）制信息权成为作战取胜的关键

近期几场局部战争表明，信息优势是争夺战争胜利的关键，制信息权决定着制空权和制海权，离开了信息优势，即使具有其他方面的必要力量也难以取得胜利。因为拥有信息优势的一方，不仅可以有效实施“信息垄断”“信息威胁”“信息攻击”和“信息防护”，还可以提供“信息支援”和“信息保护伞”，使受到支援和保护的一方获得巨大的军事优势，成倍提高部队战斗力。具有“制信息权”的一方能实时或近实时地获取、传输和使用信息，使战场上的兵力兵器很快地转化为实际战斗力，而失去“制信息权”的一方，由于信息流被切断，成了“瞎子、聋子和瘫子”，其兵力兵器再多也无法转化为实际战斗力。例如美军在伊拉克战争中，动用了90多颗各类卫星，70多架各型侦察机，能够24小时不间断地获取实时的战场信息，因此尽管伊拉克拥有几十万大军，几千辆坦克，几千门火炮，但是在战场上这些武器装备与“废铜烂铁”无异，战争结局呈现“一边倒”的局面。

（七）信息化装备造价昂贵，战争消耗巨大

由于信息化装备需要获取、传输、处理和使用信息，其本身的造价相对于机械化装备来说要昂贵得多。例如，一发普通的炮弹造价只有几千元或上万元，但一枚导弹就贵多了，一枚反坦克导弹造价从几万美元到十几万美元不等，一枚巡航导弹的价格达到160万美元，一枚战略弹道导弹的价格则高达几千万美元。美国近几年在调整其军事战略，其中一个调整内容就是放弃“同时打赢两场战争”的战略思维，就是因为战争消耗太大难以承受。美国先后发动了阿富汗战争和伊拉克战争，短短几年的时间就耗费了将近一点三万亿美元。这种巨大的战争消耗一般国家是难以承受的，就连美国这种“财大气粗”的国家在打这种现代战争时也要实施“联盟战略”，由盟国分摊其经济压力。这也直接导致现代战争虽然涉及的方方面面很多，战场空间无限扩大，但都不会旷日持久地持续下去，而是一旦达成战争目的很快就会偃旗息鼓，停战谈判。

（八）促进现代作战理论创新发展

科学技术始终是军事领域最活跃的因素之一。信息技术在军事领域的运用必将引起军事内部诸要素的变化，随着军事诸要素的改变，军事理论的创新与发展也就不可避免。比如，二战以后，导弹、核武器等纷纷涌现，战争形态和作战样式呈现许多新特点，催生了诸如空地一体、非线式、非对称作战等新型理论。在2003年的伊拉克战争中采用的网络攻击、精确打击等手段，导致了“网络中心战”“快速决定性作战”等作战理论的成熟。随着信息技术的发展以及信息化装备的运用，作战领域的理论创新也将持续深化。

四、信息化装备的发展趋势

（一）研制重点向新空间、新领域发展

信息化装备目前是在陆、海、空、天、电磁、网络空间及心理认知领域中运用，今后装备研制将向新空间发展，这里所说的新空间指的是微型空间，要制造由纳米级的零部件组装成的信息化装备。如“纳米卫星”，这种卫星比麻雀略大，重量不足0.1千克，各种部件全部用纳米材料制造，采用最先进的微机电一体化集成技术整合，成本低，质量好，可靠性强。“蚊子导弹”就是利用纳米技术制造的形如蚊子的微型导弹，可以神不知鬼不觉地潜入目标内部，但威力巨大，足以炸毁敌方的火炮、坦克或飞机。还有如同苍蝇般大小的“袖珍飞机”，可以携带各种探测设备，具有信息处理、导航和通信能力，可以被秘密部署到敌方信息系统和武器系统的内部或附近，监视敌人获取信息。更有通过声波控制的微型机器人“蚂蚁士兵”，虽然比蚂蚁还小，但有惊人的破坏力，它们可以通过各种途径钻入敌方武器系统内部潜伏下来，然后根据指令破坏其武器系统。

新领域指的是向新概念武器装备方向发展。一是发展太空信息化装备，主要是使太空武器装备实战化，如太空激光武器、太空微波武器、太空动能武器等；二是发展空间环境武器并使其实战化；三是发展非致命武器，如声波武器、反装备武器（超级黏合剂、超级润滑剂、发动机窒息武器等）、基因武器等。

（二）系统结构向模块化、标准化发展

系统结构的模块化、标准化最主要的目的是为了减少辅助设备、零部件配件及增加互换性。如对精确制导武器来说，它的模块化是就制导技术的结构而言，它不但使导弹能迅速地适应不同目标，而且减少了后勤支援设备，便于维护和技术改进。目前，用于导弹武器系统的模块，已有结构模块、助推模块、惯性制导及其他制导模块、控制模块、导引头模块、有效载荷模块、引信模块等。今后，用于导弹武器系统的模块化将越来越多，越来越广。再例如“爱国者”地对空导弹系统的相控阵雷达的数字、模拟组件，A/D转换器和电源、存储器等，均采用了标准组件，其电子备件仅用了239种标准组件，与“霍克”地对空导弹相比较，仅相当于其十分之一。

模块化的武器装备如图5-5所示。

图5-5　模块化的武器装备

（三）作战性能向远程化、精确化发展

由于信息化战争的作战方式越来越向“非接触”方向发展，战斗将在地平线以外打响，这就要求信息化装备要大力增加射（航）程。过去地面火炮的射程为几千米、十几千米或几十千米，今后要求信息化作战平台的射程要在一百千米、几百千米或上千千米。

随着探测技术、高速信号处理技术和控制技术等信息技术的发展，未来信息化装备，特别是精确制导武器将广泛采用先进的毫米波、红外成像、全球卫星导航定位系统等单一或复合制导技术，命中精度将进一步提高，并逐步向多功能、自主化、灵巧化、轻小型和智能化方向发展，精确制导武器将得到不断地提高。

目前，一种全新的作战样式——“精确战”，正在登上战争舞台。它要求在整个作战过程中要做到“精确探测——精确定位——精确指挥——精确打击——精确评估——精确保障”，要达到这些要求，就需要大量使用信息化装备。

（四）指挥系统向一体化、智能化发展

一体化是未来军队指挥自动化的重要发展趋势，也是指导军队指挥自动化建设的重要原则。海湾战争的一个重要启示是：现代战场上取胜的关键不仅在于拥有技术先进的武器装备和投送系统，而且还在于是否具有在战场上将这些武器装备有效地加以控制和使用的一体化能力。所谓智能化，也就是具有分析问题、处理问题的能力。信息化战争的战场上，各种信息瞬息万变，如果仅仅依靠指挥员的大脑来处理这些信息进而做出正确的决策几乎是不可能的，必须要借助于“智能化”的指挥信息系统来指挥作战行动。指挥信息系统中有一个辅助决策的“专家系统”可以帮助指挥员确定战场上出现的目标的重要程度、适合打击重要目标的武器装备及所处的位置和打击能力以及指挥员需要及时处理的情况等，为指挥员做出正确决策提供帮助。

（五）平台设计向隐身化、无人化发展

信息化战争将向“三无”方向发展，即“无人、无形、无声”，为了适应战争需求，信息化装备平台就要向隐身化、智能化方向发展。一是发展新型隐身技术和隐身材料。在隐身技术方面包括扩展隐身波段，向毫米波、亚毫米波、红外、激光和米波波段扩展，将仿生学应用于隐身技术。在隐身材料方面，发展反雷达和反红外侦察兼容的材料和发展用超细粉末、纳米材料制成的雷达吸波材料以便制作武器平台的涂层。二是大力发展无人化作战平台。如无人侦察机、无人作战飞机、无人飞艇、无人战车、反潜无人舰艇以及无人作战潜航器等等。与有人平台相比，无人化平台具有独特的优势：军事行动中无人员伤亡顾虑，风险小，代价低；在设计与应用过程中无须考虑“人员安全”问题，可实现长时间的无缝侦察和打击能力，并可实现隐身、机动等关键性能的跃升。无人化平台将极大扩展有人平台的作战能力，改变传统战争模式，成为信息化战争的重要节点和作战要素。

第二节 信息化作战平台

名人名言

只有掌握了技术，才能战胜敌人，不然就要为敌人所打败。

——朱德

一、信息化作战平台的定义

信息化作战平台是指安装有大量电子信息设备的高度信息化的作战平台，是信息化弹药的依托，如信息化的飞机、舰艇、坦克、装甲车辆等。

本节视频讲解

与传统的作战平台相比，信息化作战平台有三大优势：一是科技含量高，信息技术的含量一般要占50%以上；二是作用机理和设计观念有重大突破，有些甚至是质变性的跃升，如采用计算机技术、隐身技术，具有非常规机动能力等；三是使用观念上，由以平台为中心转向以网络为中心。

根据信息化平台运用地点的不同，信息化作战平台主要包括陆上、海上（水下）、空中和太空信息化作战平台等几类。

二、陆上信息化作战平台

陆上信息化作战平台主要是指大量采用信息技术的各类坦克、步兵战车、自行火炮、导弹发射装置等陆上作战平台。它是在原有机械化作战平台的基础上，嵌入了指挥控制、通信、侦察监视、敌我识别、导航定位和威胁预警与对抗等信息系统，实现了作战效能的大幅提升。它主要包括坦克、步兵战车、自行火炮和无人地面车辆等。

坦克的信息系统主要包括数字式火控系统、定位导航系统、综合电子战系统、指挥控制系统、通信系统、威胁预警与对抗系统等。如美国 M1A2SEP 主战坦克（见图 5-6）装备有“21 世纪部队旅及旅以下作战指挥数字化系统（FBCB2）”和数字化坦克火控系统，在这些系统中有 20 多片 CPU（即 20 多台电脑），信息化程度得到较大提高。该型坦克不仅可以在行进中随时接受作战命令，在行进中开炮，还能够随时与指挥信息系统交换信息。

自行火炮是由车辆底盘与火炮构成的作战平台。自行火炮的信息系统主要包括专用火控计算机、定位定向系统、数字通信装备和自动瞄准系统等。如美国陆军的 M109A6“帕拉丁”155 毫米自行榴弹炮（见图 5-7），装备了由炮载弹道计算机与定位导航系统、火炮自动瞄准装置组成的自动化火控系统，以及单信道地面与机载无线电系统，可与先进野战炮兵战术数据系统（“阿法兹”系统）及其他的目标探测和武器系统连接，具有较强的快速反应能力。

图 5-6 美国的 M1A2SEP 主战坦克

图 5-7 美国 M109A6“帕拉丁”155 毫米自行榴弹炮

三、海上（水下）信息化作战平台

海上（水下）信息化作战平台主要是指大量采用信息技术的各类舰艇和潜艇等海上（水下）作战平台。它主要包括航空母舰、驱逐舰、护卫舰、导弹快艇、登陆舰、潜艇和水下无人航行器等。

海上（水下）信息化作战平台嵌入的信息系统主要包括情报采集与处理系统、作战支持系统、舰载武器控制系统、舰载通信系统、舰载作战指挥控制系统和电子战系统等。

例如，美军“布什”号核动力航母装有电子对抗、雷达、卫星导航、综合通信等系统，并将以往分散的各作战平台整合成分布式的探测和攻击系统，提高了整个航母打击群的作战效能（见图 5-8）。

图 5-8 美国“布什”号航空母舰

航母战斗群：一般由 4～6 艘导弹驱逐（护卫）舰（担任对海、空防御）、2～3 艘潜艇（担任对水下防御）和 1～2 艘综合补给舰组成，舰载 60～80 架歼击机、空中预警机和反潜直升机。

作战时，预警机升空，其机载雷达探测距离为 300～700 千米，航母的舰载机作战半径在 600 千米以上，其反潜作战半径也在 100 千米左右。

四、空中信息化作战平台

空中信息化作战平台，是指大量采用信息技术的各类作战飞机和直升机等空中作战平台。通常装备有综合显示控制管理、目标探测、通信导航识别、电子战、精确制导武器管理等构成的综合航空电子信息系统。它主要包括歼击机（战斗机）、轰炸机、歼击轰炸机、运输机、武装直升机和无人机等。

例如美国的 F-35 战斗机（见图 5-9）装备的航空电子系统被称为“多功能综合射频系统”(MIFRS)。该系统集雷达、通信、导航和射频电子战功能于一身，共享天线和处理器等硬件，使该飞机成为美国 21 世纪真正具有全频谱自卫能力的、全天候隐身攻击平台。MIRFS 系统工作于 8～12 吉赫兹频段，采用有源阵列低雷达截面积的天线，能完成空对空搜索与跟踪、空对地攻击作战，还可以完成合成孔径雷达测绘、单脉冲地面测绘、电子干扰、空中交通管制等任务及一些通信功能。

图 5-9　美国 F-35 战斗机

五、太空信息化作战平台

太空信息化作战平台，主要是指能对敌方卫星和空中、海上、陆地目标实施攻击的太空作战平台。它主要包括两类：一是可用于攻击敌方航天器的拦截歼击卫星系统，以及可实施对地、对海、对空攻击的卫星等；二是各类军用载人航天器，如载人飞船、航天飞机、空间站等。

例如，拦截歼击卫星系统主要包括武器载体型卫星、自爆摧毁型卫星和捕获型卫星。武器载体型卫星，是指配置有导弹、火箭、激光武器、粒子束武器和微波武器等杀伤性武器，以损伤或摧毁目标卫星的卫星（见图 5-10）。自爆摧毁型卫星，就是移动到目标卫星附近，利用自身爆炸产生的动能摧毁目标卫星的卫星。捕获型卫星，就是可以“捕获”目标卫星的卫星。2007 年 3 月，美国进行了“轨道快车”系统试验，一颗卫星利用机械手成功对另一颗卫星实施了多次捕获与对接（见图 5-11）。

图 5-10　武器载体型卫星示意图

图 5-11　美国“轨道快车”试验中卫星捕获示意图

第三节　综合电子信息系统

科学技术这一仗，一定要打，而且必须打好。

——毛泽东

一、综合电子信息系统的含义

本节视频讲解

综合电子信息系统又叫指挥信息系统（美军称其为 C^4ISR 系统），是以计算机网络为核心，由指挥控制、情报、通信、预警探测、信息对抗、综合保障等分系统组成，可对作战信息进行实时的获取、传输、处理，以保障各级指挥机构对所属部队和武器实施科学高效指挥控制的军事信息系统。按指挥层次，分为战略指挥信息系统、战役指挥信息系统、战术指挥信息系统；按军兵种，分为陆军指挥信息系统、海军指挥信息系统、空军指挥信息系统和火箭军指挥信息系统等。下面我们分别介绍一下综合电子信息系统各子系统的功能。

二、指挥控制系统

指挥控制系统是为实施作战指挥使用的信息处理、辅助决策和命令发布等信息系统，是各级指挥员和指挥机构对部队及武器平台实施指挥控制的重要手段。主要包括指挥所信息系统、作战单元指挥或武器平台控制系统、指挥信息网和数据链。

指挥所信息系统，是配置在各级各类指挥所内，完成作战指挥与保障业务处理的电子信息系统，主要由指挥要素和技术设备构成。指挥要素通常包括：首长指挥室、作战室、情报综合室、通信室、机要室、测绘室、气象室、后勤保障室、装备保障室、军务动员室、勤务保障室、文电收发室、安全管理室和软件管理室等；技术设备通常包括：网络设备、计算机硬件设备、应用软件与数据库设备、显示控制设备、安全保密设备等（见图 5-12）。

图 5-12　指挥所信息系统

作战单元指挥和武器平台控制系统，是用于武器平台控制或营以下作战分队及单兵指挥控制的信息系统。可分为携行式系统和嵌入式系统。携行式指挥控制系统主要由便携式手持终端及其应用软件和相应的计算机网络、通信传输系统组成。例如，美军“陆地勇士”士兵系统就是一种典型的携行式指挥控制系统。我军装备的高炮营指挥控制系统是一

种嵌入式指挥控制系统。

指挥信息网，是指挥员及其指挥机关实施指挥所依托的军用信息网络。具有收集、传输、存储、处理、显示指挥信息等功能。

数据链系统，是按规定的消息格式和通信协议，链接传感器、指挥控制系统和武器平台，可实时自动地传输战场态势、指挥引导、战术协同、武器控制等格式化数据的信息系统。

三、情报侦察系统

情报侦察系统是指支持情报侦察指挥机构和情报人员实时收集、处理、存储、分发、传输各类情报的信息系统。在信息化战场上，情报侦察系统遍布陆、海、空、天等战场的各个角落，以便能使指挥员全面掌握战场信息。

地面侦察系统，主要有侦察车、侦察站、地面战场侦察传感系统等。侦察车上装有由战场侦察雷达、热成像仪、电荷耦合器件摄像机、激光测距机构成的综合系统，主要被用于实施战术侦察。

例如，美国的“角斗士”无人侦察车可以在任何天气与地形条件下，执行侦察、核生化武器探测、突破障碍、反狙击手和直接射击等任务。侦察站可以分为信号情报侦察站和空间目标监视系统。信号情报侦察站侦察从长波、短波、超短波到微波频段的电磁信号。空间目标监视系统对太空目标进行探测和监视。地面战场侦察传感器系统是由各种传感设备组成的具有特定功能的网络系统。

水面及水下侦察系统，主要由各种侦察舰船所配置的无线电侦察设备、雷达侦察机、预警探测雷达、声呐侦察设备以及相应的情报侦察处理设备组成。水面及水下侦察系统主要有侦察船（见图 5-13）、作战舰艇搭载的侦察系统和无人侦察艇等。在信息化战争中，无人侦察舰艇在侦察与监视领域将得到广泛应用，并已经发展成为海军的主要侦察手段之一。如美国攻击核潜艇上装备的近程/远程水雷侦察系统（NMRS/LMRS）是当前最先进的潜艇用无人侦察潜航艇系统，能够达到 222 千米的搜索范围，续航时间达到 40～48 小时，每小时可以侦察 3.86 平方千米的水域。

航空侦察系统，是利用各种空中飞行平台（包括固定翼飞机、直升机、无人机、浮空器和动力侦察飞翼等），装载各种侦察传感器，从空中侦察各种有价值目标的系统。航空侦察任务主要由侦察飞机完成，包括有人驾驶侦察机（见图 5-14）、无人驾驶侦察机、侦察直升机。有人驾驶侦察机通常分为两类，一类是专门设计的侦察机，另一类是由各型飞机改装的侦察机。无人驾驶侦察机能携带可见光照相机、电视摄像机、前视红外遥感器及侧视雷达等。侦察直升机可以在很低的高度（距地面 10～15 米，距海面 1 米）、以较低的速度进行侦察。

航天侦察系统，是以航天器为平台，携带侦察设备对地面和空间目标执行军事侦察任务的系统。航天侦察按使用的平台是否载人，可以分为卫星侦察和载人航天侦察，卫星侦察是航天侦察与监视的主要方式。根据任务和侦察设备的不同，侦察卫星通常分为成像侦察卫星、信号情报侦察卫星、导弹预警卫星、海洋监视卫星、核爆炸探测卫星等。载人航天侦察通常以飞船、航天飞机、空间站等载人航天器为平台，搭载侦察载荷，在和平时期和战时都能提供一定的侦察能力。

图 5-13 美国“无瑕号”电子侦察船

图 5-14 美国 SR-71“黑鸟”高空高速侦察机

四、预警探测系统

预警探测系统是运用信息获取技术装备，为早期发现、定位、跟踪、识别来袭武器并发出相应警报而建立并持续运行的系统。按其部署的位置分为陆基、海基、空基和天基预警探测系统。

陆基预警探测系统，是国土防空预警系统的一个重要组成部分，因陆基预警探测设备安装在地面上，对其重量和体积没有严格的限制，是远程、超远程预警的最佳选择，系统主要设备是天波超视距雷达、防空警戒雷达、引导雷达以及大型相控阵雷达。例如美国的“铺路爪”雷达（见图 5-15），是一种典型的全固态大型相控阵雷达，探测距离达到 5000 千米，主要担负战略防卫任务，可被用于从美国的东西海岸监视大西洋和太平洋上战略导弹核潜艇发射的弹道导弹。同时，也可被用于对空间目标的监视，如监视和探测卫星、太空飞船等空间目标。

海基预警探测系统，是将预警探测设备（主要是预警探测雷达和预警探测声呐）装载在海基平台上的预警探测系统，主要被用于对海面、空中和海下威胁目标的预警探测。海基预警探测系统的主体是各种舰载雷达，包括警戒雷达、引导雷达、搜索雷达、目标指示雷达、火控雷达、导航雷达和多功能雷达等。如美国“宙斯盾”级舰艇上的 AN/SPY-58 电子扫描战术多功能相控阵雷达，能实施全方位搜索，搜索距离 400 千米，可同时跟踪监视 400 批来袭目标，并能自动跟踪其中 100 批最具威胁的目标。

空基预警探测系统，是将预警探测设备（主要是预警侦察雷达）装载在空基平台（轻型固定翼飞机、直升机、无人机，以及高空系留气球）上的预警探测系统，主要被用于对低空和超低空飞行威胁目标的预警探测以及同时引导拦截来自多方的威胁。常用的空基预警探测系统及设备主要有预警机、机载雷达预警探测系统和系留气球预警探测系统。如美国的 E-3A“哨兵”预警机（见图 5-16），是一种具有指挥、控制、通信与情报功能的全天候远程预警机，其机载监视雷达能探测高空、低空、地面、海上的各种活动目标。

图 5-15 美国“铺路爪”远程预警雷达

图 5-16 美国 E-3A“哨兵”预警机

天基预警探测系统，是将预警探测设备（主要是预警探测雷达和红外探测器）装载在天基平台（主要是卫星）上的预警探测系统，主要用于对战略弹道导弹和空间飞行器的预警探测。天基预警探测系统主要由星上探测系统、地面信息处理分系统和地面信息分发分系统三部分组成。星上探测系统主要是导弹预警卫星，装有红外探测器、X 射线探测器和电视摄像机等侦察设备，可探测弹道导弹发射和飞行方向，并将探测到的数据通过通信卫星及时传送到地面站进行处理。地面处理分系统负责对传回的数据进行分析处理，并由地面信息分发分系统向受到威胁的部队发出预警。典型的天基预警探测系统主要有美国的“天基战略预警系统”和“天基红外系统”。其“天基红外系统”（见图 5-17）由 6 颗高轨道卫星（4 颗地球静止轨道卫星和 2 颗大椭圆轨道卫星）和 24 颗低轨道卫星组成。高轨道卫星可对导弹发射时所喷出的尾焰进行初始探测，低轨道卫星（通常成对工作）可利用安装在卫星上的宽视场短波红外探测器和窄视场凝视型多色跟踪探测器，捕获和跟踪飞行在助推段的导弹和中段的弹体、弹头和诱饵以及最后的再入弹头。该系统可以在敌方导弹发射后的 10～20 秒内把预警信息传送给地面拦截部队，为其提供 5～30 分钟的预警时间。

图 5-17 美国“天基红外系统”工作示意图

五、通信系统

通信系统是根据作战指挥和行动的需要，将通信线路、传输设备、交换设备和各种用户设备，按一定方式相互连接起来，用于完成信息传递功能的专用通信系统。通信系统的构成要素可分为通信枢纽、传输信道和用户终端三类。

通信枢纽，是汇接、调度通信线（电）路和传递、交换信息的通信中心，是通信系统的基础。按保障任务和范围的不同，通信枢纽分为指挥所通信枢纽、辅助通信枢纽、干线通信枢纽和大型台站、转信台（站）等。指挥所通信枢纽，是为保障各类指挥所通信而建立的通信枢纽。其主要任务是保障本级指挥所的信息传输和交换，并与上下级、友邻部队达成通信联络，负责枢纽内部通信设施的管理、使用和维护。辅助通信枢纽，是为提高通信联络的稳定性和机动性、发挥通信装备效率、增大通信距离、增加迂回通信方向、适应作战行动特点和完善通信网络体系而专门建立的辅助性通信枢纽。干线通信枢纽，是组成干线通信网络的基础，是为满足大量作战与勤务信息传递而设置的传输和交换的通信中心。其基本任务是汇接和调度各方向的通信线（电）路，并为就近部队指挥所提供入网服务，为过往或配置在附近地域的部队用户提供入网服务。大、中型通信台站，是指在作战地域内的固定通信网原有设施的基础上，通过设置适当的电路转接、信息交换设备而构成的通信中心。其基本任务是作为通信枢纽的辅助部分，以形成迂回方向。

传输信道，是将各通信枢纽、通信节点与通信用户终端有机连接，形成各种功能的网络，保障各种信息的传递。主要有短波通信、超短波通信、微波接力通信、长波（低频、甚低频）通信、卫星通信、散射通信、流星余迹通信等无线电传输信道和光纤通信、电缆通信等有线电传输信道。发展中的还有激光通信、毫米波通信等传输信道。

用户终端，是指由通信用户直接操作使用，并为其提供通信业务的各类设备。主要包括语音、数据、文字、电报、传真、静态图像、活动视频等终端设备。

六、综合保障系统

综合保障系统，是为军队作战训练提供支援保障的各类信息系统，是实现“精确保障”的物质基础。综合保障系统主要包括气象水文保障信息系统、测绘保障信息系统和卫星导航定位系统、后勤保障信息系统、装备保障信息系统、防险救生/工程/防化保障信息系统、教育训练保障信息系统等。受篇幅限制，我们主要介绍一下卫星导航定位系统。

卫星导航定位系统，是以人造地球卫星为基准的无线电导航与定位系统，用户通过接收多颗卫星的导航信号，测量并计算出自己的三维位置、速度和精度、时间等导航信息。目前使用的卫星导航定位系统有美国的 GPS、俄罗斯的 GLONASS、中国的“北斗”以及欧洲的“伽利略”系统。主要由空间部分、地面控制部分和用户三部分组成。中国从 2000 年开始建设“北斗一号”系统，目前“北斗三号”系统已完成部署。“北斗三号”卫星导航系统由 35 颗导航卫星组成，截止到 2020 年 6 月 23 日，最后一颗组网卫星发射升空，“北斗三号”完成建设。（见图 5-18）。其实早在 2018 年 12 月 27 日，中国就已经宣布，“北斗三号”正式向全球提供卫星定位导航服务。“北斗三号”系统可提供定位服务（定位精度 2.5～5

图 5-18　中国“北斗三号”全球卫星定位导航系统示意图

米)、测速服务(测速精度 0.2 米/秒)、授时服务(授时精度 20 纳秒)以及短电文通信服务，其性能优于国际同类产品。

第四节 信息化杀伤武器

名人名言

创新是一个民族进步的灵魂，是国家兴旺发达的不竭动力。

——*江泽民*

信息化武器装备从杀伤效应来看，一类是“硬杀伤”信息化装备，如精确制导武器、核生化武器及新概念武器等；另一类是“软杀伤”信息化装备，如网络战武器、心理战武器等。下面我们重点介绍几类“硬杀伤”信息化装备。

一、精确制导武器及发展趋势

精确制导武器是指采用精确制导技术，直接命中概率较高的武器系统，如各类导弹以及精确制导弹药等。下面主要介绍各类导弹武器系统及其发展趋势。

本节视频讲解

(一)巡航导弹

巡航导弹是指以巡航状态在大气层中飞行的有翼导弹，可从地面、空中、海上和水下潜艇发射，主要用于打击陆上、海上的重要目标，是实施中远程打击的重要武器。目前只有美国、俄罗斯和中国装备了巡航导弹，英国、法国、印度等国正在研制。

典型的巡航导弹如美国的“战斧”系列巡航导弹，该系列巡航导弹，有海(潜)射、陆射和空射等多种型号(见图 5-19)。图中展示的是空射巡航导弹，巡航速度 0.7 马赫，采用地形匹配+景象匹配制导技术，射程 2500 千米，在海上的飞行高度可以达到 5～7 米，弹着点精度 6～10 米。

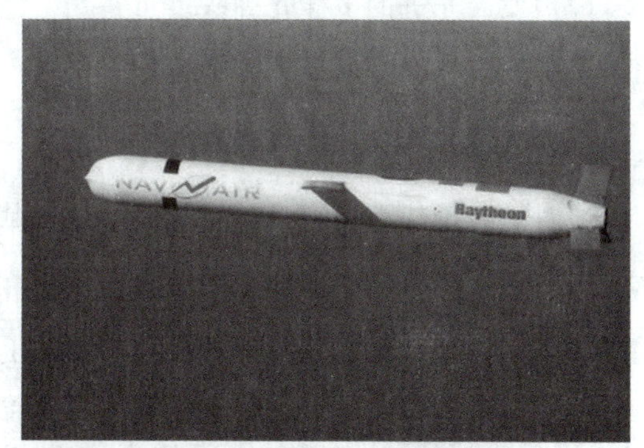

图 5-19 美国“战斧”巡航导弹

巡航导弹今后的发展趋势主要有以下几个方面：

(1)改进发动机和燃料技术，提高射程和巡航速度，增强抗红外隐身能力。

(2)改进气动外形，喷涂隐身材料，提高对雷达探测的隐身能力。

(3)改进制导系统，淘汰地形匹配，使用 GPS 和先进的景象匹配制导技术。

(4)改进任务规划系统，缩短射前数据准备时间，提高智能化水平，实现多弹协调、实时毁伤评估和空中二次目标装订。

（5）研制多种小型高效的核、常规弹头，实现“一弹多用”。

（6）应用小型化技术，研制适用于地面部队使用的小型巡航导弹。

（二）战略弹道导弹

战略弹道导弹是指由火箭发动机推送到一定高度和取得一定速度及弹道倾角后，发动机关闭，弹头沿着预定弹道飞向目标，飞行轨迹大部分为自由抛物体轨迹，射程在一万千米以上，携带核弹头或常规弹头的导弹。分为地对地、潜（舰）对地和空对地战略导弹等。

图 5-20　俄罗斯“白杨-M”战略导弹

典型的代表有美国的“民兵-3”“和平卫士”（地对地）、“三叉戟”（潜对地）、俄罗斯的“白杨”、中国的东风-31（地对地）、“巨浪-2”（潜对地）导弹等。

俄罗斯的“白杨-M”战略导弹为公路机动式导弹系统（也可在地下发射井发射），其推进系统为三级固体火箭发动机，采用星光辅助惯性制导，射程可达 1.05 万千米，目前携带单弹头（今后将换装分导式多弹头），弹头威力达 55 万吨 TNT 当量，命中精度小于 90 米，具有较强的地面机动能力及突防能力（见图 5-20）。

战略弹道导弹今后的发展趋势主要有以下几个方面：

（1）进一步提高打击能力、生存能力和突防能力。

（2）增大潜射弹道导弹在空、海、潜三位一体战略核力量中的比例。

（3）采用精确制导技术，提高命中精度。

（4）发展先进的多样化弹头。

（5）提高潜射导弹发射平台的作战性能。

（三）地对地战役战术导弹

地对地战役战术导弹是被用于遂行战役战术作战任务的，携带常规弹头（战斗部）或核弹头（核战斗部），尺寸小，质量轻，射程近，机动性好的导弹。可用汽车、火车、飞机、舰船运输，陆地机动发射，主要被用于打击战役战术目标，也可被用于直接支援地面部队作战。典型的地对地战役战术导弹如俄罗斯的“伊斯坎德尔”导弹和中国的“东风”系列导弹等。

图 5-21　俄罗斯“伊斯坎德尔”战役战术导弹

俄罗斯的“伊斯坎德尔”导弹（见图 5-21），最大射程 500 千米，采用惯性制导＋卫星导航（GPS/GLONASS）＋景象

匹配制导等多种制导方式。单独采用惯性制导时，导弹在 280 千米射程上的命中精度 CEP 约为 30 米；采用惯性+景象匹配制导时，命中精度 CEP 理论上小于 2 米。可携带集束子母弹（装填 54 枚子弹）、高爆弹、侵彻子母弹、钻地弹、空气燃烧弹和电磁脉冲弹等多种类型的战斗部，可对不同类型目标实施有效打击。

地对地战役战术导弹今后的发展趋势主要有以下几个方面：

(1) 发展精确制导技术，提高命中精度并进一步增大射程。

(2) 采用多种弹头，一弹多用，提高杀伤能力。

(3) 提高野战生存能力和实战能力。

(4) 提高突防能力。

(四) 防空导弹

防空导弹是指利用精确制导技术，对来袭敌机和导弹实施拦截的导弹。

目前比较先进的当属美国的"爱国者"、俄罗斯的"S-300"和"S-400"以及中国的"红旗"系列防空导弹。俄罗斯的"S-400"是目前世界上最先进的防空导弹系统（见图 5-22），可有效对付各种作战飞机、空中预警机、战役战术导弹及其他精确制导武器。射程：拦截飞机时可达 400 千米，拦截弹道导弹时为 50～60 千米，可根据不同目标发射从低空、中空、高空、近程、中程及远程等各类导弹。

防空导弹今后的发展趋势主要体现在以下几个方面：

(1) 提高系统的自动化水平，增强机动性和反应速度。

(2) 继续发展一弹多用系统。

(3) 提高多目标作战和抗饱和攻击能力，实现"发射后不用管"。

(4) 进一步提高命中精度。

(5) 增强系统在复杂电子环境下的抗干扰能力。

(6) 改进与发展反战术导弹系统。

图 5-22 俄罗斯"S-400"防空导弹系统

(五) 空对空导弹

空空导弹是从空中发射、用于攻击空中目标的导弹。一般采用红外制导和雷达制导，射程在 30 千米以内的被称为近距格斗导弹，射程在 30～100 千米的被称为中程拦截导弹，而远程拦截导弹的射程可达到 400 千米。比较典型的有美国的 AIM-120D 中程空空导弹、俄罗斯的 A-11 远程攻击导弹和中国的"霹雳"系列空对空导弹等。

AIM-120D 中程空空导弹是美国第四代先进中距空空导弹（见图 5-23），具有发射后不用管和多目标攻击能力。射程 0.8～75 千米，最大飞行速度 4 马赫，最大过载 40G。

空对空导弹的发展趋势主要体现在以下几个方面：

(1) 发展主动式制导技术，做到"发射后不用管"，以提高发射平台的生存能力。

(2) 采用先进雷达技术，解决导弹对多目标攻击问题。

(3) 采用先进制造技术，提高导弹空中过载能力，以提高导弹的机动性。

（4）进一步增强导弹的抗干扰能力，提高对目标的跟踪能力。

图 5-23 美国的 AIM-120D 中程空空导弹在发射中

（六）反坦克导弹

反坦克导弹是专门用于摧毁坦克和其他装甲目标的导弹。目前在战场上对付坦克的最有效手段就是使用反坦克导弹。“海湾战争”中伊拉克的 3700 多辆坦克中有 3000 多辆都是被联军用各种反坦克导弹和精确制导炸弹击毁的。近年发展的反坦克导弹还可用于摧毁防空阵地、地面指挥所和防御工事等坚固目标。

目前现役的最先进的反坦克导弹有美国的“陶-2B”和“标枪”、俄罗斯的“短号”系列以及中国的“红箭”系列导弹等。

美国的“标枪”反坦克导弹（见图 5-24）采用红外线主动制导方式，可以做到“发射后不用管”，射程 2.5 千米，采用串联战斗部，可有效对付反应装甲。

图 5-24 美国的“标枪”反坦克导弹

反坦克导弹今后的发展趋势主要体现在以下几个方面：

（1）采用先进的制导技术，增强导弹抗干扰特性，使其具备“发射后不用管”的能力。

（2）发展新型战斗部，提高杀伤能力。

（3）采用高性能发动机，提高导弹飞行速度，增大射程。

（4）改变攻击方式，提高反坦克导弹的破甲威力。

（5）采用多功能战斗部，提高“一弹多用”能力。

（6）发展高速直瞄动能反坦克导弹武器。

图 5-25 美国的“鱼叉”反舰导弹

（七）反舰导弹

反舰导弹是从空中、海上、水下及岸基平台发射的用于攻击水面舰船的导弹。

典型的空对舰导弹如美国的“战斧”系列巡航导弹、俄罗斯的“日炙”超音速反舰导弹，典型的舰对舰导弹如美国的“鱼叉”反舰导弹（见图 5-25）和中国的“鹰击”系列反舰导弹。

反舰导弹今后的发展趋势有以下几个方面：

（1）进一步提高低空突防能力。

(2) 提高复杂电子环境下的抗干扰能力。

(3) 改进性能做多面手，要做到既能反舰，也能反潜。

二、核、生、化武器及发展趋势

(一) 核武器

1. 概述

核武器是利用原子核裂变或聚变反应（或者两者同时发生）、瞬间释放出巨大能量、造成大规模杀伤和破坏作用的武器。核武器一般指原子弹、氢弹和中子弹等核弹头。核武器的威力取决于爆炸时所释放出的能量，以 TNT 当量表示。所谓 TNT 当量是指核爆炸时所释放的能量相当多少吨 TNT 炸药爆炸所释放的能量。核武器按爆炸威力可分为百吨级、千吨级、万吨级、十万吨级、百万吨级和千万吨级。核武器按战斗使用和当量又可分为战略核武器（当量大致在 5 千吨级以上）和战术核武器（当量大致在 5 千吨级以下）。

核武器已发展到第三代：第一代为原子弹；第二代为氢弹；第三代为增强了某种特殊杀伤破坏作用的核武器，诸如强辐射弹（即中子弹）、弱残余辐射弹（又称强冲击波弹）、硬点爆破冲击波弹、感生辐射弹、电磁脉冲弹、核爆炸 X 线激光武器等。

2. 核武器基本原理

(1) 原子弹。重原子核（铀 235 或钚 239 原子核）在中子或其他粒子轰击下分裂成两个中等的原子核，并产生 3 个新的中子，这三个中子又继续轰击其他的铀 235 原子核，以此类推，这种反应就称为核裂变反应，在核裂变反应发生的同时产生巨大的能量（如图 5-26 所示）。而当这种反应发生的速度非常快的时候，产生的能量也是非常巨大的。如 1 千克铀裂变所产生的能量是 1 千克 TNT 炸药爆炸所产生的能量的 2000 万倍。利用原子核的自持裂变链式反应原理制成的核武器称为裂变核武器，通常称为原子弹。

要使链式反应自动持续地进行，原子弹中的裂变装料必须大于一定的质量。能保证重核裂变链式反应在特定条件下自动持续地进行的裂变物质的最小质量称为临界质量。临界质量的大小与裂变装料的种类、密度等因素有关。铀 235 裸球和 δ 相钚 239 裸球的临界质量分别约为 52 千克和 16 千克，α 相钚 239 裸球的临界质量约为 10 千克。如果在裂变装料外面包上能反射中子的铀 238 或铍反射层，则可减小其临界质量。例如，包有 20 毫米厚的铀 238 外层时，δ 相钚 239 的临界质量仅为 11 千克。提高裂变装料的密度，也能减小其临界质量。一般说来，密度提高 1 倍，临界质量可减小至原来的 1/4。

原子弹要装填足够量的裂变装料，但它在平时必须处于次临界状态，否则裂变材料中自发裂变产生的中子或大气中游荡的中子都有可能引发裂变链式反应而造成核爆炸事故。

原子弹的设计原理就是使处于次临界状态的裂变装料瞬间达到临界状态。根据超临界状态获得方法的不同，原子弹可分为枪式结构和内爆式结构两种。枪式结构又称压拢型，即把两块或多块处于次临界状态的裂变装料，在化学炸药爆炸产生的力推动下迅速合拢而成为超临界状态。内爆式结构又称压紧型，即利用化学炸药爆炸产生的内聚冲击波和高压力，压缩处于次临界的裂变装料，使其密度急速提高，而成为超临界状态。原子弹主要由引爆系统、化学炸药、反射层、核装料（裂变装料）和中子源等部件组成。引爆系统的作用是使化学炸药起爆。中子源提供触发自持裂变链式反应所需的“点火”中子。图 5-27 为原子弹爆炸时的场景。

图 5-26　原子弹爆炸原理示意图

图 5-27　中国第一颗原子弹爆炸成功

(2) 氢弹。氢弹是利用氢的同位素氘、氚等轻原子核的聚变反应瞬时释放出巨大能量的核武器，亦称聚变弹。聚变反应是带电的原子核发生的聚合的反应。参加反应的原子核必须具有很高的动能，才能克服静电斥力而彼此靠近、聚合。把聚变装料加热到几千万摄氏度的高温，就能发生聚变反应。因此，轻核聚变反应又称热核反应，氢弹亦称热核弹。

目前，氢弹中热核反应所必需的高温、高压等条件只能由原子弹爆炸来提供。因此，氢弹中都有一个专门设计的起引爆作用的原子引爆装置，通常称为“扳机”或初级。核装药爆炸时，不但产生高温，而且由于重核裂变的链式反应产生大量的中子。氘化锂 6 在这些中子的轰击下发生分裂，产生氦和氚。氚核与氘核又在超高温下发生聚变反应，产生氦核和中子，并释放出大量能量。这两个反应互相配合，即氘氚聚变所消耗的氚由锂 6 的分裂反应中获得，而锂 6 的分裂反应所需的中子可由氘氚聚变反应提供，氢弹中所需要的氚就这样自动地产生出来了。由于氘与氚的聚变反应在极短的时间内使温度进一步升高，因而氘和氘的聚变反应也能迅速进行，甚至氘化锂 6 也能与氘直接进行热核反应。这时将发生好几种释放能量的反应——氘化锂 6 的裂变、氘与氚的聚变以及氘与氘的聚变。如果利用氘氚聚变反应时产生的大量中子再轰击铀（如铀 238），则使大量的铀 238 原子核发生裂变，从而制造出威力更大的氢铀弹。其核装药的外层为天然铀，聚变装料（热核装料）为氘化锂 6。这种氢弹爆炸释放能量的过程经历“裂变——聚变——裂变”三个阶段，故称为三相弹。氢弹的威力比原子弹大得多。图 5-28 为氢弹爆炸时的场景。

图 5-28　中国第一颗氢弹爆炸成功

(3) 中子弹。中子弹的爆炸原理是氘和氚核的纯聚变反应。它能使聚变能的 75%～80%以高能中子和 γ 射线的形式释放出来，以对人员的杀伤作用为主。中子弹主要由热核装料、热核点火装置、中子反射倍增层和弹壳等组成。其热核装料不是氘化锂，而是氘和氚，因为氘和氚反应放出的中子在相同当量条件下比裂变反应放出的多得多，而且氘氚中子的能量大，穿透力强。中子弹被称为“增强辐射弹”。由于中子弹爆炸时放射性沾染很

轻，经过较短时间，部队即可进入爆炸地区，因而在军事上有重要意义。

3. 核武器的爆炸方式和杀伤破坏作用

（1）核武器的爆炸方式。核武器的爆炸方式通常分为地面爆炸（简称地爆）和空中爆炸（简称空爆）两种方式。爆炸时形成的火球接触地面为地爆，不接触地面为空爆。

核武器的爆炸方式也可通过比例爆高（简称比高）来计算和区分。比高是爆炸高度（米）和当量（千吨）立方根的比值。比高小于 60 为地爆，比高大于 60 为空爆。近年国外已研制出钻地爆炸的核航弹，拟用于摧毁地下核、生、化设施。因此核武器还可能有地下爆炸方式。

（2）核武器的杀伤因素及其致伤作用。核武器爆炸瞬间产生的巨大能量以光辐射、冲击波、早期核辐射、核电磁脉冲和放射性沾染等形式造成杀伤和破坏作用。前四种杀伤因素是在核爆炸瞬间的几秒至几十秒内起作用，故称为瞬时杀伤因素。而放射性沾染的作用时间长，可持续数天、数周或更长时间，以其放射性危害人员健康，因此称为剩余核辐射。

①光辐射。光辐射所占的能量比例随核武器当量而变。一般万吨级当量的情况下，光辐射约占爆炸总能量的 30%。当量增大时，这一比例略有减小。光辐射可使周围空气很快上升到几十万摄氏度，破坏作用仅次于冲击波。

光辐射可引起体表皮肤、黏膜等烧伤，这种烧伤被称为直接烧伤或光辐射烧伤。在光辐射作用下，建筑物、工事和服装等着火引起人体烧伤，这种烧伤被称为间接烧伤或火焰烧伤。光辐射烧伤的主要特点是：光辐射的直线传播使烧伤多发生于朝向爆心一侧，光辐射作用时间的短暂决定了烧伤深度多为表浅的，一般以二度为主；特殊部位如脸面、眼、耳、颈、手和呼吸道烧伤的发生率高；核爆炸的强光刺激眼睛后，引起暂时的可自行恢复的功能性视力障碍——闪光盲。

②冲击波。冲击波产生的超压和负压可直接伤及心、肺、胃肠道、膀胱、听器等含气体或液体的脏器，造成出血、破裂、撕裂等损伤；动压的高速气流可直接冲击人体，引起肝脾破裂、软组织撕裂、骨折、脱臼、颅脑损伤甚至肢体离散。冲击波可使工事、建筑物倒塌，并产生大量高速飞射物而间接作用于人体，引起挤压伤、砸伤、破片伤、飞石伤以及泥沙堵塞上呼吸道窒息。

③早期核辐射。人体受到一定剂量的 γ 射线或中子流照射后，可引起急性放射病；受到低于引起急性放射病的小剂量照射，也可能引起外照射生物效应。

④核电磁脉冲。核电磁脉冲可大范围地干扰和破坏未采取防护措施的电子设备。例如，一枚威力为 3 万吨 TNT 当量氢弹在高空爆炸时，在其所能覆盖的地球表面上，最大电场强度可达 10 万伏/米，频谱主要集中在 10 千赫至 100 兆赫。这样强的电磁脉冲作用于电子设备时，可产生很高的感应电压与电流，从而造成瞬时电子干扰或毁坏。

⑤放射性沾染。这种致伤作用是：人员在沾染区停留，受到 γ 射线外照射剂量超过一定量时，可引起外照射急性放射病；落下灰通过各种途径进入体内，当体内放射性核素达到一定沉积量时，可引起内照射损伤；落下灰直接沾染皮肤，当剂量超过一定量时，可引起 β 射线皮肤损伤。在沾染区内停留而又未采取防护措施的人员可同时受到三种方式的复合损伤。

⑥核爆炸的综合毁伤。核爆炸产生的五种杀伤破坏因素由于性质不同，对不同物体所起的破坏或杀伤作用是不一样的。就是对同一物体，不同杀伤的破坏因素作用距离也不一样。然而，无论是人员还是物体，在核爆炸环境下受到的损伤或破坏往往都是受多种毁伤因素综合作用的结果，并且这几种因素相互间还起到加重伤害的作用。一些受到了冲击波和光辐射损伤但没有立即死亡的人员后来也可能由于核辐射的损伤作用而死亡。例如，广岛受核袭击后第一天死亡人数占总死亡数的70.3%，长崎占56.4%，一天以后又陆续出现人员死亡，20天内死亡的便增加到约占总死亡数的96%。后期死亡的人员多数是由于核辐射伤害造成的。

为了便于评估一次核爆炸的杀伤、破坏效果，人们引入了“综合杀伤破坏半径”的概念。“综合杀伤破坏半径”是指损伤范围最大的那个因素的作用半径。例如，威力50万吨TNT当量低空爆炸对人员中度杀伤的半径，光辐射是6.58千米，冲击波是4.4千米，早期核辐射是2.12千米，放射性沾染和电磁脉冲的危害可以忽略，这样，它的综合中度杀伤半径为6.58千米。评判武器装备遭到核袭击后的破坏效果时，往往也是根据它的综合破坏半径。此外，在评估核爆炸毁伤效果时，还常常用到“安全边界”的概念。“安全边界”主要指人员在此边界之外不会受到伤害，一般可根据实际情况规定。例如，在战争条件下，可以取短时间内不影响战斗力的毁伤半径或取轻度伤半径作为安全边界。在实战条件下，冲击波是主要破坏因素，往往可由冲击波的破坏半径来评估核武器的破坏范围。

(3) 核武器的杀伤范围。核爆炸时，由三种瞬时杀伤因素的作用而使人员发生当场死亡和损伤的地域称为杀伤区。从地爆的爆心或空爆的爆心投影点到达不同程度伤情的距离称为杀伤半径，其最远处称为杀伤边界。由杀伤半径可以计算杀伤区的面积，这样就可以划出光辐射、冲击波、早期核辐射的单一杀伤范围和它们的综合杀伤范围，从爆心向外，由近到远，人员所受损伤的程度也会由重到轻，一般可将人员遭受杀伤的地域划分为极重度、重度、中度和轻度四个杀伤区。轻度杀伤区的边界也就是整个杀伤区的边界。万吨以上核爆炸时，以发生皮肤浅Ⅱ度烧伤的最远距离为其边界；万吨级以下核爆炸时，以发生轻度放射病的最远距离为其边界。在人员分布比较均匀的条件下，所发生的核武器损伤伤员将有很大一部分属于中、轻度损伤。

(4) 影响核武器杀伤作用的主要因素。

①核武器的当量和爆炸方式。核武器当量万吨级以下核爆炸以早期核辐射的杀伤半径最大，冲击波次之，光辐射最小。发生的主要伤类是放射病和放射复合伤。2万吨以上核爆炸，光辐射的杀伤半径最大，冲击波次之，早期核辐射最小。发生的主要伤类是烧冲复合伤和烧伤。

核爆炸方式。如当量相同，空爆时总的杀伤范围大于地爆。烧伤、冲击伤的范围空爆大于地爆，但近距内的伤情地爆重于空爆；早期核辐射的杀伤范围地爆大于空爆；放射性沾染，地爆时严重，空爆时轻微或没有。

②人口密度和防护情况。人口稠密、大部队集结地区遭受核袭击时，所造成的伤亡要严重得多。核袭击时，如人员采取了有效防护措施，则杀伤范围将比开阔地无防护的暴露人员大大缩小，伤情明显减轻。

③自然条件。气象条件（大气能见度、冰雪、下雨、云雾、风及气温等）和地形地物（丘陵、山地、凹地、涵洞建筑物等）对核武器的杀伤作用均有影响。

4. 核武器装备系统

形成核武器作战能力的必要设备和设施被称为核武器装备系统。核武器装备系统通常由三大部分——核武器（核弹头、核航弹和核炮弹等），投射系统（导弹、飞机、火炮等），指挥、控制、通信和作战支持系统组成。由于核武器的毁伤能力巨大，使用权必须由国家最高当局严格控制，其指挥、控制以及通信和作战支持系统都是专用的。

（1）核弹头。按投射方式，核武器可分为核弹道导弹、核巡航导弹、核航空炸弹、核炮弹、核深水炸弹、核深水鱼雷和核鱼雷等。以下介绍最为典型的弹道导弹的核弹头。

弹道导弹的核弹头是战略弹道导弹起飞后重入大气层的部分，通常由核战斗部、姿态控制系统和承载壳体三大系统组成。

核战斗部是核武器最核心的系统。它由引爆控制系统、核爆炸装置和中子点火系统组成，引爆控制系统是确保核武器在接到特定指令后能按预定要求发生核爆炸、同时禁止核武器非授权使用和发生意外核爆炸的设备系统。核爆炸装置简称核装置，由炸药系统、核材料系统组成。它是核武器的核心部分，必须满足作战要求，适应武器储运、运输及使用中遇到的特殊环境。中子点火器由脉冲中子管、配套电源及精确延时部件构成，被用于为超临界状态的裂变材料适时提供足量的中子触发链式裂变反应。

姿态控制系统由多台小型火箭发动机、陀螺仪和若干敏感器件组成。它按预定程序和要求对核弹头实施俯仰、偏航以及滚动控制，保证核弹头按预定弹道正常飞行，以较小的攻角再入大气层。承载壳体是弹头的外壳。它在发射和飞行过程中具有承热、承力和隐身的能力，以保护核装置处于正常状态。

（2）战略武器的投射系统。投掷发射系统简称投射系统，负责将核武器投送到被攻击的目标。为了实现核武器的所有预定目标，投射系统及其投射的核武器在结构上必须相互适应，因而需要针对不同情况精心设计。

目前世界上有核武器的国家，其战略核武器的投射系统主要使用战略轰炸机、核弹道导弹和巡航导弹。在弹道导弹出现之前，轰炸机是唯一可以将核武器投送到作战目标的工具，那时的核武器全部都是航空炸弹。目前战略轰炸机有美国的 B-52H、B-1B、B-2A，俄罗斯的图-160 等。战略轰炸机可投射核航空炸弹和空射核巡航导弹两种核武器。

弹道导弹主要用于攻击几千千米外敌方的政治、经济中心、军事和工业基地、核武器阵地和储存库以及交通枢纽等战略目标。为了提高多弹头的命中精度，美国和俄罗斯等核国家后来又先后发展了集束式多弹头、分导式多弹头和机动式多弹头导弹。随着核弹道导弹命中精度提高，地下发射井生存能力相对减弱，而进一步加固的成本越来越高。随着固体燃料的采用、制导技术的进步以及发射设备小型化，陆地机动发射成为可能，可在运动中或某预备发射点通过快速定位对导弹实施发射。20 世纪 50 年代出现的核潜艇为核弹道导弹提供了一个生存能力更强的发射平台。核潜艇可以长期潜航在大洋深处，活动水域广阔，可实现水下机动发射。

在战略轰炸机和弹道导弹之后，还出现了一种战略核武器投射系统——巡航导弹。巡航导弹依靠喷气发动机的推力和弹翼的气动升力，以巡航状态在稠密的大气层内飞行。核战斗部一般安装在导弹的前段或中段。和弹道导弹不同的是，巡航导弹核战斗部与弹体始终不分离。战略巡航导弹的主要用途是摧毁敌方远距离的战略目标。

(3) 指挥控制通信和作战支持系统。战略核武器指挥、控制、通信和作战支持系统的最大特点是：决策权高度集中于国家最高当局。各核国家对此也都有相应的明文规定。

①战略核武器的指挥、控制。战略核武器的有效指挥依赖于庞大的指挥系统。指挥系统首要的问题是制定核作战计划，以确定要打击哪些目标，使用什么样的核武器以及采用什么样的打击方案。指挥系统还必须有一套严密的、可靠的指挥体系。体系的顶层是国家军事指挥中心，底层是核部队的指挥所。这套指挥体系在专门的通信系统和作战支持系统的保障下，既能确保核武器使用决策权的高度集中，又能确保核作战计划的顺利执行。

战略核武器的控制包含两个对立的方面：一个是“正控制”——在正式授权时能够使用核武器，另一个是“负控制”——禁止核武器的非授权使用。这是战略核武器控制面临的一对矛盾。因为任何一种加强非授权发射控制的措施反过来肯定都会降低执行合法发射命令的有效性。例如核武器上的安全保护装置很好地限制了核武器的非授权使用，但如果这些装置出现了故障，武器的保险就没法解除，合法的发射命令将得不到执行。尽管如此，加强对非授权使用的控制仍十分必要。因为核武器处于不安全境地的可能性是存在的：恐怖分子可能盗窃一枚核武器，某个指挥官可能失去理智或产生错误判断。如果对核武器使用限制很少，上述情况的危险性就会大大增加；反之，如果有一系列负控制措施使核武器的使用变得很复杂，危险系数就会大大降低。

限制非授权使用核武器的安全措施通常有三种：一是使用特殊的安全控制装置，二是采取一些特殊的安全控制制度，三是确保执行命令人员的可靠性。

特殊的安全控制装置包括紧随最高决策人员的“黑匣子”以及一些安装或连接于核武器的安全保护装置。“黑匣子”（美国也称“橄榄球”）是一个装有核武器开启密码和发射命令的公文包，通常由时刻紧随国家最高领导人身边的助理人员携带。安全保护装置一般由密码锁、密码开关系统、弹头自毁装置、增强核爆安全系统等组成。

特殊的安全控制制度。授权使用核武器的核控制命令都有特殊、严格的加密要求和格式要求。在向下传送的每一个环节中，执行人员一旦发现核控制命令不符合加密要求和格式要求，就要终止执行命令。除了这一传送环节上的控制制度外，一些国家还在执行命令的人员中实行双人制或四人制，即需要两人或四人配合才能核实发射命令和执行发射。

执行命令人员的可靠性。要对所有涉及执行各种与核控制、操作、接触核武器有关任务的人员进行严格的挑选、甄别和持续监督，确保在计划管辖范围内人员在思想上、情绪上保持稳定和可靠。酗酒、吸毒、粗枝大叶、有犯罪行为、身心不健康、工作态度不好以及缺乏主动精神等都是不可靠的标准。

②战略核武器通信网。战略核武器拥有专门的通信网络。它通过多种频率的通信网络，使国家最高指挥当与核部队保持紧密联系。它必须向核部队迅速准确地发送使用核武器的命令，上报部队情况，并在进攻伊始为核部队和指挥系统的调动提供支援。例如，在核爆环境下，核电磁脉冲将使一般的通信系统中断，如果采用超低频地波通信，则可以降低核电磁脉冲影响，完成远距离的对陆通信。

③战略核武器的作战支持系统。顺利实施核作战，除了需要专门的指挥体系和通信网外，还需要有战略预警、打效果评估、各种地面保障设施等作战支持系统。

战略预警包括提供敌方攻击警报和评估敌方行动等，一般由 24 小时工作的地面弹导弹预警雷达系统和空间弹道导弹预警卫星系统担任。地面弹道导弹预警雷达也称其预警雷达，一般为网络式分布，主要任务是发现来袭弹道导弹，测定其瞬间坐标和速度等相关参数，从而提供一定的预警时间。空间弹道导弹预警卫星利用卫星上的光学传感器，大范围地扫描地球表面，捕捉弹道导弹发射时尾焰发出紫外线和红外线，从而实现预警。预警卫星多为地球同步轨道卫星，能比地面雷达更早发现导弹，但有时会因一些大气现象发出虚假警报。

核打击毁伤效果评估就是通过对核爆炸时产生的物理现象进行探测并综合分析，确定核爆炸发生的时间、地点、爆炸方式，估算出爆炸威力，从而评估毁伤效果，确定下一步作战计划。

地面保障设施包括储存核导弹的场所、设备、装置等共同组成的储存设施，由各种维护和修理设备共同构成的维修技术设施，检测飞行弹道的地面遥控设备等。

5. 核武器的发展趋势

(1) 研制新型的"第四代核武器"。所谓"第四代核武器"指以裂变武器和聚变武器的原理为基础、使用惯性约束核裂变装置作为关键研究设施的武器。它不产生剩余核辐射，因而不受全面核禁试条约的限制。已被披露的"第四代核武器"有美、法、俄等国正在研制的金属氢武器（其爆炸威力相当于 TNT 炸药的 25～35 倍）、核同质异能素（其能量的量级比 TNT 炸药高出百万倍）反物质武器等。目前，"第四代核武器"尚处于原理验证阶段，还远未达到实用化的程度。

(2) 有核国家可利用计算和模拟技术代替核试验管理现有核武库和发展核武器技术。

人们一般认为核武器的标准寿命为 8～10 年。随时间的推移，它们会出现老化、性能下降，甚至完全失效。老化的表现是：①核弹头内的高能炸药逐渐分解；②材料腐蚀变质，部件内出现裂纹或空隙；③放射性物质蜕变造成核装药内产生杂质氦、氢等。在不进行核试验的条件下解决核武库老化预测、分析的主要措施是：分析已进行过的核试验积累的数据，建立模拟核爆炸的动力学模型；研制高性能计算机和软件提高计算能力和软件能力，以便进行建模所需的极为复杂的计算；借助不受条约限制的试验来检验模型的精确性。核武库管理的另一项内容是开发可替代核试验的技术，用理论和技术方法代替常规核试验方法。现已披露的是惯性约束核聚变技术（简称 ICF 技术）。该技术是 1964 年前后由中国科学家王淦昌和苏联科学家巴索夫分别独立提出的。其主要原理是利用高能激光照射聚变材料靶球，在极短时间、极小空间内产生类似高温、高密度环境模拟氢弹爆炸的高能量密度状态，进行核技术研究。美国已于 1997 年 5 月开工兴建这种实验装置，命名其为"国家点火设施"。该系统由 192 台大功率激光器组成，发出的激光束总能量达 1.8 兆焦。将这些光脉冲引入金属室，同内壁相互作用产生的 X 射线脉冲均匀地加热和压缩靶室中央直径约 1 毫米的氘、氚靶球，在数十亿分之一秒时间内使靶球升温至上亿摄氏度、密度达到铅的 20 倍，从而引发氘－氚聚变反应，产生酷似热核爆炸的高能量密度状态。该系统已投入运行。法国也建造了类似的实验装置，不同点是拥有 240 个激光器。

美国的"国家点火设施"建成后，可进行微波武器和"剪裁效应"、核武器的破坏效应试验，解决热核武器设计中的部分技术问题，使美国不必进行核试验就能发展核武器技术，确保其核武器处于世界领先地位。

（二）化学武器

1. 化学武器概述

（1）化学武器的概念与分类。化学武器是利用化学毒剂毒害、扰乱敌有生力量，牵制敌军事行动的装置的总称。化学毒剂是化学武器的主要组成部分，是用以毒害人畜、影响军事行动的化学物质，故又称化学战剂或军用毒剂。它是化学武器的基本要素，决定着化学武器性能、作用特点以及使用方式等。军用毒剂一般应具有下列特点：性质稳定，毒性强，作用快，毒效持久，中毒途径多，施放后易形成杀伤浓度或密度，不易被觉察，隐蔽性好，防护和救治困难，便于生产、运输和储存。目前，实际上可被用为军用毒剂的化学物品并不多。

化学毒剂有许多种类，也有许多分类方法，如按杀伤作用持久性分类，可分为暂时性毒剂、持久性毒剂、半持久性毒剂等；按战斗用途分类，可分为杀伤性毒剂、牵制性毒剂和扰乱性毒剂等；按毒剂分散方式分类，可分为热分散型毒剂、爆炸分散型毒剂和布洒分散型毒剂等。通常，外军装备的毒剂按其毒理作用特点分类，主要有六类 15 种（见表 5-1）。

表 5-1　军用毒剂

类别	毒剂名称	美军代号
神经性毒剂 （有机磷毒剂）	G 类：塔崩　沙林 梭曼 V 类：VX	GA　GB　GD
糜烂性毒剂	芥子气　路易氏剂	H　L
全身中毒性毒剂	氢氰酸　氯化氰	AC　CK
窒息性毒剂	光气　双光气	CG　DP
失能性毒剂	毕兹	BZ
刺激性毒剂	西埃斯、西阿尔、苯氯乙酮、亚当氏剂	CS　CR　CN　DM

（2）外军化学武器装备现状。目前外军装备化学武器的对象主要是步兵、炮兵、导弹部队和航空兵，包括化学炮弹、化学炸弹和导弹化学弹头等。它们分别适用于小规模、近距离攻击或设置化学障碍，快速突袭、密集纵深攻击以及机动灵活地对远距离、大纵深、大规模的化学袭击。

2. 军用毒剂的毒理作用

军用毒剂中毒特点各不相同，按其毒理作用可分为六类。

（1）神经性毒剂。神经性毒剂主要指的是沙林、梭曼、塔崩和 VX。施放后可引起人体神经系统胆碱能神经功能紊乱、呼吸衰竭，是一种速杀性毒剂。神经性毒剂又分 G 类和 V 类两类毒剂。G 类毒剂使用时主要呈蒸气态，人员通过呼吸道吸入中毒，如沙林毒剂，对无防护人员在短时间内具有很大杀伤作用，使人员出现严重中毒症状甚至死亡。V 类毒剂使用时主要呈液滴态，可造成地面和装备染毒，有效杀伤时间可持续数天至数周。神经性毒剂可通过呼吸道、皮肤、眼睛、消化道等途径使人员中毒。梭曼和塔崩的液滴态维持时间较长，可经皮肤吸收，甚至能穿透服装，若加入胶黏剂，则其持久度和穿透力将大大增加。其主要中毒机理为抑制人体神经系统中胆碱能神经末梢胆碱酯酶活性，使其失去水解乙酰胆碱的能力，导致后者大量蓄积，并作用于胆碱能受体，引起人员神经系统功能紊乱，呈现严重中毒症状，若不及时急救，短时间内可致死。中毒症状体征主要表现为缩瞳、流涎、流泪、大汗淋漓、恶心、呕吐、腹痛、腹泻、呼吸困难、发绀、肌颤、惊厥、昏迷，血液胆碱酯酶活力明显降低等。

神经性毒剂系不可逆性胆碱酯酶抑制剂，很小剂量或浓度在很短时间内即能致人死亡，故又称速杀性毒剂。该毒剂均含磷元素，属于有机磷酸酯化合物，与有机磷农药化学结构类似，但其毒性较后者大。军事上根据施放方式不同，其可用作暂时性或持久性毒剂，造成空气、水源、地面或装备染毒，使接触人员中毒，杀伤有生力量，封锁交通枢纽，阻滞军事行动。目前外军很重视对梭曼中等挥发度毒剂的研制。

（2）糜烂性毒剂。糜烂性毒剂是一种直接损伤人体组织细胞，引起皮肤黏膜炎症、糜烂坏死，被全身吸收后可造成全身中毒甚至致死的毒剂。其主要代表为芥子气和路易氏剂。

芥子气和路易氏剂施放后，会形成液滴态和蒸气态，可通过皮肤、眼、呼吸道、消化道使人员中毒。芥子气破坏细胞核酸蛋白和抑制酶活性阻碍细胞增殖、干扰物质代谢。其中毒症状主要表现：皮肤接触后有 2～12 小时潜伏期，无任何症状和体征，随之出现红斑、染毒部位奇痒，不久出现大小不等呈串珠状的水泡。然后小水泡逐渐形成透明或淡黄色大水疱，水疱破溃形成暗红色溃疡面，溃疡面愈合较慢，愈合后皮肤往往有色素沉着和过敏现象。眼睛染毒依据染毒程度呈现不同程度的角膜炎、全眼球炎甚至角膜穿孔等。可在呼吸道引起黏膜炎，形成伪膜，伪膜脱落，引起呼吸窒息。消化道中毒主要引起消化道炎症，以上消化道上皮组织坏死最明显，还可引起肠黏膜脱落、肠壁变薄、消化吸收障碍、血便等。全身吸收中毒可出现消化道肠上皮组织坏死、便血、消化障碍、消瘦、造血功能抑制，外周血细胞总数明显减少，免疫功能下降。路易氏剂以抑制含巯基酶，如丙酮酸脱氢酶活性直接影响糖代谢为特征，可导致细胞代谢紊乱和生理功能障碍。与芥子气比较，路易氏剂的毒理作用特点有：刺激强烈，接触部位有烧灼痛；无潜伏期；病程发展迅猛；损伤微血管，呈广泛性出血、水肿，可发生急性循环衰竭和肺水肿。此类毒剂为持久性毒剂，可造成地面、水源、装备和空气染毒，多用以牵制对方军事行动，杀伤对方有生力量。

（3）全身中毒性毒剂。全身中毒性毒剂主要代表为氢氰酸和氯化氰，又称氰类毒剂。这类毒剂主要抑制体内细胞呼吸链末端细胞色素氧化酶，使机体能量代谢障碍，组织不能充分利用血液输送提供的氧，造成全身性组织缺氧。中毒症状以缺氧、窒息为特征，表现为呼吸困难、惊厥、皮肤黏膜呈鲜红色、意识丧失、全身肌麻痹。人员若不及时救治，即迅速致死。该类毒剂为典型速杀性毒剂，主要通过呼吸道吸入中毒，亦可通过消化道误服中毒。

全身中毒性毒剂属于暂时性毒剂，多用以集中突袭，杀伤对方有生力量。

（4）窒息性毒剂。窒息性毒剂主要代表为光气和双光气，是唯一仅通过呼吸道吸入中毒的毒剂，可与肺组织中氨基、羟基、巯基等基团起酰化反应，同时，对肺泡表面活性物质的主要成分之一——二棕榈酰磷脂酰胆碱在生物合成过程中需要的酯酰辅酶 A 酯酰转移酶产生抑制，使肺组织代谢障碍以致结构改变，导致肺气血屏障膜功能障碍，使肺毛细血管壁和肺泡壁的通透性增高，以致血浆渗至肺泡间质内，继而进入肺泡腔形成肺水肿，影响肺毛细血管气体交换障碍，造成机体缺氧以致窒息死亡。窒息性毒剂中毒临床表现：早期呈现有短暂眼睛及上呼吸道的刺激症状。继之2～8小时患者自觉良好无不适的潜伏期，随后出现呼吸困难、发绀、频繁咳嗽，咳出粉红色泡沫痰，X线检查呈肺水肿特征，昏迷、血压下降，乃至死亡。

（5）失能性毒剂。失能性毒剂是中毒后引起人员中枢神经活动和躯体功能混乱而失去战斗能力的毒剂，一般不引起死亡或造成持久性伤害。目前，用于战场的有中枢抑制剂替代羟乙酸酯BZ。其主要理化性质：白色或淡黄色，无特殊气味的结晶固体，熔点167.5℃，沸点412℃，挥发度500纳克/升，属有机碱，难溶于水，溶于稀酸，稍溶于乙醇，能溶于二氯乙烷、乙酸乙酯等有机溶剂中，化学性质稳定，不易受热分解，200℃以下加热2小时仅分解百分之十几。固体BZ可用爆炸法或热分散法造成气溶胶。野战情况下，施放的BZ呈烟雾。其以呼吸道吸入为主要中毒途径，也有报道称可经过合适的液体配方穿透皮肤引起中毒。其中毒机理主要是BZ含有类似乙酰胆碱的立体结构，能与胆碱能受体结合形成牢固复合物，阻止了乙酰胆碱和受体结合。但BZ对乙酰胆碱能受体阻断呈可逆的，只是BZ在体内代谢较慢，需要数天。其中毒病程较长，表现为嗜睡、注意力不集中、思维活动减慢、不服从命令、言语杂乱、含糊不清、步态不稳、共济失调、幻觉、瞳孔散大、视力模糊、口干、颜面潮红、心跳加快、尿潴留等。国外十分重视失能性毒剂的研究。

（6）刺激性毒剂。刺激性毒剂是以对眼睛、皮肤及上呼吸道的局部刺激作用为特征的毒剂。此类毒剂可分为以眼睛、皮肤刺激症状为主的催泪性毒剂，如苯氯乙酮、西阿尔（CR）；以刺激上呼吸道为主的喷嚏性毒剂，如亚当氏剂等。西埃斯（CS）具有以上两类毒剂的特点。中毒后主观感觉严重，客观体征小而轻，有流泪、眼痛、皮肤烧灼痛、喷嚏、咳嗽、胸痛、恶心呕吐等症状，使人员短时间内失去战斗力，吸入大剂量亚当氏剂也能造成肺损伤，甚至肺水肿而导致死亡。

3. 化学武器的特点及其在战争中的作用

（1）化学武器特点。化学武器是一种大规模杀伤武器，与常规武器比较具有如下特点。

①施放方式多。化学弹药可分为毒剂弹、毒烟罐、布洒器三种类型，通过爆炸加热蒸发和直接布洒等方式，迅速将毒剂分散成能发挥杀伤作用的蒸气、烟雾、液滴或微粉。毒剂的战斗状态往往是多种形式，通常以某一种状态为主，并通过初生云团、再生云团和液滴或微粉三种形式对人员起毒害作用。初生云团以毒剂浓度高、危害纵深远、杀伤作用大为特点，但持续时间短。再生云团则以毒剂浓度低、危害纵深近、杀伤作用小为特点，但持续时间长。地面液滴染毒经渗透、蒸发、分解，浓度逐渐下降，可造成较长时间的染毒，特别是潮湿地面或使用胶黏毒剂持续时间更长。持久度的长短与毒剂的理化性质、施放方式、自然条件等因素有关，如沙林持久度短，芥子气持续时间较长。

②毒性作用强。化学武器主要靠化学毒剂的毒性发挥战斗作用。它多携带剧毒或超毒性毒物，杀伤力远大于常规武器。据第一次世界大战战场统计比较分析，化学战剂的杀伤效果为高爆炸药的2～3倍。近代化学武器的发展使化学毒剂的毒性比第一次世界大战所使用的毒剂的毒性高数百倍。在化学战条件下往往大批伤员同类中毒，给战地救护和后勤

保障造成很大困难。

③中毒途径多。与常规武器主要靠弹丸或弹片直接杀伤人员不同，化学武器可通过毒剂施放形成蒸气态、液滴态、气溶胶的初生云团和再生云团及液滴，染毒空间、地面和装备，使人员吸入、接触、误服，直接或间接地引起人员中毒。

④持续时间长。常规武器仅仅在爆炸瞬间或弹丸飞行时直接引起杀伤作用，化学武器的杀伤作用并非毒剂施放后即停止，其持续时间取决于毒剂的特性、袭击方式、使用规模以及气象、地形等自然条件，少则几分钟至数十分钟，多则数天乃至数周之久。

⑤杀伤范围广。常规武器杀伤破坏半径通常为数米或数百米，与同一口径炮弹杀伤威力相比，毒剂弹要大数倍至 10 多倍。毒剂云团可随风向下风向播散。毒剂云团经过的地区，无防护人员均会遭受不同程度的中毒伤害。

⑥穿透能力强。毒剂蒸气一般比空气重，毒剂云团沿地面向下风方和四周扩散的同时，还会向不密闭工事、建筑物、车辆、船舱室内渗透，对攻击山坳、洼地、堑壕、洞穴以及丛林等容易滞留毒剂地区的隐蔽目标极其有效。另外，有的毒剂对皮肤渗透能力强，一些脂溶性很强的毒剂一旦与皮肤接触，人员就会迅速吸收中毒，而且中毒很深。

⑦受环境影响。化学毒剂的气雾和液滴、粉粒在使用时极易受战场气象条件和地形因素的影响。

气象因素。影响毒剂使用效果的气象因素主要有风、气温、空气垂直稳定度、湿度、雨、雪等。

地形因素。地形、地物和地面植被对毒剂的持久性和杀伤作用影响很大。山或高大建筑物会阻碍染毒空气的扩散并改变其传播方向和速度。在复杂山区、洼地、丛林等地，染毒空气易滞留并保持毒害作用时间较长。相反，在平坦、开阔地带毒剂云团随风飘移，不受阻碍，易向四周扩散，其毒害作用持续时间短，杀伤范围宽。

（2）化学武器在战争中的作用。化学武器具有常规武器所不能及的上述特点，在战争中具有特殊的实战和威慑作用。战场上化学战会产生相当大的心理压力和震撼力，瓦解士气。在第一次世界大战中交战各国在战场上大量使用化学武器，化学武器的威力逐渐被人们所认识。20 世纪 80 年代，在两伊战争中，双方战斗对峙进入最困难之时，伊拉克借助化学武器的特殊威力夺取优势。伊拉克在几次战役中都靠化学武器扭转了形势。

4. 化学武器的发展趋势

（1）研制二元化学武器。二元化学武器由两种无毒或低毒化学组分组成。它们被分别装填在弹体中以隔膜分为两室的容器内。在弹药抛掷过程中，装填的无毒或低毒化学组分借助弹体运动迅速混合发生化学反应，生成化学毒剂。如沙林就是用这样的方法由二氟甲磷酰和异丙醇合成二元沙林弹。二元化学武器具有：①弹药的生产、运输、储存和使用过程较安全；②生产二元化学武器隐蔽性较强，不易被核查发现；③扩大化学毒剂来源，能使一些性质不稳定的毒物在战场上应用的可能性增加等特点。美军已装备有 M687 型 155 毫米榴弹炮二元沙林弹、BM-80/B 型二元“巨眼”航空炸弹以及装填有二元中等挥发度毒剂的 XM135 型多管火箭发射系统弹头、“长矛”-Ⅱ导弹弹头、“潘兴”-Ⅱ中程导弹弹头等。

（2）研制新型毒剂。美、俄等国为保持强大的化学战能力，都在不断地研制和发展毒性高、稳定性好、渗透性强的新化学武器毒剂。这些毒剂具有新的中毒机理，使现有毒剂各种侦检、防护和救治手段不起作用。如俄罗斯研制了比 VX 毒性强 5～10 倍的二元神经性毒剂“诺未曲克”。美、英和俄罗斯研制具有穿透防毒面具和破坏防护服、毒性比光气大的全氟异丁烯类化合物。据报道，俄罗斯还研制了毒性高，使中毒人员瞬间瘫痪或迅速致死、脸部表情冻结的“闪光”毒剂、“兰”-X 毒剂，据称还拥有 A-232 新一代化学战剂，其毒性和持久性难侦检，生产方便，主要成分不在《禁止化学武器公约》禁止之列。

分子生物学和生物技术的发展使一些国家可大量合成来源于动物、植物和微生物的毒素，其毒性将比现装备毒剂的毒性大几十至几百倍，如芋螺毒素比同类神经毒素肽大1000倍。天然毒素进入化学战剂谱，出现了生物化学战剂，使生物战剂和化学战剂已失去明确界限。

(3) 改进现有化学战剂的使用技术。一些国家改进化学战剂使用技术，增强杀伤效果。如采用微包衣技术和改进气溶胶分散技术，可减少毒剂使用过程的损耗，增强杀伤效果和范围。运用精密制导等高技术提高化学袭击的准确性，加大打击距离和空间范围，可增强化学武器在战争中的战略战术用途。

(三) 生物武器

1. 生物武器概述

(1) 生物武器的含义。生物武器是以生物战剂杀伤人畜、毁坏植物的武器，属大规模杀伤性武器，由于其早期战剂主要是细菌，故又称细菌武器。

(2) 生物战剂及其类别。生物战剂是指在战争中用以杀伤人畜和破坏植物的致病微生物及其产生的毒素。细菌或真菌产生的毒素是无生命的蛋白质等化学物质，又称生物-化学战剂，以区别于纯化学战剂。

①生物战剂的标准。1995 年 7 月在日内瓦举行的《禁止发展、生产和储存细菌（生物）及毒素武器和销毁此种武器公约》缔约国特别小组第二次会议提出了生物和毒素战剂的标准和清单。生物战剂的标准：一是可致高发病率或具高传染性；二是能经呼吸道感染或中毒；三是感染剂量小或毒力高；四是可致高失能性或高死亡率；五是没有有效预防制剂（免疫血清、疫苗和抗生素）和/或没有特异性治疗方法；六是在外环境中稳定；七是检测或鉴定困难；八是容易生产、储存且稳定；九是能造成恐怖或怀疑心理；十是已经作为武器或作为武器评价公认的战剂。

②生物战剂的类别。生物武器发展或标准化的致病微生物及生物源毒素可分类如下。

按生物学划分，有细菌类：有鼠疫杆菌、霍乱弧菌、炭疽杆菌、土拉杆菌、流产布氏菌、猪布氏菌、马耳他布氏菌、鼻疽假单胞菌、类鼻疽假单胞菌、伤寒沙门氏菌、甲型副伤寒沙门菌氏、薛氏沙门氏菌；立克次体类：有普氏立克次体、Q 热立克次体、恙虫热立克次体；衣原体类：有鹦鹉热衣原体；病毒类：有天花病毒、黄热病病毒、圣路易脑炎病毒、委内瑞拉马脑炎病毒、西方马脑炎病毒、东方马脑炎病毒、非洲猪瘟病毒、禽流感病毒；霉菌类：有粗球孢子菌；植物致病菌类：有禾柄锈菌、稻瘟病菌；生物源毒素类：有 A 型肉毒毒素、B 型葡萄球菌毒素、单端孢霉毒素、石房蛤毒素、河豚毒素和相思豆毒素等。

按对人伤害程度分，有失能性战剂类：不能使大量人员死亡，病死率小于2%，但能使人丧失战斗力和劳动力，如委内瑞拉马脑炎病毒、Q热立克次体和葡萄球菌肠毒素等；致死性战剂类：受感染后若不治疗，病死率高，如类鼻疽为95%～100%、鼠疫为25%～100%、鹦鹉热为10%～100%、肉毒毒素为30%～60%等。

按有无传染性分，有非传染性战剂类：如各种生物源毒素，潜伏期一般较短，可被用于攻击敌方战术战役目标，又称战术武器战剂；传染性战剂类：如所有细菌、病毒、立克次体、衣原体和霉菌战剂，多被用于攻击敌后方战略目标，又称战略武器战剂。

（3）生物战剂的施放方式。

①施放生物战剂气溶胶。施放生物战剂气溶胶是生物战剂施放的主要方式：一般在飞机、巡航导弹或舰艇上装喷雾器、喷粉器或用飞机投掷、导弹发射小航弹和集束航弹喷洒。使战剂形成气溶胶的方法有：

爆炸型：爆管内装低温炸药，管周装生物战剂，用脆性材料作弹壳，引爆后战剂随弹壳爆破而分散成战剂气溶胶微粒，一般适用于能耐高温和应力的战剂如炭疽芽孢和毒素。

喷雾型：一是喷雾型小航弹，用压缩气体或火药推进器推动活塞迫使液体战剂通过精制的喷嘴形成战剂气溶胶细雾。航弹结构复杂，有效装填率低。外军报道用中型导弹施放覆盖面积可达100平方千米，用重型导弹施放为100～200平方千米。二是飞机喷雾器，利用重力或压力使液体生物战剂流至飞机高速气流中破裂成小液滴。此种喷雾器结构简单，有效战剂装载率和利用率均高。据报道，美国曾用F-100A飞机在风速4.5米/秒的晚上喷1.5万升Q热立克次体，可使1.3万平方千米内的人半数发病，但必须在100～200米高的低空分散。

喷粉型：一是喷粉型小航弹，利用压缩气体或受热气化的液态二氧化碳，将干粉战剂随气体带至大气中，形成气溶胶微粒。也有使其在降落过程中通过大气压力计的控制，在预定高度打开，将干粉战剂分散于空气中。二是飞机喷粉器，使战剂在机械或压缩气体作用下经过漏斗通至直升机外，借助其螺旋桨叶片产生向下的气流，将生物战剂分散成气溶胶，并向下压造成大面积污染。

②散布带有生物战剂的媒介昆虫、动物或杂物。昆虫和动物都不能耐受飞机散布时的应力，不能直接用飞机散布，但日本和美国都曾用四格昆虫弹、硬纸筒、瓷质薄壳容器散布带有战剂的昆虫。四格弹装有定时引信，空投在离地30米处裂开使昆虫撒布于直径100米的范围内。

此外，还有其他方式，如派特种部队用生物战剂污染水源、食物、地铁通道和中央空调系统或遗弃带战剂物品、传染病病死者的遗物或尸体等。

2. 生物武器杀伤的基本原理

（1）生物战剂气溶胶的扩散与沉积。生物战剂气溶胶利用扩散和沉积而使目标区大面积污染，从而达到大面积杀伤的目的。一颗有1014个微生物的生物弹在合适气象条件下所产生的生物战剂气溶胶可扩散至下风向几十千米远、近100平方千米范围，悬浮于空气中的生物战剂微粒由于重力、沉降、水蒸气凝结、雨滴捕获的作用而沉降。生物战剂气溶胶颗粒直径大多为500纳米～20微米。20微米的粒子沉降速度为12毫米/秒，很快沉积在物体表面和地面。小于5微米的沉降速度小于780微米/秒，才有较多机会被人吸入。

（2）生物战剂的侵入、感染、繁殖和传播。生物战剂可通呼吸道吸入、具传染性的昆虫叮咬、饮用受污染的水和食物等方式或渠道，也可经伤口或破损皮肤黏膜侵入，以经呼吸道为主。战剂微生物侵入人体后，在组织、器官、血液中可大量繁殖，有的繁殖一代只需 20 分钟，10 小时后一个就繁殖成 10 亿个，且可反复经呼吸、排泄或昆虫叮咬而传播。

（3）导致发病和死亡。战剂微生物大都毒力强，在人体内生长繁殖过程中可产生多种酶和多肽（外毒素），当其崩解后又可释出内毒素（磷脂—多糖—蛋白质复合物），能克服人体的防御机能，不断蔓延扩散，破坏人体细胞、组织、器官及生理平衡，引起正常功能障碍，发生各种症状和体征。当病原体侵入数量大、毒力强而人体抵抗力弱时，就可引起人员严重疾病以至死亡。

3. 生物武器的作战应用特点

（1）杀伤面广，杀伤途径多，扩散速度快，为害时间长，但不能立即杀伤且对武器和基础设施无破坏性。按单位重量的武器所造成的有效杀伤面积计算，在所有武器中以生物武器最大。据估计，在理想条件下，1 克感染了 Q 热立克次体的鸡胚组织分散成 1 微米的粒子，足以使 100 万人感染。联合国《化学和生物武器及其可能的使用效果》一书中提到：一架 B-52 战略轰炸机所载的核、化、生武器对全无防护的人群袭击可能造成的有效杀伤面积：百万吨级核武器为 300 万平方千米，15 吨神经毒剂为 60 万平方千米，10 吨生物武器可达 10 万平方千米；而且可通过多种途径感染，大多具有传染性，可从一人传给另一人，从一地传至另一地，迅速引起暴发流行。据美国推算，若有一枚带炭疽芽孢的“飞毛腿”导弹落在华盛顿，可使 10 万人死亡。一般战剂气溶胶为害时间白天为 2 小时左右，夜间和阴天为 8 小时左右，有的飘移数十千米仍有传染性；沉积在地面和物体表面上者尚可形成再生性气溶胶；炭疽芽孢可在泥土中存活数十年，有的战剂被当地媒介生物感染后可经卵传代传给易感动物，形成新的自然疫源地，为害时间就更长。但大多数生物战剂不能使人立即发病，须有数小时至数周的潜伏期，发现受生物战剂袭击后仍可用药物防治。此外，生物战剂也不能破坏对方的武器弹药、工事、设施及无生命的生活生产资料等。

（2）便于突然袭击，难于发现和防护，不易鉴定，而且易与自然暴发混淆。生物战剂气溶胶无色、无臭，浓时似烟云，稀时看不见，摸不着，不易觉察，缺乏灵敏、快速、适于野战应用的报警器；且可随空气流动，进入一切非密闭、无空气过滤的空间。人不可一刻不呼吸，不可能长期佩戴防护面具，只要在含生物战剂颗粒 10 个/升的空间内，呼吸数分钟即有可能受感染。即使发现可疑迹象，也难快速鉴定；而且有的战剂微生物及其媒介在当地也可能存在，要分清人工施放和自然暴发也非易事。1993 年，英国化学与生物武器防护机构负责人指出，生物武器比化学武器更有效，施放手段简单，易于隐蔽，比化学武器具有更大的威胁。

（3）费用低廉、生产容易，但不能长期储存，施放时存活率低。微生物大量培养工艺早已成熟，所需原料主要来自农牧产品，来源丰富，成本低廉。联合国化学、生物武器专家组 1969 年报告指出：为杀伤居民进行大规模袭击，每平方千米所需成本费，常规武器为 2000 美元，核武器为 800 美元，化学武器为 600 美元，生物武器只要 1 美元。1994 年，美国维哥兵工厂每月即可生产 50 万个炭疽生物弹或 25 万个肉毒毒素弹。若将现有发酵罐扩大，用生物传感器和电子计算机控制连续生产，产量可提高上千倍。培养大量病毒也非难事，凡有生物制药厂、抗生素和发酵工业的国家均可大量生产生物战剂。但生物战剂虽经真空干燥，低温保存，其半寿期也只有3～4年，甚至短的不过3～6个月，在施放时受温度、应力或挤压作用，存活率低（见表5-2）。

表5-2 几种生物战剂分钟衰亡率及90%衰亡所需时间

战剂种类	衰亡率（%/分）	90%衰亡所需时间（分）
炭疽杆菌芽孢	0.1	2300.0
鼠疫杆菌	8.0	27.6
土拉杆菌	5.0	44.9
布氏杆菌	4.0	56.4
Q热立克次体	7.0	31.7
委马脑炎病毒	2.0	114.0
黄热病毒	4.5	50.0

（4）杀伤效果受自然和社会因素影响很大，难以预测和控制，可能殃及己方和无辜平民。生物战剂气溶胶的扩散、存活和致病作用都受气象、地形、植被、对方防护能力、医疗卫生条件和军民防护训练水平的影响。如①气温递减即离地0.5米处的气温高于4米处时，上下空气发生对流（多见于晴朗的白天），生物战剂气溶胶会被迅速稀释，不易保持有效浓度；②风速过小，战剂气溶胶不易扩散，不能形成大面积覆盖；风速过大（大于8米/秒），易形成旋涡，也迅速被稀释；③风向改变，战剂气溶胶飘移会偏离目标，若风向与目标相反，就可能危及己方；④若遇下雨飘雪，战剂气溶胶可被清除80%；⑤日光含有少量紫外线，可使战剂微生物核酸中嘧啶和嘌呤碱基形成二聚体，抑制核酸的复制、转录，致微生物死亡，大多数微生物在强烈日光下只能活数分钟到数小时；⑥若遇枝叶繁茂森林，战剂气溶胶可从树冠顶部越过，小部分渗入林内，风速减弱而滞留，但树木的枝叶对气溶胶的捕获，起到过滤作用，使气溶胶浓度迅速降低；⑦对方的卫生防疫水平高，生物武器防护训练好，医疗药械生产能力强，储备多，都可降低生物武器的杀伤效力。

上述各种因素常是变化不定的，故生物武器效果也常是难以预测和控制的。

（5）生物武器的使用应选择有利时机和重要突击目标。生物战剂使用时机主要取决于战争需要和气象是否有利于生物武器发挥最大作用。其突击目标主要是交通枢纽、战略后方、工业城市、政治中心、导弹发射基地、部队集结或休整地区、预备队或后续部队、指挥所或通信枢纽、不便占领或通过之地、敌方活动或必经之地、后勤地域、游击队隐蔽或活动区域，有时也袭击被围困的要塞、孤立的海岛等。

4. 生物武器的发展趋势

签订国际禁止生物武器公约后，有的国家将原来研究生物武器的机构更换了牌号，但对生物武器的研究从未间断。20世纪70年代以来，由于生物工程如遗传（基因）工程（包括蛋白质工程）、发酵工程、酶工程和细胞工程迅速发展，生物武器研究进入到一个新阶段。生物战剂的种类更多，毒力更强，生产更易，防治更难，生物战的威胁也更大。

（1）新的生物战剂不断增加。

①研制基因生物战剂。生物工程技术的发展使人们可根据自己的意志用基因重组方法生产出毒力强、抗性大、稳定性好的新生物战剂。随着对现有致病微生物和产毒动物的遗传物质（DNA）序列深入了解，人们从中找出产毒基因、致病基因、抗性（抗防治药及抗环境理化因子）基因片段，并通过酶或 mRNA 反转录获得这些产毒、致病、抗性基因（DNA）片段，再将毒力、致病、抗性最强的基因片段借助联接酶重新组合成新的目的基因，将目的基因通过载体如质粒、噬菌体、反转录病毒、脂质体或原生质球等转移入受体细胞（工程菌），或通过原生质体融合，显微注射、电击、电注射、高速微量发射和激光“打孔”等技术把目的基因转移入受体细胞如大肠杆菌、枯草杆菌、酵母菌和哺乳动物细胞，去克隆和表达，就可获得按人要求设计的新的毒力、抗力、稳定性都强，生产容易，产量大的生物战剂。现国外已可使炭疽毒素在大肠杆菌中克隆和表达，霍乱毒素、金黄色葡萄球菌肠毒素、蓖麻毒素都可在受体细胞内克隆和表达，霍乱毒素产量比原来增加 100 多倍；已获得对链霉素有抗药性的鼠疫杆菌和土拉杆菌，已将眼镜蛇的毒素基因插入流感病毒，生产出一种能使人瘫痪和死亡的新的剧毒生物战剂。

②研制人工合成毒性生物肽或毒素作为生物—化学战剂。由于生物化学和有机合成化学的迅速发展，在摸清一些生物毒素的理化结构的基础上，人工合成有毒的活性肽或多肽和生物毒素不是不可能的。这将使生物武器和化学武器的界线变得越来越模糊，而成为生物化学武器。这类战剂的毒性比现有化学战剂强 100～1000 倍。据报道，苏联舍米亚金生物有机化学研究所从蛇、蝎、蜘蛛等的毒液中分离纯化了 20 多种含二硫键的多肽，并对其进行了三维结构分析和结构修饰，阐明了其毒性机理。生物毒素和毒性生物多肽可能成为重要生物战剂。

③改造现有的生物战剂。人们利用蛋白质工程技术，借助精细三维结构的数据和计算机辅助分子设计方法，对致病微生物抗原或毒性蛋白进行结构修饰，用基因合成或突变改造基因，再通过基因工程使其表达，产生更烈性的毒素或使原有的免疫诊治方法失去特异性，从而使原有效疫苗丧失保护功能。

④研究现有的微生物特别是病毒作为生物战剂。已发现的致病微生物特别是那些病死率高、传染性强、缺乏特异防治方法的病原体有可能被用作生物战剂。

（2）多种生物战剂混合施放。两种以上的生物战剂或生物战剂与化学战剂、原子武器先后或同时使用，一般可降低人的抵抗力，使人畜发病快、病情重、不易诊断，难于防治、死亡快，病死率高。美、苏（俄）都曾进行过大量研究。如苏联曾用流感病毒与鹦鹉热衣原体混合气溶胶感染动物，结果只要低于单用时的感染剂量就使动物出现严重混合感染。美军将用委内瑞拉马脑炎病毒与立夫特山谷热病毒或与鹦鹉热衣原体、黄热病毒、天花病毒混合使用，可起到协同作用。实验证明混合感染有加强作用的尚有：流感病与金黄色葡萄球菌、炭疽杆菌、军团杆菌混合，鼠疫杆菌、炭疽杆菌、土拉杆菌和布氏杆菌混合，Q 热立克次体与斑疹伤寒立克次体或蜱传脑炎病毒混合等。但布氏杆菌与土拉杆菌、Q 热立克次体、炭疽杆菌、鼠疫杆菌混合却出现拮抗作用。

（3）生物武器的运载和喷撒器将大为改善，主要以气溶胶方式施放。实验证明，生物战剂以气溶胶方式施放适于各种战剂且感染剂量较小。如肉毒毒素 A 经呼吸道感染比经口感染敏感 1000 倍，且覆盖面广，难于觉察与防护。随着新材料和微电子技术的发展，隐

身飞机、隐身舰艇、隐身导弹的出现，低空飞行的导弹研制成功，生物战剂的施放将更加隐蔽；适于生物战喷洒的喷撒器的性能也将进一步提高，如使用超声波气溶胶发生器较喷雾分散对生物战剂损伤为少，可提高吸入肺泡内的小于5微米的粒子比例，增大覆盖面和杀伤效率等。

(4) 更易选择生物武器的施放时机。随着对战剂气溶胶受气象因素影响规律的深入了解，全球气象卫星云图和气象信息网络的形成，中长期及当天天气预报的准确性、及时性的进一步提高，生物武器的施放时机的选择变得更为可靠，生物武器的使用更为便利，对生物武器的杀伤效应的预测和估算更为有把握。

(5) 生物气溶胶的稳定性和威力将进一步提高。生物战剂经过分散气溶胶时的应力冲击一般衰亡率高，每分钟衰亡率：鼠疫杆菌达24%，土拉杆菌达16.2%。为了提高其存活力，国外进行了大量研究，证明加保护剂如糖类、有机酸盐、金属螯合剂、蛋白水解物和血清等可增强战剂气溶胶的稳定性；应用微粒包膜技术，在气溶胶微粒外包一层明胶或其他聚合物，可使气溶胶微粒在分散过程中受到保护，在大气中免受紫外线杀灭，当遇到水或体液时去掉外膜后仍可发挥致病作用。

三、新概念武器装备

高技术的迅猛发展，为研制新一代攻防武器开辟了广阔的前景，新概念武器应运而生。一旦新概念武器装备投入实战使用，将对未来的信息化战争带来革命性的影响和变化。

(一) 新概念武器的概念

新概念武器是指在工作原理、毁伤机理和作战运用方式与传统武器有显著不同的各类高技术武器的统称。这类新型武器无论是在设计思想、系统构造、总体优化、材料应用、工艺制造、部署方式、作战样式、毁伤效果等方面，都与传统武器有很大的不同。

(二) 典型新概念武器及运用

当前典型的新概念武器主要包括：定向能武器、动能武器、计算机网络攻防武器等。

1. 定向能武器

所谓定向能武器，又叫“束能武器”，是利用定向发射的电磁波束、高能激光束、高能粒子束直接攻击目标的武器。包括激光武器、高功率微波武器和粒子束武器等。

(1) 激光武器，是指利用激光束直接毁伤目标或使目标失效的定向能武器，具有快速、灵活、精确和抗电磁干扰等优点，可以制成激光枪、激光炮和激光致盲器。其破坏机理包括热破坏、力学破坏和辐射破坏。激光武器的缺点是不能全天候作战，它受限于大雾、大雪、大雨等天气，而且激光发射系统属于精密光学系统，其在战场上的生存能力也有待考验。激光武器的优点在于效费比比较高。例如，一枚“爱国者”导弹的花费在60万～70万美元，一枚短程的“毒刺”式导弹也要2万美元，而激光武器发射一次仅花费数千美元，随着技术的发展，今后激光武器发射一次的费用可降至数百美元。

(2) 粒子束武器，是指利用接近光速的密集粒子束流毁坏目标或使目标功能失效的定向能武器。由粒子源、粒子加速器和聚焦瞄准系统等组成。它用加速器将粒子源产生的粒子加速到近光速，用磁场使其聚集成密集束流射向目标。按粒子是否带电，又可分为带电粒子束武器和中性粒子束武器。粒子束武器有极强的动能，在击中目标瞬间，可产生8000℃高温，连陶瓷、碳等耐热材料都会被钻洞、熔化，其破坏力与天然雷击相仿。其弱点是传输损失大，束流受地磁影响会弯曲，束流也有扩散，因而只能打击近距离目标。

（3）射频武器，也称微波束能武器，是利用定向发射的高功率微波波束毁伤电子设备或杀伤有生力量的定向能武器。由初级能源、脉冲调制系统、高功率微波源和发射天线等组成。其波束能量比普通雷达用的微波功率要大几个数量级。它具有能量集中、传输快、方向单一的优点。它对人员的杀伤可分非热和热效应两种。非热效应包括心理和各种微妙的功能减退现象，如烦躁、头痛、神经混乱和记忆力减退等；热效应包括灼伤、烧伤等。射频武器比激光束、粒子束武器的作用距离远，受天气影响小，是定向能武器的“超级明星”。

图 5-29 为人们设想的定向能武器攻击效果图。

图 5-29　假想中的定向能武器攻击效果图

2. 动能武器

动能武器是指利用具有巨大动能的非爆炸性战斗部，直接碰撞并摧毁目标的武器。包括动能拦截弹和电磁炮等。动能武器因获得动能来源的不同而形成多种类型，主要有动能拦截弹、电磁炮和群射火箭等。

（1）动能拦截弹，是依靠助推火箭发动机，利用高速飞行的自动寻的动能拦截器摧毁目标的动能武器，由助推火箭和动能拦截器等组成。

（2）电磁炮，是利用电磁力加速弹丸的现代电磁发射系统。电磁炮按其结构的不同，分为线圈炮、轨道炮和重接炮三种。电磁炮作为发展中的高技术兵器，其军事用途十分广泛。

（3）群射火箭，是一种子弹式旋转稳定的无控火箭。这种火箭体积小、质量小、成本低，便于大规模生产、使用和操作，也易于实现全自动化控制。美国原 SDI 计划中构成最后一道反导屏障的主要武器系统就是群射火箭，其拦截过程大致为：向来袭导弹再入大气层后的临空弹道上齐射很多这种火箭，形成一个多层次密集的火箭阵雨，与来袭弹头相撞将其摧毁，或利用火箭爆炸后形成的碎片云阻击来袭导弹。

3. 次声武器

次声武器指以频率低于 20 赫兹的次声波杀伤有生力量的武器。频率范围在 20～20000 赫兹的声波，人的耳朵可以听见；频率低于 20 赫兹的声波，人的耳朵就听不见，称为次声波。由于次声波的频率和人体各主要器官的固有频率十分接近，所以当次声波作用于人

体时，固有频率与次声波频率接近的器官会不由自主地产生共振，造成损害。次声武器就是利用上述机理杀伤人员的。

次声武器大体分两类。一类是“神经摧毁型”次声武器。它基于次声波的频率和人脑的阿尔法节律（8～12 赫兹）极为接近的原理，当次声波作用时，引起的共振会不同程度地损害人的神经系统，影响人的意识和心理。另一类是“器官杀伤型”次声武器。它基于当次声波的频率和人体内脏器官的固有频率（4～18 赫兹）相当时，将会使人的五脏六腑产生强烈共振这一原理。轻者会肌肉痉挛，全身颤抖，呼吸困难；重者可造成血管破裂，内脏损伤而迅速死亡（见图 5-30）。

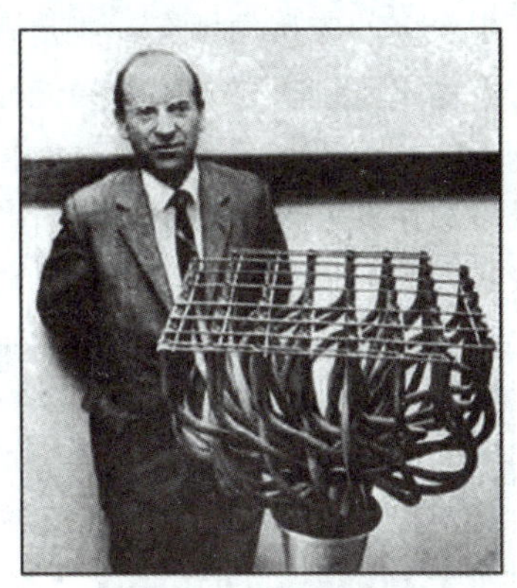

图 5-30　次声武器

次声武器具有下列一些特点：一是作用距离远。如炮弹爆炸时，频率较高的可听声波，最大传输距离只有几千米，但它产生的次声波，却可传到 80 多千米。而氢弹爆炸产生的次声波，甚至可以绕地球好几圈，行程达到十几万千米。二是由于次声波频率低，介质对它的吸收小，所以它有很强的穿透能力。一般的可听声波，由于频率较高，一堵墙就可能把它挡住，频率更高的声波，甚至一张厚纸就可能堵住它的去路，而面对次声波，即使人员乘坐在坦克、装甲车内，躲藏在钢筋混凝土的隐蔽所里，甚至在深海的潜艇中，也难逃它的攻击，而且次声波还可穿过设施的孔洞或缝隙，杀伤内部人员。三是它的作用方式突然、隐蔽。因为次声波看不见，也听不到，所以很容易采取突然袭击行动。

4. 地球物理武器

地球物理武器是指通过积极控制环境，即控制地壳固体层（岩石层）、液体层（流体层）及气体层（大气层）内的物理过程，有意识地将自然力用于军事目的。

地球物理武器的杀伤力是由它诱发或制造的自然灾害来体现的，而且这种诱发性爆炸大多在攻击点几百甚至几千千米之外的地下进行，可以冲击地球的任何一个地方，不受任何监督，给人类带来的危害，可能达到甚至超过任何一次大型核爆炸造成的破坏。例如，美军在越南战争期间就曾利用东南亚地区西南季风盛行季节多雨的有利条件，秘密在老挝、越南和柬埔寨的毗邻地区进行人工降雨，出动大批飞机、投掷催化弹 47400 多枚，造成局部地区洪水泛滥，桥断坝毁，道路泥泞难行，使得“胡志明”小道每周车辆通行量锐减 90%，破坏了越军的运输生命线。

5. 人工智能武器

人工智能武器是指利用人工智能技术研制的具有某种智能特征的武器系统，主要有智能弹药和智能机器人两大类。

（1）智能弹药。智能弹药与普通弹药的根本区别在于它增加智能计算机和图像处理设备，具备了一定的智能功能。智能弹药已经投入使用或正在研制并接近实战的有：“黄蜂”反坦克导弹、“萨达姆”和“斯基特”反坦克子母弹、“海尔法”反坦克导弹。这几种弹药均具有“发射后不用管”、自主捕捉、识别目标和准确命中目标的能力。图 5-31 显示的是一款微型智能弹药。

（2）智能机器人。机器人是一种具有某种仿人功能的自动机。当前，机器人在军事上考虑最多的应用领域有：一是直接遂行战斗任务，以减少人员的伤亡和流血，正在研制中的有固定防御机器人、步兵先锋机器人、榴炮机器人、无人飞机等；二是执行侦察和观测任务，目前正在研制的有战术侦察机器人、三防侦察机器人等；三是执行工程保障任务，从事艰巨的修路、架桥、排雷和布雷等工作。如美国军方研发的“骡子”，就是一种替代人在复杂环境下进行运输、机动的智能机器人（见图 5-32）。

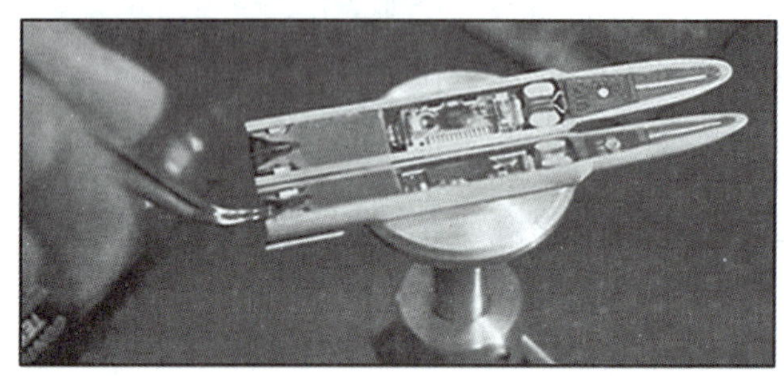

图 5-31　智能弹药设想图

图 5-32　美国军方研发的“骡子”

6. 基因武器

基因武器又称遗传工程武器或 DNA 武器，也称“人种炸弹”，是针对某一特定民族或种族群体的武器。是指按照人的设想，通过基因重组，在一些致病的细菌或病菌中接入能对抗普通疫苗或药物的基因，或者在一些本来不致病的微生物体内“插入”致病基因而制造出来的武器，是现代新概念武器的又一发展方向（见图 5-33）。

图 5-33　基因武器威力堪比核武器

战争中，使用基因武器可使敌方人员在静悄悄中丧失战斗力，也可为己方杀伤性武器效能的充分发挥创造条件，特别是基因武器可有选择地对集群目标使用，使对方防不胜防、束手无策。但是当前对于基因武器的研发和运用，都受到来自战争伦理等方面的严格制约，被众多民众反对，存在许多争议。但是不可否认的是，基因武器一旦投入战场使用，将对战争产生深刻的影响。

7. 非致命武器

亦称非杀伤性武器。即利用声、光、电磁及化学、生物等技术手段，使人员暂时或部分丧失作战能力的武器。非致命性武器按用途可分为反装备非致命性武器和反人员非致命性武器两大类。

（1）反装备非致命性武器。目前，国外发展的用于反装备的非致命性武器主要有超级润滑剂、材料脆化剂、超级腐蚀剂、超级黏胶以及动力系统熄火弹等。超级润滑剂主要用于攻击机场跑道、航母甲板、铁轨、高速公路、桥梁等目标，可有效地阻止飞机起降和列车、军车前进。材料脆化剂可对敌方装备的结构造成严重损伤并使其瘫痪，可以用来破坏敌方的飞机、坦克、车辆、舰艇和铁轨、桥梁等基础设施。超级腐蚀剂是一些对特定材料具有超强腐蚀作用的化学物质。美国正在研制一种代号为 C+的超级腐蚀剂，其腐蚀性超过了氢氟酸。超级黏胶是一些具有超级黏结性能的化学物质，可被用作破坏装备传感装置和使发动机熄火的武器，以及将它们与材料脆化剂、超级腐蚀剂等复配，以提高这些化学武器的作战效能。动力系统熄火弹是利用阻燃剂来污染或改变燃料性能，使发动机不能正常工作而熄火的武器，被视为遏制敌方坦克装甲车集群的有效手段之一。

（2）反人员非致命性武器。反人员非致命性武器可使敌方战斗减员，使敌方造成沉重的伤员负担。目前国外正在研究的反人员非致命性武器主要有化学失能剂、刺激剂、黏性泡沫和强力胶水等。化学失能剂分为精神失能剂和躯体失能剂，它能够造成人员的精神障碍、躯体功能失调，从而丧失作战能力。刺激剂是以刺激眼、鼻、喉和皮肤为特征的一类非致命性的暂时失能性药剂。在野外浓度下，人员短时间暴露就会出现中毒症状，脱离接触后几分钟或几小时症状会自动消失，不需要特殊治疗，不留后遗症。若长时间大量吸入可造成肺部损伤，严重的可导致死亡。黏性泡沫属于一种化学试剂，喷射在人员身上立刻凝固，束缚人员的行动。美军在索马里行动中使用了一种“太妃糖枪”，可以将人员包裹起来并使其失去抵抗能力。强力胶水利用超强的黏合力来限制人员的行动，如图 5-34 所示。

图 5-34　强力胶水非致命武器

学练合一

一、思考题

1. 什么是信息化装备？如何分类？主要特征是什么？
2. 信息化装备的运用对现代战争有哪些影响？
3. 信息化装备的发展趋势是什么？
4. 什么是信息化作战平台？如何分类？
5. 说出至少三种位于不同作战空间的信息化作战平台。
6. 什么是综合电子信息系统？由哪些子系统组成？
7. 什么是信息化杀伤武器？
8. 什么是精确制导武器？其导弹武器有哪些？
9. 什么是巡航导弹？其发展趋势是什么？

10. 什么是战略弹道导弹？其发展趋势是什么？
11. 什么是防空导弹？其发展趋势是什么？
12. 什么是核武器？有哪些主要类型？
13. 核武器的杀伤效应有哪些？
14. 什么是化学武器？有哪些主要类型？
15. 熟记化学武器的毒理作用。
16. 化学武器在使用中有哪些特点？
17. 化学武器的发展趋势是什么？
18. 什么是生物武器？有哪些主要类型？
19. 生物武器杀伤的基本原理是什么？发展趋势是什么？
20. 什么是新概念武器？有哪些类型？

二、判断改错题

请判断语句正确与否，正确的画“√”，错误的画“×”，并将你认为的错误改正过来。

1. 信息化装备是采用现代技术，具有单一或多种信息功能的装备。（　）
2. 信息化装备在现代战争中的运用使得作战效能降低。（　）
3. 信息化装备在现代战争中的运用使得战斗节奏加快，时间延长。（　）
4. 制空权成为信息化战争作战取胜的关键。（　）
5. 综合电子信息系统又叫指挥信息系统（美军称其为 C^4ISR 系统）。（　）
6. 巡航导弹是指以巡航状态在大气层中飞行的有翼导弹。（　）
7. 目前只有美国、英国、法国、俄罗斯和中国装备了巡航导弹，英国、法国、印度等国正在研制。（　）
8. 核武器已发展到第三代：第一代为原子弹；第二代为氢弹；第三代为增强了某种特殊杀伤破坏作用的核武器，如中子弹。（　）
9. 利用原子核的自持裂变链式反应原理制成的核武器称为裂变核武器，通常称为氢弹。（　）
10. 原子弹是利用氢的同位素氘、氚等轻原子核的聚变反应瞬时释放出巨大能量的核武器，亦称聚变弹。（　）
11. 中子弹的爆炸原理是氘和氚核的纯聚变反应。它能使聚变能的75%～80%以高能中子和γ射线的形式释放出来，以对人员的杀伤作用为主。（　）
12. 化学武器系利用化学毒剂毒害、扰乱敌有生力量、牵制敌军事行动的装置的总称。（　）
13. 神经性毒剂主要指的是氢氰酸、氯化氰、塔崩和 VX。（　）
14. 糜烂性毒剂是一种直接损伤人体组织细胞，引起皮肤黏膜炎症、糜烂坏死，全身吸收后可造成全身中毒甚至致死的毒剂。其主要代表为芥子气和路易氏剂。（　）
15. 全身中毒性毒剂主要代表为沙林、梭曼，又称氰类毒剂。（　）
16. 窒息性毒剂主要代表为光气和双光气，是唯一仅通过呼吸道吸入中毒的毒剂。（　）
17. 失能性毒剂是中毒后引起人员中枢神经活动和躯体功能混乱而失去战斗能力的毒

剂，一般不引起死亡或造成持久性伤害。（　）

18. 刺激性毒剂是以对眼睛、皮肤及上呼吸道的局部刺激作用为特征的毒剂。（　）

19. 生物武器是以生物战剂杀伤人畜、毁坏植物的武器，属大规模杀伤性武器，早期战剂主要是细菌，故又称细菌武器。（　）

20. 新概念武器是指在工作原理、毁伤机理和作战运用方式与传统武器有显著不同的各类高技术武器的统称。（　）

21. 定向能武器是利用定向发射的电磁波束、高能激光束、高能粒子束直接攻击目标的武器。（　）

22. 动能武器是指利用具有巨大动能的非爆炸性战斗部，直接碰撞并摧毁目标的武器。（　）

23. 次声武器指以频率高于 20 赫兹的次声波杀伤有生力量的武器。（　）

24. 人工智能武器是指利用人工智能技术研制的具有某种智能特征的武器系统，主要有智能弹药和智能机器人两大类。（　）

25. 基因武器又称遗传工程武器或 DNA 武器，也称“人种炸弹”，是针对某一特定民族或种族群体的武器。（　）

26. 非致命武器是利用声、光、电磁及化学、生物等技术手段，使人员暂时或部分丧失作战能力的武器。（　）

三、不定项选择题

将你认为正确的选项填写在括号里。

1.（　）不是信息化装备的特征。

A. 网络化　　B. 精确化

C. 智能化　　D. 快速化

2. 信息化装备的发展趋势是（　）。

A. 研制重点向新空间、新领域发展

B. 系统结构向模块化、标准化发展

C. 作战性能向远程化、精确化发展

D. 指挥系统向一体化、智能化发展

3. 根据信息化平台运用地点的不同，信息化作战平台主要包括（　）。

A. 空中信息化作战平台　　B. 海上（水下）信息化作战平台

C. 陆上信息化作战平台　　D. 太空信息化作战平台

4. 预警探测系统按其部署的位置分为：（　）。

A. 陆基预警探测系统　　B. 海基预警探测系统

C. 空基预警探测系统　　D. 天基预警探测系统

5. 目前使用的技术比较成熟的卫星导航定位系统有（　）。

A. 美国的 GPS 系统　　B. 俄罗斯的 GLONASS 系统

C. 欧洲的“伽利略”系统　　D. 中国的“北斗”系统

6. 核武器的杀伤因素包括（　）。

A. 光辐射　　B. 冲击波

C. 早期核辐射　　D. 核电磁脉冲

7. 影响核武器杀伤作用的主要因素包括（　　）。

A. 核武器的当量　　B. 核武器的爆炸方式

C. 人口密度和防护情况　　D. 自然条件

8. 化学毒剂如按杀伤作用持久性分类，可分为（　　）。

A. 暂时性毒剂　　B. 持久性毒剂

C. 半持久性毒剂　　D. 杀伤性毒剂

9. 化学武器的特点包括（　　）。

A. 施放方式多　　B. 持续时间长

C. 毒性作用强　　D. 穿透能力强

10. 生物战剂的施放方式包括（　　）。

A. 喷粉型气溶胶　　B. 爆炸型气溶胶

C. 喷雾型气溶胶　　D. 散布带有生物战剂的媒介如昆虫

11. 当前典型的新概念武器主要包括（　　）。

A. 定向能武器　　B. 军用机器人

C. 动能武器　　D. 各种导弹

12. 定向能武器包括（　　）。

A. 粒子束武器　　B. 计算机网络攻防武器

C. 激光武器　　D. 高功率微波武器

四、论述题

1. 试论信息化武器装备对现代战争的影响。

2. 核武器的发展趋势。

下篇　军事技能

第六章 共同条令教育与训练

学习目标

了解中国人民解放军三大条令的主要内容，掌握队列动作的基本要领，养成良好的军事素养，增强组织纪律观念，培养令行禁止、团结奋进、顽强拼搏的过硬作风。

共同条令，是中国人民解放军《内务条令》《纪律条令》《队列条令》的统称，是中央军委主席签署颁布全军的命令，是全军必须遵照执行的准则。共同条令是人民解放军建设的基本军事法规，是依法治军、从严治军，进行正规化建设和部队战备、训练、工作、生活秩序的基本依据。2018 年 4 月 4 日习近平总书记签署命令，发布新修订的《中国人民解放军内务条令（试行）》《中国人民解放军纪律条令（试行）》《中国人民解放军队列条令（试行）》（简称新一代内务条令、新一代纪律条令、新一代队列条令，统称新一代共同条令），5 月 1 日起正式施行。这是习近平主席和中央军委着眼新时代新体制新使命作出的重大战略决策，是深化国防和军队改革的重大战略成果，是推动军队正规化建设向更高水平发展的重大战略举措，是推进新时代强军事业的一件大事。

普通高等学校在学生军训中进行共同条令教育，对于增强学生的国防观念和国家安全意识，强化爱国主义和集体主义观念，加强组织纪律性，培养学生的综合素质和促进校风、校纪建设，将起到积极的作用。

第一节 共同条令教育

名人名言

良好的秩序，勇敢的精神，完好的武器，是战争中克敌制胜的保证。

——［俄罗斯］彼得大帝

军人的勇敢必须摆脱个人勇敢所固有的那种不受控制和随心所欲地显示力量的倾向，它必须服从更高的要求：服从命令、遵守纪律、遵循规则和方法。

——［普鲁士］克劳塞维茨

不是部队的数量给军队带来了力量，而是忠诚和豪气给军队增添了斗志。

——［法］拿破仑

一、共同条令的地位与作用

共同条令作为军队建设的基本法规，是人民解放军革命化现代化正规化建设的重要依据，是正规化管理的基石，是全体官兵的共同准则。在新一代共同条令中，牢固确立了习近平强军思想的指导地位，把习近平强军思想作为人民解放军内务建设、纪律建设、队列建设的根本遵循，确保军队全面建设和管理工作始终沿着正确方向前进。

新一代共同条令，坚持以党在新时代的强军目标为引领，突出问题导向，聚焦备战打仗，体现全面从严，注重创新发展，总结升华体制改革的新要求、部队管理的新经验、制度建设的新成果，在保持条令稳定性、连续性的前提下，对不适应形势发展变化的内容，进行了创新性修订，作出了具体明确规范。新一代共同条令的发布施行，体现了人民解放军对新时代强军兴军特点规律的新认识、新探索，具有较强的时代性、规范性和操作性，必将全面提升国防和军队建设的法治化水平。

二、《内务条令》简介

《内务条令》是规范军人基本职责、军事内部关系和日常生活制度的基本军事法规，是军队实施行政管理的基本依据。新修订的《内务条令（试行）》包括总则、军人宣誓、军人职责、内部关系、礼节、军人着装、军容风纪、与军外人员交往、作息、日常制度、日常战备、军事训练和野营管理、日常管理、国旗军旗军徽的使用管理和国歌军歌的奏唱、附则等，共 15 章 325 条和 10 个附录。

（一）军人宣誓

中国人民解放军军人，是在中国人民解放军服现役的中华人民共和国公民。

军人在入伍（入校）后 90 日内，必须进行宣誓，誓词是："我是中国人民解放军军人，我宣誓，服从中国共产党的领导，全心全意为人民服务，服从命令，忠于职守，严守纪律，保守秘密，英勇顽强，不怕牺牲，苦练杀敌本领，时刻准备战斗，绝不叛离军队，誓死保卫祖国。"

（二）内部关系

《内务条令》规定了军队内部关系，主要包括军人相互关系、官兵关系、机关相互关系、部（分）队相互关系。

中国人民解放军军人，不论职位高低，在政治上一律平等，相互间是同志关系，依行政职务和军衔，构成首长与部属、上级与下级或者同级关系。

（三）管理制度

《内务条令》着眼培养优良作风、提高战斗力，对战备、训练、日常活动等各个方面的秩序，都作了严格明确的规定。

为保证各项工作的正常进行，具体和细化了一日生活与日常制度。基层单位一日生活具体分为起床、早操、整理内务和洗漱、开饭、操课、午睡（午休）、课外活动、点名、就寝；机关单位一日生活具体分为起床、早操、开饭、办公、午睡（午休）、体能训练、业余活动、就寝。日常制度具体分为值班、警卫、行政会议、请示报告、内务设置、登记统计、请假销假、查铺查哨、留营住宿、点验、交接、接待、证件和印章管理、保密等14项。日常管理具体分为零散人员管理、军人健康保护、财务和伙食管理、车辆使用管理、装备管理、移动电话和国际互联网的使用管理、营区管理、安全管理等10个方面。

三、《纪律条令》简介

《纪律条令》是规范军队纪律的基本内容、要求、监察和奖惩措施的基本军事法规，是军队维护纪律和实施奖惩的基本依据。新修订的《纪律条令（试行）》包括总则、纪律的主要内容、奖励、表彰、纪念章、处分、特殊措施、控告和申诉、首长责任和纪律监察、附则等，共10章262条和8个附录。

（一）奖惩的内容

《纪律条令》从奖励与处分两个方面规定了人民解放军实施奖惩的目的、原则、项目、权限、运用等主体内容。

奖励的目的在于鼓励先进，维护纪律，调动官兵的积极性、创造性，发扬爱国主义、共产主义和革命英雄主义精神，保证作战、训练和其他各项任务的完成；处分的目的在于严明纪律，教育违纪者和部队，强化纪律观念，维护集中统一，巩固和提高部队战斗力。

奖励应当坚持严格标准、按绩施奖，发扬民主、贯彻群众路线，精神奖励和物质奖励相结合、以精神奖励为主，注重发挥物质奖励的激励作用的原则。处分应当坚持依据事实、惩戒恰当，惩前毖后、治病救人，纪律面前人人平等的原则。

奖励分为对个人和对单位的项目。对个人的奖励项目从低到高依次为：嘉奖、三等功、二等功、一等功、荣誉称号、八一勋章。对单位的奖励项目从低到高依次为：嘉奖、三等功、二等功、一等功、荣誉称号。

处分按军人类别分为义务兵、士官、军官（文职干部）的处分。对义务兵的处分项目从轻到重依次为：警告、严重警告、记过、记大过、降职或者撤职、降衔、除名、开除军籍。对士官的处分项目从轻到重依次为：警告、严重警告、记过、记大过、降职或者撤职、降衔、开除军籍。对军官（文职干部）的处分项目从轻到重依次为：警告、严重警告、记过、记大过、降职（级）或者降衔（级）、撤职、开除军籍。

（二）纪念章

考虑对个人经历资历的证明和肯定，《纪律条令》明确了6种常设纪念章。

作战纪念章：颁发给直接执行作战任务的人员。

重大任务纪念章：颁发给执行中央军委赋予的抢险救灾、反恐维稳、处置突发事件等重大军事行动任务的人员。

国防服役纪念章：颁发给服现役满8年以上的人员，其中，服现役满8年以上、不满16年的，授予铜质纪念章；服现役满16年以上、不满30年的，授予银质纪念章；服现役满30年以上的，授予金质纪念章。

卫国戍边纪念章：颁发给在边海防、边远艰苦地区服现役的人员，其中，对在第一、二等级边远艰苦地区累计服现役满1年的；在第三等级边远艰苦地区累计服现役满2年的；在第四等级边远艰苦地区累计服现役满 3 年的；在第五等级边远艰苦地区累计服现役满 4 年的；在第六等级边远艰苦地区累计服现役满 5 年的，可以授予铜质纪念章。在上述边远艰苦地区服现役时间，累计达到以上相应规定时间 2 倍以上的，可以授予银质纪念章；累计达到以上相应规定时间 3 倍以上的，可以授予金质纪念章。

献身国防纪念章：颁发给烈士和因公牺牲、因公致残的人员，其中，给烈士颁发金质纪念章，给因公牺牲军人颁发银质纪念章，给因公致残军人颁发铜质纪念章。

和平使命纪念章：颁发给执行联合国维持和平行动、联合反恐、联合军演、援外活动等军事任务的人员。

根据需要，中央军委可以向参与特定时期、特定领域、重大工作的个人颁发其他纪念章。

四、《队列条令》简介

《队列条令》是规范军队队列动作、队列队形和队列指挥的基本军事法规，是军队队列训练和队列生活的基本依据。新修订的《队列条令（试行）》包括总则、队列指挥、队列队形、单个军人队列动作、分队和部队队列动作、分队乘坐交通工具、国旗的掌持和升降及军旗的掌持和升降、阅兵、仪式、附则等，共 10 章 89 条和 4 个附录。

（一）总则

《队列条令》总则明确了条令的制定目的、适应范围、执行要求和队列纪律。

全体军人必须严格执行本条令，加强队列训练，培养良好的军姿、严整的军容、过硬的作风、严格的纪律性和协调一致的动作，落实全面从严治军要求，促进军队正规化建设，巩固和提高战斗力。

队列纪律为：坚决执行命令，做到令行禁止；姿态端正，军容严整，精神振作，严肃认真；按照规定的位置列队，集中精力听指挥，动作迅速、准确、协调一致；保持队列整齐，出列、入列应当报告并经允许。

（二）队列指挥和队列队形

《队列条令》对队列指挥位置、方法、要求和队列基本队形作了具体规定。

队列指挥位置：指挥位置应当便于指挥和通视全体。通常是：停止间，在队列中央前；行进间，纵队时在队列左侧中央前或者偏后，必要时在队列中央前，横队、并列纵队时在队列左侧前或者左侧，必要时在队列右侧前（右侧）或者左（右）侧后。

队列指挥方法：队列指挥通常用口令。行进间，动令除向左转走和齐步、正步互换及敬礼、礼毕时落在左脚，其他均落在右脚。变换指挥位置，通常用跑步（5 步以内用齐步），进到预定的位置后，成立正姿势下达口令。纵队行进时，可以在行进间下达口令。

队列指挥要求：指挥位置正确，姿态端正，精神振作，动作准确；口令准确、清楚、洪亮；熟练掌握和运用队列指挥方法，认真清点人数、检查着装，按照规定组织验枪；严格要求，维护队列纪律。

队列队形：队列的基本队形为横队、纵队、并列纵队，需要时，可以调整为其他队形；队列人员之间的间隔（两肘之间）通常约 10 厘米，距离（前一名脚跟至后一名脚尖）

约 75 厘米。

（三）国旗的掌持、升降

《队列条令》规定了国旗的掌持、升降要领，明确了军旗的掌持与授予要领、迎送程序等。

国旗由一名掌旗员掌持，两名护旗兵护旗，护旗兵位于掌旗员两侧。掌持国旗的姿势为扛旗，要领是：右手将旗扛于右肩，旗杆套稍高于肩，右臂伸直，右手掌心向下握旗杆，左手放下，听到“齐步——走”的口令，开始行进。

国旗的升降要领：升旗时，掌旗员将旗交给护旗兵，协力将国旗套（挂）在旗杆绳上并系紧，掌旗员将国旗抛展开的同时，由护旗兵协力将旗升至旗杆顶；降旗时，由护旗兵解开旗杆绳并将旗降下，掌旗员接扛于肩。

第二节　分队队列动作

当军队士气不振的时候，任何战术上的规律都不能够使其获得胜利。

——［瑞士］约米尼

一、分队的队形

（一）班的队形

班的基本队形，分为横队和纵队；需要时，可以成二列横队或者二路纵队。班通常按照身高列队，必要时按照战斗序列列队（见图 6-1～图 6-4）。

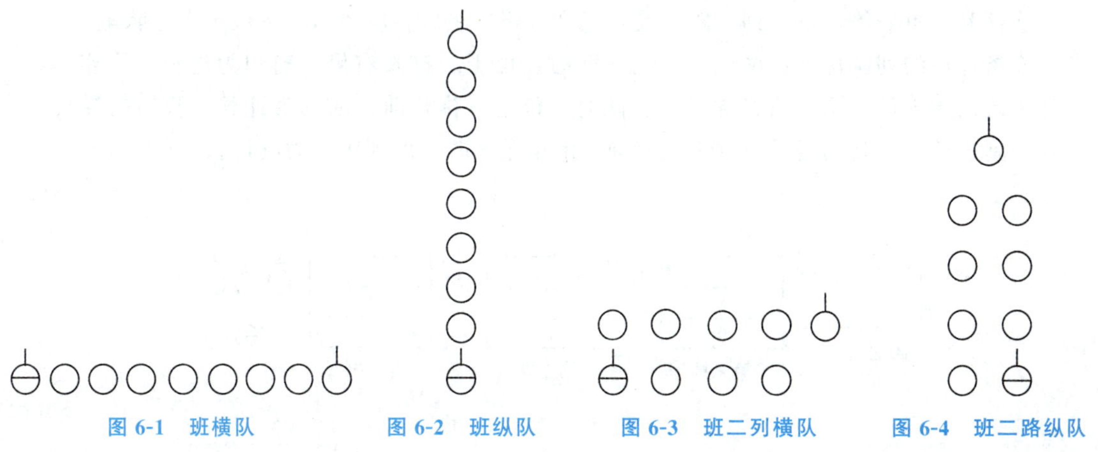

图 6-1　班横队　　图 6-2　班纵队　　图 6-3　班二列横队　　图 6-4　班二路纵队

（二）排的队形

排的基本队形，分为横队和纵队。

排横队，由各班的班横队依次向后排列组成。

排纵队，由各班的班纵队依次向右并列组成。

排长的列队位置：横队时，在第一列基准兵右侧；纵队时，在队列中央前（见图 6-5、图 6-6）。

图 6-5　排横队　　图 6-6　排纵队

（三）连的队形

连的基本队形，分为横队、纵队和并列纵队。

连横队，由各排的排横队依次向左并列组成。

连纵队，由各排的排纵队依次向后排列组成。

连并列纵队，由各排的排纵队依次向左并列组成。

连部和炊事班等，以二列（路）或者三列（路）组成相应的队形，位于本连队尾。

连指挥员的列队位置：横队、并列纵队时，位于一排长右侧，前列为连长、副连长，后列为政治指导员、副政治指导员；纵队时，位于一排长前，前列为连长、政治指导员，后列为副连长、副政治指导员（未编有副政治指导员时，后列中央为副连长）（见图 6-7～图 6-9）。

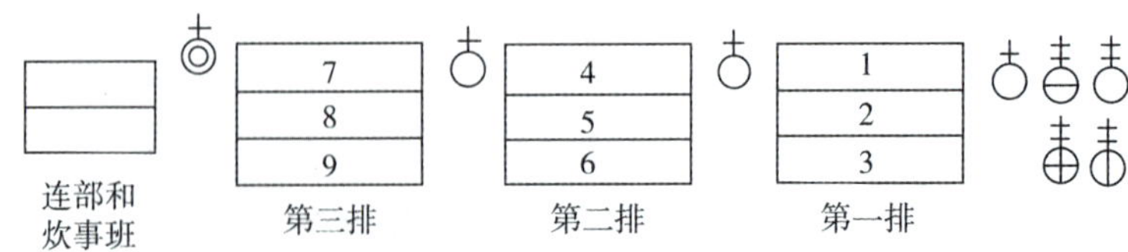

图 6-7　连横队

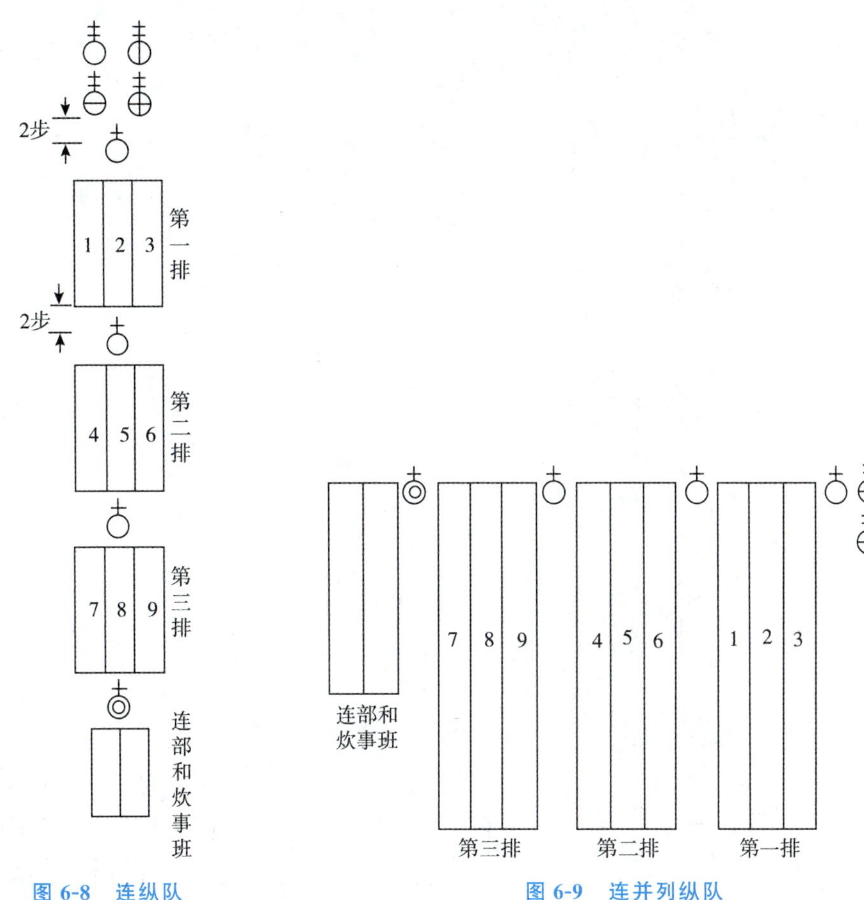

图 6-8　连纵队　　　　图 6-9　连并列纵队

（四）营的队形

营的基本队形，分为横队、纵队和并列纵队。

营横队，由各连的并列纵队依次向左并列组成。

营纵队，由各连的连纵队依次向后排列组成。

营并列纵队，由各连的连纵队依次向左并列组成。

营部所属人员编为三列（路）队形，按照编制序列列队。

营属其他分队，采用同连相应的队形，按照编制序列列队，位于本营队尾。

营指挥员的列队位置：横队、并列纵队时，位于营部右侧，前列为营长、副营长，后列为政治教导员（编有副政治教导员时，为政治教导员、副政治教导员）；纵队时，位于营部前，前列为营长、政治教导员，后列中央为副营长（编有副政治教导员时，后列为副营长、副政治教导员），如图 6-10～图 6-12 所示。

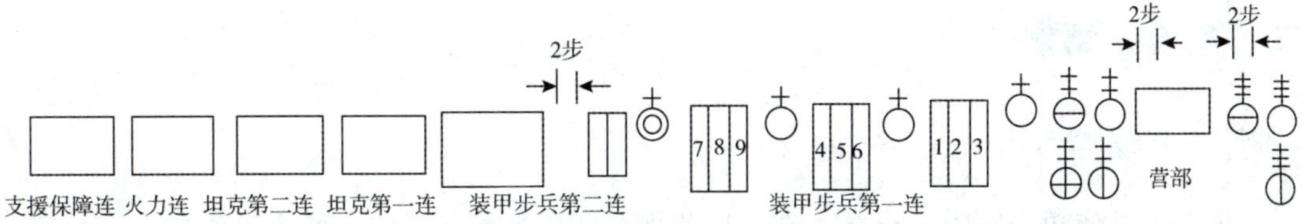

图 6-10　营横队（合成营）

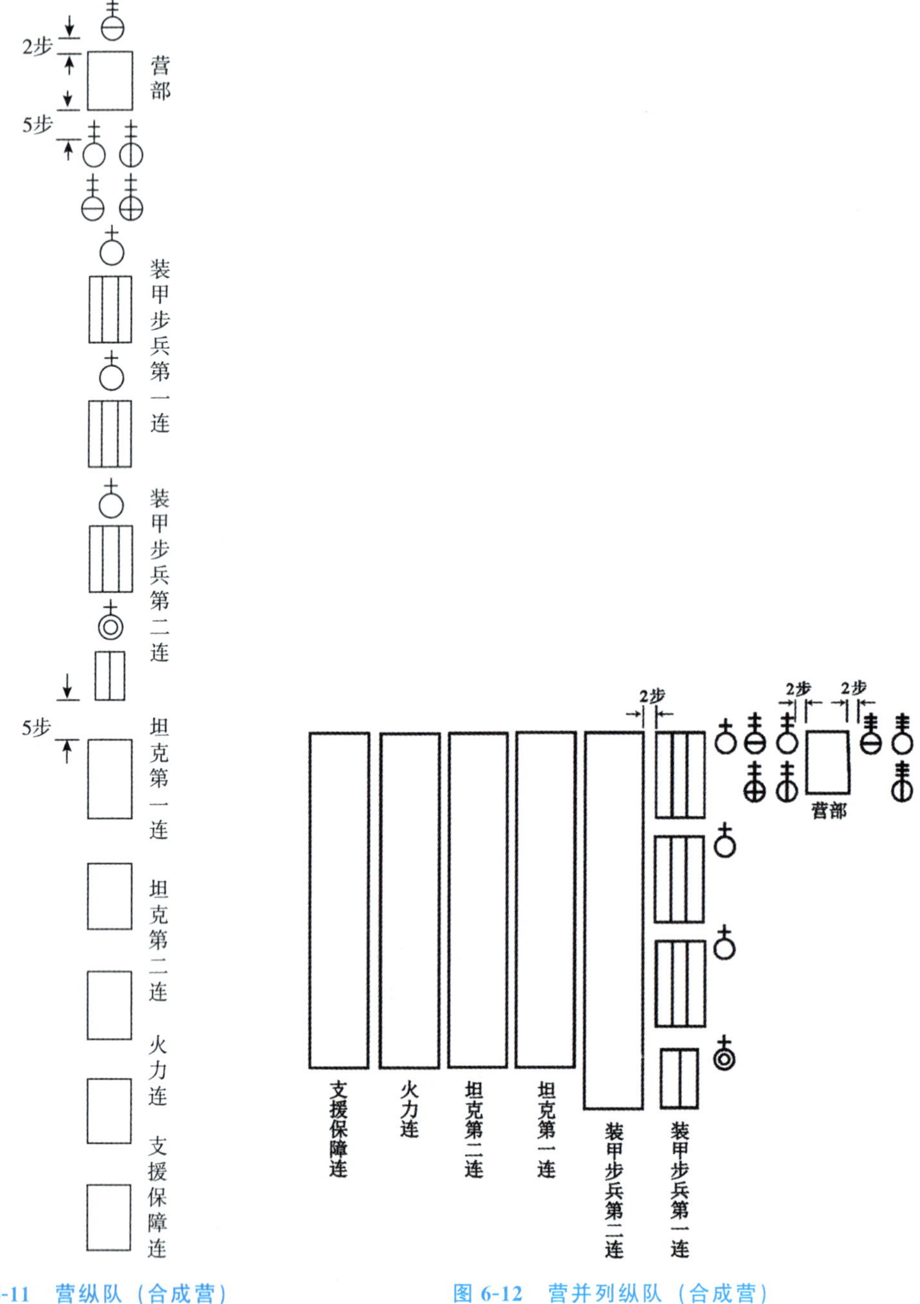

图 6-11　营纵队（合成营）

图 6-12　营并列纵队（合成营）

二、集合、离散

（一）集合

集合，是使单个军人、分队、部队按照规范队形聚集起来的一种队列动作。

集合时，指挥员应当先发出预告或者信号，如“全连注意”或者“×排注意”，然后，站在预定队形的中央前，面向预定队形成立正姿势，下达“成××队——集合”的口令。所属人员听到预告或者信号，原地面向指挥员成立正姿势；听到口令，跑步到指定位置面向指挥员集合（在指挥员后侧的人员，应当从指挥员右侧绕过），自行对正、看齐，成立正姿势。

1. 班集合

口令：成班横队（二列横队）——集合。

要领：基准兵迅速到班长左前方适当位置，成立正姿势；其他士兵以基准兵为准，依次向左排列，自行看齐。

成班二列横队时，单数士兵在前，双数士兵在后。

口令：成班纵队（二路纵队）——集合。

要领：基准兵迅速到班长前方适当位置，成立正姿势；其他士兵以基准兵为准，依次向后排列，自行对正。

成班二路纵队时，单数士兵在左，双数士兵在右。

2. 排集合

口令：成排横队——集合。

要领：基准班在指挥员前方适当位置，成班横队迅速站好；其他班成班横队，以基准班为准，依次向后排列，自行对正、看齐。

口令：成排纵队——集合。

要领：基准班在指挥员右前方适当位置，成班纵队迅速站好；其他班成班纵队，以基准班为准，依次向右排列，自行对正、看齐。

3. 连集合

口令：成连横队——集合。

要领：队列内的连指挥员或者基准排，在指挥员左前方适当位置，成横队迅速站好；各排和连部成横队，以连指挥员或者基准排为准，依次向左排列，自行对正、看齐。

口令：成连纵队——集合。

要领：队列内的连指挥员或者基准排，在指挥员前方适当位置，成纵队迅速站好；各排和连部成纵队，以连指挥员或者基准排为准，依次向后排列，自行对正、看齐。

口令：成连并列纵队——集合。

要领：队列内的连指挥员或者基准排，在指挥员左前方适当位置，成纵队迅速站好；各排和连部成纵队，以连指挥员或者基准排为准，依次向左排列，自行对正、看齐。

4. 营集合

营集合，通常规定集合的时间、地点、方向、队形、基准分队以及应当携带的武器、器材和装具等事项。

各连按照规定，由连队值班员整队带往营的集合地点，随即向基准分队取齐，然后，跑步到距主持集合的营值班员5～7步处报告人数，营值班员整队后，向营首长报告人数；也可以由连首长整队带往集合地点，直接向营首长报告。例如：“营长同志，×连应到×

×名，实到××名，请指示”。

（二）离散

离散，是使列队的单个军人、分队、部队各自离开原队列位置的一种队列动作。

1. 离开

口令：各营（连、排、班）带开（带回）。

要领：队列中的各营（连、排、班）指挥员带领本队迅速离开原列队位置。

2. 解散

口令：解散。

要领：队列人员迅速离开原列队位置。

三、整齐、报数

（一）整齐

整齐，是使列队人员按照规定的间隔、距离，保持行、列平齐的一种队列动作。整齐分为向右（左）看齐和向中看齐。

口令：向右（左）看——齐。

向前——看。

要领：基准兵不动，其他士兵向右（左）转头（持枪时，听到预令，迅速将枪稍提起，看齐后自行放下；持120反坦克火箭筒时，听到预令，左手握提把，右手握握把，提起发射筒，看齐后自行放下），眼睛看右（左）邻士兵腮部，前四名能通视基准兵，自第五名起，以能通视到本人以右（左）第三人为度；后列人员，先向前对正，后向右（左）看齐；听到“向前——看”的口令，迅速将头转正，恢复立正姿势。

口令：以×××为准，向中看——齐。

向前——看。

要领：当指挥员指定“以×××为准（或者以第×名为准）”时，基准兵答“到”，同时左手握拳高举，大臂前伸与肩略平，小臂垂直举起，拳心向右（见图6-13）；听到“向中看——齐”的口令后，其他士兵按照向左（右）看齐的要领实施；听到“向前——看”的口令后，基准兵迅速将手放下，其他士兵迅速将头转正，恢复立正姿势。

图6-13　向中看齐时基准兵的举手姿势

一路纵队看齐时，可以下达“向前——对正”的口令。

（二）报数

口令：报数。

要领：横队从右至左（纵队由前向后）依次以短促洪亮的声音转头（纵队向左转头）报数，最后一名不转头；数列横队时，后列最后一名报“满伍”或者“缺×名”；连集合时，由指挥员下达“各排报数”的口令，各排长在队列内向指挥员报告人数，如“第×排到齐”或者“第×排实到××名”。

必要时，连也可以统一报数。

要领：连实施统一报数时，各排不留间隔，要补齐，成临时编组的横队队形（见图6-7）。报数前，连指挥员先发出“看齐时，以一排长为准，全连补齐”的预告，尔后下达“向右看——齐”口令，待全连看齐后，再下达“向前——看”和“报数”的口令，报数从一排长开始，后列最后一名报“满伍”或者“缺×名”。

四、出列、入列

单个军人和分队出列、入列，通常用跑步，5步以内用齐步，1步用正步，或者按照指挥员指定的步法执行；然后，进到指挥员右前侧适当位置或者指定位置，面向指挥员成立正姿势。

（一）单个军人出列、入列

1. 出列

口令：×××（或者第×名），出列。

要领：出列军人听到呼点自己姓名或者序号后应当答“到”，听到“出列”的口令后，应当答“是”。

（1）位于第一列（左路）的军人，按照本条上述规定，取捷径出列。

（2）位于中列（路）的军人，向后（左）转，待后列（左路）同序号的军人向右后退1步（左后退1步）让出缺口后，按照本条的上述规定从队尾（纵队时从左侧）出列；位于“缺口”位置的军人，待出列军人出列后，即复原位。

（3）位于最后一列（右路）的军人出列，先退1步（右跨1步），然后，按照本条有关规定从队尾出列。

2. 入列

口令：入列。

要领：听到“入列”口令后，应当答“是”，然后，按照出列的相反程序入列。

（二）班（排）出列、入列

1. 出列

口令：第×班（排），出列。

要领：听到“第×班（排）”的口令后，由出列班（排）的指挥员答“到”，听到“出列”的口令后，由出列班（排）的指挥员答“是”，并用口令指挥本班（排），按照本条的有关规定，以纵队形式从队尾（位于第一列的班取捷径）出列。

2. 入列

口令：入列。

要领：听到“入列”的口令后，由入列班（排）指挥员答“是”，并用口令指挥本班（排），以纵队形式从队尾（位于第一列的班取捷径）入列。

五、行进、停止

横队和并列纵队行进以右翼为基准，纵队行进以左翼为基准（一路纵队行进以先头为基准）。

（一）行进

指挥员应当下达“×步——走”的口令。听到口令，基准兵向正前方前进，其他士兵向基准翼标齐，保持规定的间隔、距离行进。纵队行进时，排、连通常成三路纵队，也可以成一、二路纵队。行进中，需要时，用“一二一”（调整步伐的口令）、“一二三四”（呼号）或者唱队列歌曲，以保持步伐的整齐和振奋士气。

（二）停止

指挥员应当下达“立——定”的口令。听到口令，按照立定的要领实施，分队的动作要整齐一致；停止后，听到“稍息”的口令，先自行对正、看齐，再稍息。

六、队形变换

队形变换，是由一种队形变为另一种队形的队列动作。

（一）横队和纵队的互换

横队变纵队：
停止间口令：向右——转。
行进间口令：向右转——走。
纵队变横队：
停止间口令：向左——转。
行进间口令：向左转——走。
要领：停止间，按照单个军人向右（左）转的要领实施；行进间，按照单个军人向右（左）转走的要领实施。分队动作要整齐一致；队形变换后，排以上指挥员应当进到规定的列队位置。

（二）停止间班横队和班二列横队，班纵队和班二路纵队互换

1. 班横队变班二列横队

口令：成班二列横队——走。

要领：变换前，先报数。听到口令，双数士兵左脚后退 1 步，右脚（不靠拢左脚）向右跨 1 步，左脚向右脚靠拢，站到单数士兵之后，自行对正、看齐。

2. 班二列横队变班横队

口令：间隔 1 步，向左离开。

成班横队——走。

要领：听到“间隔1步，向左离开”的口令，取好间隔；听到“成班横队——走”的口令，双数士兵左脚左跨1步，右脚（不靠拢左脚）向前1步，左脚向右脚靠拢，站到单数士兵左侧，自行看齐。

3. 班纵队变班二路纵队

口令：成班二路纵队——走。

要领：变换前，先报数。听到口令，双数士兵右脚右跨1步，左脚（不靠拢右脚）向前1步，右脚向左脚靠拢，站到单数士兵右侧，自行对正、看齐。

4. 班二路纵队变班纵队

口令：距离2步，向后离开。

成班纵队——走。

要领：听到“距离2步，向后离开”的口令，取好距离；听到“成班纵队——走”的口令，双数士兵右脚后退1步，左脚（不靠拢右脚）站到单数士兵之后，自行对正。

（三）连纵队和连并列纵队的互换

1. 连纵队变连并列纵队

停止间口令：成连并列纵队，齐步——走。

行进间口令：成连并列纵队——走。

要领：连指挥员或者基准排踏步，其他排和连部逐次进到连指挥员或者基准排左侧踏步并取齐，然后，听口令前进或者停止。

连、排指挥员位置的变换方法：听到口令，连长左脚继续踏1步，右脚向右前1步，进到政治指导员前方仍踏步，政治指导员继续踏步，副连长向前2步（未编有副政治指导员时，副连长向左前2步），进到连长左侧，副政治指导员向左前1步，进到政治指导员左侧，排长、司务长进到预定列队位置，继续踏步并取齐。

2. 连并列纵队变连纵队

停止间口令：成连纵队，齐步——走。

行进间口令：成连纵队——走。

要领：连指挥员或者基准排照直前进，其他排和连部停止间和行进间均踏步，待连指挥员或者基准排离开原位后，各排按照排长、连部和炊事班按照司务长的口令依次跟进。

连、排指挥员位置的变换方法：听到口令，连长向左前1步，进到副连长前方踏步，政治指导员向前2步，进到连长右侧继续踏步，副政治指导员向右前1步，进到副连长右侧继续踏步（未编有副政治指导员时，副连长右跨半步并踏步），排长、司务长进到预定列队位置继续踏步，取齐后照直前进。

（四）营横队（营并列纵队）和营纵队互换

1. 营横队（营并列纵队）变营纵队

停止间口令：成营纵队，齐步——走。

行进间口令：成营纵队——走。

要领：营指挥员或者营部照直前进，各连按照连长的口令变为连纵队，依次跟进；营并列纵队变为营纵队，营指挥员或者营部照直前进，各连按照连长的口令依次跟进。

2. 营纵队变营横队（营并列纵队）

停止间口令：成营横队（营并列纵队），齐步——走。

行进间口令：成营横队（营并列纵队）——走。

要领：营指挥员或者营部踏步，各连依次进到营部左侧变为连并列纵队踏步，并向基准分队取齐，然后，听口令前进或者停止。营纵队变为营并列纵队，营指挥员或者营部踏步，各连依次进到营部左侧踏步，并向基准分队取齐，然后，听口令前进或者停止。

七、方向变换

方向变换，是改变队列面对的方向的一种队列动作。

（一）横队和并列纵队方向变换

停止间，通常是左（右）转弯或者左（右）后转弯，必要时可以向后转。

停止间口令：左（右）转弯，齐（跑）步——走，或者左（右）后转弯，齐（跑）步——走；向后——转，齐（跑）步——走（当需要向后转走时，应当先下“向后——转”的口令，待方向变换后，再下“齐步——走”或者“跑步——走”的口令）。

行进间口令：左（右）转弯——走，或者左（右）后转弯——走。

要领：一列横队方向变换时，轴翼士兵踏步，并逐渐向左（右）转动；外翼第一名士兵用大步行进并同相邻士兵动作协调，逐步变换方向（愈接近轴翼者，其步幅愈小），其他士兵用眼睛的余光向外翼取齐，并保持规定的间隔和排面整齐，转到 90 度或者 180 度时踏步并取齐，听口令前进或者停止。

数列横队和并列纵队方向变换时，第一列轴翼士兵停止间用踏步、行进间用小步，外翼士兵用大步行进，保持排面整齐，边行进边变换方向，转到 90 度或者 180 度后，听口令前进或者停止；后续各列按照上述要领，保持间隔、距离，取捷径进到前一列转弯处，转向新方向跟进。

（二）纵队方向变换

停止间，通常是左（右）转弯，或者左（右）后转弯，必要时可以向后转。

停止间口令：左（右）转弯，齐（跑）步——走，或者左（右）后转弯，齐（跑）步——走；向后——转，齐（跑）步——走（按照横队和并列纵队向后转走的方法实施）。

行进间口令：左（右）转弯——走，或者左（右）后转弯——走。

要领：一路纵队方向变换，基准兵在左（右）转弯时，按照单个军人行进间转法（停止间，左转弯走时，左脚先向前 1 步）的要领实施，在左（右）后转弯时，用小步边行进边变换方向，转到 90 度或者 180 度后，照直前进；其他士兵逐次进到基准兵的转弯处，转向新方向跟进。

数路纵队方向变换时，按照数列横队和并列纵队方向变换的要领实施。

学练合一

一、思考题

1. 我军共同条令包括哪些内容?
2. 我军分队的队形包括几种?
3. 集合、离散的动作要领有哪些?
4. 整齐、报数的动作要领有哪些?
5. 出列、入列的动作要领有哪些?
6. 班的基本队形分为哪两种?
7. 单个军人和分队出列、入列，通常用什么步，几步以内用齐步，几步用正步?

二、判断改错题

请判断语句正确与否，正确的画“√”，错误的画“×”，并将你认为的错误改正过来。

1. 共同条令，是中国人民解放军《内务条令》《纪律条令》《队列条令》的统称。 (　　)

2. 《纪律条令》是规范军队纪律的基本内容、要求、监察和奖惩措施的基本军事法规，是军队维护纪律和实施奖惩的基本依据。 (　　)

3. 《队列条令》是规范军队队列动作、队列队形和队列指挥的基本军事法规，是军队队列训练和队列生活的基本依据。 (　　)

4. 《内务条令》规定了军队内部关系，主要包括军相互关系、官兵关系、机关相互关系、部（分）队相互关系。 (　　)

5. 队列人员之间的间隔（两肘之间）通常约 20 厘米，距离（前一名脚跟至后一名脚尖）约 85 厘米。 (　　)

6. 班的基本队形，分为横队和纵队；需要时，可以成二列横队或者二路纵队。 (　　)

7. 离散，是使单个军人、分队、部队按照规范队形聚集起来的一种队列动作。 (　　)

8. 集合，是使列队的单个军人、分队、部队各自离开原队列位置的一种队列动作。 (　　)

9. 整齐，是使列队人员按照规定的间隔、距离，保持行、列平齐的一种队列动作。 (　　)

10. 单个军人和分队出列、入列，通常用齐步，3 步以内用跑步，1 步用正步。 (　　)

11. 横队和并列纵队行进以左翼为基准，纵队行进以右翼为基准（一路纵队行进以先头为基准)。 (　　)

12. 方向变换，是改变队列行进速度的一种队列动作。 (　　)

三、不定项选择题

将你认为正确的选项填写在括号里。

1. 《内务条令》主要包括（　　）。

A. 军人宣誓　　B. 行为举止　　C. 内部关系　　D. 管理制度

2. 对个人的奖励项目从低到高依次为（　　）。

A. 嘉奖　　B. 一等功　　C. 八一勋章　　D. 特等功

3. 集合包括（　　）。

A. 班集合　　B. 排集合　　C. 连集合　　D. 营集合

4. 队形变换包括（　　）。

A. 横队和纵队的互换　　B. 停止间班横队和班二列横队

C. 班纵队和班二路纵队互换　　D. 连纵队和连并列纵队的互换

四、论述题

试论共同条令的地位和作用。

第七章　射击与战术训练

学习目标

了解轻武器的战斗性能，掌握射击动作和实弹射击要领；学会单兵战术基础动作，了解战斗班组攻防的基本动作和战术原则，培养良好的战斗素养。

第一节　轻武器射击

名人名言

被压迫阶级如果不努力学会掌握武器，获得武器，那它只配被人当作奴隶。

——［苏联］列宁

一、轻武器的概念及分类

轻武器亦称轻兵器，是单兵或班组携行使用的小型、轻便武器的统称。

轻武器可按不同的依据分类。在很多情况下，轻武器是按用途分类的。轻武器按用途可分为各种刀具、手枪、冲锋枪、步枪、机枪、手榴弹、榴弹发射器、火箭发射器、便携式火炮和轻型导弹等。

二、轻武器常识

（一）81-1 式自动步枪

81-1 式自动步枪（见图 7-1）具有射速高、射程远、火力猛、杀伤力大等特点。

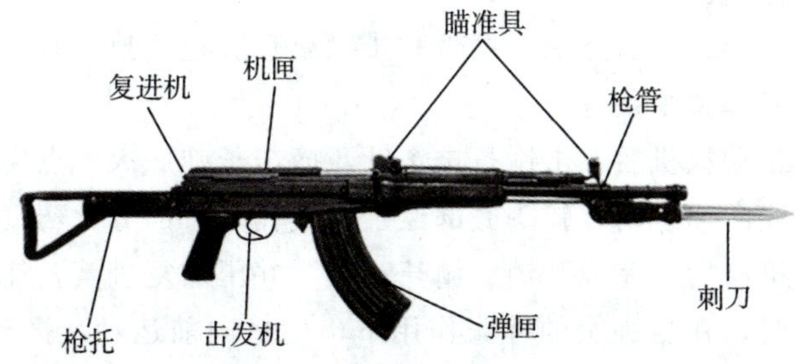

图 7-1　81-1 式自动步枪

1. 战斗性能和主要诸元

（1）战斗性能。81-1 式自动步枪对单个目标在 400 米内射击效果最好，集中火力可射击 500 米内的敌人飞机、伞兵以及集团目标，弹头在 1500 米处仍有杀伤力，在 290 米内使用枪榴弹可杀伤敌有生力量和击毁敌装甲目标。

射击方法：可实施短点射（2～5 发）、长点射（6～10 发）和单发射。

战斗射速：点射每分钟 90～110 发，单发射每分钟 40 发；理论射速：每分钟 680～750 发。

（2）主要诸元。

口径	7.62 毫米
枪全重	3.5 千克
枪全长	1105 毫米
不装刺刀长	955 毫米
枪托折叠状态长	730 毫米
普通弹的初速	710 米/秒
弹头最大飞行距离	约 2000 米

2. 各部机件的名称、用途及自动原理

（1）各部机件的名称和用途。81-1 式自动步枪由刺刀（匕首）、枪管、瞄准具、活塞及调节塞、机匣、枪机、复进机、击发机、弹匣和枪托十大部件组成，另有一套附品。

刺刀：（匕首）用以刺杀敌人。平时作匕首用，并装入刀鞘挂在腰带上，战时结合在枪上。

枪管：用以赋予弹头及枪榴弹的飞行方向。枪管外有导气箍，用以引导火药气体冲击活塞。导气箍上刻有“0”“1”“2”的数字，用以表示冲击活塞的火药气体量的大小。

瞄准具：用于射击时的瞄准。由表尺和准星组成。表尺转轮用以装定所需的表尺分划和固定活塞护盖。表尺座侧面圆点为表尺定位点，用以指示所装定的分划。

活塞及调节塞：用以承受火药气体的压力，推压枪机向后。

机匣：用以容纳枪机、复进机、固定击发机和弹匣。

枪机；用以送弹、闭锁、击发和退壳，并能使击锤向后成待发状态。

复进机：用以使枪机回到前方位置。

击发机：用以与枪机相互作用形成待发和击发。

弹匣：用以容纳和托送子弹。

枪托：用以操作枪支。

附品：用以分解结合、擦拭上油、携带和排除故障。包括擦拭杆、鬃刷、铳子、附品盒、通条、油壶，背带和弹匣袋等。

（2）自动原理。扣动扳机后，击锤打击击针，撞击子弹底火，点燃发射药，产生火药气体，推送弹头沿膛线向前运动，弹头底部经过导气孔时，部分火药气体涌入导气箍，冲击活塞，从而推动枪机向后，完成开锁、抛壳动作，并压缩复进簧，使击锤向后成待发状态；枪机退到最后方时，在复进簧的伸张作用下，枪机向前运动，推动次一发子弹入膛、闭锁。此时，如保险定在连发位置，扳机未松开，击发阻铁不能卡住击锤，击锤将再次打

击击针，形成连发；如保险定在单发位置，击锤被击发阻铁卡住不能向前，若需要再次发射，必须先松开扳机，再扣扳机。

3. 分解、结合

（1）分解要领。

①卸下弹匣。左手握护木，枪面稍向左，右手握弹匣，拇指按压弹匣卡榫，前推取下。

②拔出通条和取出附品盒。左手握护木，右手先向外后向上拔出通条。然后，用中指、食指顶压附品盒底部，使卡榫脱离圆孔，取出附品盒，并从附品盒内取出附品。

③卸下机匣盖。左手握枪颈，以拇指按机匣盖卡榫，右手将机匣盖后部向上提取。

④抽出复进机。左手握枪颈，右手向前推导管座使其脱离凹槽，向后抽出复进机。

⑤取出枪机。左手握枪颈，右手拉枪机向后到定位，向上、向后取出，左手转压机体向后，使导榫脱离导榫槽，再向前取出机体。

⑥卸下护盖。右手握上护木，左手将表尺转轮定到“1”上，再向左拉转轮装定在“0”上，然后左手握下护木，右手向上、向后卸下护盖。

⑦卸下活塞及调节塞。左手握下护木，右手将活塞向右（左）转动到定位，压缩活塞杆簧，使调节塞前端脱离导气箍，向前卸下活塞及调节塞，并将活塞及调节塞分开。

（2）结合要领。结合时，按分解的相反顺序进行，其要领如下：

①装上活塞及调节塞。将调节塞、活塞簧套在活塞上，将活塞杆插入表尺座的圆孔内，压缩活塞簧，使调节塞前端进入导气箍，并向左转动调节塞，使下凸起进入导气箍限制槽。

②装上护盖。左手握下护木，右手将护盖前端两侧卡在导气箍上，按压护盖后部到定位。左手转动表尺转轮使分划“3”对正定位点。

③装上枪机。右手握机栓，使导榫槽向上。左手将机体结合在机栓上，使导榫进入导榫槽并转到定位。左手握枪颈，右手将枪机从机匣后部装入机匣，前推到定位。

④装上复进机。左手握枪颈，右手将复进机插入复进机巢内，向前推压，使导管座进入凹槽内。

⑤装上机匣盖。左手握枪颈，右手将机匣盖前端对正半圆槽，使后部的方孔对正机匣盖卡榫，向前下方推压机匣盖，使卡榫进入方孔内。

⑥装上附品盒和通条。将附品装入附品盒内，左手握护木，右手将附品盒装入附品盒巢内，用中指、食指顶压附品盒底部，使附品盒卡榫进入圆孔。然后，将通条插入通条孔内，并使通条头进入通条头槽。

拉送枪机数次检查机件结合是否正确，扣扳机，关保险。

⑦装上弹匣。左手握护木，枪面稍向左，右手握弹匣并将弹匣口前端插入结合口内，扳弹匣向后，听到“咔嚓”响声为止。

（二）95 式自动步枪

95 式自动步枪（见图 7-2）由我国自主研发，具有口径小、初速高、火力猛、杀伤力大等特点。

图 7-2　95 式自动步枪

1. 战斗性能和主要诸元

95 式 5.8 毫米自动步枪与 95 式 5.8 毫米班用轻机枪组成班用枪族，活动机件和弹匣、弹鼓可以互换，并能用实弹直接从枪管发射枪榴弹，具有点面杀伤和反装甲的能力，是近战中消灭敌人有生力量的自动武器和步兵分队反装甲目标的辅助武器。

（1）战斗性能。95 式自动步枪对单个目标在 400 米内射击效果最好，集中火力可射击 500 米内的敌机、伞兵以及集团目标。

供弹方式：弹匣供弹，每支枪配有 5 个弹匣。必要时也可使用弹鼓供弹。

射击方法：可实施单发射、短点射（2～5 发）和长点射（6～10 发）。

战斗射速：单发射每分钟 40 发，点射每分钟 100 发。

枪管寿命：10000 发。

（2）主要诸元。

口径	5.8 毫米
初速	920 米/秒
有效射程	400 米
表尺射程	500 米
枪全长（不装刺刀）	764 毫米
枪全重（含一个弹匣）	3.5 千克
刺刀长（不含刀鞘）	320 毫米
弹匣容量	30 发

2. 各部件的名称、用途及自动原理

（1）各部件的名称、用途。95 式自动步枪由刺刀、枪管、导气装置、瞄准装置、护盖、枪机、复进簧、击发机、枪托、机匣和弹匣十一大部件组成（见图 7-3）。另有一套附品。

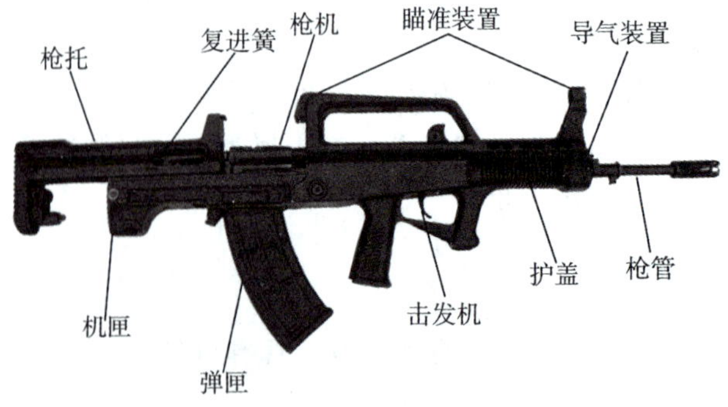

图 7-3　95 式自动步枪各部件名称

刺刀（匕首）：刺刀用以刺杀敌人。也可作为格斗匕首和野战工作用刀。

枪管：枪管用以赋予弹头飞行方向及枪榴弹的飞行方向。

导气装置：用以调节冲击活塞的火药气体大小。由气体调节器、活塞及活塞簧组成。气体调节器标有“0”“1”“2”的数字，分别表示闭气、小孔和大孔位置。通常装定在“1”上，武器过脏来不及擦拭或在严寒条件下可装定在“2”上。发射枪榴弹时，必须将调节器转动到“0”的位置，以防损坏活动机件。

瞄准装置：用以对目标瞄准。瞄准装置有机械瞄准具、白光瞄准镜和微光瞄准镜等。

护盖：用以操持枪支和保护机件。由上护盖与下护盖（手）组成。上护盖有提把，用以提枪前进。下护盖（手）有握把、扳机护圈、小握把、护手锁孔、挂合杆，用以操持武器和射击。

复进簧：用以储存枪机、枪机框的部分后坐能量，推动枪机、枪机框向前复进到位。

枪机：用以送弹、闭锁、击发和退壳，并能使击锤向后成待发状态。由机体和机头组成。

击发机：用以控制待发、操纵击发及保险。由扳机、扳机拉杆、阻铁杠杆、击发阻铁、单发阻铁、不到位保险机、快慢机、击锤、击锤簧等组成。快慢机上的“0”“1”“2”分别为保险、单发射和连发位置。

机匣：用以容纳枪机、固定快慢机和弹匣。

枪托：用以保证机匣内部免沾污垢和便于操作。

弹匣：用以容纳和托送子弹。弹匣体的后端有三个观察孔，分别对正第 10 发、20 发和 30 发子弹的底缘，用以观察子弹的余量。

附品：用以分解结合、擦拭、上油、携带和排除故障。

（2）自动原理。扣动扳机后，扳机拉杆拉下击发阻铁，击锤平移向前打击击针，击针撞击子弹底火，点燃发射药，产生火药气体，推送弹头沿膛线向前运动。当弹头经过导气孔时，部分火药气体涌入导气箍，冲击活塞，推动枪机向后，压缩复进簧，完成开锁抛壳动作，并使击锤向后成待发状态。当枪机退到最后方时，在复进簧的伸张作用下，枪机向前运动，推动次一发子弹入膛、闭锁。此时，如快慢机定在连发位置，扳机未松开，击发阻铁不能卡住击锤，击锤将再次打击击针，形成连发；如快慢机定在单发位置，击锤被单发阻铁卡住不能向前，若再次发射，必须松开扳机再扣；如快慢机定在保险“0”的位置，快慢机轴阻挡击发阻铁使其不能回转，成保险状态。

3. 分解结合

（1）分解的要领。

①取出附品筒。打开握把盖取出附品筒。将附品从附品筒内取出。

②卸下弹匣。左手掌心向上握下护盖前端，使枪面稍向左，右手握弹匣，拇指按压弹匣卡榫，前推使弹匣凹槽脱离弹匣卡榫，再向后下方取下弹匣。

③卸下枪托。右手握枪托底下部，拇指用力压住枪托底中部偏下部位，左手拇指从左向右将枪托销顶出；左手将枪托销向右拉到尽头。然后，左手托握机匣，右手握枪托并且向后拉，取下枪托。

④取出击锤、枪机、复进簧。右手向后拉动击锤取下，抽出复进簧，再向后拉出

枪机。

⑤取下机头。左手向左旋转机头，待机头开闭锁凸榫对准机体上的让位槽时，向前拉出机头。

⑥卸下上护盖。左手握机匣尾部，右手先将上护盖向后移动 5～8 毫米，然后向上提起上护盖。

⑦卸下气体调节器。按压调节器卡榫，使其退出定位槽，然后转动气体调节器，当其向上两平面处于水平位置时，向外抽拉卸下气体调节器。

⑧取出活塞、活塞簧。用手捏住活塞簧向前推动，当活塞头部露出导气箍时，取出活塞和活塞簧。

(2) 结合的要领。结合时，按分解的相反顺序进行，其要领如下。

①装上活塞及活塞簧。将活塞与活塞簧套装好后，从导气箍处插入。

②装上气体调节器。将气体调节器上两平面呈水平状态放入导气箍内，按压调节器卡榫并转动到“1”的位置。

③装上上护盖。右手将上护盖从瞄准镜处装上，并前推下压到定位。

④装上机头。右手拿机头，左手拿机体，将机头上闭锁凸榫对准机体上的让位槽，放入机头并向右旋转到定位。

⑤装上枪机、复进簧、击锤。右手拿枪机，左手拿复进簧，将复进簧插入复进簧巢内，尔后将枪机上的导槽沿机匣上的导棱装上枪机，再将击锤头插入复进簧后部，击锤座对准导棱并装上，此时左手按住击锤不放松。

⑥装上枪托。右手握住枪托底上部，使击锤后端对正枪托底部的缓冲器座，装上枪托并插上插销。此时，拉送枪机数次检查机件结合是否正确，扣扳机，关上保险。

⑦装上弹匣。右手握弹匣，使弹匣头部进入机匣上的弹匣结合口后，再向后扳，当弹匣凹槽进入弹匣卡榫时，会发出“咔嚓”的响声，即为装好。

⑧装上附品筒。将附品装入附品筒内，再将附品筒放入大握把内并盖好握把盖。

（三）轻武器的擦拭保养方法

擦拭保养方法是否得当，对延长武器使用寿命关系很大，必须正确对枪械各部位进行擦拭和保养。

1. 正确使用擦拭工具

(1) 通条头结合在通条上要拧紧，否则容易使结合部螺纹损坏。通条头缠布不要超过转动部分，以免影响通条头转动。松紧适当，过松膛线内壁不易擦净，过紧来回拉动费力，枪膛两头不易擦到，且容易损坏通条头。

(2) 对不可卸枪管擦拭枪膛时，一定要用枪口罩，以避免通条摩擦枪口部；对可卸枪管，则用穿孔弹壳放入弹膛内，从枪膛后端擦拭。

(3) 油刷只用于射击后立即对枪膛涂油（以软化火药残渣），不能用以擦拭其他部位。使用时，也不允许将其直接伸入油壶，以免把油弄脏，影响油的质量。

2. 各部位的擦拭保养方法

(1) 金属未涂漆部分。先用旧布除去旧油，然后用干净布将机件表面擦干净，再涂上新油。凡是孔、沟、槽等难以擦拭的部位，应用擦拭棍缠上布进行擦拭。生锈严重的机件，可用煤油或木炭粉蘸上枪油除去，然后擦拭干净再涂上枪油。

（2）涂漆部分。不能用煤油洗涤，也不准涂油。其上的尘土可用旧布擦去或用水清洗（注意防止水分侵入机件内部）。脱漆部位可在擦净后，涂上薄薄的一层油。

（3）木质部分。不须涂油，用布将其表面擦拭干净即可。当其受雨淋或浸水后，只需用布将水擦干，放在通风干燥处晾干，严禁火烤和曝晒。如受雨淋或浸水过久，水会浸入内部，使得木质部分膨胀，应及时将水分擦干，金属部件涂上油，然后结合起来晾干，以防止木质变形。

（4）胶质部分。用湿布擦拭，或用净水冲洗掉其上的泥土即可。严禁日晒和火烤。

（5）皮革部分。用干净布将泥土、灰尘擦净即可。若有生霉现象，可先用湿布擦去霉点，然后用干净布擦干，再涂上保革油。严禁日晒和火烤，以防变硬、变脆。

（6）射击后枪械的擦拭。对射击后枪械的擦拭，重点应擦拭枪膛、导气装置以及其他受火药气体熏染过的机件。

对枪膛的擦拭。首先将枪分解，并结合好通条，然后用麻（或代用品）绕成“∞”形，沾上擦拭剂，插入枪膛，来回拉动数次，直至用干净白布检查时，白布上没有火药烟垢为止。之后，在通条头上缠上干净的布，将擦拭剂擦干净。最后在通条头上缠上干净的布蘸油，在膛壁上涂油。

对导气装置的擦拭。在擦拭棍上缠上白布蘸擦拭剂进行擦拭。若导气孔被烟垢堵塞，可先灌上擦拭剂，待烟垢软化后，再用相应的铣杆除去烟垢。待烟垢擦拭干净后，再用布擦净擦拭剂，最后用干净的布蘸油涂在导气装置的表面。若零件上结有硬固烟垢，一时难以擦除掉，应将其放在擦拭剂内浸泡一段时间，以软化烟垢，严禁用砂布擦或在地上打磨。

对其他受火药气体熏染过的机件的擦拭。先用旧布蘸上擦拭剂，将烟垢除去，再用布擦干，最后涂油。

3. 擦拭保养检查要点

（1）检查外部。主要检查金属部分有无污垢、锈痕和碰伤；塑料（木质）部分有无碰伤和裂缝；各部机件号码是否一致；准星是否弯曲和松动，刻线是否与矫正结果一致；表尺转动是否自如并能固定在各个位置上。

（2）检查枪膛。看枪膛是否有污垢、生锈和损伤。

（3）检查机能。将装有教练弹的弹匣装在枪上，拉送枪机（套筒）数次，检查送弹、闭锁、击发、退壳和保险时各部机能是否正确。

（4）检查附品和子弹。附品是否齐全完好，子弹有无锈蚀、凹陷、裂缝，弹头是否松动。

（5）检查弹匣（鼓）。看弹匣（鼓）是否变形，弹袋有无损坏。

（四）预防与排除故障

1. 预防故障的一般方法

（1）严格按规则爱护保管和使用武器、子弹。有问题的机件应及时送修或更换，有问题的子弹不准使用。

（2）射击结束后应立即擦拭武器。来不及擦拭时，应向活动机件涂油。

（3）在寒冷的条件下使用武器时，上油不宜过多，以防冻结，影响机件活动。

2. 常见故障的原因及排除方法

枪械在分解结合过程中，若发生故障，不得强行敲击机件，应查明原因，正确处理（见表 7-1）。

表 7-1　枪械分解结合常见故障原因及排除方法

故障现象	枪种	发生原因	排除方法
分解时，枪托连接销难以推（拉）动	95 步枪	①连接销过脏 ②未按要领向前顶住枪托底部	①用擦拭杆顶出连接销后擦拭 ②按要领向前顶住枪托底部
结合时，枪机不能到定位	95 枪	机头在机体内未到定位	调整机头在机体内的位置，使机头两侧的导槽与机匣上沿的导轨对正
结合后，扣扳机不能击发	95 枪	扳机拉杆未能与扳机扣合	重新结合下护手
结合后，下护手前端与枪身间隙过大	95 枪	下护手前端未能与导气箍下方的挂钩扣合	重新结合下护手

三、简易射击学理

（一）发射与后坐

1. 发射

发射是火药气体压力将弹头从膛内推送出去的现象。轻武器的击针撞击子弹底火，使起爆药发火，火焰通过导火孔引燃发射药，产生大量火药气体，在弹壳内形成很大的压力，推动弹头脱离弹壳，挤进枪膛沿着膛线旋转加速前进，直至推出枪口。

2. 后坐及对射击的影响

（1）后坐。发射时，武器向后运动的现象，叫后坐。发射药燃烧时，产生的气体同时作用于各个方向，作用于膛壁周围的压力为膛壁所抵消，向前作用于弹头后部的压力送弹头前进，向后作用于弹壳底部的压力经过枪机传给整个武器，使武器向后运动形成后坐。武器的后坐和弹头的运动是同时开始的。

在弹头脱离枪口瞬间，大量的火药气体随弹头后部从枪口向外喷出，形成了反作用力，使后坐更加明显。

（2）后坐对射击命中的影响。后坐对单发射击和连发射击的首发命中影响极小。因为弹头在膛内运动的时间极短（约 0.001 秒），且枪比弹头重得多。弹头在脱离枪口以前，枪的后坐距离约 1 毫米，而且是正直向后运动的，在衣服和肌肉的缓冲下，射手是感觉不出来的。射手感觉到的后坐，主要是弹头在脱离枪口的瞬间，火药气体猛烈向枪口外喷出形成的反作用力造成的。此时，弹头已脱离枪口，因此后坐对单发和连发射击中的首发射击命中的影响极小。

弹头在脱离枪口的瞬间，火药气体猛烈向枪口外喷出形成的反作用力使枪支向后运动，由于枪的明显后坐变动了原来的瞄准线，因此后坐对连发射击的命中有较大的影响。所以在进行连发射击时，射手要更加注意正确的据枪姿势，针对连发武器射击时的后坐规律开展训练，以减小后坐对连发命中的影响，提高射击精度。

（二）弹道

1. 弹道及其形状

弹头飞行过程中其重心运动的路线叫弹道。由于受到地心引力和空气阻力的作用，弹道不是一条直线，而是一条不均等的弧线，前半段的升弧较长较直，后半段的降弧较短较弯，如图 7-4 所示。

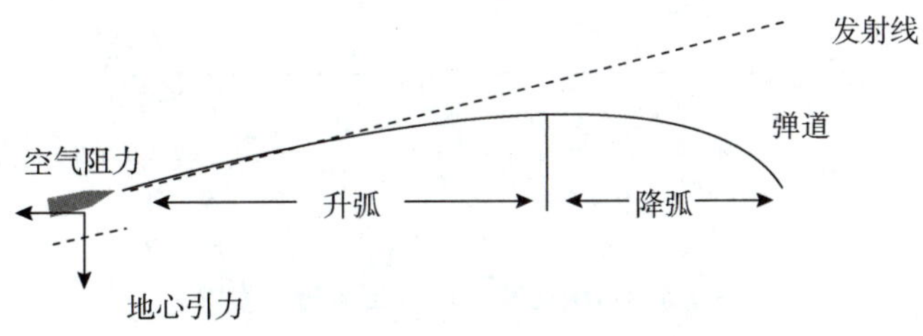

图 7-4　弹道示意图

2. 弹道要素

弹道要素如图 7-5 所示。

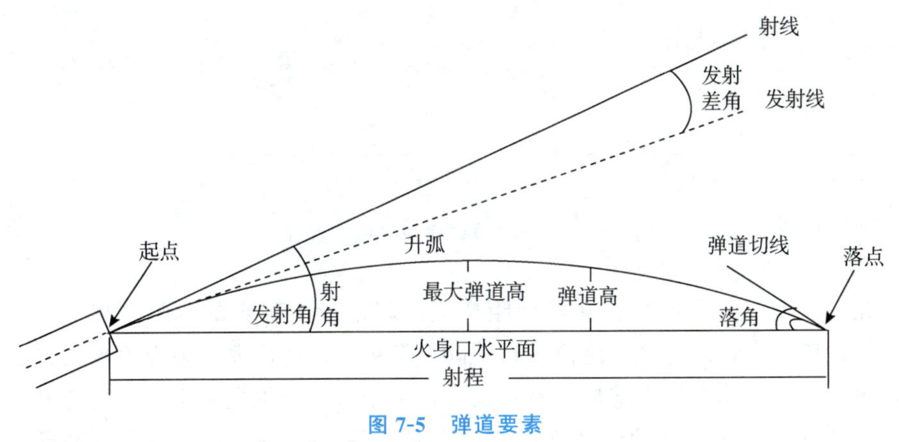

图 7-5　弹道要素

起点：火身口中心点（外弹道开始点）。

火身口水平面：通过起点的水平面。

射线：发射前火身轴线的延长线。

射角：射线与火身口水平面所夹的角。

发射线：发射瞬间火身轴线的延长线。

发射角：发射线与火身口水平面所夹的角。

发射差角：发射线与射线所夹的角。发射线高于射线时，发射差角为正；反之为负。

落点：弹道降弧与火身口水平面的交点。

弹道最高点：火身口水平面上弹道最高的点。

弹道切线：弹道上任何一点的切线。

落角：落点的弹道切线与火身口水平面的夹角。

射程：起点到落点的水平距离。

(三) 选定表尺（瞄准镜）分划和瞄准点

1. 瞄准具（镜）的作用

由于地心引力和空气阻力的作用，如果用枪管瞄准目标射击，弹头会打低打近（见图7-6）。

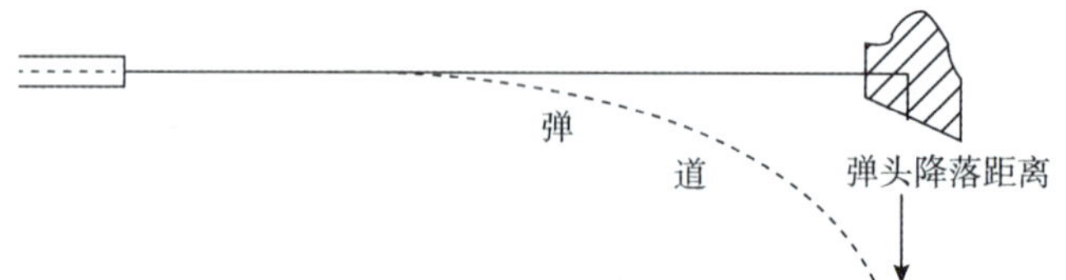

图 7-6　用枪管直接瞄准目标射击景况

为了命中目标，必须将枪（筒）口抬高，使火身轴线与瞄准线之间形成一定的角度，即瞄准角（见图 7-7）。

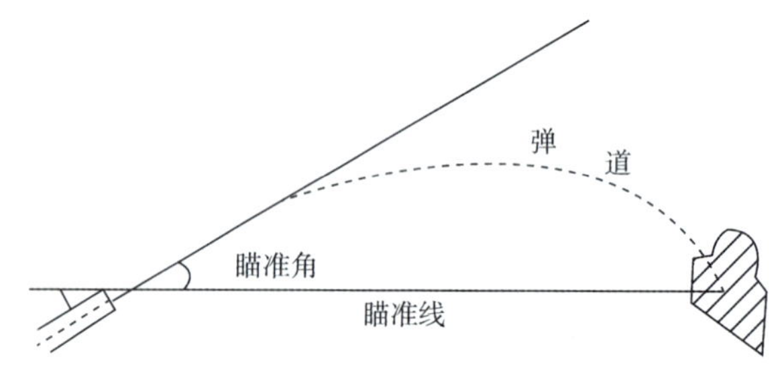

图 7-7　抬高枪口对目标射击景况

瞄准角的大小，是根据射弹在不同距离上的降落量来确定的。距离越远，降落量越大，所需要的瞄准角也就越大；距离越近，降落量越小，所需要的瞄准角也就越小。

瞄准具（镜）就是根据上述原理设计成的。由于缺口（觇孔）上沿（中心）到火身轴线的高度大于准星尖到火身轴线的高度，射击时，是通过缺口上沿中央和准星尖的平正（觇孔圆心和准星尖）关系来对目标进行瞄准的，因此，就抬高了枪（筒）口，使火身轴线与瞄准线之间构成了一定的瞄准角。

因此，瞄准具的作用，就是对一定距离上的目标射击时赋予武器相应的瞄准角和射向。射击时，只要按照目标的距离装（选）定相应的表尺瞄准射击，就能命中目标。

2. 瞄准要素（图 7-8）

瞄准基线：缺口的上沿中央（觇孔中心）到准星尖的直线。

瞄准线：瞄准基线向目标方向的延长线。

瞄准点：瞄准线所指向的一点。

瞄准角：射线与瞄准线的夹角。

高低角：瞄准线与火身口水平面的夹角，目标高于火身口水平时，高低角为正；反之为负。

弹道高：弹道上任何一点到瞄准线的垂直距离。

落点：弹道降弧与瞄准线的交点。

弹着点：弹道与目标表面或地面的交点。

命中角：弹着点的弹道切线与目标表面或地面所夹的角，通常按照小于 90 度的角来计算。

表尺距离：起点到落点的距离。

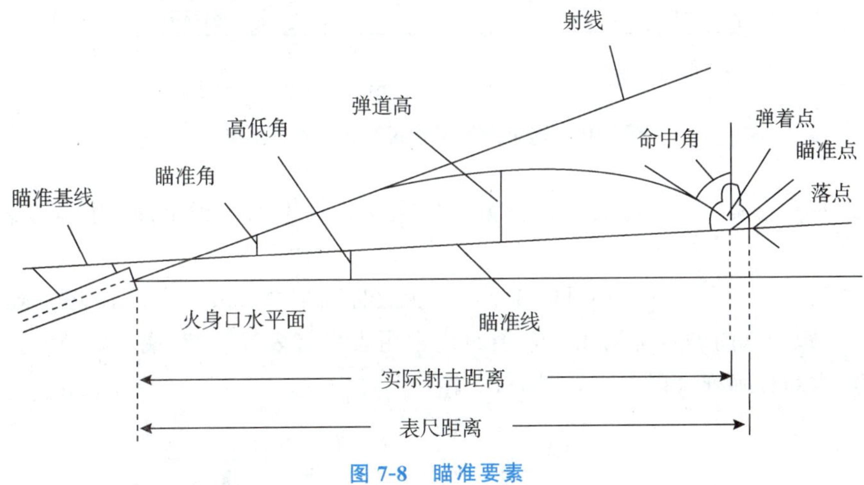

图 7-8 瞄准要素

3. 选定表尺和瞄准点

为了使射弹准确地命中目标，射手应根据目标的距离、大小和武器的弹道高，正确选择表尺和瞄准点。

（1）选定实际距离表尺，瞄准目标中央。目标距离为百米整数时，可根据目标的距离装定相应的表尺，瞄准点选在目标中央。例如，95 式自动步枪对 100 米距离上人胸目标射击时，定表尺“1”瞄准目标中央射击，即可命中目标中央（见图 7-9）。

（2）选定大于或小于实际距离表尺，适当降低或提高瞄准点。目标距离不是 100（轻机枪 50）米整数时，通常选定大于实际距离的表尺，根据武器在该距离上的弹道高，相应降低瞄准点射击。例如，81-1 式自动步枪对 250 米距离上人胸目标射击时，定表尺“3”，在 250 米处的弹道高为 21 厘米，这时，瞄准目标下沿的中央射击，即可命中目标中央（见图 7-10）。

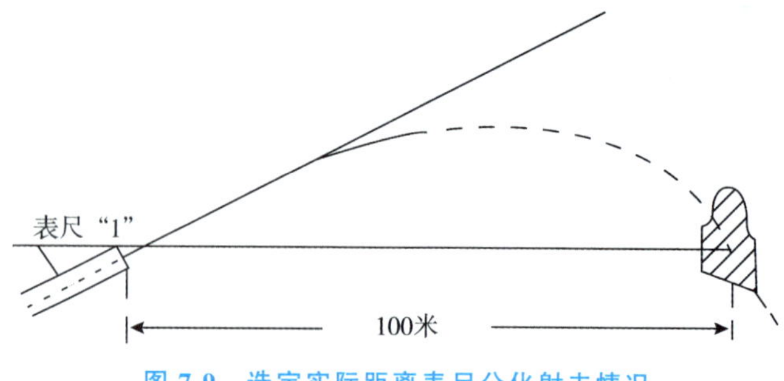

图 7-9　选定实际距离表尺分化射击情况

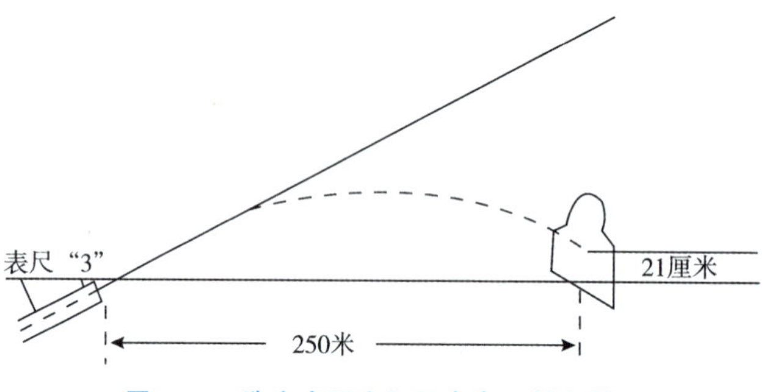

图 7-10　选定大于实际距离表尺射击景况

也可选定小于实际距离的表尺，根据武器在该距离上的负弹道高，相应提高瞄准点射击。

（3）选定常用表尺分划，小目标瞄下沿，大目标瞄中央。战斗中，对 300 米或 400 米（狙击步枪）距离以内的目标射击时，通常定常用表尺（表尺“3”或“4”）分划，小目标瞄下沿，大目标瞄中央射击（见图 7-11）。

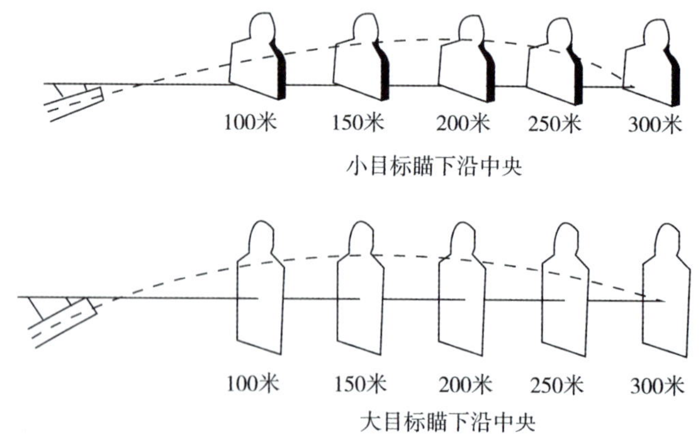

图 7-11　选定常用表尺对 300 米内目标射击景况

这样可以争取时间，提高战斗射速，增大射击效果。例如，81-1 式自动步枪定常用表尺“3”对 300 米以内人胸目标（高 50 厘米）射击时，瞄目标下沿，由于整个瞄准线上最大弹道高为 35 厘米，没有超过目标高，因此目标在 300 米距离内，都会被杀伤。

(四) 外界条件对射击的影响及修正

1. 风对射弹的影响及修正

风是一种具有速度和方向的气流，它能改变射弹的飞行方向和距离。尤其是横风，对射击的影响较大。

(1) 风力的判定。风力按其大小分为强风、和风和弱风（见表 7-2）。

(2) 风对射弹的影响及修正方法。

①横风对射弹的影响及修正。横风能对弹头的侧面施以压力，使射弹偏向一侧，风力越大，距离越远，偏差就越大。风从左吹来，射弹偏右；风从右吹来，射弹偏左。

对横和风，100 米距离内不用修，200 米距离修 $\frac{1}{4}$ 人体，300 米距离修半个人体，400 米距离修 1 $\frac{1}{4}$ 个人体（81 式自动步枪修 1 $\frac{1}{2}$ 个人体）。强风时修正量加倍，弱风或斜风时修正量减半。

例如：81-1 式自动步枪对 200 米距离上的目标射击，强风从左吹来，问如何修正？

表 7-2 风力（速）判定表

区分		弱风	和风	强风
级别		2 级风	3～4 级风	5～6 级风
风速		2～3 米/秒	4～7 米/秒	8～12 米/秒
人的感觉		面部和手稍感有风	明显感觉有风，耳边有风吹的呜呜响，面对风可以睁开眼	迎风站立或行走有明显阻力，尘土飞扬，面对风睁眼困难
常见物体的现象	草	微动	被吹弯	吹到在地面
	树	灌木丛、细树枝、树叶微动，沙沙响	灌木摆动，细枝被吹弯，树叶剧烈地摆动	树干摆动，粗树枝被吹弯
	旗	微动，稍离开旗杆	展开飘动	水平飘动，哗哗作响
	烟	微被吹动	被吹斜约成 45 度	被吹成水平，甚至被吹散
	海、船	小波，船微摇，风帆基本正直	轻浪，船摇动明显，风帆倾向一侧	大浪，浪顶有白色泡沫

解：对 200 米距离上的目标射击时，横和风的修正量为 $\frac{1}{4}$ 人体，强风加一倍，则为：$\frac{1}{4}+\frac{1}{4}=\frac{1}{2}$（人体）。所以，瞄准点应向左修正半个人体。

为运用方便，将在横和风条件下，对 400 米内的目标射击时的瞄准景况归纳成如下口诀：一百不用修，二百瞄耳线，三百瞄边沿，四百边接边（见图 7-12）。

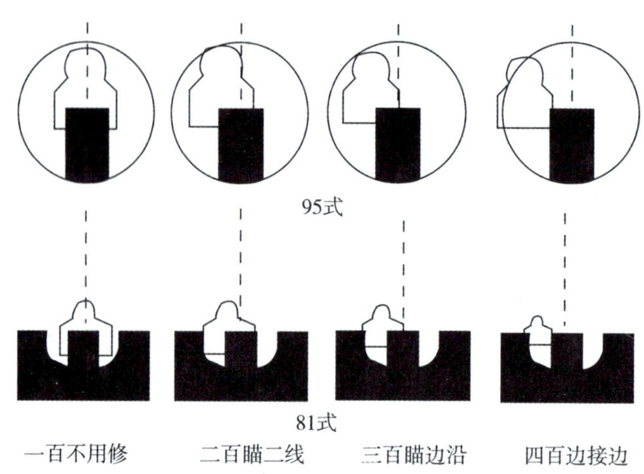

图 7-12　横和风时的修正量

②纵风对射弹的影响及修正。纵风能影响射弹的飞行距离，但影响有限。在 400 米（重机枪 600 米）内，风速小于 10 米/秒，可不修正。如果风力较大，可适当降低或提高瞄准点。

③斜风对射弹的影响及修正。斜风分解成纵风和横风。分解成的纵风，对射击距离影响有限，不用修正；分解成的横风，按弱风减半修正。

2. 阳光对瞄准影响及克服方法

（1）阳光对瞄准的影响。在阳光下瞄准时，由于阳光照射作用，缺口部分会产生虚光，形成三层缺口：虚光部分、真实缺口、黑实部分，如图 7-13 所示。

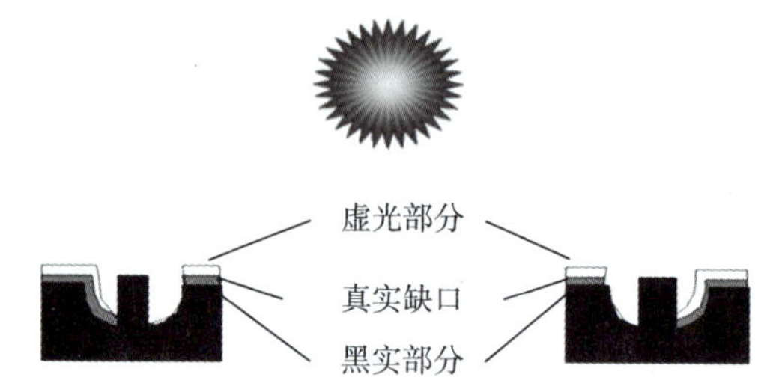

图 7-13　阳光照射下形成的三层缺口

①若用虚光瞄准，射弹会偏向阳光照来的方向。如阳光从右上方照来时，缺口左边和上沿产生虚光，用虚光部分瞄准，准星实际偏右上，射弹将会偏右上。同理，阳光从左上方照来时，射弹则偏左上。

②若用黑实部分瞄准，射弹会偏向阳光照来的相反方向。

③在阳光照射下，缺口和准星尖同时产生虚光时，若用虚光部分瞄准，则射弹偏低；若用黑实部分瞄准，则射弹偏高。

（2）克服的方法。

①在不同方向的阳光照射下练习瞄准，采取遮光瞄准不遮光检查，或不遮光瞄准遮光检查的方法，反复练习，辨清真实缺口的位置和正确瞄准的景况。

②阳光下瞄准的时间不宜过长，以免眼花而产生误差。

③平时要注意保护好瞄准具，不使其磨亮而反光。

采用准星与觇孔或瞄准镜瞄准时，因受阳光影响较小，可忽略不计。

3. 气温对射弹的影响及修正

(1) 气温对射弹的影响。气温就是空气的温度。气温变化时，空气密度也会随着改变，对射弹的阻力也就不同。因而，影响射弹的飞行速度，使弹道形状发生变化。

气温升高时，空气密度减小（稀薄），射弹飞行中受到的空气阻力就小，射弹就打得远（高）。

气温降低时，空气密度增大（稠密），射弹在飞行中受到的空气阻力就大，射弹就打得近（低）。

(2) 修正方法。以矫正射效时的气温条件基准，射击时，若气温差别不大，在 400 米内对射弹命中的影响较小，不必修正。若气温差别很大，应适当提高或降低瞄准点射击：气温降低时，提高瞄准点或增加表尺分划；气温升高时，降低瞄准点或减小表尺分划。

四、射击准备动作

(一) 验枪

验枪是保证安全的一项重要措施，在武器出入库前后、训练使用前后、擦拭保养前后及必要时（不安全因素出现），均应组织验枪，验枪时组织者或检查者要认真检查弹膛、弹匣和教练弹中有无实弹。验枪通常在肩枪（手枪挂枪）的基础上进行。验枪时严禁枪口对人。

验枪的口令是：“验枪”“验枪完毕”。

1. 81-1 式自动步枪验枪

听到“验枪”的口令后，右手移握上护木，背带从肩上脱下，成持枪姿势，而后以右脚掌为轴，身体半面向右转，左脚顺势向前迈出一步（两脚分开约与肩同宽，重心落于两脚之间），同时右手将枪向前送出，左手接握下护木，左大臂紧靠左肋，枪托贴于右胯，准星约与肩同高，右手掌心向下，虎口向前，拇（或食指）指打开保险，卸下弹匣交给左手握于护木右侧，右手移握机柄。

当指挥员逐个检查时，拉枪机向后到定位，验过后，自行送回枪机，装上弹匣，扣扳机，关保险，右手移握枪颈。

听到“验枪完毕”的口令后，左手反握上护木，两手协力将枪倒置于胸前，上背带环约与肩同高，右手挑起背带，同时身体半面向左转，重心大部分落于左脚，在右脚靠拢左脚的同时，两手协力将枪送上右肩，恢复肩枪姿势。

2. 95 式自动步枪验枪

听到“验枪”的口令后，右手放开枪背带，枪自然下落，右手移握大握把，而后以右脚掌为轴，身体半面向右转，左脚顺势向前迈出一步（两脚分开约与肩同宽，重心落于两脚之间），同时右手将枪向前送出，左手接握下护手，枪托夹于右肋与右大臂之间，枪口约与肩同高。左手大拇指打开保险，移握弹匣，大拇指按压弹匣卡榫，卸下弹匣，弹匣口向上交给右手握于大握把左侧，左手食指或中指向前扣住机柄。

当指挥员逐个检查时，拉枪机向后。验过后，自行送回枪机，装上弹匣，扣扳机，关保险，左手移握下护手。

听到“验枪完毕”的口令，左手反握上护盖，右手移握右肩前枪背带，身体半面向左转，在右脚靠拢左脚的同时，两手协力恢复肩枪姿势。

（二）装退子弹及定复表尺

本教材主要介绍自动步枪卧姿装退子弹及定复表尺。

1. 81-1 式自动步枪装退子弹及定复表尺

口令：“卧姿——装子弹”“退子弹——起立”。

听到“卧姿——装子弹”的口令后，右手移握上护木，使枪口向前（枪背带从肩上脱下，成持枪姿势），左脚向右脚尖前迈出一大步（也可右脚顺脚尖方向迈出一大步），左臂伸出，掌心向下，手指稍向右，按照手、膝、肘的顺序顺势卧倒，以身体左侧、左肘支持全身。右手将枪向目标方向送出，左手接握下护木，枪面稍向左，枪托着地，右手卸下空弹匣（弹匣口朝后，弯曲部凹部朝上）交给左手握于护木右侧，解开弹袋扣取出并换上实弹匣，将空弹匣装入弹袋内并扣好，右手拇指（或中指）打开保险，拉枪机送子弹上膛，关上保险。右手拇指和食指转动表尺转轮，使所需分划对正表尺座一侧定位点。而后右手移握握把，全身伏地，两脚分开约与肩同宽，身体右侧与枪身略成一线，目视前方，准备射击。

听到“退子弹——起立”的口令后，稍向左侧身（两手顺势将枪收回），右手卸下实弹匣交给左手，打开保险，拇指慢拉枪机向后，余指接住从膛内退出的子弹，送回枪机，将子弹压入弹匣内，解开弹袋扣，取出并换上空弹匣，将实弹匣装入弹袋内并扣好。扣扳机，关保险，复表尺转轮分划为常用表尺“3”，右手移握上护木，将枪收回，同时左小臂向里合（掌心向下着地），屈左腿于右腿下。以左手和两脚撑起身体，右脚向前一大步，左脚再向前一步（抬头挺胸），左手反握护木，两手协力将枪倒置于胸前，右手挑起枪背带，身体重心大部分落于左脚，在右脚靠拢左脚的同时，两手协力将枪送上右肩，恢复肩枪姿势。

2. 95 式自动步枪卧姿装退子弹及定复表尺

口令：“卧姿——装子弹”“退子弹——起立”。

听到“卧姿——装子弹”的口令，右手移握提把，使枪口向前，枪背带从肩上脱下，成持枪姿势，左脚向右脚尖前迈出一大步（也可右脚顺目标方向迈出一大步），左臂前伸，掌心向下，手指稍向右，按照手、膝、肘的顺序顺势卧倒。以身体左侧、左肘支撑全身。右手将枪向目标方向送出，枪面稍向左，枪托着地。左手掌心向上托握下护手，稍向左侧身，右手解开镜袋扣，取出瞄准镜将其安装在镜座上并锁紧，摘下瞄准镜护盖。然后，枪面稍向左，枪托体着地，右手卸下空弹匣（弹匣口朝后）交给左手握于护盖右侧，解开弹袋扣，取出并换上实弹匣，将空弹匣装入弹袋内并扣好（见图 7-14）。右手掌心向上，虎口向前，食指或中指打开保险，食指或中指拉机柄，送子弹上膛，关上保险。当使用机械瞄准具时，右手拇指和食指转动表尺，使所需分划位于上方。然后右手移握大握把，全身

伏地，两脚分开约与肩同宽，身体右侧与枪身略成一线，目视前方，准备射击。

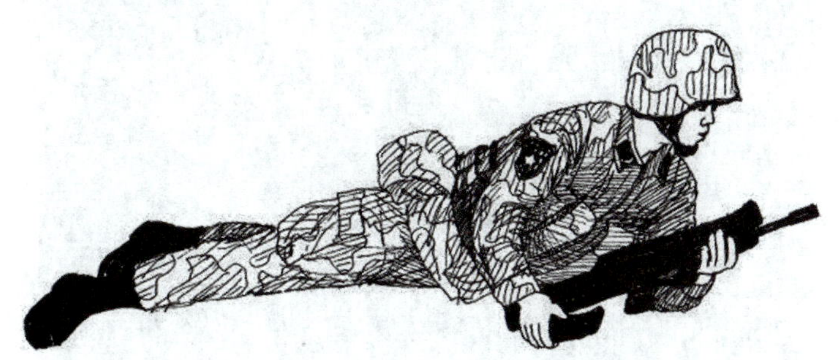

图 7-14 95 式自动步枪卧姿装退子弹

听到“退子弹——起立”的口令，稍向左侧身，两手协同将枪收回，右手卸下实弹匣交给左手，打开保险，慢拉枪机向后，从膛内退出子弹，送回枪机，将退出的子弹捡起，压入弹匣内，解开弹袋扣，取出并换上空弹匣，将实弹匣装入弹袋并扣好，扣扳机，关保险，右手盖上瞄准镜物镜护盖，卸下瞄准镜装入镜袋内并扣好。使用机械瞄准具时，表尺转至“3”。右手移握提把，将枪收回，同时左小臂向里合，屈左腿于右腿下。以左手和两脚撑起身体，右脚向前一大步，左脚再向前一步。左手反握上护盖，将枪倒置于胸前，右手挑起背带，重心大部分落于左脚，在右脚靠拢左脚的同时，两手协力将枪送上右肩，恢复肩枪姿势。

五、对固定目标射击

对固定目标射击是轻武器射击的基础课目，训练目标是使射手掌握最基本的射击动作和技能，为实战化应用射击奠定良好基础。

自动步枪对固定目标射击的基本条件和评价标准是：卧姿有依托，射击距离 100 米，目标固定胸环靶，使用弹数 5 发，5 次单发射，自下达“卧姿装子弹”口令起，3 分钟内射击完毕。命中 45～50 环为优秀，命中 35～44 环为良好，命中 30～34 环为及格，否则为不及格。

（一）81-1 式自动步枪对固定目标射击

通常应选择合适的地物或构筑依托物实施射击。依托物的高度应依射手的身体而定，一般为 25～30 厘米，依托物内侧应陡些。在紧急情况下，应善于利用不同高度的依托物实施射击；敌情允许下，应善于利用地物构筑不同高度的依托物实施射击，以提高射击杀伤效果。

1. 据枪

将下护木前端放在依托物上，身体右侧与枪身略成一线，两腿分开，两腿内侧着地。右手虎口向前紧握握把，食指第一节贴在扳机上，右大臂与地面略成垂直，右肘着地外撑（肘皮控制在内前侧）。左手握弹匣（也可托握下护木），左肘在适当位置着地外撑（肘皮控制在内后侧）。两肘保持稳固。两手协调使枪托抵于肩窝。上体自然下塌，头稍前倾，自然贴腮（见图 7-15）。

图 7-15 81-1 式自动步枪据枪

2. 瞄准

眼睛通视缺口与准星，使准星尖位于缺口中央，准星上沿与缺口两侧上沿平齐，同时准星尖指向瞄准点。

3. 击发

右手食指第一节贴在扳机上，均匀正直地向后扣压扳机（食指内侧与枪应有不大的空隙），余指力量不变。当瞄准线接近瞄准点时，开始预压扳机，并自然减缓呼吸。当瞄准线临近瞄准点时，应屏住呼吸，继续增加对扳机的压力，直至击发。击发瞬间应保持正确一致的瞄准，若瞄准线偏离瞄准点或不能继续屏住呼吸时，应既不增加也不放松对扳机的压力，待修正或换气后，再继续扣压扳机。

（二）95 式自动步枪对固定目标射击

依托物的选择和利用同 81-1 式自动步枪。

1. 据枪

95 式自动步枪卧姿有依托据枪时，下护手前端放在依托物上，身体右侧与枪身略成一线。右手虎口向前紧握大握把，食指第一节贴在扳机上，右大臂与地面略成垂直，右肘着地外撑（肘皮控制在内侧），左手握下护手后端或小握把（也可掌心向后，虎口向上托握枪托的弧形部），左肘着地外撑，两肘保持稳固。左手拇指将保险机扳到所需的位置。身体稍前跟，上体自然下塌，两手用力保持不变，使枪托确实抵于肩窝。头稍前倾，自然贴腮（见图 7-16）。

图 7-16 95 式自动步枪卧姿有依托据枪

2. 瞄准

眼睛通视觇孔与准星，使准星尖位于觇孔圆心，同时指向瞄准点。

3. 击发

右手食指第一节贴在扳机上，均匀正直地向后扣压扳机，余指力量不变。当瞄准线接近瞄准点时，开始预压扳机，并减缓呼吸。当瞄准线指向瞄准点时，应屏住呼吸，继续增加对扳机的压力，直至击发。

六、实弹射击的组织与实施

（一）实弹射击场地设置

为保证实弹射击组织安全有序，实弹射击场通常设置集结区、保障区、射击区、已考区等四个区域。

1. 集结区

集结区主要用于人员集结、装备清点、科目下达、训练准备等。

2. 保障区

保障区主要设置保障勤务，通常设置修械员、发弹员、信号（观察员）、医务员、记录员等，主要对实弹射击提供后勤和医疗保障。各保障位置要有明确标识，以便于沟通协调。

3. 射击区

射击区是实弹射击的主要区域，主要包括射击出发地线、射击地线、目标区等。该区域主要由射击指挥员负责，要设置明显标识，未经指挥员允许，人员不得随意进出该区域。

4. 已考区

已考区为人员实弹射击结束后的集中区域，人员带离本区域前，应组织点验。

（二）实弹射击指挥及主要保障人员组成和职责

1. 射击指挥员

射击指挥员负责实弹射击的组织与实施，主要负责组织场地设置，派遣勤务，组织指挥射击，监督全体参训人员遵守射击场的安全规则和各项规定，指挥处理实弹射击中的突发事件。

2. 地段指挥员

地段指挥员在射击场指挥员的领导下，负责本地段的射击指挥，主要任务有：

（1）处理射击中出现的射手自己不能排除的枪、弹故障。

（2）检查监督射手武器操作。

（3）严格监督射手的击发次数，射弹数量，检查监督射手验枪，收缴剩余子弹，协助射击指挥员完成实弹射击。

3. 靶壕指挥员

在射击场指挥员的领导下，负责组织设靶、示靶、报靶、补靶及处理有关问题。

4. 警戒员

负责射击场的警戒，严禁任何人员和牲畜进入警戒区域，发现险情，应立即发出信号并向射击指挥员报告。

5. 信号（观察员）员

根据射击指挥员的命令发出各种信号。负责警戒区内的观察，发现险情立即报告。

6. 示靶员

在靶壕指挥员领导下，负责设靶、示靶、报靶、补靶、撤收器材等工作。

7. 发弹员

根据指挥员的命令，按规定弹数发给射手子弹，收缴剩余子弹。射击结束后，负责清理剩余子弹并进行登记。

第二节　单兵战术基础动作

被敌逼迫到被动地位的事是常有的，重要的是要迅速地恢复主动地位。如果不能恢复到这种地位，下文就是失败。

——毛泽东

器之不良，非器之过也，非时之绌也，人谋之不藏也。精神不进步，而求其效果于物质，不可得也，虽得之必失之。

——蔡锷

单兵战术基础动作是军人必须掌握的共同军事训练内容，是基本战术技能，对于培养战术素养具有基础性作用。

一、持枪

持枪，是单兵在战斗中为了便于运动、观察、射击携带武器的方法。在不同的地形和距离条件下，根据敌情和任务应采用不同的持枪动作。

（一）单手持枪

1. 单手持 81 式自动步枪、56 式冲锋枪

动作要领：右臂微屈，右手虎口正对上护木握枪、背带上挑压于拇指下，用五指的握力将枪身固定，枪身轴线与地面略成 45 度，枪身距身体约 10 厘米。左臂自然下垂，运动时自然摆动（见图 7-17）。

图 7-17　单手持枪

2. 单手持 95 式自动步枪

动作要领：右臂微屈，右手提提把。以右手的握力将枪固定，枪身轴线与地面略呈水平，背带压于拇指下。枪身距身体右侧约 10 厘

米。左臂自然下垂，运动时随身体自然摆动。

（二）单手擎枪

1. 单手擎 81 式自动步枪、56 式冲锋枪

动作要领：右手正握握把，食指微接扳机，将枪置于身体的右侧，枪口向上，机匣盖末端贴于肩窝，枪身微向前倾，枪面向后，右大臂里合，枪托贴于右肋（枪托折叠时除外），背带自然下垂。目视前方，左手自然下垂或攀扶，运动时自然摆动（见图 7-18）。

图 7-18 单手擎枪

2. 单手擎 95 式自动步枪

动作要领：右手正握握把，食指微接扳机，将枪置于身体的右侧，枪口向上，上护盖末端略低于肩，枪身微向前倾，枪面向后，右大臂里合，枪托贴于右肋，背带自然下垂，目视前方，左手自然下垂或攀扶，运动时自然摆动。

（三）双手持枪

1. 双手持 81 式自动步枪、56 式冲锋枪

动作要领：左手托提下护木或握弹匣弯曲部，右手握握把，食指微接扳击，将枪身置于胸前，枪口向前，枪身略成水平，背带自然下垂或挂在后颈上（见图 7-19）。

图 7-19 双手持枪

2. 双手持 95 式自动步枪

动作要领：左手托握下护盖，右手握握把，食指微接扳机，将枪身置于胸前，枪口向前稍向左，枪身略成水平，背带自然下垂或挂在后颈部。

（四）双手擎枪

1. 双手擎 81 式自动步枪、56 式冲锋枪

动作要领：在单手擎枪基础上，左手托握下护木或弹匣弯曲部，枪身略低，枪口向前上方，背带自然下垂或压于左手下，身体与射向略成 30 度（见图 7-20）。

图 7-20　双手擎枪

2. 双手擎 95 式自动步枪

动作要领：在单手擎枪基础上，左手托握下护盖，枪身略低，枪口向前上方，背带自然下垂或压于左手下，身体与射向略成 30 度（见图 7-20）。

无论是单手持（擎）枪，还是双手持（擎）枪，士兵都要保持高度的敌情观念，两眼目视前方，一旦发现敌情或可疑情况，立即出枪进行射击（或按命令实施射击）。

二、卧倒、起立

卧倒分为徒手卧倒、单手持枪卧倒、双手持枪卧倒和反身卧倒。

（一）徒手卧倒、起立

动作要领：听到“卧倒”的口令，左脚向右脚尖前迈出一大步，左腿弯曲，上体前倾，两眼注视前方，左手顺左脚方向伸出，掌心向下，手指稍向右，以左手、左膝、左肘的顺序着地，迅速卧倒，左小臂横贴于地面上，右手腕压在左手腕上，两手握拢，手心向下，两腿自然伸直，两脚分开与肩同宽，脚尖向外。必要时，也可右脚向前一大步，左手撑地迅速卧倒。听到“起立”的口令，转身向右，两眼注视前方，左腿自然微弯，左小臂稍向里合，以左手、左肘、左膝的支撑力将身体支起，同时右脚向前一大步，左脚再向前一步，右脚靠拢左脚，成立正姿势。

（二）单手持枪卧倒、起立

1. 单手持 81 式自动步枪、56 式冲锋枪卧倒、起立

动作要领：听到“卧倒”或“前方发现目标”的口令，持自动步枪卧倒时，右手提枪并握背带，其余要领同徒手。卧倒后，左臂前伸，左腿弯曲，右腿伸直，右手提枪，右臂伸直，枪托轻着地，两眼目视前方。需要射击时，右手以虎口的压力和四指的顶力将枪向目标方向送出，左手接握弹匣，右手收回，打开保险，移握握把，成据枪射击姿势。起立时，右手移握上护木，收枪的同时屈左腿于右腿下，收回左小臂，尔后用左臂和两腿的撑力撑起身体，右脚向前一大步，左脚再向前大半步，右脚靠拢左脚的同时成单手持枪立正

姿势。

2. 单手持 95 式自动步枪卧倒、起立

动作要领：卧倒时，左脚（也可右脚）向前迈出一大步，左腿弯曲，上体前倾，两眼注视前方，左手顺左脚方向伸出，按左手、左膝、左肘的顺序着地，迅速卧倒。卧倒后，右手将枪向目标方向送出，左手接握下护盖，右手移握握把，全身伏地，据枪射击。安装瞄准镜时，不采取单手持枪卧倒的方法。起立时，右手移握提把，收枪的同时屈左腿于右腿下，收回左小臂，尔后用左臂和两腿的撑力撑起身体，右脚向前一大步，左脚再向前大半步，右脚靠拢左脚的同时成单手持枪立正姿势。

（三）双手持枪卧倒、起立

1. 双手持 81 式自动步枪、56 式冲锋枪卧倒、起立

卧倒时，左脚向前一步，上体前倾，重心前移，按左膝、左肘、左小臂的顺序着地，然后转体，在全身伏地的同时两手协力将枪向目标方向送出，据枪射击。地面松软或情况紧急时，也可按照双膝、双肘、腹部的顺序扑地卧倒。卧倒时，两脚分开，略宽于肩，两膝内合，重心后移，顺势下蹲。尔后，按照两膝内侧，两小臂外侧的顺序着地，迅速卧倒。卧倒后，双手协力将枪向目标方向送出，据枪射击。起立时，两眼目视前方，迅速收腹、提臀，用肘和两脚支撑身体，右脚向前一步，左脚再向前一步，顺势起立，右脚靠拢左脚的同时恢复双手持枪立正姿势。

2. 双手持 95 式自动步枪卧倒、起立

双手持 95 式自动步枪卧倒、起立时，可按照双手持 56 式冲锋枪或 81 式自动步枪卧倒、起立的要领进行，也可按以下方法进行。

卧倒时，左脚（也可右脚）向前迈出一大步，左腿弯曲，上体前倾，两眼注视前方，右手握握把，左手松开下护盖顺左脚方向伸出，按左手、左膝、左肘的顺序着地，迅速卧倒。卧倒后，右手将枪向目标方向送出，左手接握下护盖，全身伏地，据枪射击。起立时，右手握握把将枪收回的同时，屈左腿于右腿下，收回左小臂，尔后用左臂和两腿的撑力撑起身体，右脚向前一大步，左脚再向前大半步，右脚靠拢左脚的同时，左手接握下护盖，成双手持枪立正姿势。

3. 双手持枪行进间卧倒、起立

动作要领：听到“卧倒”或“前方发现目标”的口令，左脚向右脚前迈出一大步，上体前倾，重心前移，按左膝、左肘的顺序着地迅速卧倒，同时身体里合，右肘着地成据枪（筒）射击姿势（见图 7-21）。

起立要领与停止间动作基本相同。

（四）反身卧倒

反身卧倒，是在持枪跃进过程中，后方突然出现目标时，迅速隐蔽、射击的一种卧倒方式。

动作要领：听到“反身卧倒”或“后方出现目标的口令”，左脚向前迈出一大步，左

手前伸，身体下塌前倾，利用两脚的蹬力将身体向后（逆时针方向）旋转 180 度，重心左倾，按左手、左腿外侧的顺序着地，侧身卧倒，左腿弯曲，右腿伸直，注视目标。

图 7-21　双手持枪行进间卧倒、起立

三、匍匐前进

匍匐前进，是在通过敌步、机枪火力封锁较短地段或利用较低的遮蔽物前进时采用的运动方法。根据遮蔽物的高低分为低姿匍匐、高姿匍匐、侧身匍匐和高姿侧身匍匐四种。

（一）低姿匍匐

低姿匍匐是在遮蔽物高约 40 厘米时采用的运动方法。

口令：“向××低姿匍匐前进”。

低姿匍匐前进时的携枪方法：

携 56 式冲锋枪（81 式自动步枪、03 式自动步枪）的方法有两种：一种是右手掌心向上，虎口卡住机柄，五指握枪身和背带，将枪置于右小臂内侧（见图 7-22）；另一种是右手食指卡握枪上背带环处，并握枪管，余指抓背带，机柄向上将枪置于右小臂外侧。

图 7-22　低姿匍匐

携 95 式自动步枪的方法有两种：一种是右手握握把和背带，使枪面向右将枪置于右小臂内侧；另一种是左手握护盖，右手握枪颈，将枪横托于胸前，枪口离地。

行进时，身体紧贴地面，头稍微抬起，屈回右腿，伸出左手，用右脚的蹬力和左手的扒力使身体前移，然后再屈回左腿，伸出右手，用左脚的蹬力和右手的扒力使身体继续前移，依次交替前进。前进速度不小于 0.8 米/秒。

（二）高姿匍匐

高姿匍匐是在遮蔽物高约 60 厘米时采用的运动方法。

口令：“向××，高姿匍匐前进”。

动作要领：用两小臂和两膝支撑身体前进。携枪方法同低姿。有时可将枪托向右，两手托握枪的方法前进（见图 7-23）。前进速度不小于 1.2 米/秒。

图 7-23 高姿匍匐

（三）侧身匍匐

侧身匍匐是在遮蔽物高约 60 厘米时采用的运动方法。

口令："向××，侧身匍匐前进"。

动作要领：运动时，右手前伸移握护木（03 式自动步枪握左右护盖，95 式自动步枪握提把或握把）将枪收回，同时侧身，使身体左大腿外侧着地，左小臂前伸着地，左大臂支撑身体，左腿弯曲，右脚收回靠近臂部着地，以左小臂的扒力和右脚的蹬力使身体前移（见图 7-24）。前进速度不小于 1.2 米/秒。

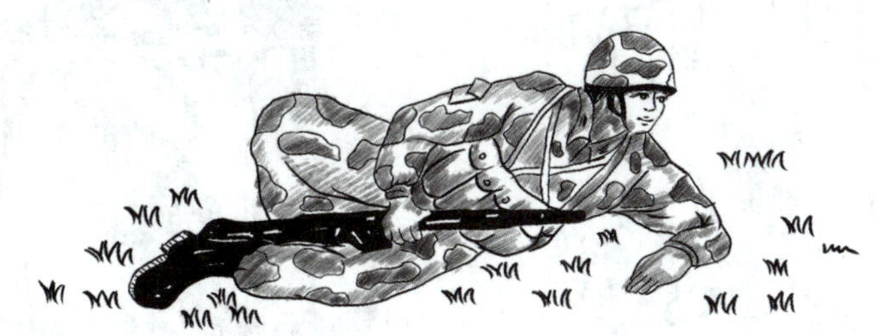

图 7-24 侧身匍匐

（四）高姿侧身匍匐

高姿侧身匍匐通常是在遮蔽物高约 80～100 厘米时采用的运动方法。

口令："向××，高姿侧身匍匐前进"。

动作要领：左手和左小腿外侧着地，右手提枪，以左手的支撑力和右脚掌的蹬力使身体前移（见图 7-25）。前进速度不小于 2 米/秒。

图 7-25 高姿侧身匍匐

四、直身、屈身前进

直身前进是在距敌较远、地形隐蔽，敌观察、射击不到时采用的运动姿势。屈身前进是在遮蔽物略低于人体时采用的运动姿势。

（一）直身前进

口令：“向××直身前进”。

动作要领：听到口令后，目视前方，右手持枪，大步或快步前进（见图 7-26）。

（二）屈身前进

口令：“向××屈身前进”。

动作要领：目视前方，右手提枪（筒），上体前倾，头部不要高出遮蔽物，两腿弯曲（屈身程度视遮蔽物高低而定），大步或快步前进（见图 7-27）。

图 7-26　直身前进

图 7-27　屈身前进

五、跃进、滚进

跃进是在敌火下迅速通过开阔地时采用的运动方法。滚进是在卧姿时，为避开敌人观察、射击而左右移动或通过地形棱线时采用的运动方法。

（一）跃进

跃进时要做到跃起快、前进快、卧倒快。跃进前，应先观察前方地形、敌情，选择好前进路线和暂停位置，尔后，迅速突然地前进。

1. 单手持枪跃进

单手持枪跃进，通常在距敌较远，地形平坦时采用。

口令：“向××，跃进”。

动作要领：卧姿跃起时，可先向左（右）移（滚）动，以迷惑敌人。自动步枪手应迅速收枪，同时屈左腿于右腿下，右手提枪，以左手、左膝、左脚的撑力将身体支起，右脚向前一大步，左脚再向前一大步的同时，左手挑起背带，压于右手拇指内侧，出右脚迅速前进。跪姿、立姿时，应迅速利用两脚的蹬力跃起前进。前进时，右手持枪，目视前方，屈身快跑。跃进距离和速度应根据敌火威胁程度、地形特点而定。敌火越猛烈，地形越开阔，跃进距离应越短，速度应越快。每次跃进的距离通常为 15～30 米。当进到暂停位置或遭敌猛烈射击时，应迅速隐蔽或卧倒，并准备射击。

2. 双手持枪跃进

双手持枪跃进，通常在距敌较近或通过复杂地段时采用。

口令："向××，跃进"。

动作要领：卧姿时，可先向左（右）移（滚）动，以迷惑敌人。自动步枪手两小臂撑地，迅速收腹，同时收回左腿，左膝跪地，利用两小臂、左膝将身体撑起，右脚向前一步，同时端枪迅速前进。跪姿、立姿时，应迅速利用两脚的蹬力跃起前进。前进时，左肘稍离开身体，左小臂略平，左手虎口正对枪面。右手握握把，枪托轻贴右胯，并与身体后侧取齐，枪身与地面约成 45 度，枪面稍向左，两腿弯曲，上体前倾，收腹含胸，屈身快跑。

（二）滚进

口令："向××，滚进"。

动作要领：将枪关上保险，左手握枪表尺上方，右手握枪颈附近或两手握护木，枪面向右，顺置于胸、腹前抱紧，两臂尽量向里合，两脚腕交叉或紧紧并拢，全身用力向移动方向滚进。

运动中，也可在卧倒同时向移动方向滚进。其要领：左（右）脚向前一大步，左手在左（右）脚前着地，身体尽量下塌，右手将枪挽于小臂内，枪面向右。身体向右（左）侧，在右（左）肩、臂着地的同时，向右（左）滚进。滚进时，右（左）腿伸直，左（右）腿微屈，滚进距离长时可两腿夹紧（见图 7-28）。

图 7-28　滚进

六、利用地形

利用地形时，应根据不同情况对地形灵活地加以改造和利用，做到便于观察、射击和隐蔽身体，便于接近与离开；便于防敌地面火力和空中火力的杀伤，不妨碍指挥和火器射击；不要几个人拥挤在一起，以免增大伤亡；尽量避开独立、明显的物体和难于通行的地段。

（一）对堤坎、田埂的利用

横向的堤坎、田埂利用其背敌斜面或残缺部位，纵向的通常利用其弯曲部或顶端一侧，依其高度取适当姿势。堤坎高于人体时，应挖踏脚孔或阶梯。如利用堤坎对空射击时，通常利用其顶部，并根据其高度取不同姿势（见图 7-29）。

图 7-29　利用堤坎、田埂

（二）对土（弹）坑、沟渠的利用

通常利用其前沿，纵向沟渠利用其弯曲部。根据敌情、坑的大小、深度，以跳、滚、匍匐等方法进入，采取适当姿势。对空射击时，以坑沿作依托或背靠坑壁进行射击（见图 7-30）。

图 7-30　利用土坑、沟渠

（三）对土堆（坟包）的利用

通常利用独立土堆（坟包）的右侧，如视界、射界受限或右侧有敌火力威胁时，也可利用其左侧或顶端。双土堆（坟包）通常利用其鞍部。对空射击时，通常利用其后侧或顶端（见图 7-31）。

图 7-31　对土堆的利用

（四）对树木的利用

通常利用其右后侧，根据树干的粗细做适当姿势。如树干较粗（直径 50 厘米以上）可取各种姿势，如树干较细通常采取卧姿。如取立姿时，应尽量将身体左侧、左大臂（或左小臂）、左膝紧靠树木，右腿稍向后蹬。对空射击时，可将左小臂抬高或身体左后侧紧靠树木进行射击；如取卧姿时，应将左小臂紧靠树木或以树的根部为依托，两脚自然并拢，身体尽量隐蔽在树后侧。搬运机枪通常采取卧姿，根据树干的粗细和地形情况，脚架可超过树干（见图 7-32）。

图 7-32　对树木的利用

（五）对墙壁、墙角、门窗的利用

墙壁按其高度取适当姿势。矮墙可利用顶端或残缺部。墙高于人体时，可将脚垫高或挖射击孔。对空射击时，通常利用其顶端作依托或背靠墙壁，依其高度取不同姿势（见图 7-33）。

墙角通常利用右侧，左小臂紧靠墙角，取适当姿势。接近后应注意观察，另一侧无敌人再利用，如另一侧有敌人，应以手榴弹、抵近射击、刺刀将其消灭。

门通常利用左侧。窗可利用左（右）下角（见图 7-34）。

图 7-33　对墙壁的利用

图 7-34　对窗的利用

第三节　分队战术

分队是指直接担负作战和保障任务的营级以下建制单位。分队战术训练是指分队为掌握战斗原则和方法而进行的训练。目的是提高分队指挥员的组织指挥和分队协同作战的能力。

一、分队战斗原则

战斗原则亦称战术原则，是组织和实施战斗必须遵循的基本准则。正确的战斗原则是战斗行动基本规律和指导规律的反映。分队战斗通常要遵循以下原则：知彼知己，正确指挥；消灭敌人，保存自己；集中力量，各个击破；迅速准备，快速反应；隐蔽突然，出敌不意；灵活机动，力争主动；注重近战，善于夜战；密切协同，主动配合；勇敢顽强，积极战斗；加强保障，及时补充。

二、步兵班攻防战斗的任务与要求

（一）步兵班进攻战斗的任务与要求

1. 任务

步兵班在进攻战斗中，通常在排的编成内担任突击班，有时担任连（排）预备队，根据情况还可担任侦察战斗队、障碍排除队，以及负责渗透袭击和指示目标等任务。

担任突击班时，主要任务是消灭冲击目标之敌，向指定方向发起进攻，或增强突击力量、扩张战果，或应付意外情况。担任预备队时，班随连（排）行动，随时准备投入战斗，以增强突击力量，扩大战果，抗击敌人反冲击或应付意外情况。担任侦察战斗队时，主要负责侦察、搜索，查明敌防御前沿虚实，诱敌暴露，引导攻击。担任障碍排除队时，主要负责在开辟的通路中扫除残存障碍物，并标示通路位置。负责袭击任务时，主要是对敌纵深目标实施侦察、袭击、控制有利地形，分割、打乱敌人部署，配合主力歼灭敌人。负责指示目标任务时，利用激光末制导、双星定位和通信器材等，对敌纵深内的重要目标，实施引导攻击。

2. 基本要求

（1）集中兵力、火力，近战歼敌。班在进攻战斗中，要善于集中反坦克火器、器材，选敌弱点和要害，在同一时间、同一地点（段）攻击一个主要目标。充分利用地形地物，严密组织火力掩护，采取分组交替跃进等方法，迅速、隐蔽、大胆逼近敌人，以突然、勇猛地冲击，坚决突入敌阵地，胶着近战，各个歼敌。

（2）合理进行战斗编组。班在进攻战斗中，要以 120 反坦克火箭（四〇火箭筒）和班用机枪为骨干进行战斗编组，做到：各小组既能打坦克，又能打步兵；既便于指挥，又便于独立战斗。120 反坦克火箭（四〇火箭筒）和喷火器通常由班长或副班长掌握。

（3）迅速、充分、周密地做好战斗准备。班受领进攻战斗任务后，必须从最困难、最复杂的情况着眼，分秒必争，抓住重点，迅速完成战斗准备。具体做到：任务、编组、打法明确；武器、弹药、器材准备充分；战斗动员简短有力；战斗预案周密细致，多手准备。当情况紧急来不及预先准备时，也可边打边组织，边打边准备。

（4）注重火力与运动紧密结合。班在进攻战斗中，应善于抓住有利时机接敌，注重火力与运动紧密结合，最大限度地发挥整体战斗威力及小群近战特长，打、炸、迷、扰、骗等手段相结合，坚决击毁敌装甲目标坚固火力点，消灭敌步兵，完成战斗任务。

（5）及时、果断、灵活地指挥。战斗中，班长应善于根据敌情、地形和任务，灵活地变换战术，及时、果断地处置各种情况。特别是在与上级失去联系、被敌包围等复杂困难的情况下，更要做到沉着冷静、处危不乱、遇险不惊、勇于负责、机断行事，紧紧围绕上级的意图，客观、全面、准确地判断情况，机智果断地实施不间断的指挥。

（二）步兵班防御战斗的任务与要求

1. 任务

步兵班在防御战斗中，通常在排的编成内，防守支撑点的一段阵地，有时也可单独防守一个阵地。根据情况还可负责连的预备、警戒、袭扰等任务。负责坚守时，主要任务是依托阵地抗击敌步兵、装甲目标的连续冲击，坚守阵地。班担任上级的预备队时，其主要任务是，支援前沿战斗；实施反冲击；防守指定的纵深支撑点，抗击敌人向纵深发展进攻。班负责警戒、袭扰任务时，主要任务是占领警戒阵地，制止敌侦察、渗透，迟滞敌前进，迫敌过早展开，为主力歼敌创造条件。

2. 基本要求

（1）依托阵地，顽强坚守，近战歼敌。步兵班在现代防御战斗中，必须从全局出发，树立在艰苦条件下敢打必胜的信心；发扬英勇顽强的战斗作风，发挥整体抗击力；充分利用有利地形，依托工事，结合障碍，采取打、炸、阻、迷、伏、反等战术手段，抗击敌坦克、步兵的连续冲击；要敢于同敌近战、夜战，善于以我之长击敌之短，与敌反复争夺，粉碎敌进攻，坚决守住阵地。

（2）周密、合理地配置兵力、兵器。步兵班在现代防御战斗中，应根据防御地域内的地形特点，所属和配属的兵力、兵器性能，本着集中兵力，实施重点抗击的要求，合理地确定战斗队形。兵器配置上要突出重点，加强火力控制，形成严密配系。在配置兵力、火器时要便于协同指挥，便于机动，既能独立作战、独立坚守，又能最大限度地减少伤亡。

（3）构筑有重点、便于打击各种目标的防御阵地。步兵班在主要方向和地段防御时，应根据敌进攻特点，本班任务、地形、物资器材和防御准备的时间，力争构筑以打坦克为主，亦能打击空中目标和其他目标，能阻敌迂回包围的环形防御阵地，做到能打、能藏、能机动、能生活。主要火器应构筑便于向周围射击的基本发射阵地和预备发射阵地，在阵地翼侧或侧后，构筑便于进出的掩蔽部，在便于敌坦克、步战车机动的翼侧，构筑必要的打炸工事，在便于敌机降的地点构筑对空射击阵地。各种工事应力求坚固、低下、疏散、隐蔽，同时在上级统一组织下，在阵地前和翼侧设置用于迟滞敌坦克、步兵冲击的防坦克、步兵障碍物，障碍设置应做到防坦克与防步兵相结合，防步坦障碍与防机降障碍相结合，爆炸性障碍物与非爆炸性障碍物相结合，人工障碍与天然障碍相结合。

（4）严密组织防护，形成有重点的抗击。步兵班在防御战斗中，应充分利用地形和工事，疏散配置，严密防护。在防御准备过程中，以防为主，防打结合，运用各种手段力求尽早发现敌火力袭击的征候，采取各种防护措施，防敌火力杀伤，保存有生力量，伺机破敌。并根据敌火力突击的情况，及时分析、判断敌主要攻击方向和地段，迅速调整兵力、兵器，形成有重点的抗击部署，以增强防御的稳定性，抗击敌步兵坦克的连续冲击。

（5）密切配合，灵活指挥。步兵班在防御战斗中，班长应从最困难，最复杂的情况出发，周密地组织各战斗小组之间和主要火器之间的协同动作，并根据地形条件和敌可能的行动预想多种情况下的战斗方案。战斗中，班长应沉着果断，机智灵活地处置情况，合理地使用兵力火力，充分发挥战斗小组的骨干作用，并以自己的模范行动带领全班顽强战斗。全班战士应充分利用工事和有利地形，主动配合，密切协同，坚决完成战斗任务。

学练合一

一、思考题

1. 什么是轻武器？至少说出六种主要类型。

2. 95 式自动步枪的分解、结合动作要领有哪些？

3. 95 式自动步枪的验枪动作要领有哪些？

4. 95 式自动步枪对固定目标的射击动作要领有哪些？

5. 单兵持枪卧倒的动作要领有哪些？

6. 单兵低姿匍匐前进的动作要领有哪些？

7. 单兵跃进的动作要领有哪些？

8. 单兵利用地形射击的方法有哪些？

9. 分队战斗原则有哪些？

10. 步兵班进攻战斗的任务与要求是什么？

二、判断改错题

请判断语句正确与否，正确的画“√”，错误的画“×”，并将你认为的错误改正过来。

1. 轻武器亦称轻兵器，就是重量比较轻的武器。（　　）

2. 狙击步枪也是轻武器。（　　）

3. 81-1 式自动步枪由刺刀（匕首）、枪管、瞄准具、活塞及调节塞、机匣、枪机、复进机、击发机、弹匣和枪托十大部件组成，另有一套附品。（　　）

4. 95 式自动步枪由刺刀、枪管、导气装置、瞄准装置、护盖、枪机、复进簧、击发机、枪托、机匣和弹匣十一大部件组成，另有一套附品。（　　）

5. 自动步枪的后坐对单发和连发射击中的首发射击命中的影响极大。（　　）

6. 弹头初速是评价武器性能的一个重要参数。（　　）

7. 如果弹头相同，武器初速越大，弹头飞行距离越长，弹道越低伸，外界条件对弹头飞行的影响越小，弹头的侵彻力和杀伤力越大。（　　）

8. 弹头飞行过程中其重心运动的路线叫弹道。（　　）

9. 95 式自动步枪对 100 米距离上人胸目标射击时，定表尺“2”瞄准目标中央射击，即可命中目标中央。（　　）

10. 在阳光下瞄准时，由于阳光照射作用，缺口部分会产生虚光，形成三层缺口：虚光部分、真实缺口、黑实部分。（　　）

11. 验枪是保证安全的一项重要措施，在武器出入库前后、训练使用前后、擦拭保养前后及必要时（不安全因素出现），均应组织验枪。（　　）

12. 持枪，是单兵在战斗中为了便于运动、观察、射击携带武器的方法。（　　）

13. 卧倒分为徒手卧倒、单、手持枪卧倒、双手持枪卧倒和反身卧倒。（　　）

14. 滚进是在敌火下迅速通过开阔地时采用的运动方法。（　　）

15. 跃进是在卧姿时，为避开敌人观察、射击而左右移动或通过地形棱线时采用的运动方法。（　　）

16. 屈身前进是在距敌较远、地形隐蔽，敌观察、射击不到时采用的运动姿势。（　　）

17. 直身前进是在遮蔽物略低于人体时采用的运动姿势。 （ ）

18. 分队是指直接担负作战和保障任务的团级以下建制单位。 （ ）

三、不定项选择题

将你认为正确的选项填写在括号里。

1. 下列武器中不是轻武器的是（ ）。

A. 重机枪　B. 榴弹炮　C. 火箭炮　D. 高射机枪

2. 95 式自动步枪具有以下特点（ ）。

A. 口径小　B. 初速高　C. 火力猛　D. 杀伤力大

3. 枪弹射击过程分为（ ）等阶段。

A. 准备阶段　B. 基本阶段　C. 膨胀阶段　D. 最后阶段

4. 为保证实弹射击组织安全有序，实弹射击场通常设置（ ）。

A. 集结区　B. 已考区　C. 保障区　D. 射击区

5. 在不同的地形和距离条件下，根据敌情和任务应分别采取（ ）的持枪动作。

A. 单手持枪　B. 双手持枪　C. 单手擎枪　D. 双手擎枪

6. 匍匐前进根据遮蔽物的高低分为（ ）。

A. 低姿匍匐　B. 高姿侧身匍匐

C. 高姿匍匐　D. 侧身匍匐

四、论述题

如何正确理解分队战斗原则？

第八章 防卫技能与战时防护训练

学习目标

了解格斗、防护的基本知识，熟悉卫生、救护基本要领，掌握战场自救互救的技能，提高安全防护能力。

第一节 格斗基础知识

名人名言

如果我们被打败了，我们就只有再从头干起。

——［德］恩格斯

即使跌倒一百次，也要一百零一次地站起来。

——张海迪

格斗训练不仅具有健体益智、陶冶情操、观赏娱乐和增进交流等功能，同时也是军事训练的重要内容之一。格斗训练的意义总体上可以从两个方面来概括：一是提高官兵军事技能。二是丰富部队业余文化生活、娱乐健身、增强官兵体质。

一、格斗技术

格斗技术，是双方在格斗时，为合理有效地击中、摔倒对方而充分发挥身体能力的动作方法。格斗技术的合理性表现在动作符合人体运动生物力学原理，符合运动学特征，符合相生相克的技击法则，符合竞赛规则的要求。格斗技术的有效性表现在能够最大限度地发挥动作的功能和人体潜在的运动能力，以最小的消耗达到战胜对手、保护自己、取得最佳成绩的目的。

格斗技术属于“操作性”技术，所谓“操作性”，就是为了达到一定目的有序地支配自己身体各个部分协调地运动。格斗基本动作是技术的载体，技术通过动作表现出来。完成动作是人体各方面相互作用，从而使身体各部分之间发生相对位置变化的结果。

格斗基本动作繁多，使用起来千变万化，但不管怎样，依据时间的先后，每一个格斗动作的结构都可以分为开始、运行和结束三个部分。在组合连击动作中，每一个单独动作的结束，又是后一个动作的开始。而动作结构又由技术基础、技术环节、技术细节所组成。技术基础是根据技术的需要，按照一定顺序和路线构成完整动作的主体部分（框架），

技术环节是组成技术基础的分支部分，技术细节是技术环节的细小部分。在不影响整体技术结构的前提下，充分发挥个人的身体条件、特长和经验所表现出来的细微技术掌握得越合理，效果越好。

好的格斗技术是指完成动作能够达到娴熟、准确和机能节省化的境地。其特征表现为动作结构稳定、动作要素合理，每一个环节连贯、协调、轻松自然，注意力集中，动作感受灵敏，能量消耗少，应变能力强。

格斗技术形成、掌握和运用的程度，与人体掌握的技能密切相关。人体技能分为基本技能、相关技能和专项技能三种。基本技能指跑、跳、投等活动能力；相关技能指类似本专项的运动能力，格斗相关的技能有套路、拳击、摔跤、跆拳道等；专项技能是指按本专业技术要求完成动作的能力。实践证明，基本技能、相关技能储备越多，专项技能发展越快。

二、人体要害部位

人体要害部位是指人体受到打击或控制，容易失去抵抗能力，甚至致命的部位。依人体结构可分为头和颈部、躯干、四肢三大部分，人体部位、穴位示意图见图 8-1 所示。

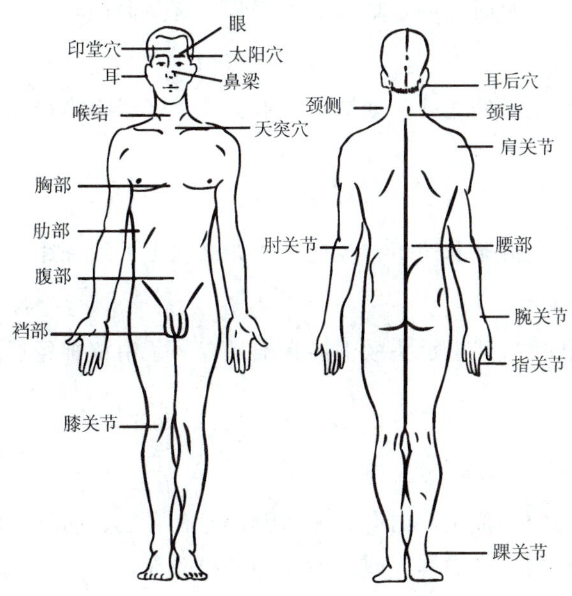

图 8-1　人体部位、穴位示意图

（一）头和颈部

要害部位主要有太阳穴、耳后穴、印堂穴、天突穴、耳、眼睛、鼻梁、喉结、颈侧、颈背等，这些部位若被击中，就可能昏迷甚至死亡。

1. 太阳穴

它位于外眼角斜上方的凹陷处，此部位颅骨较薄，且有一条动脉和大量神经集中于皮下，离大脑较近，如受到打击可造成脑震荡乃至死亡。

2. 耳后穴

在乳突前下方，耳垂后的凹陷中，此部位属神经丛，且有一条静脉经过，如被击中，轻者疼痛难忍，重者昏迷或死亡。

3. 印堂穴

在两眉之间，此部位是额骨与鼻骨交界处，如被击中，轻者昏迷，重者死亡。

4. 天突穴

在胸骨上窝正中间的凹陷处。此部位为食道和气管必经之地，如被戳击，可致窒息或死亡。

5. 耳

如单耳被击中，可致耳膜穿孔或昏迷，如双耳同时被击中有生命危险。

6. 眼睛

如被点中可致盲。

7. 鼻梁

如被击中疼痛难忍并暂时失明，如重击可碎骨，有生命危险。

8. 喉结

此部位属气管和食道必经之处。如被击、卡、锁，轻者疼痛难忍，重者可致昏迷甚至死亡。

9. 颈侧

此部位有颈动脉、颈静脉和迷走神经通过，如被砍击可致昏迷。

10. 颈背

此部位由七块颈椎组成，上承头颅下接胸椎且有一条中枢神经通过，如被击中，轻者瘫痪，重者死亡。

（二）躯干

躯干是组成人体的中心部位，内有五脏六腑，外有脊柱、肋骨、胸骨、骨盆等骨骼组成。其要害部位主要有胸部、肋部、腹部、腰部、裆部等。

1. 胸部

位于剑突以上，颈椎、锁骨以下。内有心脏、肺脏、心血管，如被击中，可造成呼吸困难，心脏猝停而死亡。

2. 肋部

肋部一般指软肋，是指十二对肋骨中的后四对。软肋骨骼细小，容易折断，其表皮肌肉很薄，如被击中，可造以肋骨折断刺破内脏。轻者疼痛难忍、呼吸困难失去抵抗能力，重者会造成内脏大出血而死亡

3. 腹部

腹部包括胸腔剑突以下、骨盆以上的部位。右上腹有肝胆，左上腹有脾脏，中腹部有

胃，小腹有肠道系统等器官。腹部神经末梢丰富，感觉非常敏感，如被击中，轻者疼痛难忍，重者可因内脏出血而死亡。

4. 腰部

腰部是指腰椎至骶椎之间的部位，它是人的脊柱的一部分，如被击中，轻者会失去正常的生理功能，重者会引起肾、脾、肝内出血，甚至死亡。

5. 裆部

裆部是指人体生殖器所在的部位，它又是人体中神经末梢最丰富的地方，对外界特别敏感，尤其是男性生殖器，如被击中，轻者疼痛难忍，失去抵抗力，重者造成睾丸破裂，丧失生育能力。

（三）四肢

四肢是组成人体的重要部位，是徒手格斗的有效武器，由两臂、两腿组成。其要害主要有手指、手腕、肘、肩、踝等关节。其特点是部位明显易控制。

1. 手指关节

左、右手共有十指，手指关节除拇指两节外，其余四指均由三个短小的指骨连接而成，它可伸直和握拢，活动范围较小，当伸直时用力向后折，或向两侧扳，易脱臼和骨折。

2. 手腕关节

手腕结构比较复杂，共有八块腕骨组成。主要靠韧带连接，腕部覆盖的肌肉薄弱，韧带的坚固性也较差。活动范围较灵活，能前伸后屈、左右旋转，但如受外力后折，或左右扭拧超过它本能的活动范围，轻者撕裂韧带，重者可造成脱臼或骨折。

3. 肘关节

它由肱骨、尺骨和桡骨连接而成一个复合关节。它可伸直和向内弯曲。当伸直时用力从外向内击打，可造成脱臼或韧带撕裂。

4. 肩关节

它由肩胛骨、肱骨和锁骨连接而成。它的活动范围最大，能前后屈伸，内收外展以及做旋转运动。肩关节各处连接面大小差异明显，关节囊松弛，前下壁缺少韧带和肌腱的加强，如受暴力左右拧转或向前、后扳至极点，易脱臼或韧带撕裂。

5. 踝关节

它是由胫骨、腓骨、跟骨与跖骨相连接而成，能内收外展，左右转动，但活动范围较小，如果用力左右扳拧，就会韧带撕裂或脱臼。

6. 膝关节

它是人体下肢的主要关节，由髌骨、腓骨、胫骨、半月板与股骨连接而成，能伸直与后屈，但受前后交叉韧带的限制，不能外展和内收。当关节伸直后，如果受到正面或侧面踹击时，轻者可使其倒地，重者可造成侧副韧带撕裂，半月板损伤、脱臼或骨折。

第二节　格斗基本功

格斗的基本功是体现实用技术动作、技巧、技能的能力，一般包括肩、臂、腰、腿、手型、步形、腿功、臂功，倒功以及翻滚等基本动作技术与技能。

一、实战姿势

动作要领（以下均以右势为例）：从立正姿势开始，身体稍左转时右脚向右后撤一步，略比肩宽，右膝微屈，右脚尖外展 45 度，脚跟稍提起；左脚尖稍里扣，膝微屈，重心落于两脚之间；两小臂在胸前交叉，右臂在外，前后拉开，左臂微屈，左手成立掌，掌心向右下，指尖朝右上，与下颌同高；右肘自然下垂，右拳位于右腮处，身体侧立，收腹含胸，下颌微收，目视前方（见图 8-2）。

图 8-2　预备式

二、实战步法

实战步法首先是为了配合攻防动作的运用，以达到攻防效果；其次是为了保持动态中的身体平衡与敌我双方的有效距离。步法是格斗技术运用的基础，是构成单兵技术的基本要素，常言道“有招必有步”和“步动招随，招起步进”就是这个意思。

格斗步法的总体要求是“快、灵、变”。“快”是指步法移动要迅速。“灵”是指步法移动要轻灵，有弹性，不僵滞。“变”是指步法在运用中能随机应变，转换自如。

1. 滑步

滑步分为向前、后、左、右四种，主要用于直接配合拳的进攻。

以向前滑步为例：从实战姿势开始，上体保持原来姿势，后脚蹬地，重心前移，前脚微离地面，前脚掌向前蹭出 30 厘米左右，后脚随之跟进相同距离，整个动作完成后仍成原来实战姿势（见图 8-3）。

后、左、右滑的动作要领与前滑步基本相同，应注意向后、左、右的滑步，一般情况下都应由与滑动方向的同侧脚先行移动，另一脚紧跟滑步，两脚的滑动距离大致相等。

2. 闪步

闪步分为左、右闪步，主要用于躲闪对方的正面进攻，并有利于自己的迅速反击。

以左闪步为例：从实战姿势开始，上体保持原来姿势，左脚向左侧迅速蹭出 20～30 厘米，紧接着右脚以左脚为轴迅速向左滑动，角度在 45～90 度以内，动作完成后大致成实战姿势的步型（见图 8-4）。

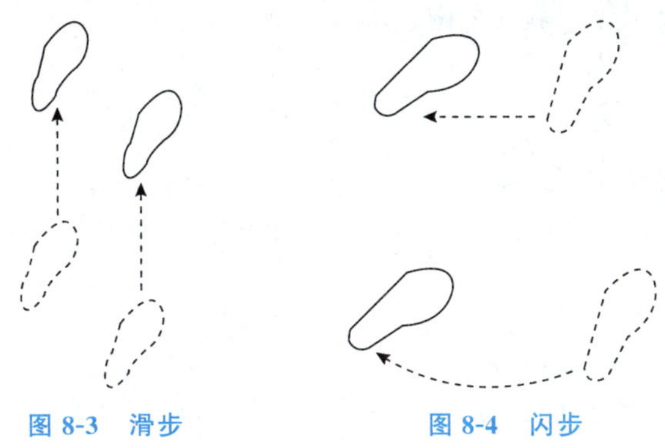

图 8-3　滑步　　　　图 8-4　闪步

3. 纵步

纵步分为前、后两种，主要是用于远距离时迅速接近对方或在中近距离时迅速摆脱对方的一种步法。

以向前纵步为例：从实战姿势开始，两脚同时蹬地向前纵出 30～40 厘米左右，在动作完成的过程中始终保持实战姿势（见图 8-5）。

4. 垫步

垫步大体分为两种，一种是垫一步，一种是在上一步的基础上再跟垫一步。垫步一般直接用于配合腿的进攻动作。这里只介绍跟垫一步的技术，其中包含了垫步的技术。

（1）从实战姿势开始，重心前移，右脚蹬地向左脚内侧并拢，随即左腿屈膝提起，根据情况使用蹬、踏腿法。

（2）在用腿法的同时，支撑腿随蹬（踹）腿向前再垫出一步，脚跟斜向前（见图 8-6）。

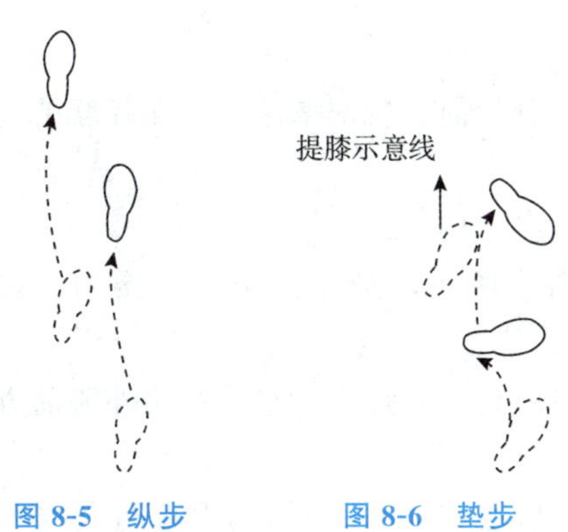

图 8-5　纵步　　　　图 8-6　垫步

5. 叉步

动作要领：从实战姿势开始，后脚跟提起，以脚掌擦地，从前脚的后方向前交叉，落脚于前脚前侧，两腿交叉，前脚经后脚前向前迈步，成实战姿势。左脚在前为左叉步，右脚在前为右叉步（见图 8-7）。

6. 交换步

动作要领：交换步是左右架交换时的一种步法，从实战姿势开始，前后脚同时蹬地稍高地面，在空中左右腿前后交换，转体 120 度左右，同时两臂也做前后体位的交换，完成动作后成与原来相反的实战姿势（见图 8-8）。

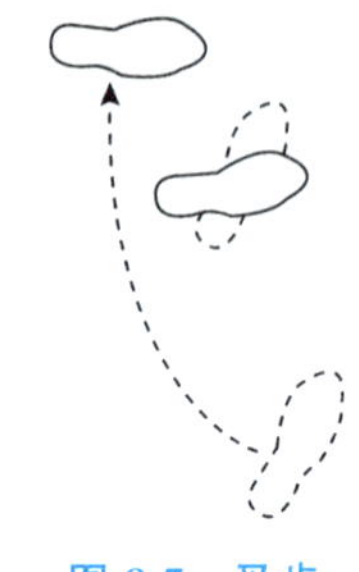

图 8-7　叉步

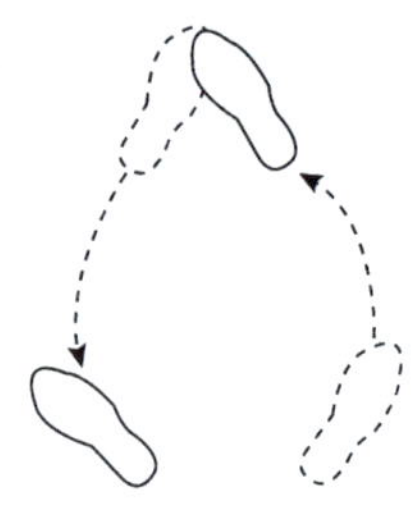

图 8-8　交换步

三、实战拳法

1. 直拳

直拳属直线形攻击方法，它分为前、后直拳两种，在拳法中是中远距离进攻对方的主要手段。由于直拳动作相对隐蔽，尤其右手直拳力量较大，是给对手重击的有效方法，所以在实战中使用率较高。

直拳动作要领（以右手直拳为例）：

（1）从实战姿势开始，右脚蹬地，重心前移，同时以髋带动肩向内旋转 10 度左右。

（2）由肩带动右手臂的前臂快速直线出击，力达拳面，手臂自然伸直，左手置于原来位置。

（3）收拳的路线亦是出拳的路线，收拳后迅速回复到原来的实战姿势（见图 8-9）。

（4）出拳同时左手拳直线收回至下颏前方，肘部自然弯曲贴于肋部。

2. 摆拳

摆拳是弧线形进攻方法，分为前、后摆拳两种，在相互的连续击打中使用率较高（见图 8-10）。

摆拳动作要领（以左手摆拳为例）：

（1）从实战姿势开始，右脚蹬地，身体由髋带动腰向内旋转 15～20 度，同时重心前移。

（2）同时左手臂抬肘略与肩高，微张肩，左手拳向外侧前方伸出，上臂和前臂的角度相对固定。

（3）当髋部完成旋转角度后迅速制动，由制动的惯性使张开的肩回收而产生合力。此时的出拳臂仍按从侧前方向正前方的路线划动，最终又因髋部制动的合力牵制而制动，产生摆拳的力量。

（4）动作完成后迅速放松，基本是按原来出拳路线恢复到实战姿势。

3. 勾拳

勾拳在格斗中是近距离攻击的拳法，它分为前、后勾拳两种，主要是在相互间对抗时使用，或是在与其他拳法的配合中使用。

勾拳动作要领（以左手勾拳为例）：

（1）从实战姿势开始，上体微向外、向下转动，左腿微屈，扣膝合胯，左手臂收回轻

贴于左肋部，左手拳自然置于左面颊外侧，重心偏于左腿。

（2）右脚蹬地，左胯向上向内挺出，左手拳随挺胯动作向前上方击出，出拳臂夹角根据所击距离调整，拳心向内，微微内扣（见图 8-11）。

（3）当挺胯到位即左腿基本挺直后马上制动，由于制动的作用，击出的勾拳也随之制动，产生短促发力。

（4）随着挺胯制动后的肩部放松，拳也有弹性地收回，成原来实战姿势。

图 8-9　右手直拳

图 8-10　左手摆拳

图 8-11　左手勾拳

四、实战腿法

腿法在格斗中占有很大比重，它主要包括蹬、踹、鞭、弹等技术。腿法的特点在于它是远距离对抗的主要方法，力度大，攻击力强。

1. 侧踹腿

侧踹腿分前、后侧踹两种，是格斗中运用率较高的腿法，而前侧踹又多于后侧踹，它主要用于进攻与阻击。

动作要领（以左腿侧踹为例）：

（1）从实战姿势开始，重心稍后移，上体保持原来姿势，左腿屈膝提起与胯同高，与上体成 90 度，小腿外摆，脚尖勾起微向外翻出（见图 8-12）。

（2）身体继续向侧后仰，同时展髋伸膝向前踹出，脚尖横向，力达脚掌的后三分之二处，此时支撑腿的脚后跟斜向前方。

（3）此时左手置于踹出腿的大腿上方，右手置于下颏前方。

2. 正蹬腿

正蹬腿主要分为前、后正蹬两种，实战中此腿法的使用比例较高，在相互抱缠阶段或在互打互踢时作为摆脱方法效果较好。

正蹬腿动作要领（以左腿正蹬为例）：

（1）从实战姿势开始，重心微后移，右腿膝关节微屈，上体微后坐，左腿屈膝正面提起，脚尖勾起。

（2）两臂微下落或回收置于头部两侧，两肘自然下垂护住两肋，同时送胯，带动大小腿向正前方水平蹬出，脚前掌下压，力达脚全掌（见图 8-13）。

图 8-12　左腿侧踹　　　　图 8-13　左腿正蹬

3. 鞭腿

鞭腿的腿法，运用范围很广，按照高度可分为高、中、低三种，按运动形式可分为左鞭腿和右鞭腿。

动作要领（以左鞭腿为例）：

（1）从实战姿势开始，重心后移，上体微向右后转动并向后侧仰，两手臂下落，同时屈膝提腿，并向内扣膝翻胯，大小腿夹角大约保持在 130 度左右。

（2）由转体翻胯带动大小腿向外侧前上方鞭踢，在击打到物体的瞬间，小腿由于加速甩出与大腿基本成直线。

（3）在翻胯出腿的同时，支撑腿以脚前掌为轴跟着转体，脚跟斜向前（见图 8-14）。

①　　②

图 8-14　左鞭腿

五、训练注意事项

（一）明确目的，端正态度

格斗术是实用性很强的技术动作，先要进行相关的身体素质训练。身体素质训练是一项比较枯燥而艰苦的练习，进行训练时首先要明确训练目的，认识到身体训练是为提高体能，为学习掌握专项技术打基础，为学习和工作提供充沛精力的一种手段。

（二）准备充分，重视安全

训练前应检查场地器械是否安全，做好防护措施。受训者练习前，必须根据训练内容对身体各部位进行充分的准备活动，做练习时要量力而行，不能急于求成。要注重体会动作，决不能斗气、比劲，以免发生意外训练事故。

（三）循序渐进，科学训练

在训练强度和内容上要注意由小到大，动作由简到繁，频率由慢到快；要按照由浅入深，先易后难的练习步骤进行训练，要合理搭配好技术与素质训练的比例，做到科学地进行训练。训练的内容要有针对性，要根据受训者的具体情况来选择练习方法，不同时期应有不同的重点。如冬天多抓力量和柔韧训练，夏天多练速度和灵敏素质。另外，上肢力量较差的应多练上肢，腿部柔韧性差的多练腿部的柔韧性。

（四）身体素质应与专项技术紧密结合

身体素质练习是为专项技术打基础，所以在练素质时，特别是专项素质训练，对动作规格，身体姿态，都要严格要求，强调动作质量。动作不规范，身体姿态不到位，动作质量不高，将会影响专项技术的发展和提高。

（五）注意卫生，注重恢复

训练场地要做到空气流通，经常打扫，保持清洁卫生。训练结束后，必须进行放松活动，要擦干身上的汗水，如果条件许可，在训练后可进行热水浴。这不仅可保持身体清洁，而且可使疲劳的身体更快得到恢复。训练中还应注意自我监督和医务监督。

第三节　捕俘拳

一、捕俘拳基本功

基本功包括手型、步型、臂功、腿功，通过训练增强攻击力量和提高自我保护能力。捕俘拳的手型和步型与军体拳相同。

（一）臂功

臂功练习是为了增强臂、肘力量和爆发力，学会以拳、肘制敌方法。臂功分为直拳、摆拳、勾拳、正顶肘和侧顶肘等五个动作。

臂功练习是在“格斗准备”动作的基础上进行的。其动作要领：当听到“臂功—格斗准备”的口令后，右脚向右后撤一步，两脚略成“八”字形，两腿屈膝半蹲，重心大部分落于右脚，同时两手握拳，两臂屈肘抬起，前后拉开，左拳约与眼同高，拳眼向右后，右拳置于小腹前约 10 厘米，拳眼向上，挺胸收腹，目视左拳方向（见图 8-15）。

1. 臂功的技术动作

（1）直拳。动作要领：在准备格斗的基础上左脚向左前方移动约一脚，同时左臂里拨、后摆，右拳以蹬地、转腰、送胯之合力从腰际猛力向前旋转冲出，右腿自然跟上左腿，左臂后摆；右拳冲拳到位后迅速收回置于腹前，然后右脚向右前上步，右臂里拨后摆，左直拳动作要领与右直拳相同（见图 8-16）。

用途：击敌面部、胸部。

要求：猛打快收，拳要打平，侧身对敌，两腿微内扣护裆，重心要稳。

易犯错误：撩拳。

纠正方法：注意建立正确的发力顺序。

图 8-15　格斗准备

图 8-16　直拳

（2）摆拳。动作要领：在准备格斗的基础上，左脚向左前方移动约一脚，同时，左臂上挡、外拨、后摆，右拳以蹬地、转腰、送胯之合力由右后方猛力向前横击，拳心向下，拳眼向内，拳约与眼同高，右脚自然跟上；然后，右脚向前上步，右臂上挡，外拨后摆，左摆拳动作要领与右摆拳相同（见图 8-17）。

易犯错误：外拨不明显。

纠正方法：增强敌情意识，闪身同时上挡，外拨同时横勾。

（3）勾拳。动作要领：在准备格斗的基础上，左脚向左前方移动约一脚，同时左臂里拨、后摆，右拳以蹬地、转腰、送胯之合力由后从下向前上方勾拳猛击，拳心向内，拳眼向右，拳约与眼同高，右脚自然跟上；然后，右脚向前上步，右臂里拨、后摆。左勾拳的动作要领与右勾拳相同（见图 8-18）。

图 8-17　摆拳

图 8-18　勾拳

用途：击敌腹部、下颌。

要求：勾拳要猛，两腿合裆，重心要稳。

易犯错误：发力不准，重心不稳。

纠正方法：利用蹬地转腰送胯发力，同时跟脚迅速。

(4) 正顶肘。右足顶肘动作要领：在准备格斗的基础上，右脚向前一大步成右弓步的同时右臂屈肘抬平，左手变掌抓握右拳置于左胸前，以蹬地、转腰、送肩和两手合力猛力将右肘向前推顶。左正顶肘的动作要领与右正顶肘相同（见图 8-19）。

用途：顶敌胸部、喉部、头部。

要求：重心要稳、顶肘要猛。

易犯错误：顶肘发力不准确。

纠正方法：跨步时抬肘，转腰送肩时发力顶肘。

(5) 侧顶肘。右侧顶肘动作要领：在准备格斗的基础上，左臂上挡护头和右脚上步并左转身成马步的同时，右肘以蹬地转腰之合力猛力侧顶。左侧顶肘与右侧顶肘的动作要领相同（见图 8-20）。

图 8-19 正顶肘

图 8-20 侧顶肘

用途：击敌肋部、胸部。

要求：进身要快，顶肘要猛。

易犯错误：上步顶肘不连贯。

纠正方法：近身上步须迅速，同时转腰发力顶肘。

2. 臂功的组训方法

(1) 臂功训练的准备活动有以下几点。

①有氧热身。由小强度的有氧运动开始，如慢跑等，随准备活动的进行增加强度。

②伸展练习。在有氧热身之后进行伸展练习，特别强调上肢各关节的环绕及各肌群的拉伸练习。如别臂侧压，即上身不动，左小臂别右大臂往左侧拉压，右小臂别左大臂往右侧拉压。

③技术热身。通过技术练习有针对性的活动专门的肌群。如俯卧撑，单双杠等力量练习。

(2) 臂功训练的方法：一般采用重复训练法。

（二）腿功

腿功练习是为了增强弹、踢、踹、勾、顶的爆发力，提高身体的灵活性和稳定性，学会以腿制敌的方法，腿功分为弹踢、侧踹、勾踢、顶膝四种。

1. 腿功的技术动作

预备姿势：听到“腿功—准备”的口令后，两手叉腰的同时左脚向左分开约与肩同宽，挺胸收腹，目视前方（见图 8-21）。

（1）弹踢。动作要领：左脚向前半步，右大腿屈膝抬平，右脚面绷直，猛力向前弹踢，弹踢到位后迅速收回；然后，在右脚向前落地的同时，起左脚按右脚弹踢的动作要领向前弹踢（见图 8-22）。

图 8-21　预备姿势

图 8-22　弹踢

用途：踢敌裆部、腹部。

要求：猛踢快收，着力点于脚背、重心要稳。

易犯错误：弹踢不到位；重心不稳。

纠正方法：大腿抬平后再弹踢，支撑腿微弯，脚掌扒地。

（2）勾踢。动作要领：在预备姿势的基础上，左脚向前半步，腿微屈，脚尖向外，起右脚、脚尖内勾，由后向左前猛力勾踢；然后，在右脚向前落地的同时，起左脚按右脚勾踢的动作要领勾踢（见图 8-23）。

用途：勾踢敌脚腕、脚跟。

要求：勾踢要猛，着力点于脚的内侧，重心要稳。

易犯错误：重心不稳，勾踢无力。

纠正方法：支撑腿微弯，重心前移；撩腿勾踢，力点作用于敌脚踝。

（3）侧踹。动作要领：在预备姿势的基础上，左脚向前半步，脚尖向外，左转身的同时，右大腿屈膝抬平，脚尖里勾，向侧下猛踹，迅速收回；然后，在右脚向前落地的同时，起左脚按右脚侧踹的动作要领侧踹（见图 8-24）。

用途：踹敌膝部、肋部。

要求：猛踹快收，着力点于脚的外侧、重心要稳。

易犯错误：重心不稳，侧踹无力。

纠正方法：支撑腿微弯，重心迅速跟上；翻腿侧踹，快踹快收。

（4）顶膝。动作要领：在预备姿势的基础上，左脚向前半步，右大腿迅速抬起屈膝上顶；然后，在右脚落地的同时，左膝按右膝的动作要领上顶（见图 8-25）。

用途：顶击敌裆部、腹部。

要求：重心要稳、顶击要猛。

易犯错误：重心不稳，顶膝不到位。

纠正方法：落步后重心迅速跟上，同时起膝，利用重心前移和抬腿的合力将膝顶出。

图 8-23 勾踢

图 8-24 侧踹

图 8-25 顶膝

2. 腿功的组训方法

（1）腿功训练的准备活动有以下几点。

①有氧热身。由小强度的有氧运动开始，如慢跑等，随准备活动的进行增加强度。

②伸展练习。在有氧热身之后进行伸展练习，特别强调下肢各关节的环绕及各肌群的拉伸练习。如跪姿后倒，牵拉髋部、腹部、大腿前部、小腿前部和踝关节；坐姿屈膝俯身，牵拉髋部、大腿内部和腰部。

③技术热身。通过技术练习有针对性的活动专门的肌群，如高抬腿，压腿等练习。

（2）腿功训练的方法：可采用分步定型训练法，分步定型训练法是将一个完整动作分成几个步骤来完成，并在每一个步骤上停留一定的时间，以增强局部肌肉的耐力，使分动作定型，为完整动作的标准性打下基础。

二、捕俘拳套路

捕俘拳是捕俘技术的基本功、基本动作的一种综合练习。通过训练，可增强力量，掌握技术，锻炼灵活性，提高受训者抓捕、擒拿技能和身体素质。

（一）队形散开

成方队队形散开时，一般由右侧一路和最前侧一列人员报数，其他人员记住自己所在的路和列的数字，并将此数字乘 2 减 1，确定自己要向前和向左要走的步数，听到“散开”

的口令后，当前一名走出两步后，在其走出第三步的同时自己走出第一步，而后走完自己的步数。然后所有人统一向左转，按上述动作要领踢完向左的步数。最后统一向右转，即完成队形散开。

（二）动作要领

1. 预备姿势

当听到，“捕俘拳—格斗准备”的口令后，在立正的基础上（见图 8-26①），两脚尖迅速并拢，同时两手握拳，两臂微屈，拳眼向里，距身体约 10 厘米，头向左摆，目视左方（见图 8-26②）。

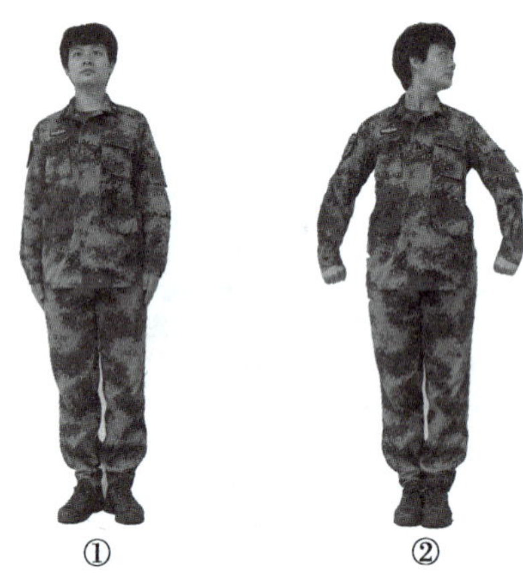

① ②

图 8-26 预备姿势

2. 挡击冲拳

动作要领：起右脚原地猛力下踏，左脚向左侧跨出一步，右拳提至腰际，拳心向上（见图 8-27①）；在左转身的同时，左臂里格上挡，拳心向前，右拳从腰际旋转冲出，拳心向下，左拳位于额前约 20 厘米，成左弓步（见图 8-27②）。

① ②

图 8-27 挡击冲拳

要求：踏脚时要全脚掌着地。

易犯错误：垫步格挡慢，冲拳不到位。

纠正方法：垫步闪身迅速到位，转腰送胯旋转出拳；拳面要平，拳心向下。

3. 拧臂绊腿

动作要领：左拳变掌切击右拳背，右拳收回腰际，右脚前扫（见图 8-28①）；左手挡、抓、拧、拉收回腰际，同时右脚后绊，右拳猛力旋转冲出（见图 8-28②）。

要求：前扫后绊协调有力，重心要稳。

易犯错误：砍臂绊腿分解。

纠正方法：砍臂迅速，旋转出拳，削踹同时，出拳绊腿同时，绊腿有力，重心稳定。

图 8-28 拧臂绊腿

4. 叉掌踢裆

动作要领：上右脚成右弓步，同时两拳变掌沿小腹向上架掌，掌与眉同高（见图 8-29①）；两掌变勾猛向后击，同时起左脚，大腿抬平，脚尖绷直，猛力向前弹踢，迅速收回（见图 8-29②）。

图 8-29 叉掌踢裆

要求：两大臂夹紧，猛力后击；猛踢快收，重心要稳。

易犯错误：重心不稳。

纠正方法：上步架掌，弹踢击腰，重心前移，支撑腿微弯。

5. 下砸上挑

动作要领：两手变拳，左拳由上猛力下砸，与膝同高，同时左脚向前跨步，成左弓步（见图 8-30①）；右拳由裆前上挑护头，拳心向前，起右脚大腿抬平，脚尖绷直，头向左甩（见图 8-30②）。

要求：起身要快，重心要稳。

易犯错误：重心不稳。

纠正方法：上步下砸，重心迁移，掼完上挑，同时收腿。

①

②

图 8-30　下砸上挑

6. 下蹲侧踹

动作要领：上体正直下蹲，右脚猛力下踏，两小臂上下置于胸前，左臂在上，拳心向下，右臂在下，拳心向上（见图 8-31①）；迅速起身，两拳交错外格，起左脚大腿抬平，脚尖里勾，向左猛踹，迅速收回（见图 8-31②）。

①　②

图 8-31　下蹲侧踹

要求：踏脚有爆发力，下蹲，起身要快。

易犯错误：收腿缓慢。

纠正方法：拳心相对，踹完起身，同时收脚。

7. 顺手牵羊

动作要领：左脚向前方落地屈膝，两拳变掌在左前方成抓拉姿势（见图 8-32①）；两手向右后回拉，同时右脚前扫（见图 8-32②）。

要求：后拉、前扫要协调有力，重心要稳。

易犯错误：手眼不到位。

纠正方法：上步上手，左托肘，右抓腕，后拉猛踹，眼看后手。

图 8-32 顺手牵羊

8. 上步抱膝

动作要领：右脚向前落地的同时，两手变拳，左小臂上挡（见图 8-33①）；左转身屈膝下蹲，两拳变掌合力后抱，掌心相对，与膝同高，右肩前顶，成右弓步（见图 8-33②）。

要求：转体、合抱要协调一致。

易犯错误：抱膝不到位。

纠正方法：转身迅速，插掌抱膝，掌与膝高。

图 8-33 上步抱膝

9. 插裆扛摔

动作要领：左转身左手上挡，右手前插，掌心向上（见图 8-34①）；左手向右下拧拉，大臂贴肋，小臂略平，拳心向上，同时右臂上挑，右肩上扛，身体稍向右转，右拳与头同高，拳心向前，重心大部分落于右脚，成右弓步（见图 8-34②）。

要求：下拉、上挑、转体要协调一致。

易犯错误：插扛不一致。

纠正方法：左右弓步互换，猛插裆，转腰扛摔。

① ②

图 8-34 插裆扛摔

10. 下拨勾拳

动作要领：左拳下拨后摆，左转身的同时，右拳由后向前猛力上击，拳心向内，与下颌同高，同时右脚向右自然移动，成左弓步（见图 8-35）。

要求：转身要快，勾拳要猛。

易犯错误：下拨不到位。

纠正方法：下拨迅速，同时闪身，转腰上勾。

图 8-35 下拨勾拳

11. 卡脖掼耳

动作要领：右脚踮步，左脚抬起，脚掌与地面平行，在左脚落地的同时，右脚上步成右弓步，左拳变八字掌置于胸前，右拳后摆（见图 8-36①）；向左转体成左弓步的同时左手下按，右拳由后向前下猛力横击（见图 8-36②）。

① ②

图 8-36 卡脖掼耳

要求：踮步有力，转体、卡脖、拳击要协调一致。

易犯错误：上步慢，掼耳不准确。

纠正方法：上步同时上掌，抡拳掼耳。

12. 内外挂腿

动作要领：在起身的同时，左脚向右踮步，右脚前扫，两手合掌于右肩前（见图 8-37①）；两手猛力向左肩前拧拉，上体稍向左转，同时右脚后绊，成左弓步（见图 8-37②）。

图 8-37 内外挂腿

要求：踮步、合掌、前扫要协调一致，重心要稳。

易犯错误：手眼不到位。

纠正方法：拧拉转身要同时，眼看后方。

13. 踹腿锁喉

动作要领：右脚向右前方踮步，左脚向右跃步，然后起右脚，大腿抬平，脚尖里勾，两臂弯曲，置于胸前，右掌在前，左掌在后，掌心向下（见图 8-38①②）；猛力后拉，下压，成右弓步（见图 8-38③）。

图 8-38 踹腿锁喉

要求：踹、锁要协调一致，重心要稳。

易犯错误：踹锁不到位。

纠正方法：重心前移，踹锁同时，肩顶敌头。

14. 内拨冲拳

动作要领：上左脚右转身成右弓步，左臂顺势内拨护于腹前，右拳收于腰际，拳心向上；左臂里拨后摆，右拳以蹬地、转腰、送胯之合力旋转冲出，成左弓步（见图 8-39）。

图 8-39 内拨冲拳

要求：冲拳要有爆发力。

易犯错误：冲拳不到位。

纠正方法：上步迅速，内拨闪身，迅速冲拳。

15. 抓手缠腕

动作要领：两拳变掌，左手抓握右手腕；右掌上挑外拨，身体稍向右转，两臂用力后拉并扣压于腰际，成右弓步（见图 8-40）。

要求：抓手回收上挑，转身别压，抓握要快而有力。

易犯错误：抓手不到位，缠腕不到位。

纠正方法：紧抓敌手腕，划弧下压，左肘下压，低于右肘。

图 8-40　抓手缠腕

16. 砍脖提裆

动作要领：左手砍脖，右手抓裆（见图 8-41①）；在右手后拉上提的同时左手猛力向前下推拉，成左弓步（见图 8-41②）。

要求：左砍、右抓、下压上拉要协调一致。

易犯错误：砍脖不到位，提裆不到位。

纠正方法：左弓步砍脖插裆，右手提裆贴于右肋。

①

②

图 8-41　砍脖提裆

17. 别臂下压

动作要领：右转身成右弓步时右手变拳，右小臂上挡（见图 8-42①）；上左脚成左弓步的同时，左臂微屈向前上方插掌并变拳，右手抓握左手腕（见图 8-42②）；向右转体，两手下拉别压，成右弓步（见图 8-42③）。

①

②

③

图 8-42　别臂下压

要求：转身、上步插掌、别臂回拉要协调。

易犯错误：抓腕别臂不协调。

纠正方法：转身上挡迅速，同时上步插掌，抓腕别臂，眼看左肘。

18. 结束姿势

动作要领：听到“停”的口令，左转身，两拳收于腰际，右脚靠拢左脚，恢复成立正姿势（见图 8-43）。

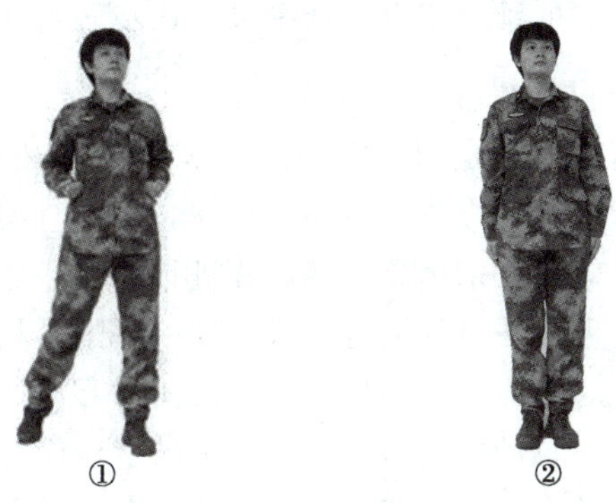

① ②

图 8-43 结束姿势

三、训练方法

（一）准备活动

1. 有氧热身

由小强度有氧运动开始，如慢跑等，随准备活动的进行增加强度。

2. 伸展练习

在有氧热身之后进行伸展练习，特别强调上肢与下肢各关节的环绕及各肌群的拉伸练习。如跪姿后倒，牵拉髋部、腹部、大腿前部、小腿前部和踝关节；坐姿屈膝俯身，牵拉髋部、大腿内部和腰部；别臂侧压。

3. 技术热身

通过技术练习有针对性地活动专门的肌肉群，如几个人互相拍打颈部、背部以放松肌肉神经；以臂功腿功复习作为准备活动，既充分活动了身体，又巩固了臂功腿功的训练。

（二）训练步骤与方法

1. 训练步骤

（1）初步掌握阶段。本阶段的训练应根据实际情况，多运用形象化训练手段，以示范为主，与讲解相结合，使受训者在模仿学习中通过视觉反馈逐步建立肌肉的运动感觉。在进行示范时，技术动作要准确、熟练、轻松、优美，而且还要把技术的实战作用贯穿到每一动作中，给受训者一个正确、形象完整的动作概念。

首先，利用保护、帮助、降低动作难度等方法，使受训者在一定的安全保护下，提高肌肉的运动感觉，以消除防御性反射对练习的干扰。这要求组训者在训练安排及要求上，要注意贯彻由易到难、由简到繁、循序渐进的原则，防止出现训练伤。

其次，组训者对受训者完成动作的情况要多做肯定和鼓励，多从正面提出希望，这样有利于加速条件反射的建立，进而提高动作学习的效率。

（2）改进提高阶段。此阶段在技术动作训练中具有十分重要的作用，其训练的主要任务是在初步掌握技术动作的基础上，不断地巩固提高，让受训者进一步掌握动作细节，提高动作的练习质量，巩固建立的动力定型，使受训者逐步做到连贯正确地完成技术动作。

2. 训练方法

（1）分解训练法。分解训练法是指将完整的技术动作合理地分成若干个环节或部分，然后按环节或部分分别进行训练的方法。在训练初期，为了对动作要领进行细致、专门的训练，使动作更加准确、高效，常采用分解训练法进行训练。

（2）链式训练法。链式训练法是像锁链一样一环一环紧紧相扣的训练方法。此法是为了避免受训者在学习新动作时忘掉前面动作，而对之前学习动作不断加以巩固。

以捕俘拳为例：学习每一新动作前，都要先复习已学动作，在新动作基本定型后要与之前动作反复连贯练习。即学习第十六套动作时，捕俘拳已经可以连贯打完。

（3）重复训练法。重复训练法是指在相对固定的条件下，按照一定的要求多次重复某一练习，组与组之间安排较充分休息的训练方法。构成重复训练法的基本要素有：训练强度、训练量、持续时间、休息时间。重复训练负荷较大，可使受训者在短时间内提高适应能力。重复训练既可巩固新动作，又可复习老动作，使动作连贯、熟练、标准。

第四节　战场医疗救护

名人名言

救死扶伤，实行革命的人道主义。

——毛泽东

战场医疗救护是指士兵在战场上自救互救的行动。加强卫生建设，学会救护方法对维护和提高部队战斗力具有十分重要的意义。

一、救护基本知识

战场上及时而有效地救治伤员，可减少伤员痛苦，降低致残率、死亡率，为后送抢救打下良好的基础。战伤救护，具有随机性强、时间紧急、环境条件差等特点。实施救护时，必须从这些特点出发，遵循救护的原则与要求，采取及时有效的救治动作。

（一）战伤救护的基本原则

战伤救护必须遵守以下六条原则：

1. 先复苏后固定

遇有心搏、呼吸骤停又有骨折的伤员，应首先用口对口呼吸和胸外按压等技术使心肺复苏，直至心跳呼吸恢复后，再进行骨折固定。

2. 先止血后包扎

遇有大出血又有创口的伤员，首先立即用指压、止血带或药物等方法止血，再进行创口消毒、包扎。

3. 先重伤后轻伤

遇有垂危的和较轻的伤员时，应优先抢救危重伤员，后抢救较轻的伤员。

4. 先救治后运送

遇到各类伤员，要按战伤救治原则分类处理，待伤情稳定后才能后送。

5. 急救与呼救并重

在遇有成批伤员时，又有多人在现场的情况下，要紧张而镇定地分工合作，急救和呼救同时进行，以较快地争取到急救外援。

6. 搬运与医护的一致性

搬运与医护应协调配合，做到：任务要求一致，协调步调一致，完成任务的指标一致；运送途中，减少颠簸，注意保暖，最大限度地减少伤员痛苦，减少死亡率，安全到达目的地。

（二）战伤救护的基本要求

救护伤员时，不准用手和脏物触摸伤口，不准用水冲洗伤口（化学伤除外），不准轻易取出伤口内异物，不准送回脱出体腔的内脏，不准用消毒剂或消炎粉敷伤口。

1. 头面部伤

头面部受伤时，应保证呼吸道畅通，清除口内异物，将伤员衣领解开，采取侧卧或俯卧姿势，防止吸入呕吐物，并妥善包扎和止血。

2. 胸（背）部伤

胸（背）部伤往往伴有多根肋骨骨折，除用敷料包扎外，还应用绷带环绕胸（背）部包扎固定。

3. 腹（腰）部伤

腹壁伤要立即用大块敷料和三角巾包扎。伴有内脏伤时，要求伤者不能喝水、吃东西、吃药，尽快后送。

4. 四肢伤

除了手指或脚趾伤必须包扎外，包扎其他四肢伤时，要把手指或脚趾露出，以便随时观察血液循环情况，采取相应措施。

二、个人卫生

卫生是指个人、群体的生活卫生和工作卫生的总称。它是为维护人体健康，预防医疗疾病，改善符合生理需要的工作环境和生活环境而进行的社会活动。个人卫生是集体卫生的基础。讲究个人卫生可以防止疾病传播，提高人们的健康水平。为圆满完成战备训练、施工生产等各项任务，适应未来复杂、艰苦的战争环境，要求大家必须注重健康，养成良好的卫生习惯。

（一）个人卫生的总要求

个人卫生应做到：饭前便后洗手，不吃（喝）不洁净的食物（水），不暴饮暴食；勤洗澡，勤理发，勤剪指甲，勤洗晒衣服被褥；不随地吐痰和便溺，不乱扔果皮、烟头、纸屑等废弃物；保持室内和公共场所的清洁卫生，提倡戒烟。

（二）个人卫生的内容

1. 皮肤的卫生

皮肤是人体的最大器官之一，由于皮肤直接与外界接触，许多物理、化学和生物性的因素都可以对其造成程度不等的损害。

特别是完成各类训练任务时，皮肤会大量出汗。因此要经常洗澡（提倡淋浴和冷水擦浴），保持皮肤清洁，讲究皮肤卫生。

2. 头发的卫生

头发过长，既不卫生，又不利于战场行动，受伤后容易引起感染。因此要保持头发整洁，定期理发，不蓄胡子。梳子和刮胡刀不与他人共用。头发应经常梳理，梳头能刺激头皮血液循环，也可除去灰尘、头皮屑。

3. 手和脚的卫生

养成饭前便后洗手的习惯，经常修剪指甲和保持干净。不要用牙咬指甲。要穿透气性强的鞋袜，保持脚的清洁和干燥，尽可能每天洗脚换袜子。要穿大小合适的鞋子。

4. 口腔和脸部的卫生

经常刷牙、漱口，保持口腔卫生。特别强调晚间睡前刷牙，因睡后口内唾液分泌少，口内自洁作用差，如有食物残渣储留，口内微生物更易滋生繁殖。

要养成经常洗脸的习惯，以保持脸部卫生。洗脸时不要把肥皂涂满脸然后用毛巾搓，这样对面部皮肤有害。洗漱用具不与他人共用。冬天提倡用冷水洗脸，用干毛巾擦脸，以提高御寒能力。

5. 眼、耳、鼻的卫生

擦眼、鼻时要用干净的手帕，不要用手抠鼻子。擤鼻涕时要左右鼻孔交替进行，并注意不要用力过猛。清洁外耳道时，不要用树枝和火柴等尖、硬物，可用手帕的一角拎起来清理。避免长时间接触高分贝噪音，经常按摩耳朵。不在强烈的或太暗的光线下看书、写字。不躺着看书，乘车走路时不看书。执行任务遇有风沙时，可戴风镜。

6. 饮食的卫生

搞好饮食卫生是防止病从口入的关键。平时要养成饭前洗手的习惯，不喝生水，不吃变质食物；就餐时，不暴饮暴食，要保持食量的基本平衡，减少胃肠负担；各类瓜果要洗净后再食用，积极预防各种消化疾病和传染疾病发生；搞好饮水消毒，需要饮用地表水（江水、河水、溪水等）时，必须进行净化处理后再饮用。

7. 衣服和卧具的清洁

衣服和卧具脏了要换洗。若不能换洗，则应定期地打开抖一抖，并在阳光下曝晒一会儿。这样可以大大减少衣服和卧具上的细菌。

三、意外伤的救护

意外伤是指人员在军事训练中发生的意外损伤。掌握训练中意外损伤的预防措施及应急处理方法，不仅能防止损伤的发生，缓解伤情恶化减轻痛苦，还可为进一步就医提供方便。

（一）常见训练意外伤的种类及防治

1. 挫伤

挫伤是外力直接作用身体所致的闭合性损伤。其症状特征：皮肤无裂口，局部青紫，皮下出血、肿胀、压痛，多见于四肢。轻挫伤一般不做特殊处理，伤后早期予以冷敷，两天后可做热敷。重度挫伤应做冰敷处理并注意休息。

2. 扭伤

扭伤是由于外力使关节活动超过正常范围，造成关节附近的韧带部分纤维断裂。受伤部位肿胀、瘀斑、功能障碍、压痛。多发生于踝、腕、腰、膝。早期应冷敷治疗，局部可做理疗或热敷。

3. 擦伤

擦伤是指皮肤的表皮擦伤。轻者只涂少量红药水即可。如果伤口出现流黄水，可涂紫药水。擦伤创面较重时，应由医生处理。

4. 刺伤

刺伤是指长而尖的器物刺入人体引起的损伤。伤口多为小而深，损伤器物较小，刺伤不靠近主要器官，当时可拔出异物，用碘酒或酒精消毒后，用纱布包扎好伤口；如果当时无把握判断是否刺伤主要器官或刺入物较大，一般不要立即拔出，应到医院处理，以免发生危险。被锈蚀钉子刺伤后，应不仅对伤口处理，还要给伤者注射破伤风抗毒素。

5. 肌肉拉伤

肌肉拉伤通常是由于肌肉过度拉紧导致肌纤维撕裂而引起的伤后局部肿胀、疼痛，肌肉紧张或痉挛，活动受限。损伤早期，可用冷敷、抬高伤肢等方法处理，疼痛较重者可进行理疗、按摩，4 天后可进行适当的功能锻炼。

6. 脱臼

脱臼是指关节脱位。伤后会出现关节周围肿胀、剧烈疼痛、关节变形、功能障碍。不论何处关节脱臼，均应保持固定，不可活动和揉搓，并急送医院处理。

7. 骨折

骨折有闭合性骨折和开放性骨折两种，闭合性骨折的特点是皮肤没有伤口，断骨不与外界相通；开放性骨折的特点是骨头的断端穿出皮肤，有伤口。如果是开放性骨折则应先进行包扎，然后进行固定。事实上无论是哪种骨折，都应该把固定当做重要的工作来做，这样有利于伤后的恢复。

（二）预防训练意外伤的一般措施

1. 严格操作规程

要按照规定的动作要领和操作规范进行训练，既要有勇猛顽强的作风，又要有扎实细致的态度，做到动作快捷而准确，还要注意遵守训练纪律，保证训练场秩序。

2. 遵循训练规律

要按照自身的接受能力和训练程度参加训练，克服争强好胜或信心不足等不良心理，既不急于求成，又不畏手缩脚，按照循序渐进的原则确定训练强度和难度。

3. 做好准备活动

训练前的身体准备活动要充分并具有针对性，一般不少于 10 分钟，切不可走过场，不然就会因肌肉僵硬、身体的灵活性和协调性差而造成训练损伤。训练结束后应做好整理活动。

4. 掌握保护方法

要学会自我保护和互相保护的方法，特别是在一些难度高、危险性大、动作复杂、不易掌握的科目训练中，更要注意做好保护，以防意外事故。

5. 坚持训前检查

训练前，要主动认真地检查器械、设备有无损坏，安装是否稳固。训练场地内如有石块、砖瓦等容易造成人员损伤的物体，要及时加以清除。

四、战场自救互救

战场医疗救护包括自救和互救两个方面，是保存战斗力的重要工作。救护技术主要包括心肺复苏、止血、包扎、固定、搬运五项。

（一）心肺复苏

心肺复苏是指针对呼吸、心跳停止所采用的抢救措施。即以人工呼吸替代自主呼吸，以心脏按压形成暂时人工循环并诱发心脏的自主搏动。

1. 判断心搏骤停

心搏骤停一旦发生，一定要及时抢救。时间就是生命，抢救越早，复苏成功率越高。判断心搏骤停，首先应轻摇或轻轻拍打伤病员，同时呼叫其名字或大声呼喊，若无反应可判断为意识丧失。然后马上以手指触摸其双颈动脉，若意识丧失同时伴颈动脉搏动消失，即可判定为心搏骤停。应立即开始现场抢救，并紧急呼救以取得他人帮助。

2. 安置复苏体位

复苏体位是仰卧位，应在呼救的同时小心放置伤病员仰卧在坚硬的平地上。安置时，应一手托住伤病员颈部，另一手扶着他的肩部，使伤病员沿其躯体纵轴整体翻转到仰卧位。

3. 开放气道

心搏骤停后，全身肌肉松弛，可发生舌根后坠，使气道受阻。为了保持呼吸道通畅，可采用仰头举颏法，也可采用仰头抬颈法或双手抬颌法开放伤病员气道。

注意：在开放气道同时应用手指挖出伤病员口中异物或呕吐物，有假牙者应取出假牙。

4. 判断自主呼吸

判断伤病员有无自主呼吸，可以通过“一看二听三感觉”的方法。即看伤病员胸部有无起伏，用耳及面部贴近伤病员口鼻，分别听和感觉有无气体呼出，如没有应立即进行口对口人工呼吸。

5. 重建呼吸

帮助伤病员重建呼吸最为有效的方法就是人工呼吸。人工呼吸时保持伤病员抬头抑颊，抢救者以右手拇指和食指捏紧伤病员的鼻孔。深吸一口气后，用自己的双唇将伤病员的口完全包绕，然后用力吹气 1～1.5 秒，使胸廓扩张。吹气完毕，抢救者松开捏鼻孔的手，让伤病员的胸廓及肺依靠其弹性自主回缩呼气。

6. 重建循环

进行心外按压能使伤病员重建循环。进行时，抢救者可采用踏脚凳或跪式等不同体位，用靠近伤病员左侧手的食指和中指置于胸骨下切肌上方，用另一手的掌根部紧靠前一手食指，放于胸骨下 1/3（见图 8-44），掌根部长轴与胸骨长轴重合，然后将前一手置于另一手背上，两手手指交叉抬起，使其不接触胸壁。按压时双肘伸直，垂直向下用力按压，下压深度 4～5 厘米，按压频率 100 次/分，按压时间与放松时间各占 50%，放松时掌根不能离开胸壁，以免按压点移位。

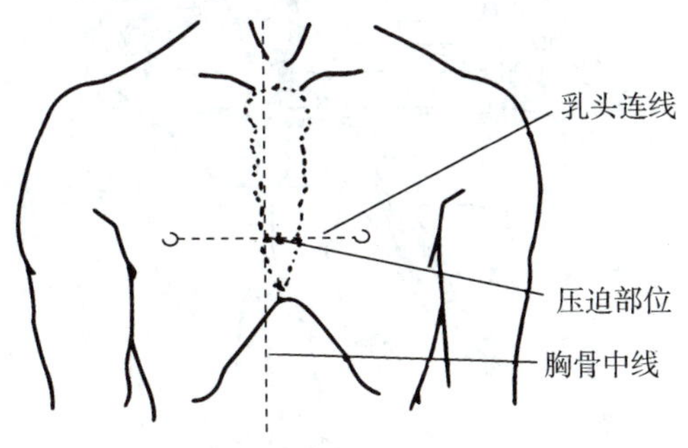

图 8-44　心外按压部位

7. 心外按压（双人）

双人同时进行人工呼吸及心外按压时，一人先做口对口人工呼吸 2 次，另一人作胸外心脏按压 30 次，以后人工呼吸数与胸外按压数按每做 2 次人工呼吸就做 30 次胸外按压的频率反复进行（见图 8-45）。

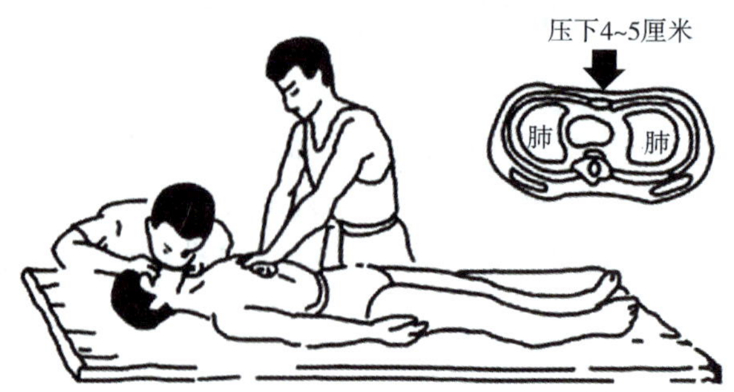

图 8-45　心外按压和人工呼吸

（二）止血

血液是生命的源泉，它通过心脏的不断收缩，循环于身体的各个部位。当失血量达到20%～30%时，就会危及伤员的生命。

1. 出血种类

判定出血种类是正确实施止血的首要工作，方法是根据出血的特征加以判断。如果是动脉出血，颜色鲜红，呈喷射状，有搏动，出血速度快且量多；如果是静脉出血，则颜色暗红，呈涌出或徐徐外流，出血速度不如动脉出血快；如果是毛细血管出血，则血色鲜红，从伤口向外渗出，出血点不容易判明。

2. 止血方法

（1）加压包扎止血法。静脉、毛细血管或小动脉出血时，先将敷料盖在伤口上，然后用三角巾或绷带用力包扎。

（2）指压止血法。较大的动脉出血，要临时用手指或手掌压迫伤口近端的动脉，将动脉压向深部的骨头上，可阻断血液的流通，达到临时止血的目的（见图 8-46）。

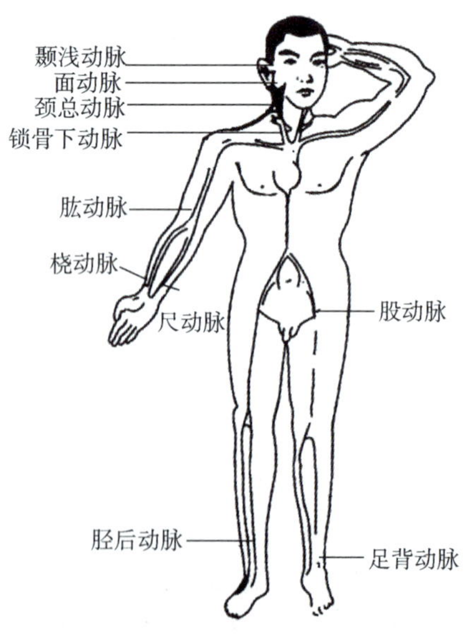

图 8-46　止血压迫点

①头顶部出血：一侧头顶部出血，可用食指或拇指压迫同侧耳前方（颞浅动脉）搏动点（见图 8-47）。

②颜面部出血：一侧颜面部出血，可用食指或拇指压迫同侧下颌骨下缘、下颌角前方约 3 厘米处的凹陷处，可摸到明显的搏动点的面动脉，压迫此点可以止血（见图 8-48）。

③头面部出血：一侧头面部大出血，可用拇指或其他四指压迫同侧气管外侧与胸锁乳突肌前缘中点之间，在摸到一个强烈的搏动（颈总动脉）后，用力将血管压向颈椎止血（见图 8-49）。

④肩腋部出血：可用拇指压迫同侧锁骨上窝中部的搏动点（锁骨下动脉），将动脉压向深处的肋骨上止血（见图 8-50）。

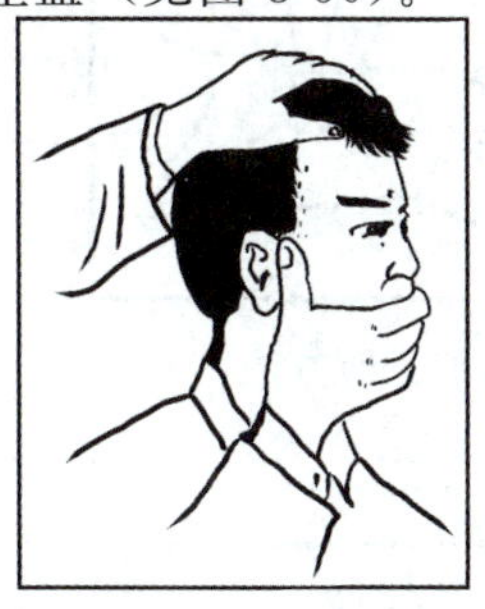

图 8-47　头顶部出血压迫止血方法

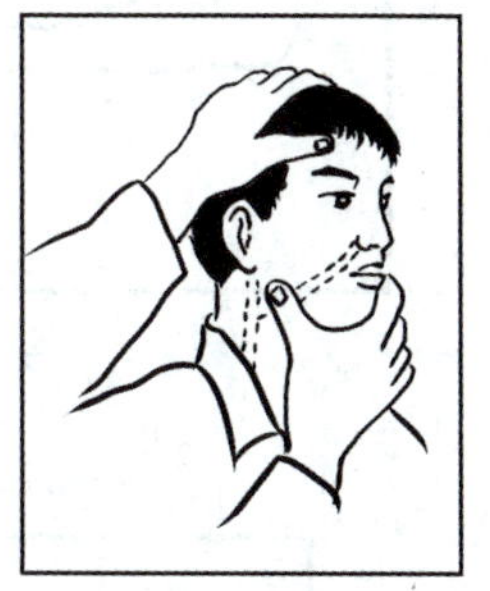

图 8-48　颜面部出血压迫止血方法

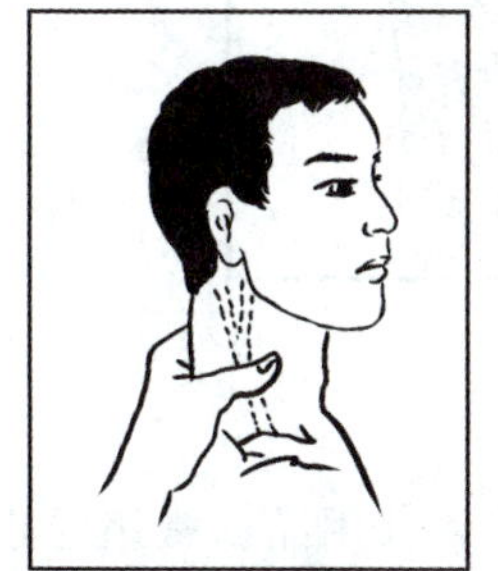

图 8-49　头面部出血压迫止血方法

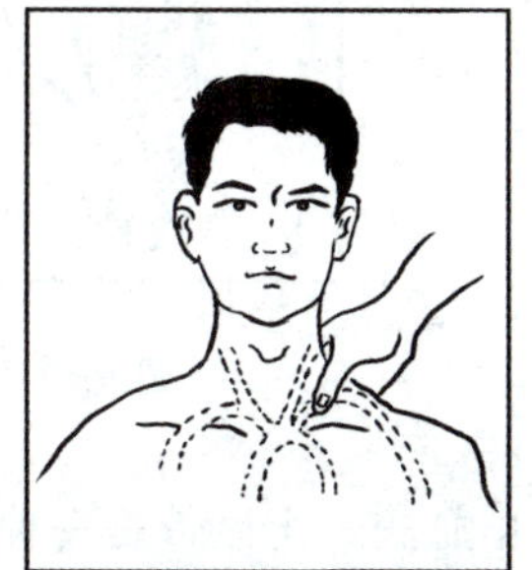

图 8-50　肩腋部出血压迫止血方法

⑤前臂出血：可用拇指或其他四指压迫上臂内侧肱二头肌与肱骨之间的搏动点，将肱动脉压向肱骨上即可止血（见图 8-51）。

⑥手部出血：互救时可用两手拇指分别压迫手腕横纹稍上处内外侧搏动点（尺动脉、桡动脉）止血（见图 8-52）。自救时用健康手拇指、食指分别压迫上述两点。

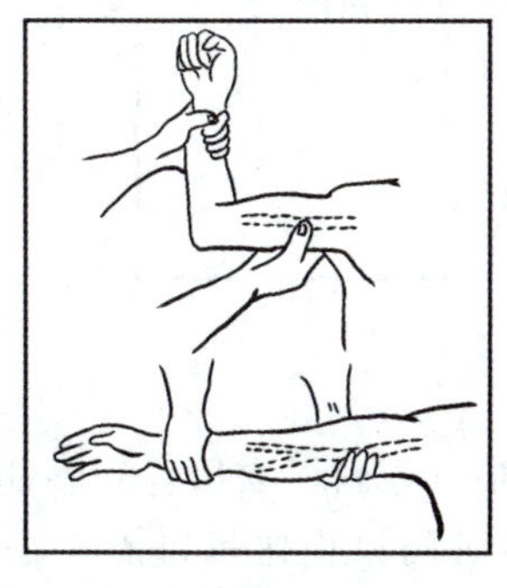

图 8-51　前臂出血压迫止血方法

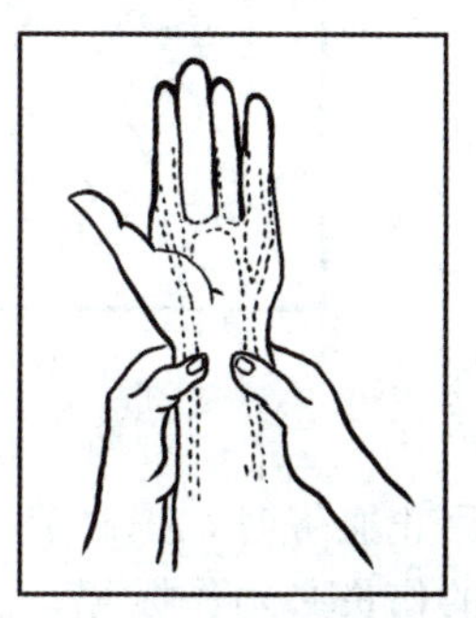

图 8-52　手部出血压迫止血方法

⑦大腿及其以下出血：大腿及其以下动脉出血，自救时可用双手拇指重叠用力压迫大腿上端腹股沟中点稍下方的强大的搏动点（股动脉）止血。互救时，可用手指或手掌用力将股动脉压在股骨上（见图 8-53）。

⑧足部出血：可用两手食指或拇指分别压迫足背中部近脚腕处的胫前动脉和足跟内侧与内踝之间的胫后动脉止血（见图 8-54）。

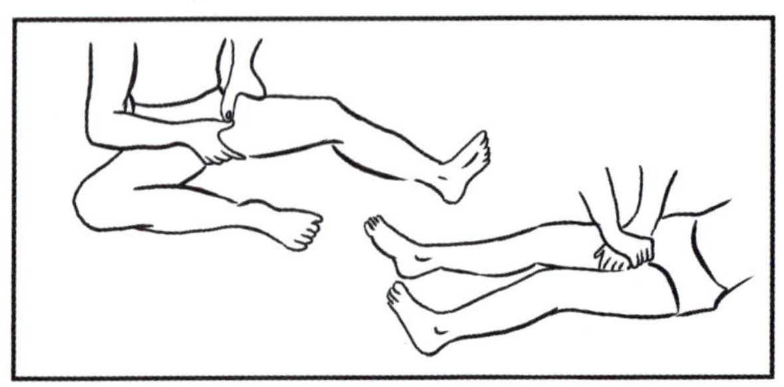

图 8-53　大腿及其以下出血压迫止血方法

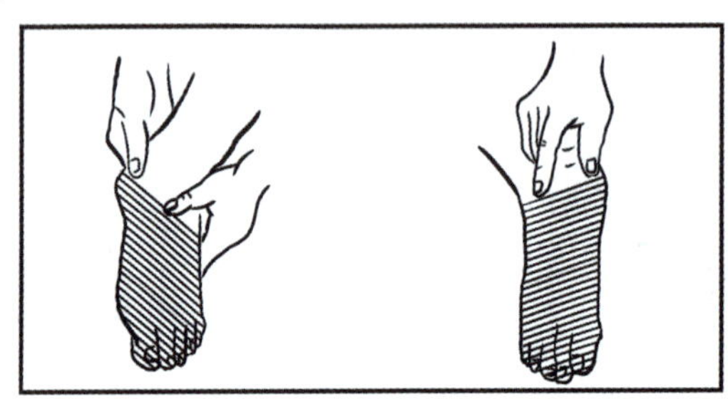

图 8-54　足部出血压迫止血方法

（3）止血带止血法。止血带是一种制止肢体出血的急救用品。常用的止血带是约 1 米长的橡皮管。一般在四肢大动脉出血用其他方法止血无效时，采用止血带。方法是：橡皮带左手拿，后头五寸要留下，右手拉紧环体扎，前头交左手中、食二指夹住，顺着肢体向下拉，前头环中插，保证不松垮（见图 8-55）。

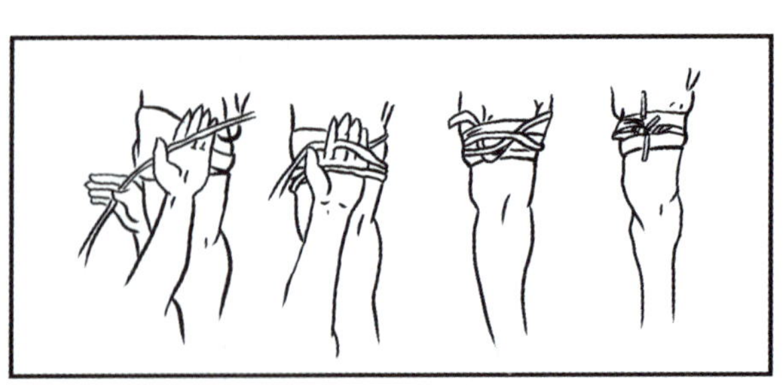

图 8-55　止血带止血法

注意：使用止血带时，止血带与皮肤之间要加垫（敷料、衣服等）不能直接扎在皮肤上；扎止血带的伤员必须作标记，注明扎止血带的时间；止血带每隔 1 小时（冬季半小时）松开一次，每次放开 2～3 分钟，以暂时改善血液循环。松开时要逐渐放松，如有出

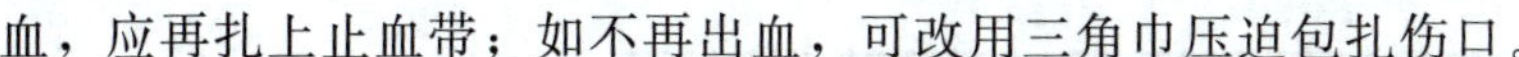

血，应再扎上止血带；如不再出血，可改用三角巾压迫包扎伤口。

（4）卡式止血带止血法。卡式止血带止血法是一种新型、便于携带、松紧可调的塑料卡锁止血带，目前已全面配发部队。通常适用于四肢静脉、毛细血管和小动脉出血。其操作方法是：在出血处加上敷料垫，打开活动锁紧开关，用一手拿住活动锁紧开关压住敷料，另一手从肢体下方拉过涤纶松紧带头端，绕肢体一圈，将插入式自动锁卡插进活动锁紧开关内，用一手按住活动锁紧开关，另一手用力拉紧涤纶松紧带，直到不出血为止。

放松时，用手向后扳放松板；解开时，用手指向下按压开关即可。

（三）包扎

包扎通常使用配发的急救包，使用时把急救包沿箭头方向撕开，将敷料盖在伤口上，然后进行包扎。不同部位具有不同的包扎方法。

1. 头面部伤的包扎

（1）帽式包扎法：适用于颅顶部的损伤。其方法是将三角巾底边的中点放在伤员眉间上部，顶角经头顶垂向枕后，再将底边经左右耳上向后拉紧，在枕部交叉，并压住垂下的顶角，再将顶角随一底边角拉紧在前额部打结固定。

（2）风帽式包扎法：适用于颅顶部、面部、下颌和伤肢残端的包扎。将三角巾顶角和底边中央各打一结，形似风帽。然后将顶角结放于前额正中，底边结置于枕外隆突下方，两手垂直向下拉紧两底角，分别在下颌处反折交叉后绕至枕后结上打结固定（见图 8-56）。

图 8-56　风帽式包扎法

（3）下颌包扎法：适用于下颌部伤口和下颌骨折固定包扎。将三角巾折叠成约四横指宽条带状，取 1/3 处抵住下颌，长端经耳前绕过头顶至对侧耳前上方，与另一端交叉，然后分别绕过前额及枕后，于对侧相遇打结固定。

（4）面部包扎法：三角巾顶角打一结兜住下颌，盖住面部，然后拉紧两底角，在头后交叉，绕至额前打结。包好后，在眼、口、鼻的地方剪洞，露出眼、口、鼻。

2. 四肢伤的包扎

（1）三角巾包扎上肢：将三角巾一底角打结后套在伤侧手上，结的余头留长些备用；另一底角沿手臂后侧拉至对侧肩上，顶角包裹伤肢，前臂屈至胸部，拉紧两底角打结。

（2）三角巾包扎手（脚）：将手（脚）放在三角巾中央，手（脚）指朝向顶角；拉顶角盖住手（脚）背，两底角左右交叉压住顶角绕手（脚）腕打结。

（3）三角巾包扎小腿和脚：将三角巾铺平，顶角在前，将伤脚放于三角巾中央适当位置，反折顶角于足背，再将两底角提起包裹顶角，绕踝关节部位的肢体后固定打结（见图 8-57）。

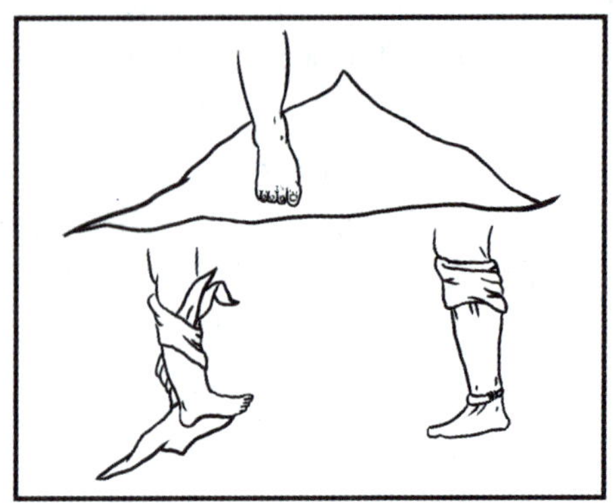

图 8-57　三角巾包扎小腿和脚

（4）三角巾包扎肘、膝：将三角巾折成适当宽度的带形，将带的中部斜放于伤部，取带两端分别压住上下两边，包绕肢体一周后在伤口背侧打结。

3. 胸（背）部伤的包扎

将三角巾的顶角放在伤侧胸部肩上，把左右两底角拉到背后打结，然后和顶角打结（见图 8-58）。本方法也适用于背部包扎。

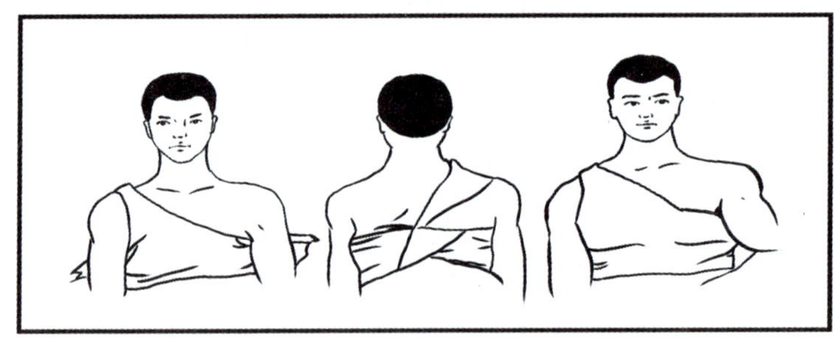

图 8-58　三角巾包扎胸（背）部

4. 腹部伤的包扎

对腹部损伤或伴随脏器脱出通常采取腹部兜式包扎法。三角巾顶角朝下，底边横放于腹部，两底角向后拉紧于腰背部打结，然后把顶角经会阴拉至臀部上方，与腰部余结头打结。腹部脏器脱出时，可用饭碗或武装带围成圈后放在敷料上进行保护性包扎。

（四）固定

固定是使受伤的肢体制动，让受伤肢体得到休息，避免增加损伤，也可减少伤员痛苦，便于后送。凡骨或关节损伤都要进行固定。

1. 判断骨折的方法

（1）用手指轻轻按摩受伤部位时疼痛加剧，有时可以摸到骨折断端。

（2）受伤部位变形。

（3）受伤部位明显肿胀或受伤部位不能活动。

（4）骨折断端有时可用手扪到“嘎吱”“嘎吱”的骨摩擦感。

2. 骨折临时固定的方法

目前对骨折临时固定所采用的制式材料为卷式夹板，紧急情况下，也可使用三角巾、枪支、树枝等就便器材代替。

（1）锁骨骨折三角巾临时固定法：在伤员的腋窝处加好棉垫，用两条三角巾分别折成五横指宽的条带，环绕腋窝一周，在腋后打结，然后把左右打结的三角巾拉紧，在背后打结，使左、右肩关节后伸外展。也可用一条三角巾折成条带或用夹板进行临时固定。

（2）上臂肱骨骨折三角巾临时固定法：将三角巾折叠成与上臂长度相等的宽带，将肱骨固定在躯干上，然后屈肘 90 度，再用三角巾将前臂悬吊于胸前（见图 8-59）。也可用夹板或简便器材进行临时固定。

图 8-59 上臂肱骨骨折三角巾临时固定法

（3）前臂尺桡骨骨折三角巾临时固定法：用卷式夹板的头端从手背腕部推向肘关节，再将卷式夹板回返推向手心处，然后用两条三角巾条带分别在骨折两端绕肢体两圈固定，再用一条三角巾将骨折肢体悬吊于胸前（见图 8-60）。此骨折也可用其他方法进行临时固定。

图 8-60 前臂尺桡骨骨折三角巾临时固定法

（4）小腿胫腓骨骨折临时固定法：用四条三角巾条带，分别在骨折的上端、下端将伤肢绕两圈临时固定在健肢上，然后用一条带状固定带在踝关节处用“8”字形固定，再用一条三角巾折成五指宽将两膝关节固定。此处骨折也可用其他方法进行临时固定。

（5）大腿股骨骨折临时固定法：用卷式夹板两块，一块放于大腿内侧，一块放于大腿外侧，一块长度不够时可接上一块，在骨突出处加垫，用条带固定骨折上端和下端，然后用条带固定膝关节，再用条带成“8”字形固定踝关节，最后在大腿根部将夹板固定。也可用其他方法进行临时固定。

注意：①骨折固定一旦伤口出血，应先止血包扎后再固定；②大腿或脊柱骨折时应就地固定；③固定要牢固，松紧要适当；④夹板与皮肤之间应垫棉花、衣服等。

（五）搬运

在战场上对伤员进行止血、包扎、固定处理后，应安全迅速地将伤员搬运到较隐蔽地点，及时送救护所救治，根据战场时机和伤员伤情应采取不同的搬运方法。

1. 侧身匍匐搬运法

救护者侧身在伤员背侧，将伤员腰部垫在大腿上，伤员两手放于胸前，救护者右手穿过伤员腋下抱肩，使伤员上体脱离地面并贴紧救助者，左前臂撑于地面，两眼目视前方，按照侧身匍匐的方法要领蹬足向前移动。其动作要领概括为“垫腰、抱肩、撑肘、蹬足”。注意伤员受伤部位朝上，伤员头部和上肢不要着地。

2. 单人肩、背、抱法

当伤员周围无敌人火力威胁，伤员伤势较轻时，可采用单人肩、单人背或单人抱法进行搬运（见图 8-61）。

图 8-61　单人肩、背、抱法

3. 双人徒手搬运法

此方法适用于头、胸、腹部受伤的重伤员搬运（见图 8-62）。

4. 担架搬运法

担架搬运法最为适用，只要战况和条件许可，应尽量用此法。首先迅速展开担架，放于伤员伤侧，将其装备解除，坚硬物品要从口袋中取出。一人托住伤员头部和肩背部，另一人托住伤员腰臀部和下肢，协力将伤员平稳地轻放在担架上，根据伤情取合适体位，系好担架扣带以固定伤员，两人合力抬起担架前进。行进过程中要保持伤员头朝后脚朝前，

图 8-62　双人徒手搬运法

便于后边担架人员密切观察伤员伤情变化。如果遇到陡坡路段，要及时调整头部朝向前方。在没有制式担架时，可利用就便器材如木棒，绳索、大衣、步枪等制作各种简易担架。

第五节　核生化防护

名人名言

生，亦我所欲也，义，亦我所欲也。二者不可得兼，舍生而取义者也。

——孟轲

核、生、化防护，是指为避免或减轻敌核、生、化武器袭击毁伤和次生核、生、化危害，以及其他核、生、化危害，降低其对部队行动影响而进行的防护。包括群众性核、生、化防护和专业核生化防护（核、生、化防护保障）。目的是最大限度地减少损伤，保持部队的战斗力和重要目标的生存能力。

一、核、生、化防护基本知识

只有熟悉核、生、化武器的杀伤破坏途径及战场次生核、生、化危害的主要特点，才能够在战场上，灵活地采取各种防护措施，有效地保存自己。

（一）核武器及其杀伤破坏途径

核武器是利用原子核裂变或裂变聚变反应，瞬时释放巨大能量，造成大规模杀伤破坏效应的武器。包括原子弹、氢弹和特殊性能核弹等。核武器通常可用导弹、火箭、大口径火炮、飞机发射或投掷，也可制成核地雷、核鱼雷使用。其杀伤破坏途径有以下几个方面。

（1）冲击波。是核爆炸产生的高速高压气浪，能直接或间接造成人员脑震荡、骨折、内脏破裂和皮肤损伤。

（2）早期核辐射。主要造成人员的放射性损伤。

(3) 光辐射。主要造成人员的眼睛、皮肤、呼吸道烧伤，还可引燃各种物体，形成大范围火灾。

(4) 核电磁脉冲。可破坏各种电子设备的特有因素，使电子元器件、电子设备失灵、失效以至损坏，使自动化指挥控制系统发生混乱，产生不可估量的后果。

(5) 放射性沾染。能在较长时间内对人员形成累积性伤害，影响军队作战能力和行动。

上述几种因素不仅杀伤破坏作用不同，而且作用时间长短不一，短的在核爆炸瞬间的分秒时间内，长的可达几天至几十天，甚至更长时间。

(二) 化学、生物武器及其杀伤破坏途径

战争中用来毒害人、畜的化学物质，叫军用毒剂。装有毒剂的各种炮弹、炸弹、火箭弹、导弹、毒烟罐、手榴弹等统称化学武器。化学武器是以毒剂的毒害作用杀伤有生力量的武器。化学毒剂有神经性毒剂、糜烂性毒剂、失能性毒剂、窒息性毒剂和刺激性毒剂。化学毒剂的种类不同，其危害也不一样。化学毒剂释放后，可形成气态、气溶胶态、液滴态、微粉态，人员接触或吸入后会立即发生中毒，如果不及时防护和抢救就会失去战斗力或在短时间内死亡。战场上敌人最常使用的毒剂主要是神经性毒剂，包括沙林、梭曼、VX 等毒剂。

在战争中用来伤害人、畜，毁坏农作物的致病微生物和细菌所产生的毒素，叫作生物战剂。装有各种生物战剂的炸弹、炮弹和气溶胶发生器、布洒器等统称生物武器。生物武器是利用生物战剂的致病作用杀伤有生力量和毁伤动植物的武器。按对人员的伤害程度可分为失能性战剂和致死性战剂。

化学毒剂和生物战剂对人员的伤害途径有以下几个方面：

(1) 吸入中毒。就是战剂污染的空气经呼吸道吸入人体内部引起人员中毒。

(2) 误食中毒。就是人员误食（饮）染毒的食物（水）引起中毒。

(3) 接触中毒。就是人员接触染毒物体，经皮肤、黏膜、伤口或蚊虫叮咬进（侵）入人体引起中毒。

化学武器既可以被用于战略后方，也可以被用于在战场前线尤其是对一些战役要点。

生物武器通常被用作战略性武器袭击后方城市、军事基地、港口、车站及重要交通枢纽，特别是对人口密度大、文化知识落后、卫生条件差的地区具有明显的伤害效果。

(三) 战场次生核、生、化的危害

次生核、生、化危害，是对次生核危害、次生生物危害、次生化学危害的统称，是核、生、化设施遭常规武器袭击、人为破坏或自然灾害，引发放射性物质、生物制剂和有毒化学品释放而产生的危害。未来战争中，战场次生核、生、化危害是一个不可回避的现实问题，必须了解核、生、化设施遭袭产生的危害特点。

1. 核设施遭袭后的危害

核设施遭袭后的危害，主要是指核设施遭袭被毁后，释放的放射性核素（主要有碘、铯、锶等），通过烟羽外照射、吸入内照射、食入内照射等途径对人员所造成的危害。

碘进入人体的途径主要是随饮食摄入和随污染空气被吸入。

它是事故早期危害较大的主要核素。

铯主要通过食物链进入人体，可造成全身性和肺部照射。

锶主要通过食物链进入人体，主要对骨髓和骨组织进行照射。它也是事故晚期危害较大的主要核素之一。

辐射对人体的作用，是一个非常复杂的过程。人体从吸收辐射能开始，到产生生物效应直至机体损伤或死亡为止，要经过许多不同性质的变化。

2. 化学工业设施遭袭后的危害

化学工业设施遭袭后，泄漏的有毒有害物质会对人员造成危害。其有毒有害物质按毒理作用主要分为：呼吸系统毒物，包括氯气、氨、硫化氢、二氧化硫、甲醛等；神经系统毒物，包括苯、有机磷杀虫剂、甲苯、磷及其化合物、四氯化碳、甲醇等；血液系统毒物，包括一氧化碳、氰化物、苯胺、煤气、液化石油气等。

有毒有害物质进入人体引起中毒的途径主要有三种：一是吸入中毒；二是接触中毒；三是食入中毒。

有毒有害物质对人体的伤害特点：一是局部的刺激和肌体腐蚀；二是阻止氧的吸收和输运；三是抑制体内酶系统的活力；四是破坏神经系统。

3. 贫铀弹使用后的危害

贫铀弹，是指以贫铀为主要原料制成的导弹、炸弹、炮弹、子弹等。贫铀弹爆炸后的危害，一是来源于其爆炸后弹体在高温反应中形成的放射性气溶胶，随风飘散，污染空气、地面、水源和物体：二是来源于其爆炸后形成的带放射性微尘污染的弹片。

贫铀弹对人员的放射性危害途径通常也有三种：一是吸入伤害；二是食入伤害；三是接触伤害。此外，人员接触贫铀弹放射性微尘污染的物体，也会对人员造成伤害。

人员受贫铀弹放射性伤害后，其外部表现症状有：脱发、肌体疲惫、体温升高、关节肿胀、肌肉疼痛、震颤、记忆力减弱、睡眠失常、体重骤减、呕吐、腹泻、食欲减退、手足出血、新生儿畸形等。

4. 民用生物设施遭袭后的危害

民用生物设施遭袭后的危害主要是指民用生物设施（如生物实验室、制剂室等）遭袭后，所释放的病毒、细菌、毒素、真菌等微生物，通过消化道、皮肤及呼吸道三种途径侵入人体对人体造成的危害。

微生物进入人体后，能破坏人员的生理功能而引发疾病，造成发热、头痛、全身无力、上吐下泻、咳嗽、恶心、呼吸困难、局部或全身疼痛等症状。

二、单兵核、生、化防护方法

（一）单兵对核武器的防护方法

对核武器防护主要包括两个方面：一是对核爆炸瞬时效应的防护；二是对放射性沾染的防护。

1. 对核爆炸瞬时效应的防护

核爆炸瞬时效应防护是指对核爆炸产生的冲击波、光辐射、早期核辐射等瞬时杀伤效应采取的防护措施，是核防护的重要内容。采取有效的防护措施，可以减少人员伤亡和装备物资的损失。

(1) 在开阔地上的防护。当士兵在开阔地上行动，收到核袭击警报信号或发现核闪光时，应立即背向爆心卧倒。卧倒时，将武器置于身体的一侧，两手交叉压于胸下，两肘前伸，头自然下压夹于两臂之间，闭眼闭嘴（有条件时堵耳），憋气（当感到热空气时），两腿伸直并拢（见图 8-63）。

图 8-63　在开阔地上的防护

正在行驶的车辆，突然遇到闪光时，驾驶员应立即停车，将身体弯伏或卧伏在驾驶室内，乘车人员应尽量卧倒。

(2) 利用地形防护。利用土丘、土坎、坟包等高于地平面的地形防护，可以有效地减少核武器的杀伤。当士兵发现核爆炸闪光时，应就近利用地形背向爆心的一面迅速卧倒（动作要领同开阔地）。如利用较大的土丘、坟包、土坎时，可对向爆心卧倒，重点防护头部。

利用土坑、弹坑、沟渠等低于地面的地形防护时，首先携带武器快速跃（滚）入坑内，身体蜷缩，跪或坐于坑内，两肘置于两腿上，两手掩耳，闭眼闭嘴，暂停呼吸。若坑大底宽，也可横向或对向爆心卧倒。利用沟渠时，宜用横向爆心的沟渠卧倒防护，若沟渠的走向对向爆心时，则只能利用拐弯处防护（见图 8-64）。

坚固的建筑物对瞬时杀伤因素具有一定的防护作用。若在室外应尽量利用墙的拐角或紧靠墙根卧倒，若在室内应在屋角或床、桌下卧倒或蹲下，但注意不要利用不坚固或易倒塌的建筑物，避开门窗处和易燃易爆物，以免受到间接伤害。

山洞、桥洞、涵洞、下水道等都是较好的防护地形，有时单个人员也可利用树木、丛林、青纱帐或潜入水中进行防护。

(3) 利用服装装具防护。利用雨衣、防毒斗篷和其他衣物、手套、毛巾等防护，在一

图 8-64　利用各种地形防护

定距离上可减轻或避免热、核辐射的伤害。衣物的防护效果，一般是厚的比薄的好，浅色的比深色的好，密实的比稀疏的好。冲击波在一定范围内能损伤耳膜，可利用炮兵防震耳塞、棉花或其他细软物堵塞耳孔防护，冬天放下帽耳也有一定的防护作用。

(4) 利用工事防护。各类工事对核武器都有较好的防护效果，与在开阔地上的人员相比，各种工事可减少 1/2～5/6 的伤亡率。

横向爆心的堑壕、交通壕和单人掩体对光辐射、冲击波和核辐射都有一定的防护效果。占领阵地的士兵来不及进入掩蔽部时，应迅速在壕内卧倒或采取坐下或蹲下姿势防护。有掩盖的堑壕、交通壕效果会更好。纵向或斜向爆心的堑壕、交通壕防护效果较差。当堑壕对向爆心时，可利用掩体防护，面向爆心跪下或蹲下，用手掩耳，闭眼闭嘴，暂停呼吸。利用崖孔和掩蔽部时，最好是利用拐弯的崖孔和有防护门的掩蔽部防护（见图 8-65）。

2. 对放射性沾染（污染）的防护

对放射性沾染（污染）的防护是指对核爆炸形成的放射性沾染（污染）采取的防护措施。其目的是避免或减轻放射性物质通过体外照射、体内沾染和皮肤沾染的方式对人体造成伤害。

图 8-65　利用崖孔防护

（1）对放射性烟云沉降的防护。处于爆心下风方向的人员在放射性烟云到达以前要做好防护准备。当发现放射性灰尘落下时，应迅速穿戴防护器材；若无制式器材，应利用就便器材进行防护，如戴口罩，披雨衣（斗篷），扣紧袖口、领口和裤腿，脖子上围毛巾等，进行全身防护，将身体遮盖起来。当沉降完毕，如风速不大，无大量灰尘扬起时，可脱掉雨衣或斗篷（注意风向），但不要摘口罩。

（2）通过沾染区的防护。

①应首先检查防护器材是否完好，武器携带是否便于行动和进行防护。

②服用抗辐射药物。如服用硫辛酸二乙胺基乙酯、雌三醇或某些硫氢化合物等，上述药物可使核辐射引起伤害的严重程度降低大约一半。

③利用制式器材或简易器材进行全身防护。其方法与防放射性烟云沉降相同。

④通过沾染区时，应尽量避开辐射水平高的地区，能绕则绕，不能绕过时，人员之间应保持适当距离，加快行进速度，减少灰尘的扬起。如有条件乘车通过时，应尽量乘车，以缩短停留时间。

（3）在沾染区内的防护。

①利用有防护设施的工事进行防护，尽量减少在工事外活动，以减轻外照射和沾染。

②暴露人员应穿戴防护器材，扎紧“三口”（领口、袖口、裤口），穿（披）雨衣或斗篷，戴手套等。

③在沾染区内，尽量不喝水、不吸烟、不进食，不接触受染物体。情况允许时，应在有防护设施的工事或帐篷内饮食。

④如人员沾染较严重时，可根据情况及时进行局部消除。

（二）单兵对化学武器的防护方法

为了避免或减少敌化学武器的杀伤，战斗中士兵应充分做好防护准备，使个人防护器材处于良好状态，便于使用和不影响战斗行动。一旦遭化学袭击，应根据不同情况灵活利用器材、工事等进行有效防护。

1. 遭化学袭击时的防护

（1）利用器材防护。呼吸道和眼睛防护：遭敌化学袭击时，要迅速戴好防毒面具。

全身防护：敌机布洒毒剂、毒剂炮（炸）弹爆炸后有飞溅的液滴或漂移的气雾时，除进行呼吸道和眼睛防护外，还要迅速披上防毒斗篷或雨衣、塑料布等。同时，应防止毒剂液滴溅落在随身携带的装具和武器上。

（2）利用工事防护。利用有防护设施的工事防护时，应根据指挥员的命令有组织地进入，不得随意进出。进入时应防止将毒剂带入，进入后应关闭密闭门或放下防毒门帘，要减少各种活动。人员在没有密闭设施的工事内，要戴面具防护。遭受持久性毒剂袭击时，离开工事前要进行下肢防护。

2. 直接通过染毒地域时的防护

（1）在徒步通过染毒地域前，应充分做好防护准备，到达染毒地域前先利用地形迅速穿戴防护器材，并进行认真检查，其顺序是：

①戴好防毒面具。

②穿好防毒靴套（或利用就便器材包裹腿脚，或扎好裤口）。

③穿好防毒斗篷或雨衣（为便于持枪，斗篷可扣第一、二两个扣子）。

④戴好防毒手套。

⑤整理和相互检查防护是否严密确实和便于行动。

直接通过染毒地域时，根据敌情和地形，选择地质坚硬，植物层低、少的道路，尽量避开弹坑、泥泞、松软、高草和有明显液滴的地点。情况允许，可拉开距离，大步快速通过。

（2）通过后，应根据指挥员的指示或利用战斗间隙，检查染毒情况，对人员、服装、武器的染毒部位进行消毒，脱去防护器材，顺序是：

①背风而立，将武器装备放置下风 2～3 步处。

②脱去斗篷或雨衣，将染毒面向内折叠好放在武器一侧。

③先脱去一只手套，取出皮肤消毒液，戴好手套，按次序进行消毒。消毒后的武器、器材放在上风（或侧风）处。

④处理消毒物，对手套消毒。

⑤脱去防毒靴套（或解除包裹腿脚器材）、防毒手套，最后脱去防毒面具。

3. 在染毒地域停留时的防护

在染毒地域停留时，必须按照规定穿戴防护器材，尽量避免与染毒物体接触。利用战斗间隙对接触物体和活动地域进行消毒，严禁在染毒地域随便进食、喝水、大小便。

（三）单兵对生物武器的防护方法

对生物武器的防护，主要包括对生物战剂气溶胶的防护和对敌投带菌昆虫的防护。

1. 对生物战剂气溶胶的防护

生物战剂气溶胶只有通过呼吸道、消化道、黏膜和皮肤特别是受伤的皮肤进入人体后，才能发挥其杀伤作用。防护的基本目的就是防止生物战剂气溶胶从这些部位进入人体。能对毒剂气溶胶和放射性气溶胶进行有效防护的措施均适用于防生物战剂气溶胶。如各种军用防毒面具、民用防毒面具、防疫口罩、防尘口罩，甚至用布片、手帕等捂住口鼻，也有一定的防护效果。防毒服、防疫服、简易皮肤防护器材等可对身体表面起到较好的防护作用。有防毒设施的掩蔽部集体防护效果更好。缺乏条件时，也可利用地形及气象条件避免和减轻危害。如运动到生物战剂气溶胶云团或污染区的上风方向，黄昏、夜晚、黎明和阴天时，在高处隐蔽，不在易滞留生物战剂气溶胶的植被区域停留等。

2. 对敌投带菌昆虫的防护

防护带菌昆虫主要是保护暴露皮肤，防止昆虫叮咬。其主要方法有以下几个方面：

一是利用工事、房屋、帐篷防护。对门窗或出入口应安装纱窗、纱门、挂上用防虫药物浸泡过的门帘或关闭孔口、密闭门。

二是利用器材防护。可利用防蚊服、防蚊帽等进行防护。为防止敌投带菌昆虫钻入衣服，可将袖口、裤脚扎紧，上衣塞入裤腰（或扎腰带），颈部围毛巾。对于蜱（蜘蛛一类小动物）的防护，应经常检查，将爬在衣服上的蜱及时除去。

三是涂驱避剂。为保护人员不受昆虫的叮咬，可使用驱避剂加以防护。常用的驱避剂有避蚊胺、驱蚊灵等。使用时，将药涂在暴露皮肤上，每次用量3～5毫升，避蚊胺涂抹后可维持4～6小时。或将药涂在衣服的裤脚、袖口和领口处。使用驱避剂，切忌全身涂抹，尤其不得抹入眼内，以免引起皮肤中毒。

此外，搞好个人卫生、战场卫生，增强人员体质和基础免疫力，消灭生物战剂生存条件，预防传染病的产生和蔓延也是对生物武器防护的一条重要措施。

三、单兵防护装备使用

个人防护装备是用于防止核、生、化有毒有害物质对单个人员造成伤害的防护装备。可区分为呼吸道防护器材、皮肤防护器材和个人急救器材等。

（一）呼吸道防护器材

呼吸道防护器材，是指用于保护人员的呼吸器官、眼睛及面部皮肤免受毒剂、细菌及放射性灰尘直接伤害的个人防护器材。这里重点介绍人民解放军主要装备的过滤式防毒面具的种类、性能和使用方法。

1. 主要类型

过滤式防毒面具主要类型有FMJ03型、69型、FMJ05型和FMJ08型防毒面具。

（1）FMJ03型防毒面具（原65型）。FMJ03型防毒面具是没有导气管的头戴式通话面具。由过滤元件、面罩、面具袋组成（见图8-66）。

（2）69 型防毒面具。69 型防毒面具是头盔式通话面具。由面罩、滤毒罐和面具袋三部分组成（见图 8-67）。

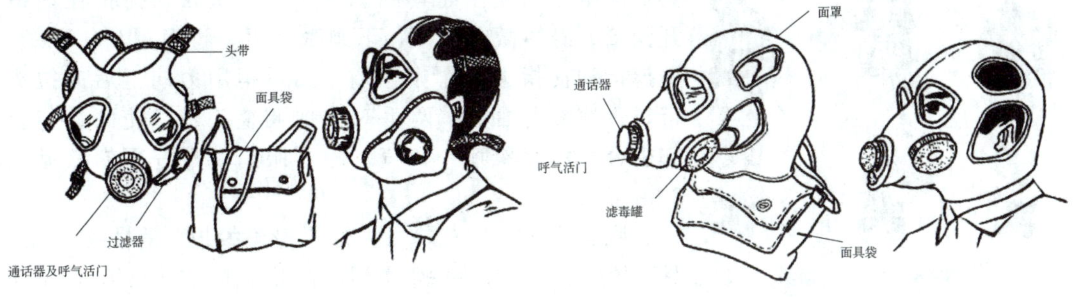

图 8-66　FMJ03 型防毒面具

图 8-67　69 型防毒面具

（3）FMJ05 型防毒面具（原 87 型）。FMJ05 型面具是头戴式面具。由滤毒罐、面罩、面具袋及附件组成。

（4）FMJ08 型防毒面具。FMJ08 型防毒面具是人民解放军新一代面具，由滤毒罐、面罩、面具袋及附件组成。

该面具提高了面罩的耐毒剂液滴渗透性能和耐洗消性能，且增加了有饮水装置，供佩戴者饮水或进食流食。

2. 主要性能

人民解放军现装备防毒面具的主要性能如表 8-1 所示。

表 8-1　防毒面具的性能表

性能 \ 类别		FMJ 03 型（原 65 型）	FMJ 05 型（原 87 型）	69 型	FMJ 08 型
总重量（千克）		0.61	0.65～0.7	0.8	0.90
总视野		73%	75%～80%	80%	60%
通话能力		50 米清晰度为 90%			传声损失不大于 8 分贝
防毒能力	防沙林	10 小时左右	40 小时左右	6 小时左右	大于 40 小时
	防氢氰酸	50 分钟左右	60 分钟左右	40 分钟左右	不小于 30 分钟
	防 VX 雾	30 分钟左右	大于 2 小时	30 分钟左右	大于 2 小时

3. 携带与使用方法

（1）携带面具。通常是左肩右肋，面具袋上沿与腰带取齐。运动时，可将面具移至身体的右后方。

（2）气密性检查。戴好面具后，用右手堵住进气口，同时用力吸气，若感到堵塞不透气，则说明面具气密性良好，若感觉漏气，应首先检查佩戴是否正确，然后检查呼气活门有无异物及面具有无损坏，根据情况处理后再重新检查。

（3）戴脱面具的要领。FMJ03 型和 69 型立姿戴脱面具的要领：当听（看）到“化学警报”信号或“戴面具”的口令时，立即停止呼吸，闭嘴闭眼，迅速将面具袋移至身体右前方，打开袋盖，右手握住面具袋底，左手迅速取出面具，两手分别握住面具两侧的中、下头带，拇指在内撑开面罩；身体微向前倾，下颌微伸出，将面罩套住下颌，用拇指和食指夹住军帽帽檐，两手稍用力向上后方拉头带，迅速戴上面具；两手对称地调整头带，使面具与脸部密合；然后深呼一口气，睁开眼睛，戴好军帽（见图8-68）。

图 8-68　立姿戴面具

脱面具：当听（看）到“解除化学警报”信号或“脱面具”的口令后，左手脱下军帽，右手握住面具下部，向下向前脱下面具，戴上军帽，然后将过滤器朝外装入面具袋内。

FMJ05 型和 FMJ08 型立姿戴脱面具的要领有两种。

第一种：当听（看）到“化学报警”信号或“戴面具”的口令时，立即停止呼吸，闭嘴闭眼，一手迅速将面具袋移至身体右前方，握住面具袋底，一手打开袋盖握住通话器迅速取出面具，直接将面罩罩在面部，持通话器的手调整罩体密合框位置与脸面密合；与此同时另一手抓头带垫，沿头上部向头后将头带整体外翻到位；最后，两手换抓两根下头带，同时用力拉紧下头带，拉紧下头带的同时深呼一口气再睁开眼睛，恢复正常呼吸。

第二种：当听（看）到“化学报警”信号或“戴面具”的口令时，立即停止呼吸，闭嘴闭眼，迅速将面具袋移至身体右前方，右手握住袋底，左手打开袋盖，取出防毒面具，两手分持面具两侧的下头带，拇指在内撑开面罩；身体微向前倾，下颏微伸出，将面罩举过头顶的同时右手拇指、食指将军帽取下，按照从上向下的顺序将面具戴好，戴好军帽；两手对称的调整头带，使面具与脸部密合；然后深呼一口气，睁开眼睛。

脱面具的要领同 FMJ03 型面具。

戴面具时，停止呼吸和闭嘴是为了防止吸入染毒空气；闭眼是为了防止毒剂伤害眼睛；深呼一口气是为了排除面罩内的染毒气体。

持枪戴（脱）面具时，应先成肩枪或夹枪姿势，然后，按立姿戴（脱）面具的要领戴好（脱下）面具，取枪成原来姿势。

卧姿戴面具时，应先将枪置地，身体转向右或用两肘支撑上体，左手脱帽，按立姿要领戴好面具。

（二）皮肤防护器材

皮肤防护器材，是指保护人员皮肤免受毒剂、生物战剂和放射性灰尘等通过皮肤引起伤害的个人防护器材。

1. 皮肤防护器材的种类

目前，人民解放军装备的皮肤防护器材主要包括防毒斗篷、防毒手套、防毒靴套和防毒服等。

（1）FDP03 型防毒斗篷（原 81 型）。FDP03 型防毒斗篷用以防护毒剂液滴、生物战剂、放射性灰尘降落或飞溅到人体、装具和单兵武器上。对各种毒剂液滴的防毒时间为 2 小时以上；对毒剂蒸汽只能减轻伤害，不能达到完全防护。FDP03 型防毒斗篷分 A 型和 B 型两种。

A 型为无袖式，适合全副武装的步兵用于保护全身和所携带的武器装备，用墨绿色的厚度为 0.08 毫米的聚乙烯薄膜经裁剪、接合而成。其形式很像军用防雨斗篷（见图 8-69），在帽罩的边缘部位有帽带，前襟装有 5 付弹簧扣。平均重量为 270 克。

B 型为带袖披肩式，适合炮兵和其他特种兵用以保护全身，所用材料和 A 型完全一样。其特点是在门襟的下半部和下摆后部的折边上左右各装四对扣，需要时将下摆后部中央提起，将对应的左右扣按好，即成两条裤腿。在下摆的前部折边内还装有下摆紧带，可用来扎在小腿的外部。重量约为 280 克。

以上两种防毒斗篷均用透明的塑料薄膜包装，包装体积约为 20 厘米×12 厘米×3 厘米。

（2）FST04 型防毒手套（原 81 型）。FST04 型防毒手套外面涂丁基胶乳，衬里为棉织物，因而佩戴时吸汗，感觉柔软舒适（见图 8-70）。防毒手套的防毒能力在 36 摄氏度试验条件下，各部位对芥子气的防毒能力都超过了 240 分钟。

图 8-69　FDP03 型防毒斗篷 A 型

（3）FXT02 型防毒靴套（原 81 型）。FXT02 型防毒靴套不分左右脚，为软底片。靴底以维纶布为基布，先在其两面涂上天然橡胶，然后在底面再涂一层氯丁胶而成。在靴底宽出的部分开有五个孔，并有长约 2.5 米的靴带由前向后沿两侧孔穿过，用以系牢靴套。靴帮由丁基胶布制成，能保护小腿（见图 8-71）。

（4）FFF01 型防毒服和 FFF02 型防毒服（原 82 型）。FFF01 型防毒服和 FFF02 型防毒服均为透气式防毒服，具有防毒、透气和散热的功能，可用于防止雾滴状和蒸汽状毒剂接触皮肤引起伤害，又可作为普通军服穿着，必要时还可作为战斗服使用。与防毒斗篷、防毒手套、防毒靴套和过滤式面具配套使用，构成一套全身防护器材。

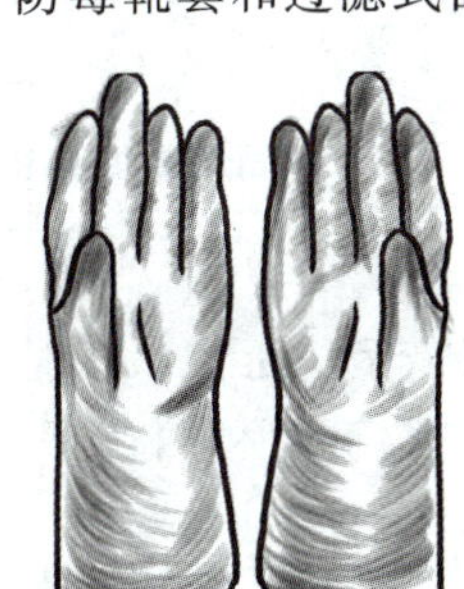

图 8-70　FST04 防毒手套

图 8-71　FXT02 型防毒靴套

FFF01 型防毒服由带头罩的上衣和裤子组成，采用内外两层不同材料构成，其外层是经过防油处理的棉布以阻挡毒剂从外层渗入内层；内层是特制的绒布，其内面的绒面上喷有活性炭炭浆，用于吸附蒸汽状毒剂。

FFF02 型防毒服的内层材料与 FFF01 型防毒服的相同，外层是经处理的迷彩服布料，并具有阻燃性能。

（5）FFY03 型防毒衣。FFY03 型防毒衣有 5 种规格。与 FFF02 型防毒服相比，增加了肘部和膝盖部位的增强结构，减少由增强引起的重量增加；并在腰的两侧增加了两个固定腰带的带扣，便于固定腰带和穿着。能够适应不脱作训鞋和棉衣而穿。FFY03 型防毒衣与防毒帽垫、防毒手套和防毒衣袋组成了 FFY03 型皮肤防护装备。

2. 皮肤防护器材的使用

为使防护器材最大限度地发挥作用，保存部队战斗力，使用皮肤防护器材应做到：良好的气密性，尤其要注意头、颈、袖口的气密性；良好的适应性，尤其适应较强劳动条件下长期工作；良好的毒情观念，尤其要注意脱防护器材时不染毒、不沾染。

使用皮肤防护器材时，穿脱通常按照斗篷、靴套、手套的顺序进行。脱下的器材经洗消、保养后装包备用，或统一销毁。

（1）穿着防毒靴套的要领。将靴带对折，折头穿入前带孔，将两带尾穿入折头环并拉紧。分开靴带分别从下而上穿进侧带孔，然后从下而上穿进后带孔；使两带在脚后交叉，绕至脚腕部扣一个结，向后上打一叉，再向前上打一叉，最后将带勒紧在膝盖下系为活结（见图 8-72）。

脱防毒靴套的要领是：背风而立，解开靴带，交替用一只脚的脚尖踏住另一脚的靴套后跟带，将靴套脱下。

（2）穿着防毒斗篷的要领。

A 型防毒斗篷：当听到“毒剂—斗篷”的口令后，应先戴好面具，尔后，迎风而立，背枪或挂枪，取出斗篷，手持罩帽部分使斗篷垂下；用双手撑开斗篷，身体微向前倾，将斗篷披在武器装备和身上；转向背风而立，束紧帽带扣好前襟；取出手套戴好。

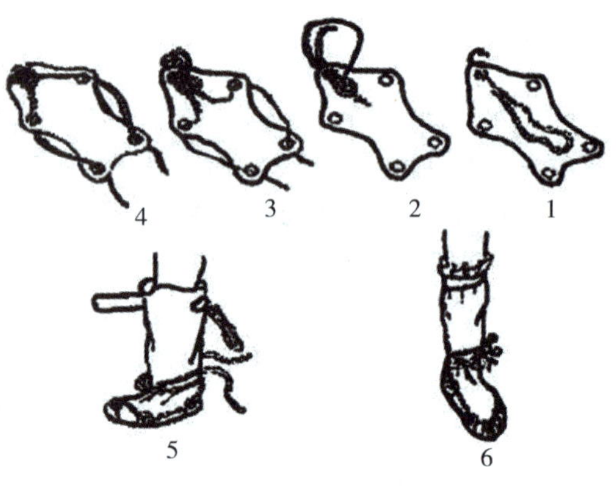

图 8-72　防毒靴套的穿着

B 型防毒斗篷：首先戴好面具，尔后按下述要领穿戴：迎风而立，取出斗篷，手持帽罩部分使斗篷自然下垂，身体微向前倾，用双手撑开斗篷，穿在身上，转向背风而立，扣好上身五对扣，背好面具袋；叉开双腿，将后下摆正中提起，先左后右连接裤腿，分别把对应的四个扣按好（需呈防毒衣状态时，应选穿靴套，系好下摆紧带，最后戴手套），系好袖口，呈防毒衣状态（见图 8-73）。

脱防毒斗篷的要领：迎风而立，解开帽带、扣子、袖紧带与下摆带，脱下斗篷甩到身后并使染毒面着地。

（3）穿着 FFY03 型防毒衣要领：当听到“成战斗状态——穿防毒衣”或“全身防护”的口令后，应迅速卸下武器、装备与装具，解下腰带置于身体左侧，下蹲的同时左右手分别握住防毒衣袋和面具袋的背带，卸下两袋置于身体的两侧；左手扶防毒衣袋，右手打开袋盖并取出防毒衣，顺势向前展开防毒衣；两手撑开胸襟，按先左后右的顺序将腿伸入裤管；上提防毒衣的同时稍下蹲将两臂手心向外插入袖筒，借两臂的上翻力把防毒衣穿上（此时，为了使防毒衣穿得平整，及背挎各种装备和装具的方便，可暂时将头罩罩在头上）。上体稍向前倾，掖平贴好胸襟布，稍向后挺身由下而上对齐抹平胸前尼龙搭扣；系好腰带、蹲下系好鞋带；整理脱

图 8-73　穿戴 B 型防毒斗篷

下的鞋帽等物并放入防毒衣袋，盖好袋盖；面具袋在上，防毒衣袋在下，一起右肩左胁背好，并将面具袋腰带系好。最后，按戴面具要领戴好面具与衬帽，扣好头罩，仔细掖好下颌垫布，系好颈带。从面具袋中取出手套，挂好拇指套环，按先左后右的顺序将手套置于内外袖之间戴好。

穿着 FFY03 型防毒衣的要领，可用“卸、展、穿、翻、整、系、背、戴”八个字来概括。

脱防毒衣的要领：当听到“脱防毒衣”的口令后，迅速卸下武器及所背带的装具；尔后自上而下依次解开颈带、腰带和鞋带（为使解颈带与脱上身相连续，也可先不解颈带）；右手掀下头罩抓住下颌垫布，左手握住颈带（若原来未解，应在此时先解颈带），用手向后下方翻脱上衣，蜕出双肩；两手缩回到外袖内，逐段交替地抓住外袖与手套蜕出双手；双手从里面推防毒衣，露出小腿后先左后右抬腿后退一步（原来脱鞋者此时穿上鞋），脱去衬帽后用左手拇指抠面具的头带垫，向前脱下面具放到面具袋上。

（三）个人急救器材

个人急救器材主要有个人急救包和个人防护盒两种。

1. 个人急救包

个人急救包是个人战场上的急救器材。包内装有 85 号预防片、85 号神经毒剂急救针、抗氰胶囊、抗氰急救自动注射针、二巯丙醇软膏、军用毒剂消毒手套等。

85 号预防片：用于预防人员神经性毒剂中毒，人员应提前 1 小时左右或根据命令口服。

85 号神经毒剂急救针：用于治疗神经性毒剂中毒者。轻度中毒注射 1 支，中度中毒注射 1～2 支，重度中毒注射 2～3 支。

抗氰胶囊：该药适用于预防人员氢氰酸或氰类化合物中毒，有效预防时间 4～6 小时，服用后半小时生效，每天只服一次；该药也可作为氰化物轻度或中度中毒人员口服治疗用药。

抗氰急救自动注射针：用于氰类化合物中毒者。

二巯丙醇软膏：用于路易氏毒剂皮肤染毒的急救治疗，使用前，应用纱布等蘸吸毒剂液滴，尔后从染毒边缘旋转向内涂，5 分钟后用水洗去。

军用毒剂消毒手套：用于供人员皮肤、服装及轻武器被液体毒剂污染后消毒时使用。

2. 个人防护盒

个人防护盒也是一种战场个人急救器材。盒内装有神经性毒剂预防片（复方 70 号防磷片）、11 号注射针或 80 型急救针、粉剂个人消毒手套、抗氰急救针剂（4-DMAP 注射液）和 85 抗氰预防片。

神经性毒剂预防药片（复方 70 号防磷片）：用于预防人员神经性毒剂中毒，并可减轻中毒症状，通常应提前 1 小时左右或根据命令口服 1 片；需要时，间隔 10 小时可再服 1 片；或一天一片连服三天，必要时可在最后一次服药 48 小时后再次服用；注意，服用预防片不能代替防毒面具和皮肤防护器材。

11 号注射针和 80 型急救针：用于战时阵地急救、治疗神经性毒剂中毒者，轻度中毒注射 1 支，中度中毒 1～2 支，重度中毒 2～3 支；如肌颤、惊厥等中毒症状仍未控制，可重复注射 1～2 支，防止用药过量或误用；如出现药物反应，应立即停药。

个人消毒手套：供人员皮肤、服装及轻武器被液体毒剂沾染后消毒用，可以消除神经性毒剂和糜烂性毒剂等，消毒时，粉剂勿入伤口及眼内。

抗氰急救针（4-DMAP 注射液）：供氢氰酸或氰化物中毒人员急救用注射针剂，当人员氰类化合物中毒后，立即肌肉注射 10%的 4-DMAP 注射液 2 毫升，中毒症状缓解后不再注射，如需重复给药可再注射半量（1 毫升）即可；凡患遗传性高铁血红蛋白还原酶缺乏者禁用。

85 抗氰预防片：用于预防人员氢氰酸或氰类化合物中毒，为急救氰类化合物患者争取治疗时间，减轻中毒症状，有效预防时间为 4～6 小时；85 抗氰预防片由 4-DMAP 片（100 毫克）和 PAPP（90 毫克）两种片剂组成（分别瓶装），口服时服 4-DMAP 和 PAPP 各一片，服用后半小时内生效，每日口服一次；该药还可作为氰化物轻度或中度中毒（无呕吐者）人员口服治疗用药，患遗传性高铁血红蛋白还原酶缺乏者禁用；抗氰预防药不宜连续服用，服药时必须两种片剂同时服用；药片保存需密封防潮，放置阴凉处。

学练合一

一、思考题

1. 格斗术基本功包括哪些方面？
2. 练习格斗术有何现实意义？你认为其主要作用和收获是什么？
3. 简述捕俘拳训练的目的意义。
4. 捕俘拳的基本功有哪些？
5. 战伤救护的基本原则是什么？
6. 战伤救护的基本要求是什么？
7. 个人卫生的总要求是什么？
8. 个人卫生的主要内容是什么？
9. 常见训练意外伤的种类有哪些？如何防治？
10. 预防训练意外伤的一般措施有哪些？
11. 心肺复苏中，心外按压（双人），人工呼吸数与胸外按压数比例是多少？
12. 战场自救互救的内容有哪些？
13. 战场次生核、生、化的危害有哪些？
14. 单兵对核武器的防护方法有哪些？
15. 单兵对化学武器的防护方法有哪些？
16. 单兵对生物武器的防护方法有哪些？

二、判断改错题

请判断语句正确与否，正确的画“√”，错误的画“×”，并将你认为的错误改正过来。

1. 格斗技术，是双方在格斗时，为合理有效地击中、摔倒对方而充分发挥身体能力的动作方法。（　　）

2. 战场医疗救护是指士兵在战场上自救互救的行动。（　　）

3. 遇有心搏、呼吸骤停又有骨折的伤员，应首先进行骨折固定，再用口对口呼吸和

胸外按压等技术使心肺复苏，直至心跳呼吸恢复后。（ ）

4. 遇有大出血又有创口的伤员，首先立即用指压、止血带或药物等方法止血，再进行创口消毒、包扎。（ ）

5. 遇有垂危的和较轻的伤员时，应优先抢救较轻的伤员，后抢救危重伤员。（ ）

6. 遇到各类伤员，要按战伤救治原则分类处理，待伤情稳定后才能后送。（ ）

7. 胸（背）部伤往往伴有多根肋骨骨折，除用敷料包扎外，还应用绷带环绕胸（背）部包扎固定。（ ）

8. 当士兵在开阔地上行动，收到核袭击警报信号或发现核闪光时，应立即面向爆心卧倒。（ ）

9. 正在行驶的车辆，突然遇到核袭击闪光时，驾驶员应驾驶车辆快速离开核爆炸区域。（ ）

10. 各类工事对核武器都有较好的防护效果，与在开阔地上的人员相比，各种工事可减少 1/2～5/6 的伤亡率。（ ）

11. 在沾染区内暴露人员应穿戴防护器材，扎紧“三口”（领口、袖口、裤口），穿（披）雨衣或斗篷，戴手套等。（ ）

三、不定项选择题

将你认为正确的选项填写在括号里。

1. 格斗的基本功一般包括（ ）。

A. 实战姿势　B. 实战步法　C. 实战拳法　D. 实战腿法

2. 实战步法包括（ ）。

A. 滑步　B. 纵步　C. 闪步　D. 垫步

3. 实战拳法包括（ ）。

A. 直拳　B. 勾拳　C. 摆拳　D. 组合拳

4. 实战腿法包括（ ）。

A. 侧踹腿　B. 正蹬腿　C. 鞭腿　D. 倒踢腿

5. 个人卫生的内容不包括（ ）。

A. 皮肤的卫生　B. 眼、耳、鼻的卫生

C. 饮食的卫生　D. 携带枪支的卫生

6. 止血的方法主要有（ ）。

A. 加压包扎止血法　B. 卡式止血带止血法

C. 指压止血法　D. 止血带止血法

7. 化学毒剂和生物战剂对人员的伤害途径是（ ）。

A. 接触中毒　B. 吸入中毒　C. 误食中毒　D. 辐射中毒

8. 有毒有害物质对人体的伤害特点为（ ）。

A. 破坏神经系统　B. 抑制体内酶系统的活力

C. 阻止氧的吸收和输运　D. 局部的刺激和肌体腐蚀

四、论述题

1. 试论格斗训练时应注意的问题。

2. 试论预防训练意外伤的主要措施。

第九章　战备基础与应用训练

学习目标

了解战备规定、紧急集合、徒步行军、野外生存的基本要求、方法和注意事项，学会识图用图、电磁频谱监测的基本技能，培养分析判断和应急处置情况的能力，全面提升综合军事素质。

第一节　战备规定

名人名言

不打无准备之仗，不打无把握之仗，每战都应力求有准备，力求在敌我条件对比下有胜利的把握。

——毛泽东

平时应该使部队习于劳苦和疲劳的生活，维持他们的朝气，使他们对于敌人永远保持着压倒的优势。换言之，就是用一切的方法来鼓励勇敢、惩罚懦弱，这样就可以永远保持着高度的军事精神。

——［瑞士］约米尼

战备是武装力量为了应对可能发生的战争或突发事件而在平时进行的准备和戒备活动。必须牢固树立战备观念，了解战备常识，做好战备工作。

战备规定，就是对战备工作所做出的规定，其目的是为了规范战备工作的内容和基本行动方法，提高战备水平。

战备规定主要包括日常战备秩序、战备制度和战备等级划分等。

一、日常战备秩序

日常战备秩序是做好战备工作的基础和前提，必须高度重视战备工作，加强战备教育，增强战备观念，建立正规的战备秩序，以保持良好的战备状态。

（一）建立战备方案

战备方案也叫战备预案，是武装力量应对可能发生的战争或突发事件的行动依据。必须建立并不断健全战备方案和各种保障措施，为熟悉其内容，还要进行必要的演练。当编制、装备和任务发生变化时，应当及时修订战备方案。

（二）搞好战备物资管理

各类战备物资，应当按照“三分四定”的规定实施，即：区分携行、运行、后留，并分别放置，做到定人、定物、定车、定位。对平时消耗性的战备物资应当及时补充，对应急储备的战备物资应当定期更换。

（三）保持装备完好率和人员在位率

武装力量应按规定保持装备的完好率和人员的在位率，以保证随时遂行各种任务。

（四）进行紧急集合训练

为锻炼提高分队紧急行动能力，检查战斗准备状况，应定期进行紧急集合训练。

二、日常战备制度

（一）战备教育制度

战备教育制度，是完成战备任务和作战任务的重要保证。目的在于帮助人员克服和平麻痹思想和松懈情绪，增强战备观念，牢固树立战斗队思想，提高做好战备工作的自觉性，为建立正规的战备秩序提供坚实的思想基础。

（二）战备值班制度

战备值班制度分为平时战备值班、节日战备值班和等级战备值班制度。战备值班人员必须强化战备观念，坚守值班岗位，熟悉战备规定，认真履行职责。

（三）节日战备制度

节日战备制度是指在元旦、春节、国际劳动节和国庆节等国家规定的节日期间，为保证国家安全和人民欢度节日而组织的一种短期战备值班制度。节日战备期间，各级单位应当保持规定的人员在位率和装备完好率，加强战备值班、执勤、巡逻警戒和对重要目标的防护。担负战备值班任务的部队做好随时出动执行任务的准备。

（四）请示报告制度

各级单位应当及时请示报告战备工作有关情况，重要紧急情况必须立即报告，后续情况迅速查明续报。报告情况必须及时、准确，通常要求逐级报告，重大、紧急情况可以越级报告。

（五）人员、装备和战备物资管理制度

各级单位应按编制编配、使用、管理兵员，人员应达到规定的在位率，装备应达到规定的武器完好率，战备物资应按照三分、四定的要求存放和管理。

三、战备等级规定

（一）战备等级划分

战备等级就是根据军队战备工作的轻、重、缓、急程度，按照一定的标准对其进行的划分。人民解放军的战备等级由低到高分三级战备、二级战备和一级战备。

三级战备，是部队现有人员、装备、物资等完成行动准备的戒备状态。

二级战备，是部队按照编制达到齐装、满员，完成行动准备的戒备状态。

一级战备，是部队完成一切临战准备的最高戒备状态。

（二）战备等级转换

通常情况下，部队进入等级战备时，逐级进入三级战备、二级战备、一级战备；必要时，可以越级直接进入二级战备、一级战备，或者由三级战备越级进入一级战备。部队完成战备等级转换的时限和出动时限，按照上级规定执行。

（三）进入等级战备时的要求

进入等级战备后，部队应按照规定保持装备完好和人员在位，保证随时遂行各种任务。其基本要求是：

（1）严格遵守保密规定，不得泄露部队行动的秘密。

（2）外出探亲人员，接到上级的通知后要迅速归队。

（3）服从命令，听从指挥，按上级的命令完成各项工作。

（4）提高警惕，坚持在岗在位，保持良好的战备状态。

（5）进一步落实战备计划，随时做好出动准备。

第二节　紧急集合

名人名言

只有在战术上很有修养的指挥员，在平时才能训练出能征善战的部队，在战时才能以最少的牺牲获得胜利。

——［苏联］朱可夫

紧急集合是在紧急情况下，迅速聚集人员并按规定携带装备物资的应急行动。通常由本级最高军事首长根据上级指示或经上级批准，按照预定或临时确定的紧急集合方案组织实施。

紧急集合分为全副武装紧急集合和轻装紧急集合两种方式。全副武装紧急集合是部队处于战备等级状态时的集合方式，此时，人员的负荷量、携行的装备和器材均按战备方案和上级的规定执行；轻装紧急集合是在执行临时性的紧急任务时所采取的集合方式，此时为减轻人员的负荷量，通常不背背包（或携带单兵生活携行具），以提高快速机动能力。

紧急集合通常按“着装、整理携行生活器材、装具携带和集合”四步进行。

一、着装

通常着作训服。昼间进行紧急集合时，一般按当时的训练着装进行。夜间实施紧急集合时，人员应迅速起床，按照帽子（冬季戴皮、棉帽时，披装后再戴）、上衣、裤子、袜子、鞋子（双层床上层的人员打完背包再穿鞋子）的顺序进行穿戴。

二、整理背包

整理背包：将垫被和盖被分别叠至宽 30～35 厘米、长 40～45 厘米，叠放一起后用背包绳竖捆两道、横压三道。米袋捆于背包上端或两侧，雨衣、大衣通常捆于背包上端，大衣袖子捆于背包两侧；鞋子横插在背包背面中央或竖插两侧；锹（镐）竖插在背包背面中央，头朝上（见图 9-1）。

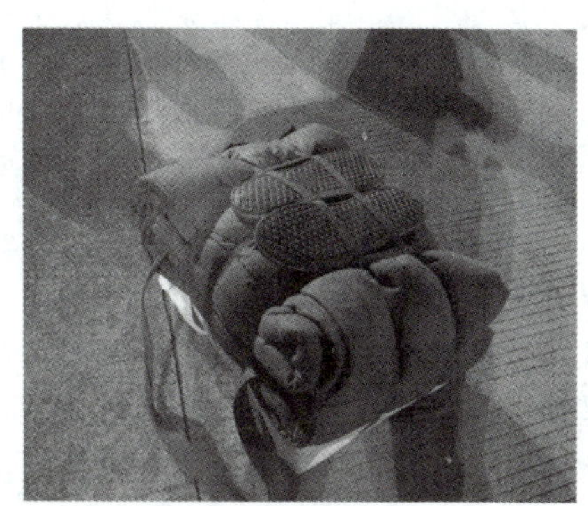

图 9-1 捆扎好的背包

整理生活携行具：首先按垫被、盖被、大衣、小包、雨衣、米袋、制式挂包、脸盆（饭盒）的顺序，将物品装入背囊内，再将布鞋、水壶、洗漱用具装入背囊外侧的几个小袋中。

三、装具携带

1. 携 95 式自动步枪装具

全副武装：背挎包，右肩左肋；背水壶，右肩左肋；背防毒面具，左肩右肋；扎腰带（机枪手先背弹鼓），披弹袋；背单兵生活携行具（背包，火箭筒副射手背背具），取枪（筒）和爆破器材。

轻装：不背单兵生活携行具（背包），将锹（镐）头朝下背于右肩，系绳绕腰间与背绳系紧；米袋，右肩左肋；雨衣（冬季带大衣时，将大衣袖子留在外面卷紧捆好，再将袖口对接扎紧）左肩右肋；其他装具携带同全副武装（见图 9-2）。

全副武装正面

全副武装背面

轻装背面

图 9-2 装具携带

2. 携81式自动步枪装具

全副武装：背手榴弹袋，左肩右肋；背挎包，右肩左肋；扎腰带（机枪手先背弹鼓），披弹袋；背防毒面具，左肩右肋；背水壶，右肩左肋；背背包（火箭筒副射手背背具），取枪（筒）和爆破器材。

轻装：其他装具的披带同全副武装，只是不背背包，将锹（镐）头朝下背于右肩，系绳绕腰间与背绳系紧；米袋，右肩左肋；雨衣（冬季带大衣时，将大衣袖子留在外面卷紧捆好，再将袖口对接扎紧）左肩右肋。

四、集合

集合的基本要求是“迅速、肃静、确实、完整、安全、便于行动”。

分队接到紧急集合的信号或命令时，值班人员应立即报告领导，并按规定的信号迅速通知全体人员。担任警戒的士兵要坚守岗位，严加戒备。

人员接到紧急集合的号令时，立即按规定着装，打背包（单兵生活携行具）、佩带装具。夜间紧急集合时，立即起床，不喧哗，不开（点）灯，迅速着装、披装，到达班集合地点，全班到齐后，班长率全班迅速到排集合场。如有执勤人员时，班长应指定专人将其未带装具、背包（单兵生活携行具）带到集合场，待执勤的人员归队后，交给其本人。各级指挥员到集合场后，应检查分队人员是否到齐及武器、弹药和装具的携带情况，同时按上级指示撤回警戒和执勤人员，并报告上级。

第三节　行军拉练

名人名言

不知山林、险阻、沮泽之形者，不能行军；不用乡导者，不能得地利。

——［春秋］孙武

凡军好高而恶下，贵阳而贱阴，养生而处实。军无百疾，是谓必胜。丘陵堤防，必处其阳，而右背之。

——［春秋］孙武

行军是部队沿指定路线进行的有组织的移动。按方式，分为徒步行军、摩托化行军和履带行军；按时速和每日行程，分为常行军和强行军。

常行军是按正常速度实施的行军，强行军是在常行军的基础上，加快行军速度、延长行军时间的行军。

一、徒步行军

徒步行军是以步行方式实施的行军，是部队机动的基本手段。通常在行军距离较近、输送工具不足或没有输送工具，以及地形不便于实施摩托化行军时采用。

徒步常行军的速度每小时约4～5千米，在山地道路行军速度每小时约3～4千米，日

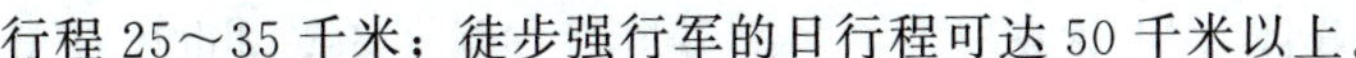

行程 25～35 千米；徒步强行军的日行程可达 50 千米以上。

徒步行军目标小，易指挥，组织简便，利于隐蔽，受地形限制小，但速度慢，体力消耗大，对人员的意志品质、体能等要求较高。

（一）行军准备

徒步行军准备主要包括思想准备、组织准备和物资器材准备。

徒步行军对军人的意志和体能是一个考验。无论是何种天候、地形，只要作战需要，都可能实施徒步行军。因此，行军前要做好充分的思想准备，要明确徒步行军的目的和意义，主动克服畏难情绪，自觉以饱满的精神状态接受考验。

组织准备就是预先建立各种组织并做好各种预案。建立侦察组，负责对行军方向的前方和两侧不断实施侦察，及时发现敌情，查明行军道路上的路面质量、路口、桥梁、渡口及复杂地形的通行情况，以及可能遭敌袭击及受核生化沾染的地区和迂回路线情况，侦察组通常由尖兵班担任；组织警戒，负责防止敌人的突然袭击或侦察，通常也由尖兵班担任；组织通信联络，预先明确简易通信联络的旗语、灯光或音响信号。使用无线电通信联络时应预先在尖兵班、指挥员与收容组之间建立无线电通信网络，明确通信频率与时间。组织对空防护，建立设营组和收容组等。

物资器材准备，主要包括武器、弹药、装具、给养、饮水和药品等。应根据行程、道路和气候情况而定，以既能保证战斗、生活，又不过多增加负荷量为原则。通常携行粮食 3 日份（其中熟食 1 日份）和必要的饮水，并准备好必备药品，根据季节变换做好防寒、防雨雪、防蚊虫的准备。做到着装确实，出发前扎紧腰带、弹袋，扣紧裤脚，系紧鞋带；穿大衣或雨衣时，将衣襟下角扎于腰带上；携行的武器、装具、器材要做好充分的检查、清点工作，装具、器材固定牢靠。

（二）行军

1. 行军队形

分队通常在上级的序列里行军，也可以单独组织行军。

当单独组织行军时，通常按前方警戒、本队、后方警戒区分兵力，必要时，在受敌威胁的侧方派出侧方警戒。前方警戒主要由前方尖兵和前卫组成，后方警戒主要由后卫和后方尖兵组成。前方尖兵位于行军队形的最前方，与本队的距离昼间 500～700 米，夜间为 200～300 米。后方尖兵位于行军队形的最后方，与本队的距离视情况决定。

行军人员通常成一路或二路纵队，沿道路的右侧或两侧行进，人员前后距离一般为 1～2 米，按规定的速度行进。行军中所有人员应严格遵守行军纪律，按时通过调整地区（点），未经允许不得随意超越前方分队，通过桥梁、渡口、交叉路口或与友邻分队相遇时，应按规定的顺序或听从调整哨的指挥通过，不得争先拥挤或停留。指挥员（尖兵班）应正确掌握行军路线，根据道路通行情况及时调整行军队形和速度。

2. 休息的组织

休息分为小休息和大休息。

通常情况下，每行军 1 小时组织 1 次小休息，时间约 10 分钟（首次小休息通常在行军30分钟后进行，时间15～20分钟）。小休息时，人员应靠道路右侧（必要时也可在道路两侧），面向路外侧，保持原来队形就地休息，不要随意走动，并整理鞋袜和装具，做好继续行军的准备。

大休息通常在日行程过半时实施，时间约2小时。休息时应离开道路，进入指定地区休息。大休息可以就餐，补充饮水，治疗脚伤，但武器、装具始终不能离身。

3. 注意事项

人员在行军过程中应按正确的要领行军，服从命令、听从指挥，灵活处置各种情况，确保按时、安全地到达目的地。

（1）人员应按照全副武装或轻装的规定携行有关装具。

（2）行军前，应认真检查所带装具是否齐全，佩带是否牢固，尤其是要仔细检查鞋袜是否合适，以避免行军中脚打泡。

（3）行军过程中，应均匀呼吸，全脚掌着地，调整好步幅，保持正常的行军速度。

（4）行军掉队时，应大步跟上，尽量不要跑动，以节省体力。要发扬团结协作的精神，主动搞好体力互助。

（5）行军中，要以简易信号通信、运动通信等手段，保持通信联络。

（6）遇敌空中火力袭击时，应就近利用地形进行防护；接到敌核、化学武器袭击警报时，应迅速穿戴防毒面具和防护衣罩，就地隐蔽防护。警报解除后，应迅速抢救伤员，检查武器装备，恢复行军序列。

（7）当道路、桥梁遭敌破坏或者遇到难以通行的地段时，应按命令绕行，无法绕行时，应及时报告上级。

（8）在夜间、雨天、山地、水网稻田地、沙漠、雪地等一些特殊环境和地形条件下徒步行军时，要根据特殊环境和地形的特点及当时的具体情况，按命令进行必要的物资器材准备。

二、摩托化行军

摩托化行军是人员乘坐轮式机动车辆，沿指定路线进行的有组织的兵力移动，具有运动速度快、适应地形广泛的特点，是现代条件下实施机动的主要方式，应充分准备，严密组织，正确处置各种情况，确保行军安全、准确、顺利。

摩托化行军的速度，昼间每小时20～30千米，夜间每小时15～20千米，日行程可达250～300千米。

（一）乘车准备

乘车准备主要包括思想教育、物资器材准备、车辆检查等。

1. 思想教育

乘坐车辆虽然省力、快速，但却容易发生磕、碰、扭伤、摔伤等事故。因此，乘车前应进行安全教育，从思想上重视，自觉落实乘车规定，克服麻痹思想，消除事故隐患，确保乘车安全。

2. 物资器材准备

物资器材准备主要包括武器、弹药、装具、给养、饮水、药品、车辆抢修器材等准备，应按计划领取、装载和分发。

3. 车辆检查

车辆检查是保证摩托化行军安全、顺利的必要措施，应以技术人员为主成立检查组，逐台车辆进行检查。主要检查车辆的电路、油路、发动机和刹车系统。

（二）登车

通常统一组织登车。

收到登车信号后，各车车厢长首先将所属人员带到车尾排成一路或二路纵队，协同驾驶员打开车厢挡板，尔后在便于观察和指挥的位置下达“登车”的口令，所属人员依次登车。当人员全部登车完毕后，车厢长再协同驾驶员关闭和固定车厢挡板，并向上级报告。

人员和物资、装具通常从车厢尾部登车，基本顺序是先物资、器材、武器，后人员。轻武器、装具、背包以及单兵携行器材由个人携带，不准提前上车。第一名人员上车时，后一名应给予帮助，前一名上车后，转身拉后一名上车，依次交替进行。在没有得到允许的情况下，不准从车厢两侧登车。

（三）乘车

上车后，按照先两边后中间，先车头后车尾的顺序排成四路，坐在背包上；两侧人员背靠车厢板，中间两路人员背靠背。也可先上车的将背包放在指定位置，尔后站好，等其他人员全部上车后，听口令坐下。

战斗装具应随身佩带，枪口向上，两腿夹枪，靠于右肩。通常情况下，车厢长坐于驾驶室内，观察员、安全员、信号员通常位于车厢后部，观察员有时也可位于车厢前部。

（四）下车

下车时，通常按照登车时的相反顺序进行。车停稳后，车厢长先行下车，下达“下车”的口令，并与驾驶员协同打开车厢挡板。听到口令后，人员先起立，背背包，做好下车准备。待车厢挡板打开后，按口令或信号从车厢尾部成两路依次下车，到指定地点集合。没有命令不准从两侧下车。下车时，要适当降低重心，选择比较平坦的地面跳下。最后两名人员下车后，合力关闭车厢挡板。

（五）复杂地形条件下行军

在夜间、山地、热带山岳丛林地、高寒地区、沼泽地和江河地区行军时，应根据具体情况，采取不同的措施以保证行军的顺利实施。

1. 夜间行军

夜间行军时应适当缩小分队间、车间距离，降低行军速度；采用易于识别的信（记）号和路标；夜间乘车行进，应尽量闭灯驾驶或开小灯驾驶，每台车均应设置能在夜间看到的识别标志，必要时安装防空灯或车底灯；徒步行军时，每队最后一名士兵背后应有易于识别的标记，以便后队跟进，避免走错路；为能正确地掌握行军路线，行军前，应标好行军路线图；夜间休息时，人员不得离队，武器不得离身；行军中遇敌照明时，应迅速就地隐蔽，待敌照明过后利用有利地形迅速前进。

2. 山地行军

山地行军时应预先备制绳索、刀、斧、锯等克服障碍的工具，特别要加强侦察、通信、警戒和道路保障等安全措施；上下坡和通过隘路、山涧时，应增大车距，降低车速，时速一般不超过 20 千米；在泥泞或冰雪路面行驶，必要时应上防滑链，车速控制在每小时 5～10 千米，并加强前后联络，注意检查车辆状况，特别是制动状况；在狭窄的地方、急转弯处和山垭口应派出调整哨，为保障翼侧的安全，应向翼侧的制高点派出侧方停留警戒，以控制通向行进路线的山间道路、谷地和小径；注意防山洪、林火；遇到大雾或夜间通过危险地段时，车辆应慢速行驶，必要时派人引导前进。

3. 热带山岳丛林地行军

热带山岳丛林地行军时应加强对道路的侦察和保障，加强对车辆技术的保障，采取防暑和防虫害的措施。行军尽可能利用日出前和日落后的凉爽时间进行；适当加大尖兵分队的兵力，必要时，应组织开路分队与尖兵分队一起行进。行军中指挥员应有明确的分工，具体掌握尖兵、本队和后卫；注意控制饮水；减慢行军速度，增加小休息的次数和延长大休息时间；休息时要加强观察、警戒，防止地面和空中的敌人袭击；穿越密林、高草地要督促分队人员戴好帽子，捆扎好领口、袖口和裤口，以防蚊虫叮咬；严禁采食不认识的野生植物和果实；雨天行军，要采取防雷击、防滑措施，通过山涧、溪流、桥梁时，应查看上游有无洪水，检查桥梁有无损坏；通过泥泞易塌方的道路时，要先行观察，预防塌方。遇台风、龙卷风时应暂停行军，利用有利地形规避。

4. 高寒地区行军

高寒地区行军时，行军前，应准备好防冻的被服、装具和物品。调查好行军路线，做好雪地按图和按方位角行进的准备。制定雪地行军防滑和伪装措施，准备好克服冰雪障碍的工具，驾驶员给车轮安装防滑链，并做好伪装，根据出发时间及时发动，必要时提前给发动机加温。行军中，要注意掌握方向，适当减慢速度。应缩短小休息时间，增加小休息次数；通常不进行大休息，如有必要，大休息应选择在有水源并避开风口的地点，力争吃熟食、饮热开水。阳光下雪地行军应戴上风雪镜，以防雪盲。越野通过封冻的江河前，应调查冰层厚度，根据冰层负重决定通过方法。通过隘路、山腰以及在暴风雪中行军应特别加强行军指挥和安全保障，防摔、防雪崩、防翻车，采取前拉后推或以绳索相助等办法克服强逆风和险情。行军中，指挥员应及时掌握气象台（站）的气象预报，了解气象情况和变化趋势，并利用自备器材及时测定气象情况。根据气象情况，恰当地确定行军时间，做好防寒准备工作。

5. 沼泽地行军

沼泽地行军时应在行军中尽量探明道路通行情况，注意查明泥沼的位置以避开；如果陷入泥沼，首先不能惊慌挣扎，因为越是胡乱挣扎，越容易加速沉入泥沼。正确的做法是要甩下背囊装具，身体后倾，轻轻躺下。躺下时尽量张开双臂分散体重，扩大身体与泥沼

的接触面，以减小身体对泥沼的压强，控制下陷速度。如距硬地很近，可利用身体的翻滚，从泥沼中摆脱出来；也可以将身体前倾向前延伸一段距离，攀扶或接近干燥地面及其他附着物。移动身体时必须小心谨慎，每做一个动作，都应让泥有时间流到四肢底下。如身旁有树根、草叶，可拉它借力移动身体。移动时，不要慌忙，移动数米，也许要花费一个小时。感到疲倦时可伸开四肢，躺着不动，这个姿势会保持身体不下沉。

6. 江河地区行军

江河地区行军，在通过渡口时，应根据上级命令，预先派出侦察组，查明渡口情况，明确各分队隐蔽待渡地区、渡河顺序、时间、渡口和渡河器材等，等分队到达后，迅速组织队伍渡河。分队渡河时，应加强调整勤务，组织好警戒和对空防护。通过徒涉场时，应首先了解徒涉场的宽度、水深、流速和河底状况，必要时，可组织人员修整两岸道路，清除河底障碍，标志行进方向和界线。通过时应正确掌握行进方向，车辆要低速行驶，开往指定地区，加强伪装，派出警戒。待分队人员全部到达后按命令再继续行军。

三、宿营

宿营，是部（分）队离开常住营房遂行各种任务中的临时住宿。分为舍营和露营。

（一）宿营方式

分队通常采取露营、舍营或两者结合的方法宿营。

1. 舍营

舍营是部队在房舍内的宿营，是宿营的主要方式。

2. 露营

露营是指部队在房舍外宿营。常在不具备舍营条件时采用。露营的方式分为利用制式器材露营和利用就便器材露营。利用制式器材露营，通常是指利用帐篷、装配工事等制式器材进行的露营。利用就便器材露营，通常是指利用车辆、篷布、雨衣、草木等进行的露营。下面介绍几种利用就便器材露营的方法。

（1）简易帐篷的搭设。搭设简易帐篷可使用雨布、军毯、帆布等就便器材。屋顶形帐篷架设的方法是：将绳子拴在两棵树之间，或用随身带的步兵锹等做支柱，用背包带连接，两端固定在地上，然后将雨布搭在绳子或背包带一侧，底边用石块压牢即成，这种屋顶形帐篷适合各种地形。一面坡形帐篷适合于在断墙、塄坎等处架设，其方法是：将雨布的一端固定在墙壁或塄坎上，另一端固定在地面，两边用树枝、野草堵塞挡风。在林地搭设时也可用树木固定。

（2）临时遮棚和吊床的搭制。在树林里过夜时，可就地取材搭制临时的遮棚或制作吊床。一面遮棚的搭制方法是：选择两棵树做立柱，然后在距地面一米处绑一横杆，在横杆上斜搭若干后杆，后杆上再绑上两条横杆，在横杆上可铺设许多树枝，以防露水或小雨，遮棚的两侧也用树枝遮堵。同样的方法也可用于搭设岩壁遮棚。吊床在丛林地带搭设非常合适，吊床的制作非常方便，帆布、军毯、伪装网都可以制作吊床，其搭制方法是：吊床的两端拴在两棵树上，上面再拉一根绳子，搭上雨布，四角用绳子系牢，便形成一个心形帐篷。

(3) 构筑雪洞露营。冬季在冲沟、雨裂、凹地、山谷等积雪深的地方，宜构筑雪洞。当积雪在1.4米以上时，可直接开口构筑。洞口大小，以一人能进出为宜。开口后可拐1～2个直角弯，使通道尽量成“Z”形，并修成向上倾斜的斜坡状。雪洞要比通道高一些，洞顶铲成拱形，并留出通气孔。

(4) 构筑猫耳洞（掩体）露营。冬（旱）季可在便于隐蔽伪装、土质较好的地形上利用堑壕、交通壕挖地下猫耳洞露营。挖掘时，开口应尽量利用沟、壕的切面，也可以直接在地面开口。一般以班为单位构筑工事，每个班挖2～3个洞为宜，洞内呈方形，顶部铲成拱形。若土质松软或黏结性差，洞内可挖成“人”字形、“丁”字形、“工”字形、“十”字形等，以减少顶部单位面积的承受力。构筑猫耳洞露营时，应特别注意防塌方和潮湿，在土质松散地区应适当缩小洞的空间，视情况进行支撑或被覆。有时也可将既设工事和掩体适当改造进行露营，利用塑料布和土工作业结合，构筑“厅洞式”“坑道式”“长廊短洞式”等生存露营工事。

（二）宿营地域的选择

1. 宿营地应具备的条件

宿营地域应当有一定的地幅和良好的地形，便于疏散隐蔽配置和休息；有良好的进出道路，便于机动、迅速地投入战斗；有充足的水源和较好的卫生条件，避开洪水道、油库、高压电源、严重的污染区和易崩塌的危险地点。此外，夏季宿营地点应选择在比较干燥、地势较高、通风良好、蚊虫较少的地方；冬季宿营应选择在避风向阳的地区。

宿营地域的面积，营通常为6～8平方千米，连约1平方千米，排约0.4平方千米，班约0.05平方千米。连间距通常为300米，排间距通常为30～50米，班间距为20米。

2. 宿营地的选择方法

分队宿营地域通常由上级确定，单独宿营时，自行选定。

当由上级确定时，分队可派人参加或跟随上级的设营组，明确本单位的宿营地。

当单独组织宿营时，通常成立设营组，先行出发完成选择工作。设营组可先在图上预先确定几个宿营地的可选点，再到现场仔细察看确定。

（三）宿营部署的确定

宿营部署是宿营时对兵力所做的区分和配置。

当敌情威胁较小或集结地域有良好的地形时可采取集团部署，适当缩小宿营地域内各分队之间的间隔距离，以便指挥和管理。当敌情威胁较大时，应尽量采取分散的部署方式。

露营时，通常以连为单位，沿道路一侧或两侧，利用地形疏散配置。车辆应当离开道路，隐蔽在便于进出的地点。

舍营时，根据房舍条件，尽量按建制住房，并离开重要交叉路口、桥梁和具有明显方位的街区。车辆配置在建筑物外面便于隐蔽的地点，并进行严密伪装。

紧急集合场应选择在宿营地内或附近便于集中的地点。紧急疏散场应选择在便于疏散且隐蔽的地点。

宿营地的警戒主要包括班哨、步哨、流动哨、潜伏哨和警卫哨等。

（四）进入宿营地后的主要工作

分队到达宿营地域时，应当在设营人员引导下，隐蔽地进入到指定的宿营地域。

1. 组织警戒

进入宿营地后，应迅速指定对空观察哨和值班火器（或分队），根据情况向有敌情顾虑的方向派出排哨、班哨、步哨、游动哨和潜伏哨。

2. 报告宿营情况

报告的方式有文字、口述等。宿营报告的主要内容是：当日行军的主要情况，宿营部署，武器弹药、装备器材、给养和车辆损耗情况，人员思想情况以及存在问题和请示事项。

3. 组织休息，搞好管理

（1）组织卸载、卸装，架设帐篷，伪装宿营地。

（2）提出用水要求，组织警戒水源，安排人员就餐、休息。

（3）组织检查、维修、保养车辆。

（4）组织擦拭武器、整理装具，补充弹药，准备器材。

（5）组织医护人员巡诊。

4. 果断处置情况

遭敌空袭时，要立即发出警报，各分队迅速进入指定疏散地区隐蔽，组织火器对空射击。空袭后，视情况继续宿营或根据上级指示转移宿营地。

遭敌坦克、摩托化步兵突然袭击时，应迅速指挥部（分）队强占有利地形，顽强抗击敌人，及时报告上级。如发现敌军向我宿营地附近空降时，应立即报告上级，并指挥部（分）队迅速奔赴敌空降地区，抢占要点，在友邻和民兵的协同下，歼敌于立足未稳之际。

遭敌核、生、化武器袭击时，应迅速进入疏散区，利用地形和工事进行隐蔽。用制式或就便器材进行防护。袭击过后，应迅速抢救伤员、灭火、消除沾染（消毒），并将情况报告上级，根据指示组织部（分）队撤出沾染地区。

第四节　野外生存

名人名言

军事训练的首要任务是使新兵的和平生活方式转变为战争的生活方式，做不到这一点，就会减少他们生存的机会，使他们不能执行任务。

——［美］泰勒

野外生存，是指在荒岛、沙漠、山地、丛林等生疏复杂的地形环境中，人员住宿、生活无保障的情况下求得生存。军人在孤立无援的敌后或生疏的荒野丛林等特殊环境，为了自身生存与安全，必须学会野外生存的方法与技能。野外生存是一项综合性非常强的军事技能，重点解决吃、住、行的问题，需要掌握军事地形学、行军、露营等基本知识。

一、野外生存的特点和要求

信息化条件下，野外生存的特殊性决定了部队在吃、住、行、打、藏等方面与正常情况下相比都具有不同的特点和要求。

（一）基本特点

野外生存是战术背景下特殊的作战行动。除了战术行动的一般特性之外，野外生存还具有以下三个显著特点：一是条件简陋，环境复杂；二是人员分散，指挥不便；三是威胁增大，防护困难。

（二）基本要求

野外生存务必遵循以下要求：一是充分利用地形严密伪装；二是加强侦察、警戒和防护；三是准确地判定方位；四是立足现有条件独立生存。

二、野外生存的主要技能

除了与敌交战及相关保障的战技术之外，野外生存技能主要是指与恶劣环境搏斗方面的能力，包括野外判定方位和求救、取水、猎食、野炊、伤病防治等内容。

（一）判定方位和求救

1. 野外判定方位

见本章第五节相关内容。

2. 野外求救

当自己和队伍出现需要借助外界的力量救助才能脱险时，应懂得基本的求救、呼救方法。

利用声音求救：有时陷入低洼的地方、密林中、塌陷物内，或遇大雾、暗夜等情况时，间断性地呼救是十分必要的。不少类似遇险者，意志坚强，不断地呼救，最后终于获救。也可就地取材，利用哨声、击打声呼救。

放烟火：燃放烟火是最常见的求救方法。白天用烟，即在燃火上放一些橡胶片、生树叶、苔藓、蕨类植物等，可以生成燃烟，以便通知外界。夜晚用火应在开阔地上，向可能的居民区方向点三堆明火，用火光传达求救信号。

光信号：白天用镜子借助阳光，向可能的居民区或空中的救援飞机反射间断的光信号，光信号可传 16 千米之远。方法是将一只手指瞄准应传达的地方，另一只手持反光镜调整反射的阳光，并逐渐将反射光射向瞄准的指向即可。夜晚用手电筒，向求救方向不间断地发射求救信号。

国际通用的求救信号是 SOS，即三长三短，不断地循环。

现代求救方法：随着时代的发展，各种现代求救设备逐渐普及，如信标机、无线电通信机、卫星电话等设备，如果有条件可以逐步配备这些现代设备。

（二）获取饮水

水是野外生存的重要条件。水在某种程度上比食物更重要。因此，觅水是野外生存的重要内容之一。

1. 寻找水源

（1）寻找地下水源。通常采取观察草木的生长位置和动物的活动范围的方法来判定。

在干旱的沙漠、戈壁地区，生长着怪柳、铃铛刺等灌木丛的地表下 6～7 米深就有地下水；有胡杨生长的地方，地下水位距地表不超过 5～10 米；芨芨草生长的地方，地下水位只有 2 米左右；芦苇生长茂盛的地方，地下水只有 1 米左右；如果发现金戴戴、马兰花等植物，便可判定下挖 50 厘米或 1 米左右就能找到地下水。

在南方，叶茂的竹丛不仅生长在河流岸边，也常生长在与地下河有关的岸溶大裂隙、落水洞口的地方。在广西许多岩溶谷地、洼地，成串的或独立的竹丛地，常常就是有大落水洞的标志。这些落水洞有的在洞口能直接看到水，有的在洞口看不到水，但只要深入下去，往往就能找到地下水。

在地下水埋藏浅的地方，泥土潮湿，蚂蚁、蜗牛、螃蟹等喜欢在此做窝聚居；冬天，青蛙、蛇类动物喜欢在此冬眠；夏天的傍晚，因其潮湿凉爽，蚊虫通常在此成柱状盘旋飞绕。

另外，还可以从特殊植物的生长地点，来判定地下水的水质情况，如见到马兰花、拂子茅等植物群，就可断定那里不太深的地方有淡水。

（2）寻找植物中的储水。山野中有许多植物可用来解渴，如北方的黑桦、白桦的树汁，山葡萄的嫩汁，酸浆子的根茎；南方的芭蕉茎、扁担藤等。在北方的初春，只要在桦树干上钻一个深 3～4 厘米的小孔，插入一根细管（可用白桦树皮制作），流出汁液，可立即饮用（因白桦树汁液在空气中很快就会发酵）。西南边疆密林中的扁担藤，长 5～6 米，缠绕在树干上，藤面呈灰白色，叶色深绿，呈椭圆形，砍断藤干后就会流出可供饮用的清水。在热带丛林中有一种储水竹子，生长在山沟两旁，直径约 10 厘米，竹节长约 50 厘米，竹节内的水既卫生还带有一股淡淡的竹香。注意砍的时候应先摇摇竹竿，无水响的竹子不要砍，有虫眼的竹节也不要砍。

（3）采集地表水和雨水。在找不到其他可饮用水的情况下，可在清晨采集植物枝叶上的露珠。方法是将塑料布或雨布铺在草丛下面，摇晃草叶使露水一滴滴落下，积少成多，可解干渴之急。下雨时，可用雨布、塑料布大量收集雨水；也可用空罐头盒、杯子、钢盔等容器收接雨水。冬季可以化冰、雪为水，沉淀后即可饮用。

2. 鉴别水质

由于水在自然界的广泛分布和流动，特别是地面水流经地域很广，一般情况下难以保证水源不受污染。在野外没有检验设备时，我们可以根据水的色、味、湿度、水迹概略地鉴别水质的好坏。切记：无论多么口渴，都不要饮用不洁净的水，万不得已时，也要把水煮开再喝。

观察水的颜色：纯净的水在水层浅时无色透明，深时呈浅蓝色。鉴别时可以用玻璃杯或白瓷碗盛水观察，通常水越清水质越好，水越浑则说明水里含杂质多。水色随含污不同而变化，如含有腐殖质呈黄色，含低价铁化合物呈淡绿蓝色，含高价铁或锰呈黄棕色，含硫化氢呈浅蓝色。

嗅闻水的味道：一般清洁的水是无味的，而被污染的水带有一些异味。如含硫化氢的水有臭鸡蛋味，含盐的水则带咸味，含铁较高的水带金属锈味，含硫酸镁的水有苦味，含有机物质的水有腐、臭、霉、腥、药味。为了准确地辨别水的气味，可以用一只干净的瓶，装半瓶水摇荡数下，打开瓶塞后立即用鼻子闻。也可以把盛水的瓶子放在约 60 摄氏度的热水中，闻到水里有怪味，就不能饮用。

触探水的温度：即通过用手触探水温来鉴别水质。地面水（江河、湖泊）的水温，因气温变化而变化，浅层地下水，受气温影响较小，深层地下水，水温低而恒定。如果水温突然升高，多是有机物污染所致。工业废水污染水源后也会使水温升高。

试验水点斑痕：用一张白纸，将水滴在纸上晾干后观察水迹。清洁的水是无斑迹的，有斑迹则说明水中杂质多、水质差。

3. 改善水质

野外饮用水，必须经过洁治、消毒等方法改善水质，使水里的悬浮物和胶质物质越少越好。

消毒：水的消毒主要是杀灭对人体有害的致病微生物。主要方法有两种：①物理法消毒，就是将水煮沸，这是一种简单而且比较可靠的消毒方法；②化学法消毒，就是利用化学药品氯、碘、高锰酸钾、漂白粉、明矾等对水进行消毒。

洁治：水的洁治就是消除水中的杂质和污物。常用的方法有沉淀、过滤、混凝等三种。在野外因条件限制，也可以用一些含有黏液质的野生植物净化浑浊的饮用水。如贯仲的根和茎，榆树的皮、叶、根，木棉的枝和皮，仙人掌和霸王鞭的全株，水芙蓉的皮和叶，都含有黏液质和糖类高分子化合物。这些植物与钙、铁、铅、镁等二价以上的金属盐溶液化合，形成絮状物，在沉淀过程中能吸附悬浮物质，起到净化浑水的作用。

用野生植物净水，要挑选新鲜的植物，将其捣烂磨碎。使用时在一桶水内放 4 克左右植物糊，搅拌 3 分钟后再静止 10 分钟，浑水即能澄清。植物净水，虽然絮状物沉淀时能除去部分细菌和微生物，但是没有消毒作用。因此，饮用水最好再加少许漂白粉或煮沸消毒。

仙人掌、霸王鞭是可食用植物，净水时用量很少，产生的絮状物又能沉淀析出，用其澄净饮用水是最理想的植物。

在野外，一般不要饮用从杂草中流出的水，而饮用从断崖裂缝或岩石中流出的清水；饮用河流或湖泊中的水时，可离水边 1～2 米的沙地中挖个小坑，坑里渗出的水比从河湖中直接提取的水清洁。在无水源的情况下，也可利用野生植物解渴。如北方的黑桦、白桦的树汁、山葡萄的嫩条、酸浆子的根茎、南方的芭蕉茎、扁担藤等植物都可以解渴。

（三）猎食

熟练掌握识别、采集（猎获）野生植（动）物的方法，对于提高野外生存能力，确保部队在复杂险恶的战场环境中保持持久的战斗力有着重要的意义。

1. 常见的野生植物、动物

常见的可食野生植物，包括野果、野菜、藻类、蘑菇等。不但野菜、野果可食，而树皮也可应急食用。如柳树、松树、白杨树新生的树皮或内皮（在硬树皮与树木之间的软皮）都可以吃。常见的野生动物，有野猪、鹿、羊、野鸡、野兔、蛇、鱼、贝类和海上浮游生物、昆虫等，可根据季节、地域等条件予以捕捉食用。

2. 野生植（动）物的识别

鉴别野生植物是否有毒的方法有以下几种。

（1）摸。用手仔细触摸，无毒的植物通常不会使手上皮肤产生发痒、发红、起风疹块等刺激症状。

（2）嗅。植物若无毒，折断枝、叶不会有牛奶样汁液流出，闻之亦无腐败及其他使人感到怪异的气味。

（3）尝。将少量食物放入嘴里咀嚼几分钟，无毒植物一般不会有烧灼感，也无辛辣、苦味或滑腻味。

（4）试。将植物割开一个口子，放进一小撮盐，仔细观察口子是否改变原来的颜色，通常变色的植物不能食用。

经过以上鉴别后，可以将此类植物采集少量食用。如果食用 8 小时后没有什么特殊感觉，就可适当加大食用量。另外，还可以通过观察哺乳类动物所食用的植物种类。像老鼠、兔子、猴子、熊等吃过的植物一般可以食用。但鸟类可以食用的植物，人不一定能够食用。

野生动物的识别：世界上可食动物很多，如蜥蜴、蛇、鸟等，一般说来，各种长有皮毛的动物、各种禽鸟和蛇类都可以食用，但必须保证猎获的动物是新鲜、无病菌的；外形奇特的鱼、贝壳，野生动物的肝和卵等内脏通常有毒，一般不要食用。

3. 野生植物的采集与食用

（1）野生植物的采集。

①野果。中国地大物博，南北方的灌木丛中都生长有许多可食的野果。如：生长在低山丘陵常绿阔叶灌木丛中的桃金娘，山地落叶阔叶灌木丛中的山桃、胡颓子，石灰岩山地落叶阔叶灌木丛中的小果蔷薇，河谷落叶阔叶灌木丛中的余甘子、沙棘，沙地灌木丛中的山荆子、稠李等，以及山樱桃、山柿子、猕猴桃、酸藤果、茅莓、棠梨、坚果等。夏秋两季这些野果都可以生食充饥。如无识别野果的经验，可观察鸟和猴子都选择哪些野果、干果为食，一般来说这些野果都可以食用。

②海藻。海藻通常长在海岸和岛屿上，绿藻、红藻、褐藻一般都可以食用，且易于采集。常见的海藻有海带、紫菜、红毛菜、鸡冠菜、刺海松、裙带菜、海紫面、鹅掌菜等。

③菌类。采食蘑菇（菌）类植物时，要善于识别有毒蘑菇，误食时轻者出现中毒症状，重者会致人丧命。长有白色菌褶、茎干茎部有菌托以及带菌环茎干的菌类有毒，腐败的菌类也有毒。

检验植物能否食用时，还可做个小试验，稍稍挤榨一些汁液涂在体表如前上臂、肘部等敏感部位，如果起疹或肿胀不适，就不能食用。也可少量试尝不能确定的植物的果、球根、块茎、叶、幼枝等，如食后感觉喉痛痒，有很强的烧灼感或刺激性疼痛等，应弃之；反之，如未发生口部痛痒，不出现恶心、发虚、腹胀、胃部不适应等症状，可以认为这种植物能够食用。

（2）野生植物的食用。

①生食。无毒并具有美味的野菜，例如苦菜、蒲公英、小根蒜等可以生食。将野菜择洗干净，用开水烫过即可加调味品食用。无毒并具有柔嫩组织的野菜，例如马齿苋等，可将野菜用开水烫或煮开 3～5 分钟后，将菜捞出，挤出汁液后，加入调味品凉拌吃。

②炒食或蒸食。无毒或无不良苦味的野菜，例如刺儿菜、荠菜、野苋菜、扫帚菜、扁蓄、鸭跖草等，将嫩茎叶择洗干净，切碎后即可炒食做菜。

③煮浸。对于一些有苦涩味并可能有轻微毒性的野菜都可采用这一方法，如败酱、胭脂麻、水芹、珍珠菜、龙芽草、水杨梅等。采摘嫩茎叶洗净后，在开水或盐水中煮 5～10 分钟，然后捞出在清水中浸泡数小时，并且不时换水，浸泡时间随野菜的苦味大小而定，必要时可以过夜，然后即可炒食。海边的海藻类也可用以上方法进行加工处理后食用。

4. 野生动物的猎获与食用

（1）猎获方法。常见的猎获方法有以下三种：

①压猎。压猎是较为原始的狩猎方法，但捕获率却很高。其中压拍子是压猎法中最简便易行的一种方法，可以捕捉各种小毛皮兽。压拍子是用一块石板或木板，或冻土板、冰板，用木棍（或绳子）支（或吊）起来，板上可加压重物，板下放置诱饵，当动物取食时，即被捕获。

②套猎。套猎是用各种绳索（棉、麻、棕绳或降落伞绳）、马尾、钢丝制作套子猎捕动物。套子的大小、距地面的高低，由所猎动物的大小决定。例如，套捕野兔的简易套，可选取长 1.5 米、直径 1 毫米左右的钢丝，做成套子。套子的直径约 13～14 厘米，套的一端拴在小树上，套子底边地面约为 10 厘米。套子要布设在疏林和林中空地或兔子通道中间，不要偏斜和歪扭。此外，还可就地取材用树木、竹子和绳索做吊套和翻身套猎捕动物。吊套的主要优点是简便易行，既可套捕大动物，也可套捕小动物，动物一经套住，由杠杆将其吊起，使其没有挣扎逃跑的可能。吊套的“机关”种类很多，可根据情况灵活运用。

③捕兽卡和竹筒。捕兽卡主要用于捕猎小动物，如田鼠、旱獭、黄鼬等。捕兽卡用一根细钢丝弯曲而成，两端有向外弯曲的尖，中间有供设置用的细铁丝小圈。设置时，将钢丝两臂压紧，两臂上的铁丝小圈重叠，用大头针通过后面小圈穿入重叠小圈即可。钢丝尖端设置诱饵，当动物取食时，铁丝圈即从大头针脱落，钢丝弹向两侧，因钢丝尖端支撑动物嘴部而捕获。竹筒，主要用以猎捕小动物。选择内径为 6～7 厘米，长 60 厘米左右的一节竹筒埋入地下，竹筒上口与地面持平，竹筒里面必须光滑，将诱饵投入筒底（北方冬季也可在地上打上斜洞，洞壁用水浇上成薄冰），当动物进入筒中取食时，就再无法退出来而被捕获。

特别值得一提的是，捕获蛇和鱼是获取食物的重要手段。

捕蛇可采用木叉法、泥压法、索套法等方法。木叉法适用于捕捉较大的蛇，其方法是用树枝做一木叉，木叉柄的长短，必须以捕蛇者俯身后两手能够提到蛇颈部为准。叉口的大小以能叉紧蛇的颈部为宜。捕捉时，先叉住蛇的颈部，然后立即俯身用胸部抵住木叉柄，一只手抓住蛇的颈部，另一只手握住蛇的尾部，即可捉住或将其弄死。泥压法用于捕

捉在地面或石头上活动的一些不大的蛇。可拿一大块黏泥，用力向蛇摔去，把蛇黏压在地上或石上，使蛇一时不能逃走，立即动手捕捉。索套法用于捕捉在乱石上、草丛间或地上翘起头的蛇或者盘绕在竹子或树上的蛇。在竹竿的一端打通一个洞，穿过一条具有一定硬度和弹性的细尼龙绳或细塑料绳，做成一个活动圈套，用手拿着竹竿和绳索，用另一端从蛇的背后将活套对准蛇的头部迅速套住，随即拉紧活套，缚住蛇颈。

捕鱼应有钓线、鱼钩、钗坠、浮子等。鱼钩可用针制作，或在海边寻找被丢弃的鱼骨和小硬木刺来制作临时的鱼钩。加工时，若无小刀可将贝壳打破，用贝壳的锐角，细心刮制。钓线则可寻找韧性较强的蔓草制作。先将蔓草晾干，再用石块捶击使其柔软，捻成强韧的钓线，长度最好在2～3米左右。钩坠可用子弹壳或小石子等重物代替（安放在距离鱼钩10～15厘米处），鸭、鹅、雁等禽鸟的羽毛管、松树和杨树的树皮以及玉米秆、圆球笔芯等都可以制成浮子。钓竿则可用任何一种柔韧的竹竿或树木的枝条代替。鱼饵通常用蚯蚓，实际上各种昆虫，如蜻蜓、蝗虫等都可以做鱼饵。还可以用刺刀、削尖的鱼骨绑缚在木棍、竹竿上面，做成一柄“鱼叉”，在岸上俯瞰鱼类往来的位置，用鱼叉来叉鱼。在海滩边，如长期驻留，可用垒石、木桩构筑围栅捕鱼，其形式大小依条件而定。

此外，冬季山林地捕捉野兔最容易。深雪时，辨识出新鲜足迹，徒手就可以捉到。在海岛礁岩边，可在夜晚抓海鸟，因为鸟类在夜里是不会动的。

（2）猎获物的处理。猎获的动物首先要将皮剥去。剥皮时，将动物侧放或仰置，从头到尾沿腹部剖开。再由腿部绕膝关节割开，手沿腿内侧把这些切口与纵切口连接。先剥腿部皮，然后再剥躯体上的皮。剥皮时，一面用刀子割，一面把拳头伸入肌肉和皮之间撑开。剥皮后取出内脏，将肉体肢解成块。猎获的禽类应先拔除羽毛，可用手拔掉大羽毛，再用火烧去残存的绒毛，然后取出内脏。鱼类要把内脏和鳃取出，开鱼腹时，应注意不要将胆囊弄破。蛇的处理要先用左手将蛇头紧紧抓住，再用脚踩住蛇尾，右手拿刀，从头开始剖。剖到蛇腹时（凸出部），用刀尖将蛇胆挑出来（可用冷开水饮服，能去风湿）。把蛇腹全部剖开后，取出五脏，然后剁去蛇头，在尾部割一圈，在割的部位掀起蛇皮，一直撕到头，将其放在冷水中洗净备用。

（3）猎获物的食用。火烧烤：削几支长约50厘米的短棍，把肉切成片穿在上面；鱼从嘴部穿入，整条穿在棍上；蛇缠绕在木棍上，然后把肉（鱼）拿到火上烤一分钟左右，使其表面结成焦皮，以免肉汁流出；再把短棍移到距火稍远处烧烤，也可斜插在火旁；烧烤时，肉要勤翻转，大约5～15分钟即可烤熟；最后加入少许盐即可食用。

泥包裹肉（鱼）烧烤：将肉块、鱼或禽鸟用和好的泥包裹起来，泥厚约3～5厘米，放在火中盖上一层木炭；鱼或禽鸟约需4～5分钟即可烤熟，肉需要的时间稍长；烤熟之后，将黏土外壳剥掉即可食用。

石头烤肉：用两块扁平的大石头放入火中，两块叠在一起，中间用小石块隔开。待石头烧热后，撤去木柴，扫除灰烬，把肉搁在两块石头中间烧烤。

贝类：用火一烤就会开口，出泡沫后，肉质变硬时就熟了，若没有盐，可以在烤熟之前加入一点海水即可食用。

昆虫的食用：可以食用的昆虫有蜗牛、蚯蚓、蚂蚁、知了、螳螂、蟋蟀、蝴蝶、飞蛾、蝗虫、蚱蜢、蜘蛛、蝌蚪等等，对昆虫可用油炸（动物油）、烧烤、烹煮等方法处理后食用；食用昆虫一定要煮熟或烤透，以免昆虫体内的寄生虫进入人体，导致中毒或致病。

（四）野炊

野炊，是指在野外利用制式炊具或就便器材制作热食和熟食的炊事活动。是野外生存的一个重要方面。

野炊的行装准备：野炊通常应准备一定数量的粮食、蔬菜、油盐酱醋、野战锅灶和引火柴等，粮食通常以个人携行和运行相结合的方法保障，蔬菜通常以就地购买为主；寒区冬季可冷冻一些便于携带的食品，还可根据条件对肉类、蔬菜、豆制品进行预先加工。

野炊基本的操作方法和程序如下。

1. 选择野炊位置

野炊通常应选择在隐蔽条件好、附近有良好水源的位置，如背敌的山坡、沟坎、水渠、森林、居民地等。应注意避开独立明显的物体，卫生状况良好，避开厕所、粪坑和化学沾染地区；有一定的地幅，便于展开和减小敌火杀伤的地区。通常炊事班展开面积不应小于200平方米，以战斗班为单位野炊时，班与班之间间隔15米以上。

2. 制备炊具

如果有制式的炊具可以直接利用，否则就要就地取材自己制备了。

（1）脸盆、罐头盒、钢盔的利用。在野外可以用石头做架，或用铁丝吊挂脸盆、铁盒、钢盔等物，用火加热，烹煮食物、烧开水等。

（2）铁丝、木棍的利用。可将食物穿插缠裹在铁丝或木棍上，放在火边烧烤熟化。

（3）石板或石块的利用。用火将石板烧烫以后，将食物切成薄片放在上面烙熟。将若干拳头大小的石块放在火中烧热，用棍拨到一个40厘米深的土坑，石块上铺一层大树叶，放上食物，上面再铺一层树叶，将剩下的热石头块铺在树叶上，然后再铺上厚厚的树叶，三四个小时之后即可取食。

（4）黄泥的利用。用和好的黄泥在地上摊成一个3厘米厚的泥饼，上面铺一层树叶，将野鸡、野兔或鱼等物除去内脏，不脱毛不褪鳞，放在泥饼上，用泥饼将食物包裹成团，放在火中烧两个小时即可食用。食用时兽毛或鱼鳞粘在泥块上，随之脱离。

（5）竹节的利用。选粗壮的竹子砍倒，每2～3节竹筒砍成段，将竹节的一端打通，将米和水灌入竹节里，米约占三分之二，然后将竹节放在火中烘烤，约40分钟可做成熟饭。青（湿）柴草是野炊常用的燃料，烧青（湿）柴草时要准备好引火柴、吹火筒、砍柴刀。然后，先点燃引火柴，将湿柴劈细，待引火柴燃烧旺盛后，将湿柴交叉架空放在火上，并要少添、勤添。烧草时，要将草挑松散，勤出灰，并可由多人轮流使用吹火筒吹风助燃。烧火时，可将青（湿）柴草放在烟道上灶口旁，边烤边烧。并留下一些烧干的柴革，为下一餐引火使用。

3. 取火

煮烤食物需要火，露营取暖需要火，发求救信号也需要火。因而，野外生存的能力，在某种程度上说，取决于取火的能力。在特殊条件下取火的方法有以下几种。

枪弹取火法：取一枚子弹，将弹丸拔出，倒出三分之二的发射药，撒在干燥易燃的枯草或纸上，把弹壳空出的地方塞上纸和干草，然后推弹壳入膛，用枪口贴近撒了发射药的引火物射击，引火物即可燃烧。

透镜取火法：在晴朗的白天可使用这种方法取火，用放大镜，如果没有放大镜，可用望远镜或瞄准镜、照相机上的凸透镜代替，冬季可用透明的冰块磨制；透过阳光聚焦照射易燃的引火物（腐木、布中抽出的线、撕成薄片的于树皮、干木屑等）取火，利用放大镜取火最为迅速的是照射汽油、酒精和枪弹的发射药或导火索，可迅速点燃引火物。

电池取火法：用手电筒内电池和电珠也可做成引火工具，用电珠在细石上小心磨破，注意不能伤及钨丝，然后把火药填入电珠内，通电后即能发火。

击石取火法：取一块坚硬的石头（黄铁矿石最好）做“火石”，用小刀的背或小片钢铁向下敲击“火石”，使火花落到引火物上燃烧。

钻木取火法：用强韧的树枝或竹片绑上鞋带、绳子或皮带，做成一个弓子，在弓上缠一根干燥的木棍，用它在一小块硬木上迅速地旋转，最后钻出黑粉末，这些黑粉末冒烟而生出火花，点燃引火物；用一根干的树干，一头劈开，并将裂缝撑开，塞上引火物，用一根藤条穿在引火物后面，迅速抽动藤条，使之摩擦发热而引燃引火物；还可以用两块软质的木头或竹片用力相互摩擦取火，下面垫以榈桐皮或易燃物也可引燃取火。

4. 组织野炊

组织野炊，通常采取炊事班野炊或战斗班野炊两种方式。视情况两种方式也可结合使用。组织野炊时，指挥员应派出警戒，明确野炊的位置、方式、隐蔽伪装措施、时间、要求及注意事项。锅灶设置可采取自备野炊灶、就地挖灶和就地垒灶三种方法。

自备野炊灶：使用自备野炊灶，具有展开快、做饭快、撤收快的特点，但容易暴露目标，炊事人员行军负荷大。

就地挖灶：根据不同要求，分为散烟灶和蔽光灶，均由烧火槽、灶门、灶膛和烟道四大部分组成。构筑蔽光灶时应注意：灶门的大小要合理，烧火槽周围应用土加高，使之侧视不易看到火光；烧火槽上方可用就便器材遮盖，防止空中发现火光；烟道可只设置一条，但末端应用松土堵塞，防止火星外冒。

就地垒灶：在冻土地等挖灶困难或来不及挖灶的情况下，可利用土、石块等就地垒灶。垒灶野炊时，容易暴露目标，因此，应加强观察、警戒，随时做好战斗和转移的准备。

（五）常见伤病的防治

（1）毒蛇咬伤的防治。在山野丛林中活动时，一旦被毒蛇咬伤应立即采取紧急救护措施。首先，马上用布条或布绳等缚住伤口处靠近心脏一端，以减少毒血上流。随后，用刀子在毒蛇咬伤处挑开一个口，挤出毒液，也可用口吸出毒液（口内有溃疡、生疮、出血等不能用口吸，以免中毒），随吸随吐，有条件还可进行冲洗，然后尽快就医，不可延误。一般情况下，在毒蛇较多的地区活动时，应备有蛇伤救治药物。

（2）昆虫叮咬的防治。在野外为了防止昆虫的叮咬，应着长袖衣和长裤，扎紧袖口、领口、裤口。皮肤暴露部位涂抹防蚊药。不要在潮湿的树荫和草地上坐卧。宿营时，燃点艾叶、香蒿、柏树叶、野菊花等植物驱赶昆虫。被昆虫叮咬后，可用氨水、肥皂水、盐水、小苏打水、氧化锌软膏涂抹患处进行止痒消毒。

（3）蚂蟥叮咬的防治。蚂蟥是危害很大的虫类，遇到蚂蟥叮咬时，不要硬拔，可用手拍打，或用肥皂液、盐水、酒精滴在其前吸盘处，或用烧着的香烟烫，让其自行脱落，然后压迫伤口止血，并用碘酒洗涤伤口防止感染。部队行进中，应经常查看有无蚂蟥爬到脚上，在鞋面上涂些肥皂、防蚊油，可以防止蚂蟥上爬。涂一次的有效时间为 4～8 小时。此外，将大蒜汁涂抹于鞋袜和裤脚，也能起到驱避蚂蟥的作用。

(4) 昏厥的防治。野外昏厥多是由于摔伤、疲劳过度、饥饿过度或长时间在烈日下暴晒出汗过多等原因造成的，主要表现是脸色突然苍白，脉搏微弱而缓慢，失去知觉。遇到这种情况时，不必惊慌，一般过一会儿便会苏醒。醒来后，应喝些热水并注意休息。

(5) 中毒的防治。中毒症状是恶心、呕吐、腹泻、胃痛、心脏衰弱等。遇到这种情况时，首先要洗胃，快速喝大量的水，用手指触咽部引起呕吐，然后吃蓖麻油等泻药清肠，再吃解毒药及其他镇静药，多喝水，以加速排泄。为保证心脏正常跳动，应喝些糖水、浓茶，并立即送医院救治。

(6) 中暑的防治。炎热暑季，人体的体温调节和其他生理机能发生障碍或活动量过大、休息不足、水盐补充不及时、衣服不通气等都会引起中暑。其症状是突然头晕、恶心、昏迷，无汗或湿冷，瞳孔放大，发高烧。发病前，常感口渴头晕，浑身无力，眼前阵阵发黑。此时应立即在阴凉通风处平躺，解开衣裤带，使全身放松，再服十滴水、人丹等药。发烧时，用凉水浇头，或冷敷散热。如昏迷不醒，可掐人中穴、合谷穴使其苏醒。

(7) 冻伤的防治。当气温在零摄氏度以下，人长时间在户外活动时，耳、鼻、手、脚、脸都容易冻伤。当发现皮肤有发红、发白、发凉、发硬等现象，应用手或干燥的绒布摩擦伤处，促进血液循环，减轻冻伤。轻度冻伤用辣椒泡酒，涂擦便可见效。深度冻伤者，要防止冻伤部位进一恶化，注意千万不要放在火上烘烤。最好的方法是将冻伤部位放在 28～28.5 摄氏度的温水中缓慢解冻。对严重冻伤者，注意不要挑破水疱和摩擦伤处，要防止受到感染，并力争尽快送医院治疗。

(8) 蜇伤的防治。被蝎子、蜈蚣、黄蜂等毒虫蜇伤后，伤口红肿、疼痒，并伴有恶心、呕吐、头晕等症状。要先挤出毒液，然后用肥皂水、氨水、醋等涂擦伤口，或用马齿苋捣碎，汁冲服，渣外敷，也可用蜗牛洗净后捣碎涂在伤口处。此外，蒜汁对蜈蚣咬伤也有疗效。

(9) 抽筋的防治。由于过度地运动或姿势不佳，而引起肌肉的协调不良，或运动后受寒，体内的盐分大量流失，因此致使肌肉突然产生非自主性的收缩现象。其症状为：患处疼痛，肌肉紧张或抽搐的感觉，患者无法使收缩的肌肉放松。处理方法：拉引患处肌肉，使患处打直，轻轻按摩患处肌肉，补充水分及盐分，休息直到患处感觉舒适为止。

(10) 出血与止血方法。发生出血，应立即采取果断措施进行止血。由于野外缺医少药，主要是利用指压止血法和包扎止血法进行止血。具体方法详见下编第八章第四节相关内容。

野外生存除了掌握以上基本的生存技能之外，还必须具备强烈的求生欲望和战胜恶劣环境的坚强意志与勇气。没有这个勇气，一切知识和技能都变得毫无意义。而正视灾难的勇气，坚定的求生信心与顽强的毅力则来源于平时的磨炼。

第五节 识图用图

名人名言

迅速判定地形的一切利弊，根据地形特点迅速地配置自己的军队，成了对指挥官的主要要求之一。同时这种才干以及独立指挥的一般能力不仅为总司令所必需，而且为下级军官所必需。

——［德］恩格斯

地形图是按照一定的数学法则，并结合特定的符号、颜色和文字注记，将地表起伏形态和地物位置、形状等自然和社会现象，综合绘制于平面介质上的图形。是作战的重要依据。

一、地图比例尺

（一）地图比例尺的概念

地图上某线段长与相应实地水平距离之比，叫地图比例尺。即：

$$地图比例尺=\frac{图上长}{相应实地水平距离}$$

（二）地图比例尺的表示方法

1. 文字比例尺

文字比例尺是指用文字叙述的比例尺。如“百万分之一”“二万五千分之一”或“图上1厘米相当于实地500米”。

2. 数字比例尺

数字比例尺是指用比例式或分数式表示的比例尺。如1∶5万，1/5万。

3. 直线比例尺

用线段表示图上长，并在不同线段长度上标注出实地相应水平距离的关系直线，叫直线比例尺。

（三）地图比例尺的特点

同样大小的图幅，比例尺越大，所包含的实际范围越小，显示地形越详细，量读精度越高；比例尺越小，所包含的实际范围越大，显示地形越简略，量读精度越低。

（四）实际距离的计算

图上所量的距离都是水平距离，而实际距离与现地地形的起伏程度有关系。

计算实地距离的公式是：实际距离＝实际水平距离＋实际水平距离×改正系数。改正系数如表 9-1 所示。

表 9-1　坡度与弯曲改正系数表

坡度	改正系数（＋%）	坡度	改正系数（＋%）
0～5 度	3	20～25 度	40
5～10 度	10	25～30 度	50
10～15 度	20	30～35 度	65
15～20 度	30	35～40 度	80

二、地物符号

（一）地物符号的分类

1. 按照图形特点分类（见图 9-3）

（1）正形符号。符号的图形与物体垂直投影在地平面上的轮廓相似。主要表示占地面较大的地物，如居民地、河流、湖泊等。

（2）侧形符号。符号的图形与地物的侧面形状相近。主要表示占地面积较小但高大突出的地物，如突出树、烟囱、水塔等。

（3）象征符号。符号的图形能反映物体性质或含义，具有会意的特点。主要表示独立、性质特殊的地物，如变电所、矿井、气象站等。

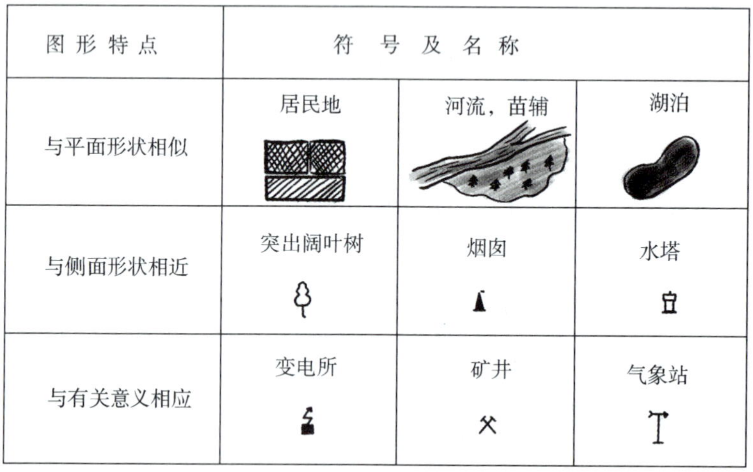

图形特点	符号及名称		
与平面形状相似	居民地	河流，苗辅	湖泊
与侧面形状相近	突出阔叶树	烟囱	水塔
与有关意义相应	变电所	矿井	气象站

图 9-3　按照图形特点分类

2. 按照符号与实地地物的比例分类

（1）依比例尺符号。用于表示较大面积的物体，如大居民地、湖泊、森林等。它的外轮廓是按比例尺缩绘的，拐弯点位置准确，面积可以量算，常用以判定方位、确定位置和指示目标。

(2) 半依比例尺符号。用于表示狭长物体，如道路、垣栅、土堤等。它的长度按比例尺缩绘，宽度作放宽表示。依符号可量算长度和判定可能的最大宽度，其拐弯点、交叉点的位置准确，常用以判定方位和确定位置。

(3) 不依比例尺符号。用于表示那些依比例尺缩小后，只有位置而不能显示其大小的重要物体，如控制点、独立房屋、古塔、土堆等，如图 9-4 所示；它们多具有方位意义，是确定位置、指示目标的良好地物。

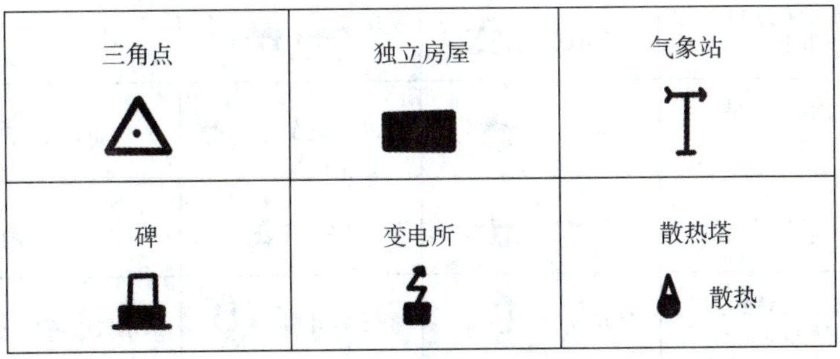

三角点	独立房屋	气象站
碑	变电所	散热塔 散热

图 9-4　不依比例尺符号

(4) 说明和配置符号。主要是用来说明、补充上述三种符号不能表示的内容。其中，说明符号是用来说明某种情况的，如表示街区性质的晕线、表示江河流向的箭头等；配置符号是用来表示某些地区的植被及土质分布特征的，如草地、果园、疏林、道旁行树、石块地等。说明和配置符号只表示实地地物的分布情况，并不表示地物的真实位置和数量，如图 9-5 所示。

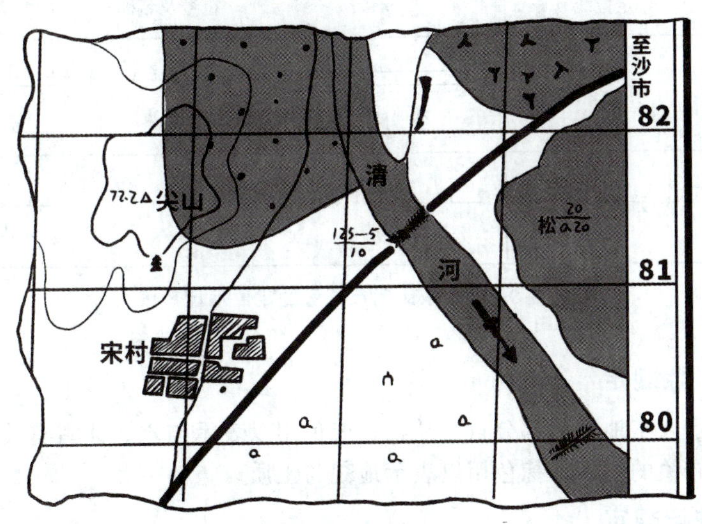

图 9-5　说明和配置符号

（二）地形图符号的规定

为了地形图的通用性，必须对地形图的符号进行统一的规定。

1. 符号的定位规定

为确保在图上精确量取点位坐标、方位，图式对放大表示的不依比例尺符号和半依比例尺符号的定位做了明确规定，如图 9-6、图 9-7 所示。

定位点	符号举例		
图形中有点的，在该点上	三角点	亭子	窑
几何图形，在图形的中心	油库	水车、风车	发电厂
底部宽大的，在底部中点上	水塔	古塔	纪念碑
底部为直角的，在直角的顶点	路标	突出阔叶树	突出针叶树林
组合图形，在主体图形的中心	石油井 油	泉	小面积树林
其它图形，在图形的中心	桥	矿井	水闸

图 9-6　不依比例尺符号的定位规定

类别	定位线	符号及名称		
对称符号	中心线上	公　路	高出地面的渠	土　堤
不对称符号	底纹或缘线上	城　墙		围　墙

图 9-7　半依比例尺符号的定位规定

2. 符号的颜色规定

黑色用以表示人工地物和部分自然地物；蓝色用以表示与水、冰雪有关的物体；绿色用以表示与植被有关的物体；棕色用以表示地貌与土质。

3. 符号的注记规定

注记是对符号的补充和说明。

（1）名称注记。名称注记主要用以注明居民地名称、山和山脉名称、水系名称和地理单元名称（如岛屿、草原、滩礁）。

（2）说明注记。用以说明物体的性质和特征。如采掘场、矿井的性质，公路路面质量等。

（3）数字注记。用以说明物体的数量特征。单个数字注记，一般表示地物的高度、深度、比高、流速、里程、编号、月份等；分数式数字注记，分子一般表示地物的长度、宽度和高度，分母表示地物的深度、粗度和载重量。各种数字注记的颜色，均与相应符号的颜色一致。

三、地貌符号

（一）等高线显示地貌

地表的起伏形态，称为地貌。地形图上主要用等高线来显示地貌。

1. 等高线显示地貌的原理

如图 9-8 所示，设想用一组高差间隔相等的水平面去截割地貌，则其截口为大小不同的闭合曲线，并随山背、山谷的形态不同而呈现不同的弯曲形状。将这些曲线垂直投影到平面上，便形成了一圈套一圈的曲线，这就是等高线。

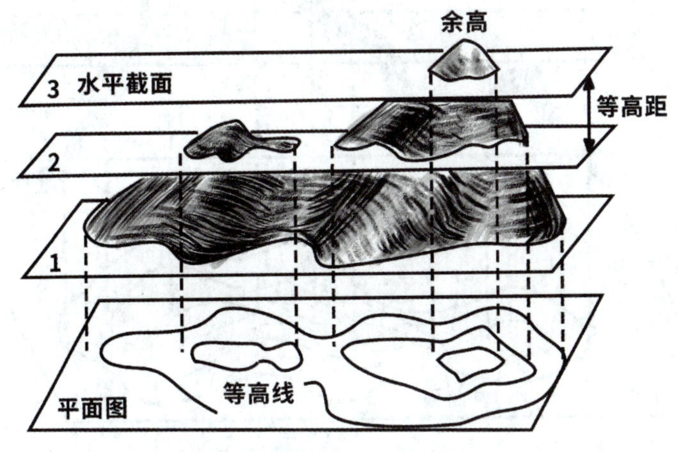

图 9-8　等高线显示地貌原理

2. 等高线显示地貌的特性

（1）同一条等高线上各点的高程相等。

（2）地图上相邻等高线的水平间隔与实地地面坡度成反比。即相邻等高线的间隔越小，地面坡度越大；反之，则小。

（3）等高线弯曲形状与实地地貌保持相似关系。

（4）等高线是闭合曲线，一般情况下互不相交。

3. 等高距和等高线的种类

（1）等高距。相邻两条等高线间的高程差，叫做等高距。等高距越小，表示地貌的等高线越多，地貌表示越详细；等高距越大，等高线越少，地貌表示越简略。若按同一等高距表示地貌，对高差大、坡度陡的山地，等高线多而密；对平坦地区则等高线稀而疏。通常根据地区的地貌特征、地图比例尺和地图的用途等情况来确定等高距（见表 9-2）。

表 9-2 等高距规定表

比例尺	一般地区（基本等高距）	特殊地区（选用等高距）	注意事项
1∶1万	2.5 米	1 或 5 米	一般地区指采用基本等高距的地区；特殊地区指不适合使用基本等高距的地区
1∶2.5万	5 米	10 米	
1∶5万	10 米	20 米	
1∶10万	20 米	40 米	
1∶25万	30 米	100 米	

（2）等高线的种类及作用。等高线按其作用可分为首曲线、计曲线、间曲线、助曲线四种，如图 9-9 所示。

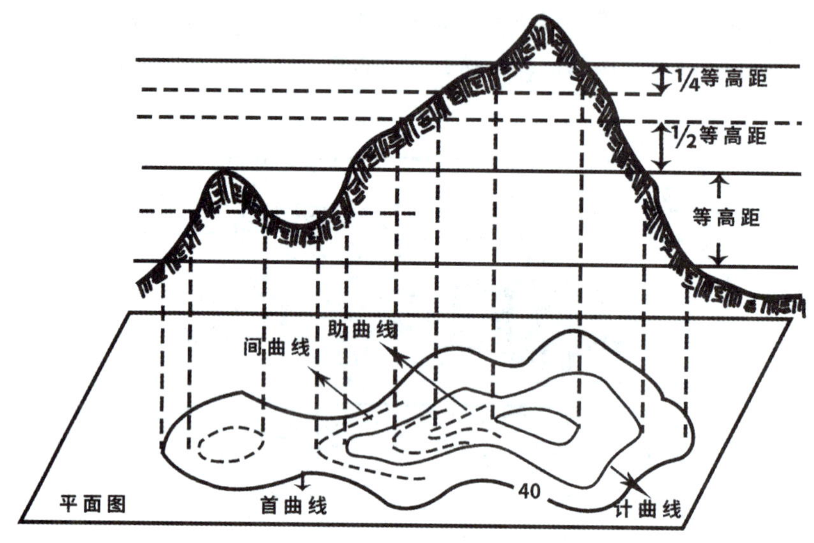

图 9-9 等高线的种类

①首曲线，又叫基本等高线，是按规定的等高距，由平均海水面起算而测绘的细实线，线粗 0.1 毫米，用以表示地貌的基本形态。

②计曲线，也叫加粗等高线，从高程起算面起，每隔四条首曲线加粗描绘成一条粗实线，线粗 0.2 毫米，用以数计图上的等高线与判读高程。

③间曲线，按二分之一等高距描绘的细长虚线。用以表示首曲线不能显示的局部地貌形态，如小山顶、阶坡或鞍部等。

④助曲线，按四分之一等高距描绘的细短虚线。用以表示间曲线仍不能显示的微型地貌。

（二）地貌识别

1. 山顶

山体的最高部位叫山顶。根据等高线特性，它必为数条封闭曲线内最小的环圈，有时环圈外侧绘有示坡线，如图 9-10 所示。

图 9-10 山顶的表示

2. 山背

从山顶到山脚向外突出的部分叫山背。在地图上，从山顶到山脚，用向外凸出的等高线表示。山背的中央棱线叫分水线。

3. 山谷

相邻两山背或山脊之间的低凹部分叫山谷。在地图上，以山顶、鞍部或高处为准，向内凹入的等高线表示山谷。它的中央最低点的连线叫合水线。

4. 鞍部

相邻两山顶间形如马鞍状的凹部叫鞍部，它在地形图上为两组对称的等高线。一组为山背等高线；另一组为山谷等高线。

5. 山脊

数个相邻山顶、山背和鞍部所连成的凸棱部分叫山脊。山脊的最高棱线叫山脊线，地形图上，是由若干个山顶与鞍部的分水线组合而成。

6. 山脚

山体与平地的交线。它是一条明显的倾斜变换线，由此向上，等高线密集，山背、山谷等高线十分明显；向下，等高线稀疏、平滑，没有明显的谷、背区别。

7. 斜面与防界线

由山顶到山脚的坡面叫斜面。军事上把朝向敌方的斜面，叫正斜面。背向敌方的斜面，叫反斜面。斜面按其断面形状分为：等齐斜面、凸形斜面、凹形斜面和波形斜面（见图 9-11）。防界线是斜面上坡度变换的界线。防界线是军事上挖掘堑壕、控制坡面的有利地线。

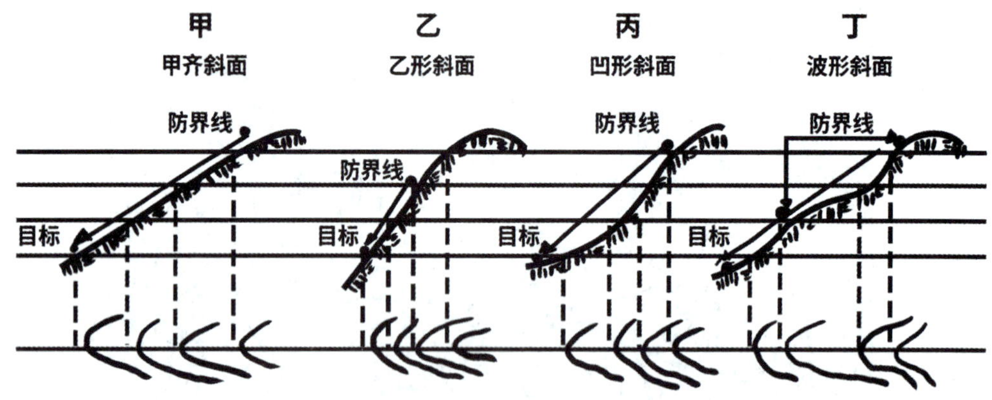

图 9-11　斜面的种类

8. 凹地

四周高、中间低，常年无积水的地域叫凹地，大范围的则称盆地。凹地在地形图上也是由闭合的等高线表示的，环圈内侧通常绘有示坡线。凹地的内圈高程低于外圈高程。

（三）高程与高程差判定

地形图上有用黑色标注高程的高程注记点。还有标注在某些等高线上、字头朝向山顶的等高线高程标记，这些是判定任意点高程的依据。

1. 高程的判定

首先在欲判定点近旁寻找高程注记点或等高线注记，依等高距算出最邻近的一条等高线的高程，再通过目估或内插法判定该点至该曲线的高差，即可得欲判定点的高程。

（1）当欲判定点在等高线上时，该点的高程等于所在等高线的高程。

（2）当欲判定点在两等高线之间时，应先判明上下相邻两条等高线的高程，再按点位所在两条等高线间的比例关系和等高距，估判出该点与等高线的高差，即可得欲判点的高程。

（3）当欲判定点在无高程注记的山顶或凹地时，应先判明最邻近的一条等高线的高程，若是山顶，通常应再加半个等高距；若是凹地，通常应再减半个等高距。

（4）当欲判定点在鞍部上时，可按组成鞍部的一对山谷等高线的高程，再加半个等高距；或以另一对山背等高线的高程，减去半个等高距求得。

2. 高差的判定

判定两点的高差，应先分别判明两点的高程，然后两高程数相减，即得高差。

（四）通视情况判定

通视判定的方法通常用直接判定法和图解法。

1. 直接判定法

当图上的观察点和目标点高于遮蔽点时，能互相通视；如遮蔽点与较低点同高时，也能通视；如遮蔽点高于观察点和目标点，或与较高点同高时，则不能通视。

2. 图解法

遮蔽点高程介于观察点和目标点之间，不易直接判定时，可采用高差图解法判定。以图 9-12 为例，说明其方法如下：

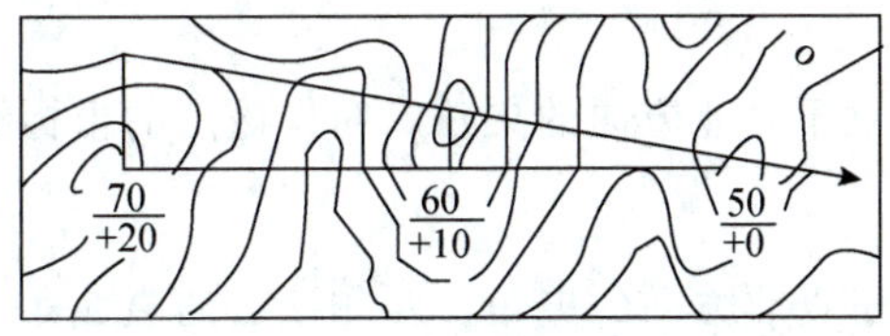

图 9-12　图解法判定通视情况

（1）从观察点至目标点划一直线（观察线），找出遮蔽点，并分别判明观察点的高程为 70 米，遮蔽点的高程为 60 米，目标点的高程为 50 米。

（2）以最低的目标点为零，求出与遮蔽点的高差为 10 米，与观察点的高差为 20 米。

（3）从遮蔽点和观察点分别向上作垂线，如以 1 毫米相当于高程 2 米，则遮蔽点和观察点的垂线长应分别为 5 毫米、10 毫米。

（4）通过两垂线的顶点连一直线（即展望线），从图上看出，目标点在展望线之下，所以判定不能通视。

四、方位角和偏角

（一）方位角及其种类

从某点的指北方向起，按顺时针方向量至目标点方向的水平夹角，叫作某点至目标点的方位角。通常用密位或度表示。

由于某点的指北方向有坐标纵线北、真子午线北和磁子午线北（分别简称坐标北、真北和磁北），因此相应的方位角就有坐标方位角、真方位角和磁方位角，如图 9-13 所示。

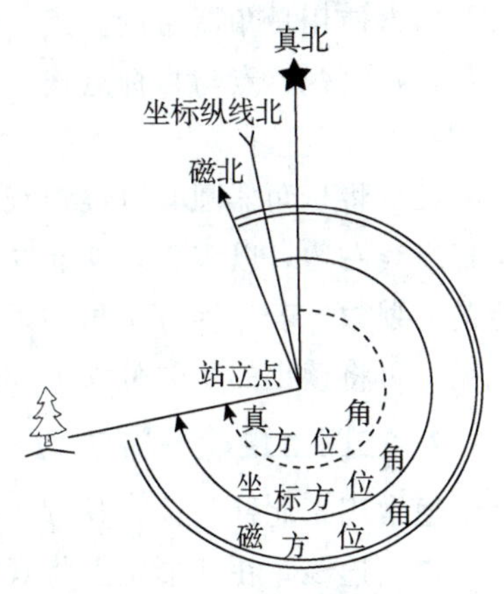

图 9-13　方位角的种类

1. 真方位角

以真子午线北方向为基准方向的方位角，叫真方位角。严格意义上真子午线互不平行，但当距离较近时，由于相差不大，故可看作真子午线相互平行。

2. 坐标方位角

以坐标纵线北方向为基准方向的方位角，叫坐标方位角。各点的坐标纵线相互平行。

3. 磁方位角

以磁子午线北方向为基准方向的方位角，叫磁方位角。严格意义上，磁子午线互不平行，正、反磁方位角互差不为 180°。但在比例尺大于 1∶10 万的地形图上量取磁方位角时，可视图幅内的磁子午线相互平行，正、反磁方位角相差 180°。

（二）偏角

地面点的三北方向线之间的夹角叫偏角，也叫三北方向角。

1. 坐标纵线偏角

任意点的坐标北方向对于真北方向的夹角，叫作该点的坐标纵线偏角。

2. 磁偏角

任意点的磁北方向对于真北方向的夹角，叫作该点的磁偏角，并规定磁北方向线东偏为正，西偏为负。它通常由实地测量计算求得。

3. 磁坐偏角

某点的磁北方向对于坐标北方向的夹角，叫作该点的磁坐偏角。

为方便使用，在地图的南图廓下方，绘有偏角示意图，用它可进行不同方位角之间的换算。

（三）方位角的量算

1. 图上量读坐标方位角

通常使用量角器量读。其方法是（见图 9-14）：

（1）将观察点与目标点连一直线，若两点在同一方格内时，应将连线延长至与坐标纵线相交。

（2）将量角器圆心对准连线与坐标纵线的交点，若方位角值小于 30-00，量角器放在坐标纵线右边，以零分划朝北并使它与坐标纵线重合，最后，读出两点连线通过量角器边缘的分划数。若坐标方位角大于 30-00 时，则应将量角器放在坐标纵线的左边，使零分划朝南，再将读出的密位数加上 30-00，即为量读的坐标方位角。

2. 在图上量读磁方位角

通常用指北针量读。其方法是（见图 9-15）：

（1）连线，在地形图上将观察点与目标点连接。

（2）标定地图方位。标定时，先将指北针的直尺边切于磁子午线，并使准星的一端朝向地图的上方，然后转动地图，使磁针北端对准指标，地图方位即被标定。

（3）测角，不动地图，再将指北针直尺切于两点的连线上，并使准星朝向目标方向，待磁针静止后，其磁针北端所指的密位数即为观察点至目标的磁方位角。

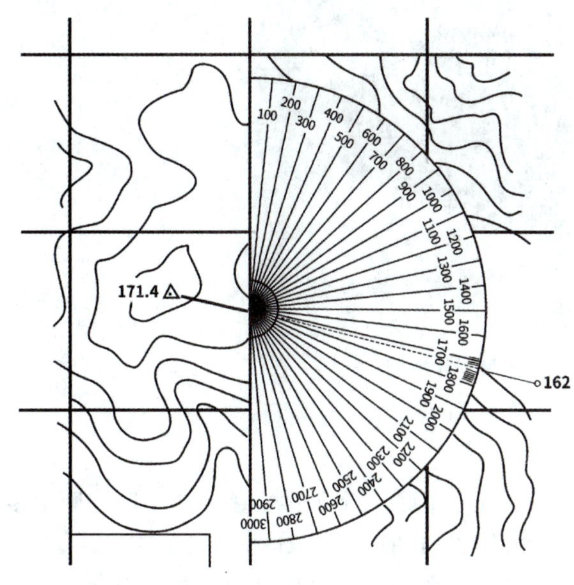

图 9-14 量角器量读坐标方位角

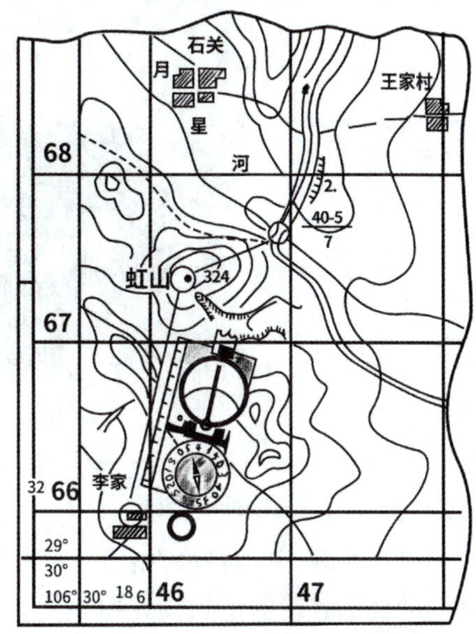

图 9-15 指北针量读磁方位角

3. 方位角换算

用图时，常利用偏角图进行不同方位角的换算。为省去记忆规定的偏角符号和简化计算，可按下式进行：

欲求方位角＝已知方位角±｜相应偏角｜

相应偏角前的“±”号，依偏角图确定，其原则是：若已知方位角的基准方向位于欲求方位角的基准方向右侧，取正号；反之，取负号。

如：已知某方向的坐标方位角为 20-50，求相应的磁方位角（磁坐偏角为 0-35)。

解：因为磁坐偏角为 0-35，坐标纵线位于磁子午线左边，故磁方位角＝（20-50）－（0-35）＝20-15。

五、地图的使用

为了正确而迅速地判明敌我关系位置，制定正确的行动方案，保持正确的行动方向，必须熟练掌握地图的使用方法。

（一）方位判定

地形方位判定，就是判定东西南北方向，明确自己的站立点，以及自己对周围地形的关系位置。方位判定是现地使用地图的前提。

1. 利用指北针判定

用指北针判定方向，迅速准确。其方法是：打开指北针平执，待磁针静止后，其黑色尖端（或有夜光剂的尖端）所指的方向就是现地北方。如图 9-16 所示。

图 9-16　利用指北针判定方位

2. 利用太阳和时表判定

将时表平放，以时针所指时数（每日以 24 小时计算）折半的位置对向太阳，则由表中心向“12”连线的延长线方向就是北方。例如，在上午 8 时判定方位时，应以“4”字处对向太阳；若在下午 2 时 40 分判定方位，应以“7 时 20 分”处对向太阳，则“12”字的方向即为北方（见图 9-17）。

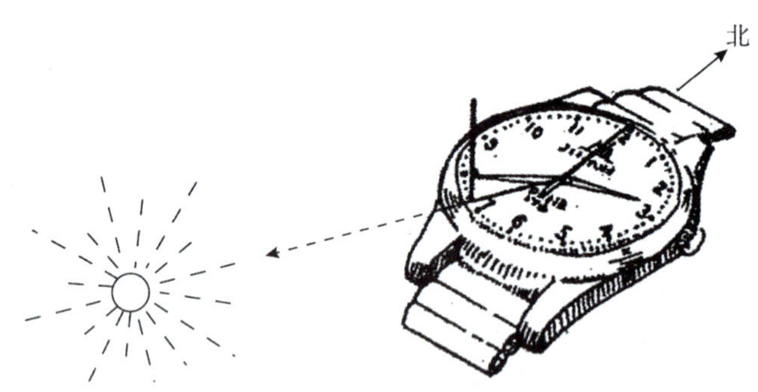

图 9-17　利用太阳和时表判定方位

判定时，应以地方时为准。若地方时与标准时相差太大时应修正。根据地球每小时自西向东运转经度 15°的原理，以东经 120°为准，每向东 15°，其当地时间应将标准时间加 1 小时；每向西 15°，要减去 1 小时，然后按上述方法判定。

3. 利用北极星判定

北极星是正北天空中一颗较量的恒星，位于小熊星座的尾端，又在大熊星座（俗称北斗七星）甲乙两星延长线五倍距离的地方，因小熊星座除北极星外均较暗，故通常根据大熊星座来寻找。当大熊星座运转到地平线之下时，又可依仙后星座（亦称女帝星座）来寻找。仙后星座在大熊星座的对面，是由五颗明亮的星排成“W”的形状，在其上缺口方向约为缺口宽度两倍的地方，就是北极星（见图 9-18）。

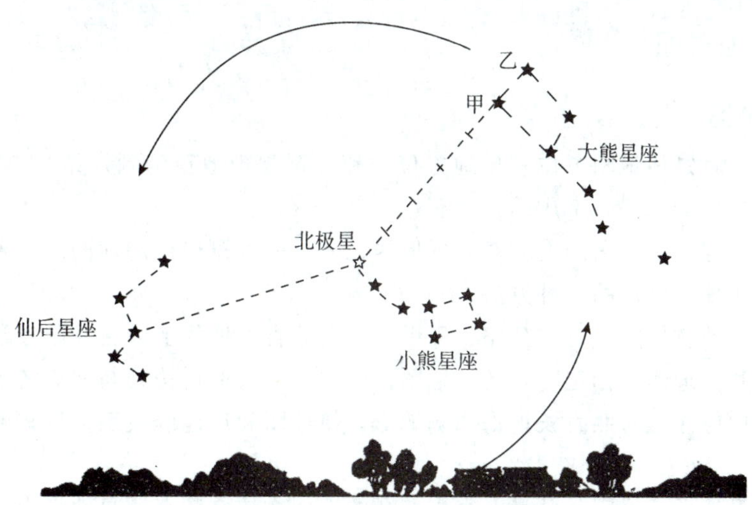

图 9-18　利用北极星判定方位

4. 根据各种地物的特征判定

根据各种地物的特征判定概略方向，简便、易行，具有广泛的使用价值。常用的有以下几种：

(1) 观树状辨方向。突出树的枝叶，通常南面的较茂密，北面较稀疏。树皮一般是北面的较粗糙。树桩上的年轮，北面的较密，南面的较稀（见图 9-19）。

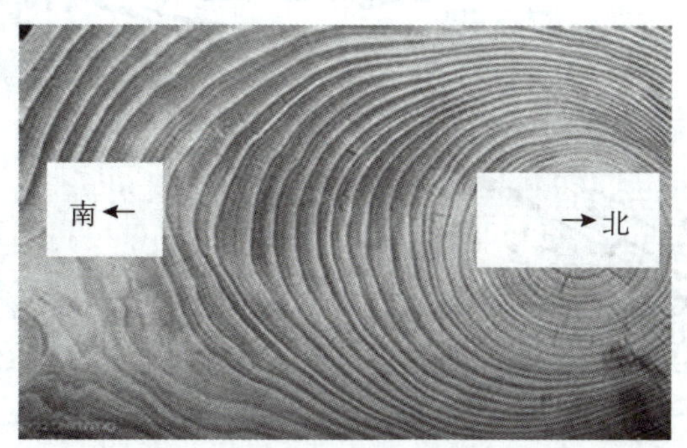

图 9-19　根据树桩年轮判定方位

(2) 观湿度辨方向。通常，大岩石、大树、建筑物的南边有阳光照射，较干燥，而北面通常较潮湿，并长有青苔。

(3) 观积雪辨方向。建筑物和土堆等凸出地面的地物，北面的积雪较多，且溶化较慢。土坑等凹陷地物则相反。

(4) 识人文辨方向。我国大部分地区尤其是北方，庙门多朝向南方，居家建筑也多为坐南朝北。

根据地物的特征判定方向时，应注意地区与季节的不同，从多方面反复检查，以获得较准确的结果。

（二）现地对照

1. 标定地图

标定地图，就是使地图方位和现地方位一致。这是现地正确判定站立点的图上位置、正确判明周围地形的前提。常用的方法有：

（1）概略标定。将地图的上方对向现地的北方，就可概略标定地图。这种方法简便迅速，是现地使用地图常用的一种方法。

（2）依直长地物标定。当在公路、河堤、沟渠等直长地物上或在其附近活动时，可利用这些直长地物标地图。标定时，转动地图，使图上直长地物符号与相应实地直长地物方向一致。标定中应注意对照直长地物两侧地形，使地图和现地的关系位置概略相符，以免地图倒置。

（3）依明显地形点标定。凡是有突出特征的地面物体，都有明显地形点，如山顶、鞍部、烟囱、水塔、桥梁、叉路口、土堆、独立树等都是明显地形点。

标定时，先研究站立点在图上的准确位置，再选定一个远方明显的地形点并将直尺边切于站立点和远方地物符号的定位点，然后转动地图，使远方地形符号在前，通过直尺，向远方实地相应地形点瞄准，地图方位就标定了（见图 9-20）。

图 9-20　依明显地物标定地图

（4）依北极星标定。夜间行动视度不良，可以利用北极星标定地图。标定时，先面向北极星使地图概略朝北，然后转动地图，使东、西内图廓线（即子午线）对准北极星，地图即标定好。

2. 确定站立点的图上位置

在现地使用地图时，为了便于识别周围地形，判明敌我关系位置，必须迅速而准确地判定自己站立点的图上位置。

（1）根据地物、地貌估计。先标定地图，再将站立点附近的明显地物和地貌细部与地图仔细对照，即可判定站立点在图上的位置。这种方法简便迅速，是判定站立点在图上位置的基本方法。如图 9-21 所示，根据站立点与居民地、公路、桥梁的关系位置，判定站立点在公路东南 150 米的地方。

图 9-21 根据明显地物估计站立点的图上位置

（2）后方交会法。当站立点附近没有明显的地形时，可用后方交会法测定站立点的图上位置。其要领是：先标定地图，再在现地找出图上有的 2～3 个明显目标，如三角点、水塔、山顶等，然后逐次用直尺切定图上符号的定位点，沿直尺边分别向现地目标瞄准，瞄准后，沿直尺边划线，则各方向线相交之点，即为站立点的图上位置（见图 9-22）。采用后方交会法时，两方向线的夹角应在 30～150°之间，否则交会线重叠部分过大，不易确定位置。交会后，应与周围地形进行对照，检查是否正确。

图 9-22 后方交会法确定站立点的图上位置

（3）截线法。若站在线状地物（如道路、土堤等）上，而又不能利用附近地形估计站立点时，可用截线法求出。其方法：先标定地图，并在线状地物的侧方选一现地与图上都有的明显目标，然后按后方交会法的要领，在图上划一方向线使之与线状地物相交，此交点即是站立点的图上位置（见图 9-23）。

图 9-23　截线法确定站立点的图上位置

3. 确定目标点的图上位置

(1) 估计法。先概略标定地图，再根据目标与站立点及其四周明显地物、地貌的关系位置，估计出目标在图上的位置。这种方法虽然简单，但误差较大。

(2) 极距法。当目标较远，而其附近又没有明显的地形时，可以采用极距法。其要领：

第一步，先准确标定地图。

第二步，将直尺边切定站立点的图上位置，沿直尺边向现地目标瞄准。

第三步，在图上画出瞄准线（方向线），目标即在该瞄准线上。

第四步，目测或利用测距机精确测量站立点至目标点的距离。

第五步，依据地图比例尺，在方向线上确定目标点的图上位置（见图 9-24）。

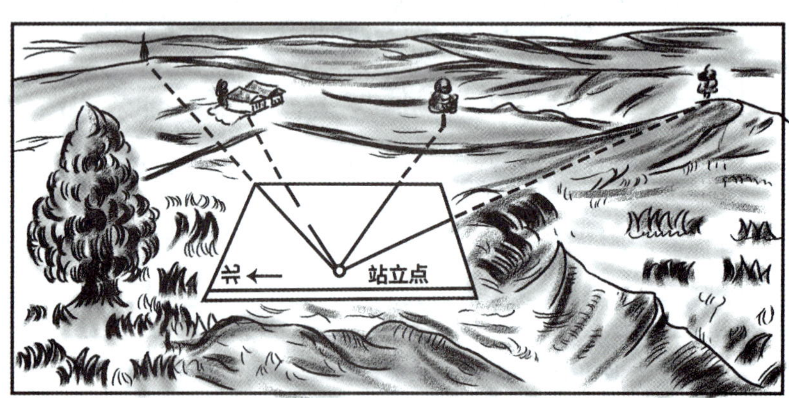

图 9-24　极距法确定目标点的图上位置

(3) 前方交会法。分别在 2～3 个已知点（站立点）上标定地图，将直尺切定站立点的图上定位点，然后向现地目标瞄准并向前画方向线，则各条方向线线的交点就是目标点的图上位置（见图 9-25）。

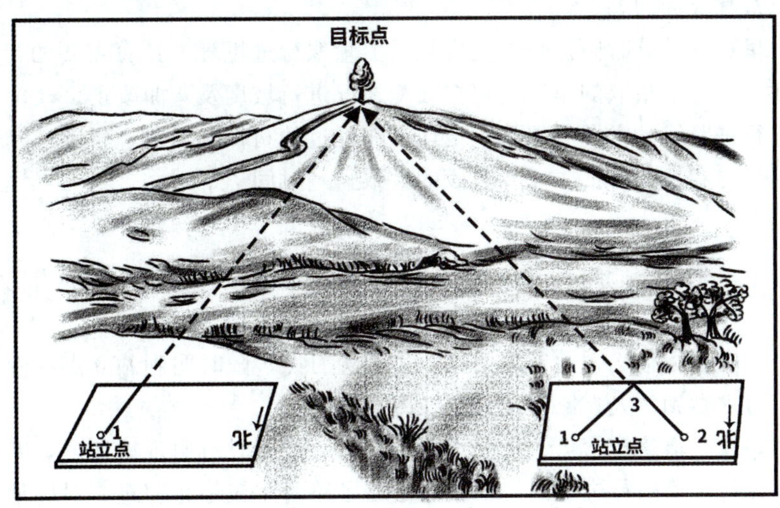

图 9-25 前方交会法确定目标点的图上位置

4. 现地对照地形

现地对照地形的目的，一是将地图上的地物、地貌符号和现地的地物、地貌一一对应辨清；二是通过对照发现地图和现地的变化情况。

通常在标定地图、确定站立点的基础上，根据目标的方向、特征、距离、高程及关系位置等因素进行对照。

当需对照某目标时，可先从站点向目标点确定一条方向线，然后在该方向线依次辨明各地形点、目标点与图上的对应关系，或发现它们的变化情况。

当对照某一区域地形时，通常先对照大而明显的特殊地形，再由近及远、由点到面或逐段分片地进行对照。

对照山地和丘陵地形时，可根据地貌形态、山脉走向，先对照明显的山顶、山脊，然后顺着山脊、山背、山脚和山谷的方向进行对照。对照中要注意其前后层次的色调变化和透视关系。

对照平原的地形时，可先对照主要的道路、河流、居民地和高大突出的建筑物，再根据地物分布规律和相关位置，逐点分片地进行对照。

（三）按地图行进

部队行军作战，实施机动，特别是在无人烟、无道路、无向导和在生疏地区执行任务时，为了保持正确的行进方向，准确到达预定位置，常需按地图行进。

按地图行进，就是不断地通过地图与现地对照，以保证始终沿预先选定的路线行进，到达预定地点。

1. 行进前的准备

（1）选择行进的路线。选择路线应根据任务、敌情和地形条件而定，做到便于行进、便于隐蔽。要着重分析道路的质量，沿途的桥梁、渡口情况；注意行进路线的起伏大小和可通行状况；分析沿途方位物情况，特别是岔口和居民地进出口特征及便于隐蔽的有利地形，如山谷、森林或冲沟等。

（2）量取里程，计算时间。行进前应从图上量取行进里程，计算需要的行进时间，以做到心中有数。从图上量取的里程应根据坡度情况进行坡度及弯曲改正。

（3）熟悉行进路线。主要应熟悉、记忆沿途经过的村镇、河流、桥梁、岔路口和居民地进出口的方位物和地形特征，以及各段的大致行进时间。

2. 徒步行进

在出发点上，先标定地图、对照地形、判定出发点位置、明确行进的道路和方向，然后计时出发。

在行进中，应根据记忆，边走边回忆，边走边对照，随时明确站立点的图上位置和已走过的里程，力求做到“人在路上走，心在图中移”。

在经过岔路口、道路转弯点、居民地进出口时，应及时对照现地地形，明确站立点的图上位置，以保持正确的行进方向。当发现走错了路时，应停止前进，对照地形，回忆走过的路况，判明偏离原定路线的程度，视情况返回原路线或另选迂回路，待回到正确路线后，再继续行进。

夜间按图行进困难较多。行进前要认真分析和熟记沿途地形特征，尽量选择道路近旁的高大地物和透空可见的山顶、鞍部等作为方位物。行进中，可用指北针或北极星标定地图，多找点，勤对照，采用走近观察、由低处向高处观察、由暗处向明处观察等方法；还可根据流水声、灯光等判断溪流和居民地的位置以及里程碑等标志，及时确定站立点的位置，判定行进的方向。

3. 乘汽车行进

乘汽车行进速度快、颠簸大，观察粗略，但车上有里程表，可记载行程距离。乘汽车行进，除要掌握徒步行进的要领外，还需注意以下几点：

（1）图上的道路，要与现地道路的方向始终保持一致，道路转弯，要调整地图方位。

（2）要熟记图上道路及其两侧地形情况，在快速行进中，精力高度集中，始终要做到预知前方的地形情况，并迅速进行现地对照，随时明确车辆位置。

（3）在出发前和中途停车时，都要记下里程表上的数值，便于根据行程确定车辆在图上的位置。

第六节　电磁频谱监测

在科学上没有平坦的大道，只有不畏劳苦沿着陡峭山路攀登的人，才有希望到达光辉的顶点。

——［德］马克思

电磁频谱监测是实施电磁频谱管理的重要手段和依据。通过频谱监测可以获得大量电磁用频装备、设备的工作状态以及无线电频谱信息和特征技术参数，为军队制定战场电磁频谱管理和用频保障计划，研制和发展各类用频装备提供重要的技术依据。

一、基本知识

（一）电磁频谱监测的定义

频谱监测是指通过对空中无线电信号进行扫描、搜索以及监视、分析，实现对频谱占用情况的统计、分析和信号的识别及频谱参数（频率、频率误差、射频电平、发射带宽、调制度等）的测量。换言之，频谱监测是指探测、搜索、截获无线电信号，并对信号进行分析、识别、监视并获取其技术参数、工作特征和辐射源位置等技术信息的活动。它是有效实施电磁频谱管理的重要手段和依据，也是电磁频谱管理的重要分支。

（二）电磁频谱监测的分类

根据不同的分类标准，频谱监测有不同的分类方法。

按工作频段划分，频谱监测可分为长波监测、中波监测、短波监测、超短波监测、微波监测等。凡是军用频装备工作的频段，也是开展频谱监测的频段。在很长的时间内，频谱监测主要是在短波和超短波展开，到目前为止，这两个频段仍然是频谱监测的主要频段。随着微波频段军用频装备的日益增多，微波监测在频谱监测中也日益占有重要的地位。

按频谱监测的技术参数划分，通常分为无线电技术监测和无线电方位监测。

按频谱监测设备是否移动及运载平台的不同，可分为固定监测站、移动监测站以及可搬移监测站等。

按监测任务的不同分为常规监测、电磁环境监测和特种监测。

（三）电磁频谱监测的特点

频谱监测是获取被测无线电信号技术信息的重要手段。它依赖被测用频台站辐射的信号获取有关技术信息，而频谱监测设备本身不需要辐射电磁信号。与其他设备工作方式相比，具有以下特点：

1. 监测覆盖范围对电波传播等特性依赖性强

频谱监测的距离与被测辐射源的辐射功率、电波传播条件及频谱监测设备的灵敏度等因素有关。在短波、超短波频段采用地面波传播的条件下，监测距离一般在几千米到几十千米。在短波采用天波传播的条件下，频谱监测距离可达几百到几千千米。对卫星通信而言，频谱监测距离可达上万千米。

2. 隐蔽性好

频谱监测设备不辐射电磁波，不易被敌方利用无线电侦察设备发现。

3. 实时性好

监测设备可以长时间不间断地连续工作，只要辐射源发射信号并且在我方监测设备的作用范围（包括地域、空域、频域）之内，就能及时地被发现，所以，这种监测方式是实时的。另一方面，由于信号处理技术与计算机技术在监测设备中的广泛应用，对信号分析处理的实时性大大提高。

4. 受被监测辐射源的工作条件制约大

被监测辐射源的工作条件包括被监测无线电设备的性能、辐射信号格式、电波传播条件、通信联络时间、应用场合等。如果我方监测设备不具备监测信号所需要的条件，则无法监测。

5. 监测频段宽

频谱监测不仅从地域、空域上可以覆盖较大的范围，从频域上也可以覆盖较宽的频段。目前，频谱监测主要集中在 HF 频段和 VHF/UHF 频段，随着无线电业务的增长和技术的发展，中长波频段和 3 吉赫兹以上的微波频段的监测也引起了人们的关注，并且已经开发出了相应的设备。

6. 对搜索速度要求高

频谱监测要在很宽的频段内对大量的无线信号进行搜索测量，而很多无线信号是不断变化的，因此频谱监测必须具有很高的速度，否则监测结果就无法真实反映频谱的使用情况。

二、主要方法

频谱监测的主要方法是，通过采用先进的频谱监测测试仪表和设备探测、搜索、截获无线电信号，对信号进行测量、统计、分析、识别、监视，以及对正在工作的用频台站测向和定位，获取用频台站位置、通信方式、通联特点、网络结构和属性等技术信息。主要对用频台站发射的基本参数，如频率、场强、带宽、调制等指标系统进行测量，对声音信号进行监听，对发射标识识别确定，对频率利用率和频道占用度进行统计，对干扰源测向定位，排除干扰，查处非法电台和非核准电台，保证通信业务安全的目的。

频谱监测按任务区分主要包括常规监测、电磁环境监测和特殊监测。

（一）常规监测

常规监测是指监测站日常工作中的各项监测活动，即按频率指配表监测已核准电台的有关参数，并建档存库。通过常规监测，发现有关参数发生变化则可判断出现异常情况，或出现不明电台，或核准电台的使用状态发生变化。常规监测主要包括以下几点。

（1）监测已核准的无线电台站的发射参数，检查其工作是否符合批准的技术条件和要求。

①系统地测量无线电台站的使用频率、频率偏差。

②系统地测量无线电台站的信号场强、谐波和其他杂散发射。

③系统地测量无线电台站发射信号的调制度。

④测量无线电台频谱的占用情况（频道占用度和频段占用度）。

⑤监测无线电台的操作时间表和经营业务是否符合电台执照的规定。

（2）对各种干扰信号进行监测并分析，确定干扰源。

①测量和识别干扰信号。

②测量干扰信号的有关参数。

③进行无线电测向定位，确定干扰台站。

（3）监测无线电频谱的使用情况，为频谱资源的开发、频率规划和指配提供技术依据。

（4）监测不明无线电台的发射行为。

（5）对违反国际电信公约和无线电规划以及中华人民共和国无线电管理条例的发射行

为实施频谱监测。

(6) 对水上和航空安全救险业务专用频率实施保护性监测。

(二) 电磁环境监测

电磁环境监测是指按照频谱管理机构的要求，对指定区域的电磁环境进行的监测活动，也称为电磁环境测试。随着信息产业的飞速发展，城市的电磁环境越大越复杂，各个频段的背景噪声不同程度地提高。准确地掌握有关数据，对有效实施电磁频谱管理，合理地选择台址，保证无线电业务的正常秩序将提供有力的帮助。电磁环境监测主要包括：

(1) 对用频台站选址的电磁环境监测。

(2) 对工、科、医及其他辐射电磁波的非用频装备的电磁辐射监测。

(3) 对城市电磁背景噪声的监测。

(4) 对有害干扰的查找监测。

(三) 特殊监测

特殊监测是指根据国家或军队的重大任务进行的监测活动。如：国际监测、重大任务监测等。特殊监测主要包括以下几个方面。

(1) 监测我国在国际电联登记注册的频率是否受到国外无线电台的干扰。

中国已在国际电联登记了3万多条频率。为了保护国家频率使用权益，必须经常查阅国际电联频登会的周报（现已改为无线通信部门周报）上公布的其他国家拟登记（提前公布资料）的频率与本国已登记和使用的频率，监测部门必须进行针对性的监测。如受到有害干扰，应以相应格式向国际电联或有关国家主管部门提出干扰申诉，国外电台在国际电联审查时，就会得到不合格的结论。

(2) 对国际电联或有关国家申诉的、涉及本国干扰别国频率使用问题，要通过频谱监测及时排除。中国电台干扰国外电台的情况也比较多。20世纪80和90年代，每年都要收到50～70份申诉函电。最近几年逐渐减少，每年大约有10多起。收到申诉后，应根据申诉的内容进行监测，确定干扰源，再根据国际电信公约和国际无线电规则并结合本国实际情况进行处理。之后，将处理意见函复国家无线电主管部门或国际电联。

(3) 与有关国家进行联合监测，消除边界区域的无线电干扰。

(4) 执行国家、军队重大科学实验和无线电管制的监测，如神舟飞船的发射。

(5) 执行各类突发事件中的电磁信号监测。

(6) 执行战场电磁频谱监测。

三、电磁频谱监测的基本环节

无线电辐射过程中，无线电系统内的发射机向空间辐射载有信息的无线电信号，而作为通信对象的接收机，则从复杂的电磁环境中检测出有用的信息。这种开放式的发射和接收无线电信号的特点是实施频谱监测的基础。频谱监测涉及用频台站工作的所有波段、所有无线电系统体制和工作方式。

频谱监测的实施应包括技术措施和对监测装备的应用两个方面。频谱监测装备是实施频谱监测的物质基础，而合理的组织和运用，则可以更加充分地发挥监测装备的作用。

频谱监测的内容和步骤是随着监测设备技术水平的不断提高而变化的。随着科学技术的迅速发展，现代战争中的军事通信大量采用快速通信技术、加密技术、反侦察抗干扰技术等各种先进通信技术。为适应这种变化，现代的频谱监测已转变为以监测无线电信号的技术特征为主。

（一）对无线电信号的搜索与截获

由于无线电辐射源发射的无线电信号是未知的，或者通过事先监测已知无线电辐射源某些信号频率而不知其工作时间，因此，需要通过搜索寻找，以发现无线电辐射源发射的无线电信号是否存在以及是否有新出现的无线电信号。

截获无线电信号必须具备三个条件：一是频率对准，即监测设备的工作频率与被测无线电信号频率要一致；二是方位对准，即监测天线的最大接收方向要对准被测无线电信号的来波方向（全向天线例外）；三是被测无线电信号电平不小于监测设备的接收灵敏度。由于被测无线电信号的频率和来波方向是未知的，所以，在寻找被测无线电信号时，需进行频率搜索和方位搜索。上述三个条件是指一般情况而言，实际监测中，对于不同的信号体制，以及不同类型的信号要区别对待。对于短波和超短波常规无线电信号的监测，由于这两个频段的电磁辐射，一般都采用弱方向性或无方向性天线，监测设备一般也都采用弱方向性或无方向性天线，因此一般只进行频率搜索，而不进行方位搜索。对于接力通信、卫星通信、对流层散射通信和雷达信号的监测，由于这四种通信体制都采用强方向性天线，要求监测设备不仅具有频率搜索功能，也必须具有方位搜索功能。总之，截获不同类型的无线电信号，需要满足的条件往往是不同的。

（二）测量无线电信号的技术参数

无线电信号有许多技术参数，有些是各种无线电信号共有的参数，有些是不同无线电信号特有的参数。

各种无线电信号共有的技术参数主要有：

（1）信号载频，或者信号的中心频率。

（2）信号电平，通常用相对电平表示。

（3）信号的频带宽度，可根据信号的频谱结构测量信号的频带宽度。

（4）信号的调制方式，根据信号的波形和频谱结构一般可分析得到信号的调制方式。

（5）电波极化方式（必要时测量）等。

不同的无线电信号一般具有自身特有的技术参数，例如，调幅信号的调幅度，调频信号的调制指数，数字信号的码元速率或码元宽度，移频键控信号的频移间隔，跳频信号的跳频速率，等等。

以上技术参数的测量对于无线电信号的识别分类是十分重要的。除了测量技术参数外，记录信号的出现时间、频繁程度以及工作时间的长度等，也是很有意义的技术信息资料。

对无线电信号技术参数做到实时测量是十分需要的，这对于频谱监测尤为重要。当不能实时测量时，可进行记录，利用音频录音、视频录像、射频信号存储等手段，详细记录或存储截获的无线电信号，以便事后做进一步分析和处理。

（三）测向定位

利用无线电测向设备测定信号来波的方位，并确定目标电台的地理位置。测向定位可以为判定无线电设备属性、通信网组成、实施电磁频谱管理提供重要依据。

（四）对信号特征进行分析、识别

信号特征包括通联特征和技术特征。技术特征是指信号的波形特点、频谱结构、技术参数以及无线电辐射源的位置参数等。分析信号特征可以识别信号的调制方式，判断无线电辐射源的工作体制和无线电装备的性能，判断无线电通信网的数量、地理分布以及各通信网的组成、属性及其应用性质等。

（五）控守监视

控守监视是指对已截获的无线电辐射源信号进行严密监视，及时掌握其变化及活动规律。实施电磁频谱管理时，控守监视尤为重要，必要时可以及时转入即时式管理。

电磁频谱监测中，需要对获取的技术资料建立电磁频谱管理技术信息数据库，并根据技术资料的变化及时更新数据库的内容。

四、无线电测向的组织与训练

（一）组织准备

进行无线电测向之前，必须做好日常准备工作。平时要注意对测向设备的电池进行充电维护，确保在任何时候充电电池都有足够的电压，保证测向设备正常工作；测试人员要尽可能多地掌握、汇集有关频率和既设无线电台站资料，熟悉各频段无线电波传播特性，学会看军用地图，达到在进行干扰分析时能熟练使用和运用。其次，在接到干扰投诉和发现干扰时，受理人要对干扰情况进行登记。写明干扰时间、地点、现象，初步确定干扰信号的频率（段）、干扰区域，并将干扰情况向领导进行汇报，拟定干扰监测方案。测试人员应根据干扰信号的频率、性质，选择匹配的监测天线，携带测向设备及取电连接设备和相关频率台站资料、地图出发。出发时要对测向设备进行开机检查，确定设备正常工作，同时对干扰出现的频率和频段进行测试，获得一个基本的场强参考点。在赴干扰目的地的行程中，对干扰登记情况进一步分析，依靠频率台站资料和军用地图对干扰区域的电磁环境、地形地貌以及行进的路程进行了解和熟悉，估计干扰源可能出现的地方和查找中可能出现的情况，多考虑几种应对方案和解决问题的方法。在移动车上，测向设备应尽可能通过逆变器使用汽车电源。若无法取电，在不需测试时应及时关机，以减少电池能量的损耗。

（二）选定测向场地

为了保证较好的测向精度，将测向台周围环境对电波传播的不良影响减小到最低程度，需要将测向站配置在满足原则与要求的地域内。其中包括减小地表传播损耗、避免传播阻挡、近场无异常反射、无二次辐射、地面无倾斜等。总体而言，测向台位置的选择应该遵循测向台选址规范严格进行。测向台址应平坦开阔、地表电导率高，周围无障碍物，尽量选择高点，并尽可能避开如电源线、电话线、天线、铁丝网、建筑物、铁轨、水塔、烟囱、高树、河、溪、湖、海岸线等，远离大功率辐射源，台址的地磁场应无异常等，尽量避免反射波及其他电磁波干扰。这样才能保证电波在行进中减少干扰，使波前不失真，从而依据波前指向判定来波方向，这样测向误差自然就小。

（三）实施测向

顺利完成以上两个步骤后，就可以根据特定的战斗任务对目标电台进行测向。测向时根据任务不同，可以对某个重点频率进行测向，也可以对多个重点频率（段）进行测向。无线电测向的实质过程是测定（特定频率）电波的等相位面方向的过程，其等相位面的法线方向就是来波方向；或者是测定来波在天线阵中各阵元上（特定频率）的相位、幅度、时延大小，并且依据传播方向与其确定的关系，确定来波方向，并实施定位。

学练合一

一、思考题

1. 日常战备秩序的内容有哪些？
2. 日常战备制度包括哪些内容？
3. 战备等级是如何划分的？
4. 紧急集合时如何整理背包？
5. 人员听到紧急集合号令后应如何动作？
6. 徒步行军的时速和每日行程是多少？
7. 徒步行军的注意事项有哪些？
8. 宿营有哪些方式？露营时如何利用就便器材露营？
9. 宿营地应如何选择？
10. 进入宿营地后要做哪些工作？
11. 野外生存的特点和要求是什么？
12. 野外判定方位有哪些方法？
13. 野外如何获取饮水？
14. 野外猎食有哪些方法？
15. 野外如何进行野炊？
16. 野外常见伤病如何防治？
17. 地图比例尺的特点是什么？
18. 地图上的地物符号是如何分类的？
19. 地形图符号的规定有哪些？
20. 什么是方位角和偏角？
21. 按地图行进时应如何行动？
22. 电磁频谱监测的定义是什么？
23. 电磁频谱监测按监测任务的不同分为哪几种？
24. 电磁频谱监测的特点是什么？
25. 电磁频谱监测的基本环节有哪些？
26. 无线电测向是如何组织与训练的？

二、判断改错题

请判断语句正确与否，正确的画“√”，错误的画“×”，并将你认为的错误改正过来。

1. 战备规定主要包括日常战备秩序、战备制度和战备等级划分等。（　　）

2. 人民解放军的战备等级由低到高分三级战备、二级战备、一级战备和特级战备。（ ）

3. 紧急集合是在一般情况下，迅速聚集人员并按规定携带装备物资的应急行动。（ ）

4. 紧急集合通常按“着装、整理背包、装具携带和集合”四步进行。（ ）

5. 集合的基本要求是“迅速、肃静、确实、完整、安全、便于行动”。（ ）

6. 徒步常行军的速度每小时约5～7千米。（ ）

7. 徒步强行军的日行程可达80千米以上。（ ）

8. 通常情况下，每行军2小时组织1次小休息，时间约10分钟。（ ）

9. 宿营，是部（分）队离开常住营房遂行各种任务中的临时住宿。（ ）

10. 露营是指部队在房舍外宿营。常在不具备舍营条件时采用。（ ）

11. 野外生存，是指在荒岛、沙漠、山地、丛林等生疏复杂的地形环境中，人员住宿、生活无保障的情况下求得生存。（ ）

12. 地图上某线段长与相应实地水平距离之比，叫地图比例尺。（ ）

13. 地图是符号的颜色规定：蓝色用以表示人工地物和部分自然地物；黑色用以表示与水、冰雪有关的物体；棕色用以表示与植被有关的物体；绿色用以表示地貌与土质。（ ）

14. 不相邻两条等高线间的高程差，叫作等高距。（ ）

15. 电磁频谱监测是实施电磁频谱管理的重要手段和依据。（ ）

16. 按频谱监测的技术参数划分，通常分为无线电技术监测和无线电方位监测。（ ）

三、不定项选择题

将你认为正确的选项填写在括号里。

1. 利用就便器材露营的主要方法是（ ）。

A. 简易帐篷的搭设　　B. 临时遮棚和吊床的搭制

C. 构筑雪洞露营　　D. 构筑猫耳洞（掩体）露营

2. 宿营地域的面积（ ）。

A. 营通常为6～8平方千米　　B. 连约1平方千米

C. 排约0.4平方千米　　D. 班约0.05平方千米

3. 进入宿营地后的主要工作包括（ ）。

A. 组织警戒　　B. 果断处置情况

C. 报告宿营情况　　D. 组织休息，搞好管理

4. 野外生存的基本要求包括（ ）。

A. 充分利用地形严密伪装　　B. 加强侦察、警戒和防护

C. 准确地判定方位　　D. 立足现有条件独立生存

5. 在野外鉴别水质的方法主要有（ ）。

A. 观察水的颜色　　B. 嗅闻水的味道

C. 试验水点斑痕　　D. 触探水的温度

四、论述题

1. 试论行军时应注意哪些事项？

2. 试论如何进行无线电测向的组织与训练？

参考文献

［1］军事科学院世界军事研究部. 世界军事革命史［M］. 北京：军事科学出版社，2012.

［2］林建超. 世界新军事变革概论［M］. 北京：解放军出版社，2004.

［3］凌永顺，万晓援. 武器装备的信息化［M］. 北京：解放军出版社，2004.

［4］鄢慕先，史成群. 局部战争论［M］. 北京：军事谊文出版社，1994.

［5］匡兴华. 高技术武器装备与运用［M］. 北京：解放军出版社，2011.

［6］军事科学院，全军军事术语管理委员会. 中国人民解放军军语（全本）［M］. 北京：军事科学出版社，2011.

［7］中国国防科技信息中心. 2030 年的武器装［M］. 北京：国防工业出版社，2014.

［8］中国人民解放军内务条令（试行）. 2018.

［9］中国人民解放军纪律条令（试行）. 2018.

［10］中国人民解放军队列条令（试行）. 2018.

［11］郑宗辉. 信息化战争概论［M］. 北京：国防工业出版社，2012.

［12］刘亚洲. 当代世界军事与中国国防［M］. 北京：中共中央党校出版社，2016.

［13］李玉刚，杨存社. 改变世界的“魔幻之手”——电磁频谱［M］. 北京：人民出版社，2018.

［14］翁木云. 频谱管理与监测［M］. 北京：电子工业出版社，2017.

［15］包瀛春，林建棣. 军事体育［M］. 北京：国防工业出版社，2012.

［16］李震，崔军. 军体格斗——训练与应用［M］. 北京：军事科学出版社，2004.

［17］李昌卫. 普通高等学校军事教程［M］. 长春：东北师范大学出版社，2014.

［18］黄自力. 新编大学生军事教程［M］. 北京：北京理工大学出版社，2017.

［19］李德银，陈松乔. 定向越野指导［M］. 北京：测绘出版社，1989.

［20］木勤朴，周同喜. 军事技能［M］. 北京：国防工业出版社，2012.

［21］赵荣. 军事理论导论［M］. 北京：国防工业出版社，2012.

［22］中国现代国际关系研究院. 国际战略与安全形势评估（2018－2019）［M］. 北京：时事出版社，2019.

［23］刘建飞. 中国特色国家安全战略研究［M］. 北京：中共中央党校出版社，2015.

［24］本书编委会. 总体国家安全观干部读本［M］. 北京：人民出版社，2016.

［25］张洁. 中国周边安全形势评估——中美博弈与地区应对（2019）［M］. 北京：世界知识出版社，2019.

［26］张锦涛，谢钧. 世界主要大国军政概况［M］. 南京：南京大学出版社，2016.

［27］中央军委训练管理部. 中国人民解放军新兵入伍训练. 北京. 2018.